区块链技术丛书

DIVING DEEP INTO ETHEREUM
SMART CONTRACT DEVELOPMENT

深入以太坊智能合约开发

杨镇 姜信宝 朱智胜 盖方宇 ◎ 等

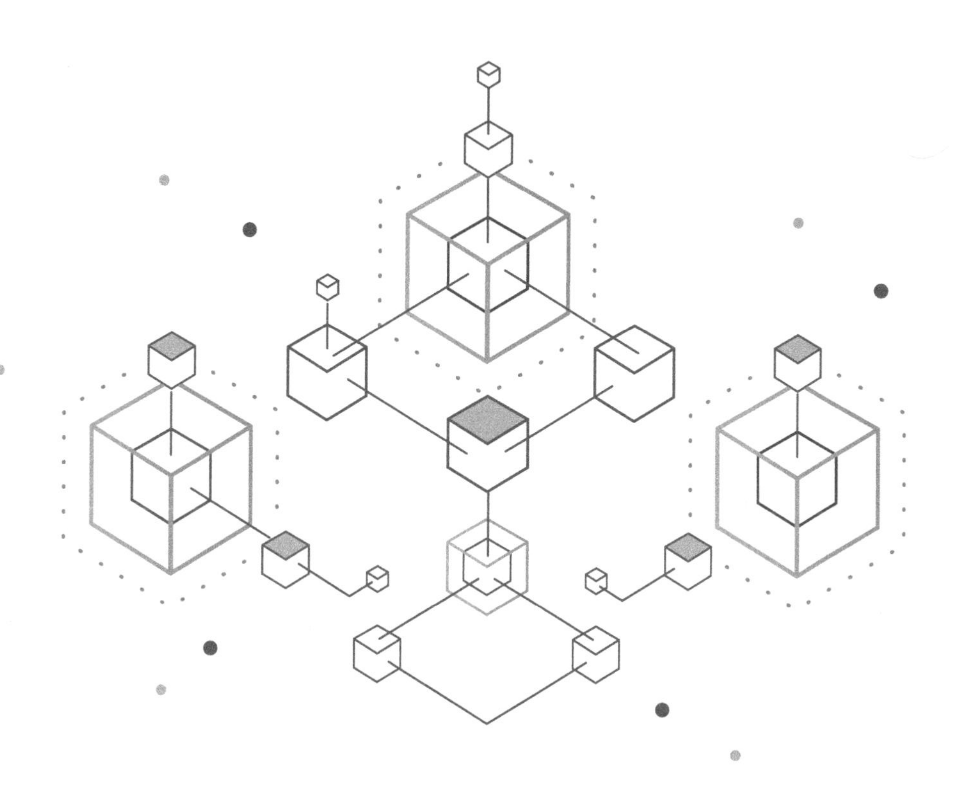

机械工业出版社
China Machine Press

图书在版编目（CIP）数据

深入以太坊智能合约开发 / 杨镇等著 . —北京：机械工业出版社，2019.4（2022.3 重印）
（区块链技术丛书）

ISBN 978-7-111-62372-4

I. 深… II. 杨… III. 电子商务 – 支付方式 – 程序设计 IV. ① F713.361.3 ② TP311.1

中国版本图书馆 CIP 数据核字（2019）第 055852 号

深入以太坊智能合约开发

出版发行：机械工业出版社（北京市西城区百万庄大街 22 号 邮政编码：100037）
责任编辑：孙海亮　　责任校对：李秋荣
印　　刷：北京捷迅佳彩印刷有限公司　　版　　次：2022 年 3 月第 1 版第 2 次印刷
开　　本：186mm×240mm 1/16　　印　　张：25
书　　号：ISBN 978-7-111-62372-4　　定　　价：99.00 元

凡购本书，如有缺页、倒页、脱页，由本社发行部调换
客服热线：（010）88379426 88361066　　投稿热线：（010）88379604
购书热线：（010）68326294　　读者信箱：hzjsj@hzbook.com

Foreword 推荐序

以太坊开启了一个新的时代，诞生了基于公链的各种智能合约，为互联网信息的 Token 化提供了有效的基础设施。我相信在不久的将来，我们可以通过区块链技术和其他密码学技术来 Token 化和我相关的全部信息，包括“我是谁（我的各种身份标示）”“我有什么（各种价值和权益）”和“我做过什么（我和不同系统、其他人之间的发生过的逻辑）”。有转让价值的信息可以作为区块链 Token 存在，并自动进入一个高效开放的市场。全部的 Token 都可以作为系统集成点，来集成不同的服务，为现有的互联网增加集成能力。

期待着 Tokenise Everything 的那一天，我可以带着 Token 化的社交关系使用 NoFacbook 应用来点赞使用 NoWeChat 应用的朋友的朋友圈，然后语音呼叫几个使用 NoTwitter 的朋友，大家一起约个饭。

期待着 Tokenise Everything 的那一天，我可以对着手机吼一声“重新优化我的投资组合”，手机就会根据我的 Token 了解我的消费习惯、收入情况、家庭情况、社交关系、工作状况等等各种 Token 化的信息，结合我现有的各种 Token 化的投资和高效开放的市场内的各种产品，一个原子化交易同时调用 100 多份智能合约，帮我完成一个只适合我的投资组合。

期待着 Tokenise Everything 的那一天，每个人的手机都是一个完全按照个人定制的集成平台，再也没有复制、粘贴、登录、跳转等步骤。简单提一个要求，手机自动调用多个服务，通过 Token 将这些服务系统集成在一起，一个动作直接完成用户需求。

上述这些的实现，很多都要依赖于智能合约，本书很好地介绍了公链智能合约的基本概念和进阶开发技巧，对于区块链有兴趣的开发人员来说，是一本很好的入门书籍，值得推荐。

——张中南 AlphaWallet 联合创始人 &CEO

赞　誉 *Praise*

本书深入浅出地介绍了区块链2.0时代的代表作品——以太坊。全书分为准备篇、基础篇、进阶篇、实战篇，从以太坊的发展历程、基本概念开篇，逐渐深入到Solidity智能合约开发语言、以太坊虚拟机等核心内容，既适合初次涉及区块链领域的读者进行概念了解，也适合相关领域的开发者进行以太坊核心技术的学习。本书还对多个通用智能合约进行了源码级分析，着重解读了智能合约安全编码，为想要基于以太坊进行DApp开发的读者提供了丰富的开发示例，同时强调了开发过程中必须要注意的安全事项，避免开发者由于缺乏开发安全合约的思维而产生安全隐患。所以说，本书是一本不可不读的书籍。

——戎佳磊 go-ethereum开发者

我们（EthFans.org）以前在做技术内容的时候，常有面临一些困扰：一方面，以太坊的技术说明文档，尤其是比较前沿的技术说明和开发工具说明，都是用英文写的；另一方面，虽然有不少从事技术翻译的人，但是其中少有一线开发人员，故难免在技术关键点上出现“失之毫厘谬以千里”的情况。

会出现这样的情况，说到底还是因为缺乏一本足够专业和深入的本土入门书籍。这本书一要能讲清楚以太坊底层的运行原理；二要能深入解读EVM中的各种方法；三要介绍适合上手的开发工具；四要对合约开发中常见的问题做出说明并提供解决方案。

从我有限的翻译经历和技术理解来看，本书已明确提供了这些内容，并且跟上了最新的技术发展趋势，所以足可称为以太坊中文社区的一座里程碑。

——阿剑 EthFans

相较于比特币，以太坊提供了一套内部图灵完备的脚本语言和虚拟机以供用户来构建任何可以精确定义的智能合约和业务交易。以太坊的出现是区块链领域一次伟大的技术革新，无论从科研、技术落地还是应用的角度看，都给予广大爱好者启发与帮助。截至2018年年末，以太坊拥有区块链领域最为庞大的开发者社区，同时也获得了最多的关注度，其与IPFS星际文件系统的技术搭配，也被应用于诸多去中心化应用之中。本书便是对以太坊及其智能合约进行了全面且深度的讲解，从入门到进阶再到实战逐层展开。通过阅读本书，读者在短时间内快速掌握核心知识，上手项目。喜爱以太坊技术的读者万不可错过。

——戴嘉乐《IPFS原理与实践》作者

前　言 Preface

为什么要写这本书

笔者其实并不是开源软件的早期拥趸，而是一名在企业 IT 服务领域工作了 16 年的老程序员。大概在 2016 年下半年，因为工作需要，笔者开始研究区块链，开始考虑在企业业务中使用这种所谓的“新技术”。不过因为当时的企业级区块链方面还没有可用的技术平台（Fabric 还不成熟），所以最终没有在具体业务中使用区块链。但也是由于这次对区块链技术的学习，笔者发现了区块链技术的潜力，尤其是发现了以太坊这个项目的潜力，这使笔者受到了很大的触动，笔者感觉自己有可能基于对技术的理解和钻研精神，在这个新领域中获得超出过往十余年所取得的成绩。

笔者在 2017 年用业余时间翻译了以太坊官网的 Homestead 文档，没有用任何翻译软件，完全是自己读原文来将其译为中文的；而后参与了 HiBlock 社区组织的 Solidity 官方文档的中译项目，并很快成为项目的管理员，对中译版做了很多的校订工作，这也是以太坊社区官方的中文版本（以太坊官网上的 Solidity 文档中有对应的链接）。之后就是《以太坊黄皮书》(*Ethereum Yellow Paper*)。《以太坊黄皮书》就是以太坊协议的技术说明文档，里边记载了以太坊协议的几乎全部细节，包括以太坊虚拟机的具体设计。这是一份难得的、经过实践检验的高质量技术文档，对学习以太坊，乃至其他区块链技术都有很高的参考价值。同时《以太坊黄皮书》也是所有以太坊客户端的理论和实现基础。目前业内几乎所有智能合约平台都或多或少地“借鉴”了《以太坊黄皮书》中的设计。

笔者从 2018 年 4 月下旬开始对《以太坊黄皮书》的中文版（最初由猿哥和高天露译）的全文进行独立的校订和增补更新（结合英文拜占庭版本的更新，也没有用翻译软件），到 5 月初最终完成。至此，结合 Solidity 文档中的相关细节，可以说笔者已经掌握了与以太坊协议以及 Solidity 智能合约开发相关的方方面面的知识。在开始写作本书的时候，笔者已经对以太坊协议和智能合约技术有了很深的理解。

本书主要内容

本书分为四大部分。

第一部分为准备篇，简单地介绍了以太坊及其相关基本概念，并讲解了以太坊的基本交互和基础工具的使用。

第二部分为基础篇，详细讲解了智能合约开发语言 Solidity 的所有语法和编写合约的基本方法，同时也介绍了对编译器的使用以及 Solidity 集成开发工具的使用。

第三部分为进阶篇，详细讲解了以太坊协议的细节和以太坊协议的核心——以太坊虚拟机的实现原理和相关设计；讲解了用于以太坊虚拟机函数调用的应用二进制编码的细节；对目前最有价值的公共基础合约库 OpenZeppelin-Solidity 的所有源码进行了详细解读；为智能合约安全开发提供了经验性的详细指南。

第四部分为实战篇，结合若干 DApp 实例，讲解了如何基于智能合约来构造可用的去中心化应用程序。

附录中则包含了对以太坊协议中涉及的部分基础算法、以太坊虚拟机的费用设计和指令设计的介绍，以及对 Solidity 内联汇编的简单介绍，可以作为我们进行智能合约开发的参考资料。

如果你是一名了解以太坊基础知识和相关工具使用方法的开发者，那么可以直接从第二或第三部分开始学习。但如果你是一名初学者，或者对以太坊的基本概念和工具还没有了解，请按照本书编排的顺序从第 1 章开始学习。

本书尝试实现的目标

本书将尝试引导智能合约开发者深入理解下面的一些问题。

（1）认识到 Solidity 并不简单

Solidity 是一种结合了 C++、Python 和 JavaScript 语言创造出来的为智能合约开发而定制的语言，它在事实上简化了智能合约的开发，是一种上手很容易、对初学者“很友好的”开发语言。只要用户稍有编程经验，就可以很快写出一些简单的智能合约。

不过，这种看起来“很简单的”语言，其实并不简单，因为有太多不那么直观的因素会影响 Solidity 程序的运行；而大部分开发者也许并不那么理解智能合约的运行环境——以太坊虚拟机（EVM）——其中存在各种各样的技术细节和各种各样的“大坑小坑”。比如，private 函数和 public 函数在调用时到底有什么不同？仅仅是可见性吗？比如，数据在内存和存储中的结构有什么区别？为什么可以对存储中的动态数组使用 push 和 pop，而对内存中的就不行？比如，fallback 函数是如何运作的？它真的不能接收参数，也不能有返回值吗？比如，transfer、send 和带 value 的 call 有什么区别？又比如，EVM 中复杂的费用设计（尤其是存储的使用费）和 gas 返还机制是如何影响合约的 gas 消耗（也就是运行费用）的？

显然，这些问题并不是我们学习传统的编程语言就可以了解到的，所以对于大多数初学者来讲，这些细节很可能会妨碍他们真正掌握合约开发或者影响他们处理一些相对复杂的逻辑的能力。所以让智能合约开发者真正搞懂 Solidity 与其他开发语言的区别是首要工作。

（2）不要重复造轮子

与我们在其他所谓传统软件开发中看到的工程特性一样，在智能合约开发中同样存在“重复造轮子”的问题。同样的基础功能或者非常接近的基础功能，被程序员反复编写，犯各种各样的小错误，这种情况在智能合约开发的初学者中同样普遍存在。那么有没有已经被证明是很好用的、很安全的“轮子”呢？这也是笔者希望给智能合约开发者讲解和普及的一个重要内容。因为笔者从刚刚入行时就非常重视可复用的代码和设计模式，所以学会使用那些经过反复审计的、反复优化的可复用代码，在笔者看来也是非常重要的。

（3）智能合约并非绝对安全

这个问题的答案已经众所周知。其实自以太坊诞生以来，各种各样的合约漏洞、安全问题已经多次出现在技术社区，乃至公众视野中。所以合约安全问题早已不是小众的话题。笔者认真搜集并整理了目前智能合约开发中已知的几乎所有合约级别的漏洞或者可能遭受的攻击，希望广大的合约开发者能真正理解这些问题产生的原因并知道相应规避方法。这无论是对开发者本身还是对实际业务安全都极其关键。

（4）智能合约开发离不开软件工程

任何软件项目都脱离不了软件工程上的一些基础理论和最佳实践，智能合约开发也不例外。当然，因为智能合约运行环境的特殊性，智能合约开发项目从工程特点上讲与传统软件工程有很大区别。最主要的就是智能合约代码一旦部署就无法更改了，这使我们已经习以为常的冷热修补式的工程实践再无应用可能。我们必须要结合智能合约本身的特性来安排工程活动。笔者也将结合自己 15 年以上的工程经验和对智能合约开发的深入理解为智能合约开发者讲解智能合约开发项目中需要注意的方方面面。

（5）本书中还有什么

在以太坊协议中，智能合约的本质就是 EVM 字节码加上合约状态数据所组成的所谓“自主对象（autonomous object)”。所以，内联汇编是我们的终极武器。了解了内联汇编，就知道了智能合约到底都能做什么，不能做什么；因为不管我们用什么高级语言来写智能合约，最终都是要反映为 EVM 字节码的，也就是 EVM 汇编指令，它们就是以太坊智能合约的全部能力。同时，了解 EVM 指令也是进行终极 gas 优化的基础。这些相对高级的话题，也是笔者希望能让更多智能合约开发者了解的。不过这些话题都被编排在附录中，供学有余力的开发者参考。

（6）写在最后

与学习其他技术一样，学习智能合约开发是一个艰苦的、需要积累的过程，没有人能一夜之间成为专家。笔者只是希望能将自己学习以太坊和智能合约的大部分收获更快、更有效地传授给后来者，让更多同行真正理解和掌握智能合约开发的要点，但这也同样需要学习者投入一定的时间和精力。

这是一本给那些和笔者一样关注细节、希望扎扎实实打好基础、讨厌低质量的快餐式学习的同行们打造的，能真正帮助他们提高对智能合约的理解，帮助他们尽快从入门到精通的智能合约开发方面的书。

在开始有写书念头的时候，笔者就很幸运地获得了3位朋友（姜信宝、朱智胜和盖方宇）的支持，并收到了机械工业出版社华章分社的邀请，于是我们4人开始了本书的编写工作。编写工作当然很艰苦，大家都是利用业余时间进行的，所以前后大概经历了5个月的时间。

我们希望本书为以太坊开发者或希望学习以太坊智能合约开发的开发者提供一套系统的、完整的学习和参考资料，帮助他们快速认识、理解和掌握基于以太坊和Solidity语言来进行智能合约开发，乃至DApp开发的实践。本书的附录也可以作为以太坊技术细节的参考手册。

本书的特色

本书囊括了开发者基于以太坊平台进行智能合约开发所需要的所有知识细节，由浅入深地讲解了以太坊智能合约开发的方方面面。

本书的基础篇介绍了以太坊智能合约开发语言Solidity的几乎所有语法和语言特性细节，既可以按编排顺序逐步学习，也可以作为工具手册随时查阅。而进阶篇详细介绍了以太坊协议和以太坊虚拟机的原理和相关细节，并对大量经过社区设计、优化的合约源代码进行了详细解读，可以帮助开发者在知其然的基础上知其所以然；同时，进阶篇中也包含了对目前已知的所有针对智能合约的攻击方式的详细介绍和基于智能合约进行工程实践的经验总结，这些都是不可多得的优秀技术资料，有极高的参考价值。

此外，本书的实战篇中还为开发者提供了完整的DApp开发实例，可以帮助开发者快速上手构建基于以太坊智能合约的新一代去中心化应用程序。

本书的附录中则包含了对以太坊虚拟机的费用设计、指令设计以及Solidity内联汇编的介绍，可以作为开发者更深入学习、研究智能合约开发的参考资料。

到本书截稿时，国内还没有一本同类书籍能够像本书一样覆盖以太坊智能合约开发的几乎全部细节，并具有同等的讲解深度和广度。

读者对象

本书内容的安排由浅入深，即使没有智能合约开发经验的开发者也可以学习参考。不过，由于本书中并未包括对区块链技术基础（比如分布式网络、密码学等）的详细介绍，需要读者对相关基础知识有一定的了解。

本书适用于以下几类读者：

- 有高级语言（如 C++、Java、Python 等）开发经验的开发者；
- 有计算机软件及相关专业本科及以上学历，且正在从事软件开发工作的开发者；
- 有计算机软件及相关专业本科及以上学历的在校生或应届毕业生；
- 其他有计算机专业基础知识（如数据结构和算法、分布式网络、密码学等），且希望从事智能合约开发的开发者。

勘误和支持

由于作者们的水平有限，加之编写时间仓促，书中难免会出现一些错误或者不准确的地方，恳请读者批评指正。为此，笔者特意创建一个在线支持与应急方案的二级站点 http://book.blendercn.org。你可以将书中的错误发布在 Bug 勘误表页面中，同时如果你遇到任何问题，也可以访问 Q&A 页面，笔者将尽量在线上为你提供最满意的解答。书中的全部源文件可以从上述二级站点下载，笔者也会将相应的功能更新及时发布出来。如果你有更多的宝贵意见，欢迎发送邮件至邮箱 rivers.yang@icloud.com，期待能够得到你的反馈。

致谢

首先要感谢伟大的 Vitalik Buterin 和 Gavin Wood 博士创造了以太坊平台；感谢来自全世界的开源贡献者们将以太坊生态发展丰富到目前的状态；感谢以太坊社区为全球开发者提供的高质量文档和相关资料。本书是站在巨人的肩膀上完成的。

其次要感谢 3 位合作者对本书的付出：其中，盖方宇编写了第 1 章、第 3 章和第 5 章，朱智胜编写了第 2 章和第 11 章，姜信宝编写了第 6 章和第 12 章。没有你们的努力，本书是不可能在这么短的时间内完成的。

感谢机械工业出版社华章分社的编辑杨福川和孙海亮，在这近半年的时间中始终支持笔者和 3 位合作者的编写工作，你们的鼓励和帮助使我们能顺利完成全部书稿。

最后要感谢笔者的父母和笔者的夫人提供的支持。

谨以本书献给笔者最亲爱的家人，以及所有热爱开源、热爱以太坊的朋友们！

杨镇

Contents 目　录

第二部分　基础篇

第三部分 进阶篇

第四部分　实战篇

第一部分 *Part 1*

准 备 篇

- 第 1 章　快速了解以太坊
- 第 2 章　以太坊基础交互及基础开发工具详解

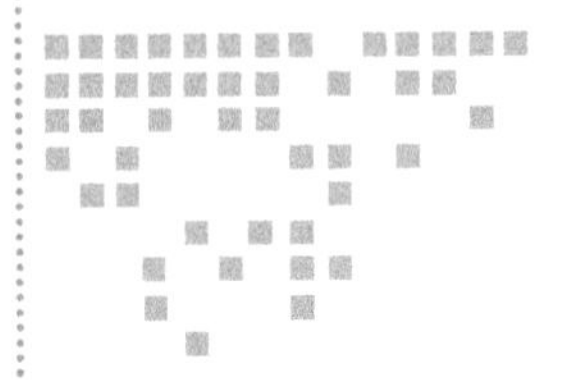

Chapter 1 第1章

快速了解以太坊

从2013年年底Vitalik Buterin发布《以太坊白皮书》(*Ethereum White Paper*)以来，以太坊逐渐被世人认同为区块链2.0的代表。以太坊与区块链1.0时代的代表比特币（bitcoin）最大的不同在于应用的目的和范围。比特币区块链由于非图灵完备的脚本以及单个区块存储空间的限制，主要用于追踪比特币的所有权。然而以太坊是具有图灵完备的编程语言、更高效的共识机制、支持更多应用场景的智能合约开发平台，可以为各种去中心化应用(Decentralized App，DApp)提供运行环境。

一般来说，实际生活中的任何商品、服务、管理或经济活动都可以在以太坊平台上使用代码表示，实现去中心化（decentralized）以及通证化（tokenized），从而进行交易。而且相比于传统的方式（如使用借记卡支付等），以太坊在提供交易的安全性、抗审查性的同时，花费的成本更低。

本章内容主要参考《以太坊白皮书》以及Wiki，主要目的是带领读者快速了解以太坊的相关概念、发展历史以及相关的开源项目。阅读本章之前最好先对比特币区块链的概念以及运行原理有大致的了解，从而与以太坊进行对比理解。

1.1 以太坊是什么

根据《以太坊白皮书》(*A Next-Generation Smart Contract and Decentralized Application Platform*，原文参见：https://github.com/ethereum/wiki/wiki/White-Paper）的描述，我们可以对以太坊进行如下定义：

以太坊的意图是为去中心化应用程序构建一个可替代的协议，这是一种在大规模使用的去中心化应用程序和为特定目的设计的简单的低频应用间进行了必要权衡的协议，同时考虑了应用间的高效交互能力。以太坊通过一个抽象的基础设施层来实现这个目标：一个内置了图灵完备编程语言的区块链系统。在这个系统中，任何人都基于他们自己的要求编写智能合约和去中心化应用，他们可以自定义权限控制、交易数据格式以及状态转换函数。在这个平台上，我们可以构建基于密码学原理构成的自主对象，也就是所谓的智能合约，它在比特币脚本系统能实现的功能之上增加了图灵完备、价值感知、区块链感知和状态保存等特性。

用最简单的一句话来说：以太坊就是一个基于区块链的智能合约平台。

这里有两个关键的基本概念：区块链和智能合约。

区块链（blockchain）的概念出自比特币协议，本质上是一个基于 P2P 网络（点对点网络）的分布式账本系统，交易数据被以所谓的“区块（block）”进行打包，在全网节点中被顺序执行并通过工作量证明（proof of work）共识算法进行数据同步和验证，是一种已经被证明安全可靠的分布式底层技术。它具有去中心化、去信任（无须信任）、开放自治、极难篡改、极难伪造以及其他一些技术特性。关于区块链，在很多书籍、资料中都有详细介绍，这里不再过多展开。

而所谓智能合约（smart contract）其实并不是一个非常新的概念。早在 1994 年，美国计算机科学家尼克·萨博（Nick Szabo）就在他的论文中正式提出了智能合约的概念，并且他自己也尝试做了实验性的软件系统，但并没有得到工程上的验证，或者说当时还没有发现可以真正支撑相关特性的技术方案。直到 2013 年年底《以太坊白皮书》的出现，才使这个概念重新进入大众的视野，而以太坊这四年来总体稳定地运行，也从工程上证明了智能合约是可以实现的。

那什么是智能合约呢？

尼克·萨博曾举过一个现实世界中的例子来说明智能合约，他用的是 ATM 或者自动售货机。很容易理解，比如 ATM，我们要从自己的账户中取若干现金，那我们需要告诉 ATM 我们的账号（无论以何种方式），然后输入我们要提取的金额，ATM 则会根据我们账户余额的情况判断是否能给出足额的现金。对于自动售货机，也是类似的。售货机内的商品肯定是明码标价的，我们选想要的商品，然后付钱，机器会把商品“吐出”，并找零；商品不足或者支付金额不足时会给出相应的反馈。而与此类似的功能，目前都是可以在以太坊上通过智能合约实现的。比如我可以将合约当作我自己的一个现金钱包，有需要的时候从合约中提取相应的金额，余额不足时合约也会产生错误；又比如，我们可以通过合约来进行虚拟资产的售卖，就像 2017 年的 ICO（Initial Coin Offering）风潮那样，通过智能合约来进行 token 的发行、售卖等操作，整个过程都可以是公开透明且自动完成的。这就是智能合约。

在以太坊中，就是通过把基于区块链的交易，拿到一个具有自己的指令集、自己的存储机制（临时存储和永久存储）的可编程虚拟机中来执行，来实现智能合约的。这个虚拟机就是以太坊协议的最大创新，就是所谓的“以太坊虚拟机（Ethereum Virtual Machine，EVM)”。所以，以太坊也可以看作是“区块链 +EVM”。EVM 就是前面以太坊的技术定义中提到的支持图灵完备编程语言的基础设施，我们可以通过特定的高级语言，比如 Solidity，来自定义地编写智能合约。在本书的第 7 章中，我们将完整、详细地讲解以太坊协议（EVM）的原理和实现细节，这里就不再做过多展开介绍了。

最后需要解释的就是上文中以太坊的技术定义里多次提到的去中性化应用程序。DApp 可以简单地理解为以智能合约而不是以传统的、由个别组织和公司控制的以中心化的服务器（server）为后端的应用程序，DApp 的叫法是为了与那些基于客户端 – 服务器（client-server）架构或者浏览器 – 服务器（browser-server）架构的所谓中心化应用程序相区别。目前来看，根据业务需求，仅将部分应该由智能合约来处理的逻辑放到类似于以太坊这样的去中心化智能合约平台中，而其他无须做这种改动的业务仍然基于传统的服务器架构实现的所谓混合架构（hybird mode）的 DApp 具有更大的现实性，也更具有工程可行性。在本书中也有关于 DApp 开发的具体实例供读者参考，在此也不再过多展开了。

如今，以太坊已经成为程序员最为青睐的智能合约开发平台，这离不开社区为以太坊贡献的优秀的开源 DApp 开发工具和框架，例如：目前最受欢迎的以太坊开发框架 Truffle，可以在本地提供完整的合约编译、部署、测试功能；以太坊的 JavaScript API——Web3.js，能够帮助开发者使用 HTTP 或者 IPC 连接轻而易举地与本地或远程的以太坊节点交互；在币市上，排名前 100 的币中有 94% 都是按照以太坊的“ERC-20 tokens”标准进行的 ICO。

接下来使用一个简单的众筹示例来展示以太坊是如何运行的，以及以太坊在这个示例中解决了什么问题。目前世界上最大的众筹公司 Kickstarter，在每次众筹过程中，投资者都会将资金交给 Kickstarter 管理。如果众筹金额达到了创业团队设置的目标，那么 Kickstarter 应该将资金转交给团队，否则将投资者的资金按原路返还。然而，在这个过程中，无论是投资者还是创业团队，都完全将信任建立在 Kickstarter 上。目前在以太坊上已经有很多类似的应用，如图 1-1 所示，创业团队可以将众筹合约部署在以太坊上，通过 EVM 由以太坊上的所有节点执行。投资者向合约发送以太币（ether），合约将记录资金的变化，同时也会记录发送者的地址，以便将资金退回。

当众筹期限截止时，如图 1-2 所示，如果实现了众筹目标，合约将自动把资金发送到创业团队的账户，否则，合约将自动把资金退还到投资者的账户。合约的代码以及运行过程中的每一次状态改变都是公开透明的，没有任何机构或个人能够改变合约的执行结果。

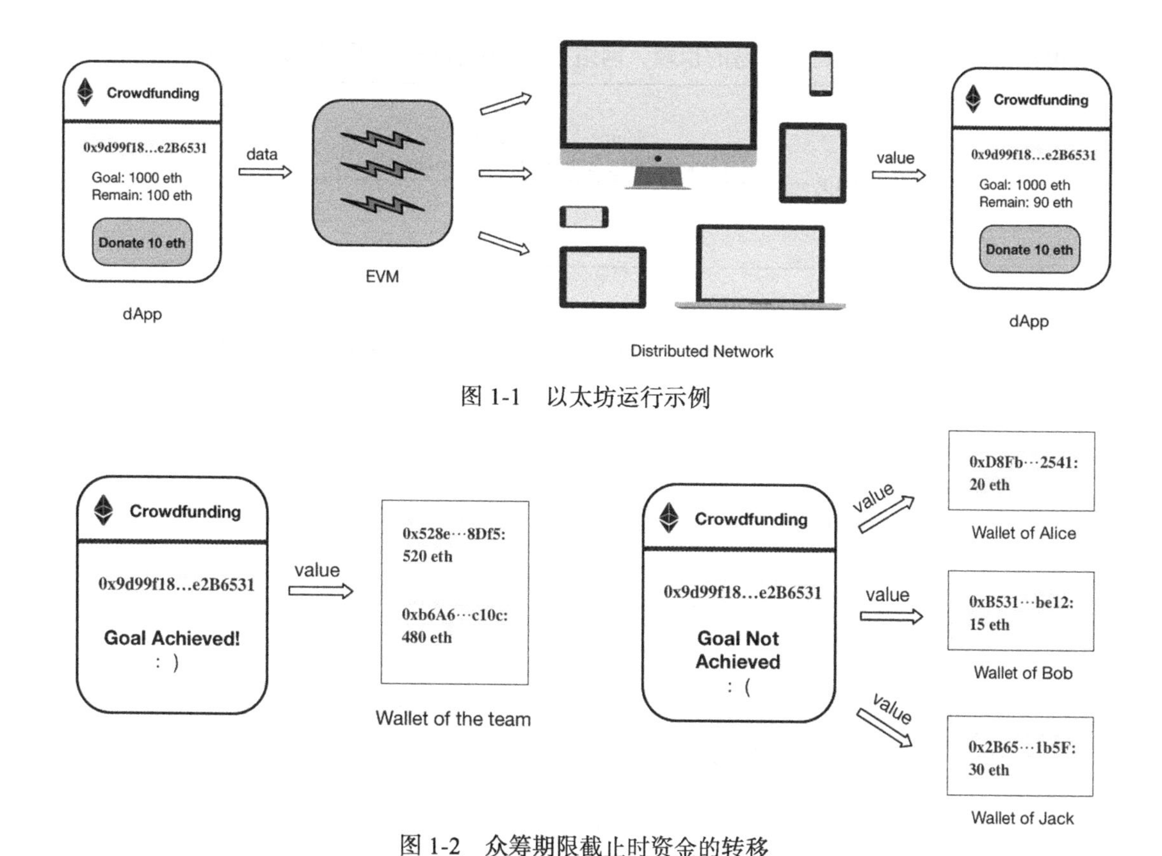

图 1-1 以太坊运行示例

图 1-2 众筹期限截止时资金的转移

1.2 以太坊的历史和发展路线图

以太坊的联合创始人 Vitalik Buterin 早在 2011 年就痴迷于比特币背后的技术，那时他年仅 17 岁。他活跃于各大比特币社区，不仅作为程序员为比特币的发展做出了重要贡献，而且与他人联合创办了 Bitcoin Magazine。然而他逐渐认识到了比特币区块链的局限性，他认为区块链除了可以用于数字货币的交易，还可以解决更多实际的问题，于是他开始考虑如何实现自己对区块链的愿景。

在 2013 年年底，Buterin 发布了《以太坊白皮书》，以太坊正式诞生。他凭借自己在开源社区的影响力，吸引了大批优秀开发者加入以太坊的开发队伍。2014 年 4 月，Gavin Wood 博士发布了《以太坊黄皮书》，其被称为以太坊技术“圣经”，详细描述了以太坊技术细节，以及 EVM 的运行原理，为以太坊之后的快速发展打下了坚实基础。2015 年 7 月，以太坊第一个正式版本“边境（frontier）”发布，从此以太坊进入高速发展期，越来越多的开发者加入其中。

根据 Etherscan 提供的数据，如图 1-3 所示，从以太坊上线时算起，截至 2018 年 6 月，整个以太坊网络处理的交易数量总计超过了 750 万次，基本呈指数型上升的趋势。其中，在 2018 年 1 月 4 日，达到了交易的顶峰，网络在 24 小时内处理了 130 万次交易。

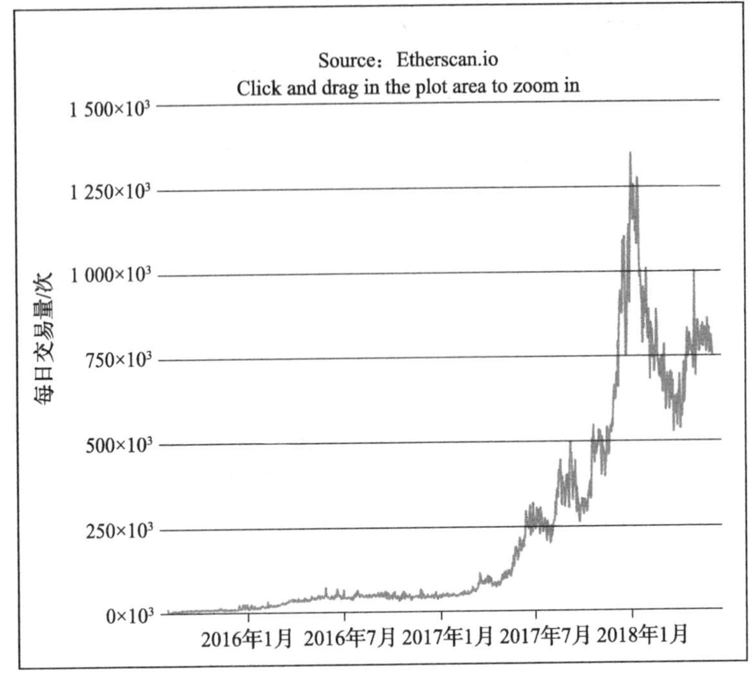

图 1-3 以太坊交易数量图

发展至今，以太坊网络中拥有唯一地址的节点数已经超过 3 500 万，如图 1-4 所示，从以太坊上线到 2018 年 1 月，节点总数一直呈指数级增长，其中，2018 年 1 月 5 日当天为增长速度的最高峰，增加了 35 万节点，之后基本以每天增加 10 万节点的速度线性增长。

从各个国家和地区的分布情况来看，根据 Ethernodes 提供的数据，共有超过 17 000 个以太坊节点分布在六大洲，这使得以太坊成为去中心化程度最高的区块链。拥有以太坊节点数最多的 10 个国家如表 1-1 所示。

表 1-1 拥有以太坊节点数排名前 10 的国家

国家	以太坊节点数量 / 个	所占比例
美国	6 839	38.67%
中国	2 192	12.40%
加拿大	1 128	6.38%
德国	872	4.93%
俄罗斯	803	4.54%
英国	576	3.26%
韩国	475	2.69%
荷兰	436	2.47%
法国	375	2.12%
日本	281	1.59%

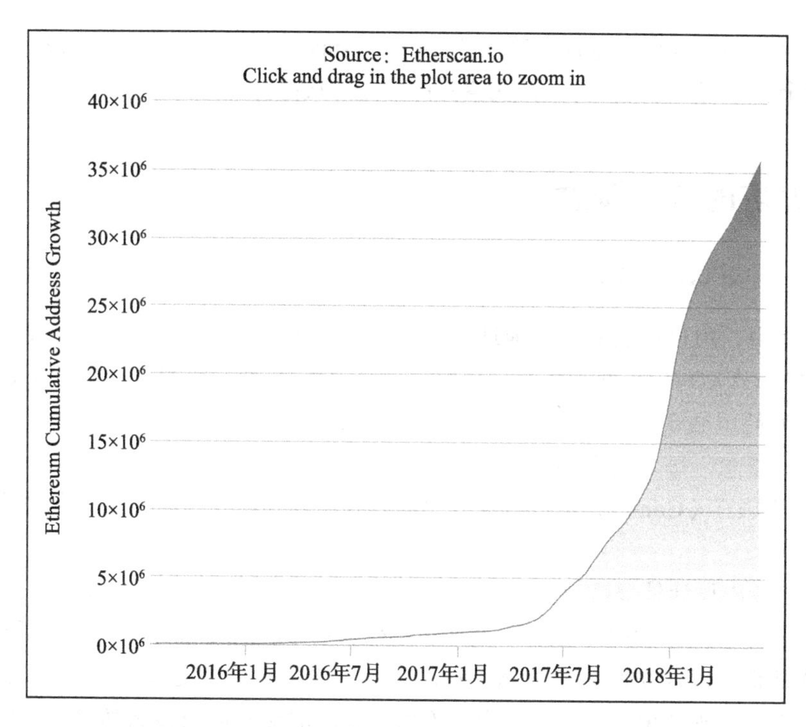

图 1-4　以太坊网络中拥有唯一地址的节点数量图

以太坊的发展规划主要分为 4 个阶段，每个阶段都会以硬分叉（hard forking）的方式进行。以下是这 4 个阶段的基本情况。

第一阶段：边境（frontier）

以太坊的第一个正式版本，2015 年 7 月 30 日发布。这个版本的以太坊还十分简陋，但已经可以执行智能合约，支持矿工挖矿，也支持以太币的交易。在这个版本上，用户首次可以购买以太币，并在以太坊上测试自己的 DApp。

第二阶段：家园（homestead）

“家园”于 2015 年 3 月 14 日发布，这个版本作为“边境”的后续版本，核心开发人员对其进行了大量的优化改进和广泛的测试，其安全性和稳定性已经受到开发者和用户的认可。但这个阶段仍处于以太坊的测试和发展阶段，在发布之后依然暴露出许多问题。

第三阶段：大都会（metropolis）

这一阶段的目标是实现更加易用、轻量级、速度更快、更安全的以太坊，给开发者在其上开发 DApp 提供更大的灵活性。此阶段分为两个版本，分别命名为“拜占庭（byzantium）”和“君士坦丁堡（constantinople）”。其中，“拜占庭”版本的硬分叉发生在 2017 年 10 月 16 日，而“君士坦丁堡”版本的升级时间预计在 2018 年完成，具体时间待定。

第四阶段：宁静（serenity）

以太坊的最终版本，目前规划在 2019 年完成升级。届时，以太坊最终将从工作量证明的共识算法完全转变成持有量证明算法（proof of stake），整个网络也将更快、更高效、更稳定、更安全、对用户更加友好，成为真正的主流区块链。

1.3 以太坊的基本概念

1.3.1 账户（accounts）

在比特币中，用户控制的只是地址，不存在实际账户的概念。用户通过带有自己地址的作为输出的UTXO的金额计算出自己的余额。这就类似于现实生活中使用的纸币，每次交易都会消耗整数个的UTXO，并且产生新的UTXO（找零）。然而以太坊的核心就在于拥有账户的概念，每个用户都会拥有两类账户：外部账户（Externally Owned Accounts，EOAs）和合约账户（Contract Accounts，CAs）。在一般情况下，以太坊中的账户指的是外部账户。

以太坊之所以设计外部账户和合约账户，是因为在以太坊中，账户被认为是状态对象：其中外部账户具有余额（balance），合约账户不仅具有余额，而且还有存储。所有账户的状态的集合就是整个以太坊网络的状态，每次产生区块的过程都是以太坊状态的一次更新，需要全网的节点达成共识。因此，账户对于用户之间的交易以及以太坊之上智能合约的执行都具有至关重要的意义。

以太坊的外部账户由用户创建，通过公钥密码学生成一个密钥对，唯一对应一个外部账户。用户在使用外部账户发送交易时，交易信息会被账户对应的私钥签名，从而使得EVM可以安全地认证交易发送者的身份。可以想象，如果以太坊只有外部账户的话，那它的功能也就只局限于外部账户之间发送以太币交易，也就跟比特币区块链差不多了。用户可以任意创建外部账户，而不需支付任何费用，而且外部账户之间的以太币交易也不消耗费用。

合约账户则是由外部账户创建的，由相应的外部账户所有，但只受到合约中的代码控制。一个合约账户对应一个合约代码。合约账户中也可以有以太币，这是为了将以太币暂存，等到合适的条件或时间再将以太币发送给其他合约或外部账户。合约账户中的代码不会自主执行，需要其他账户（外部账户或合约账户）发送交易（transaction）来触发代码执行。合约账户拥有属于自己的链上存储空间，代码以及代码每次执行后的状态都会存储在链上。合约账户的创建需要消耗一定的以太币，这是因为创建合约账户就是要部署新的合约，因此需要消耗一定的存储空间存储合约代码。而且由于每次调用合约账户都会触发代码的执行，激发全网节点进行共识，因此合约账户跟任何其他账户发生交易的时候都需要消耗一定的代价。

从表1-2中可以清楚地看出外部账户跟合约账户之间的共同点和区别。

表 1-2　外部账户跟合约账户的异同

	外部账户	合约账户
账户控制者	由用户控制	由代码控制
是否拥有以太币余额	是	是
是否存储有代码	否	是
是否可以发送交易	可以主动发送以太币的交易，并且可以发送交易触发合约账户代码	不可以主动发送交易，代码由外部交易激活，作为回应可以发送交易给其他账户
创建时是否需要消耗以太币	不需要	需要
发送交易时是否需要消耗以太币	跟其他外部账户发送以太币时不需要，跟合约账户交互时需要	需要

1.3.2　合约（contracts）

以太坊中的合约也称“智能合约”，但实际上就是一串非常简单的代码，并不具有智能性。在英文中称其为“ smart contracts”更多的是取单词“ smart”中“精巧的”之意，准确来说不应该翻译成智能合约，但按照业内形成的习惯，本书依旧会采用“智能合约”或者“合约”统一作为对“smart contracts”的翻译。

在以太坊中，一个合约实际上是一串代码的集合，包括代码中的各种函数以及代码运行过程中产生的各种状态。被部署的合约以 EVM 字节码（bytecode）的形式存储在区块链上，一个合约唯一对应一个合约地址。

幸运的是，合约开发者并不需要了解 EVM 的原理就可以编写自己的合约。以太坊支持多种高级编程语言，开发者可以用很少量的代码编写合约，经过专门的编译器将合约编译成字节码之后，部署到区块链上。以下是以太坊支持的几种用来编写合约的高级语言。

- Solidity：目前最受欢迎也是使用最广泛的合约编程语言，语法跟 JavaScript 十分类似，也是官方最为推荐和支撑力度最大的编程语言。在后文的智能合约实战部分，将全面介绍如何使用 Solidity 编写智能合约。
- Vyper：以太坊平台上目前最年轻的合约编程语言，目前仍处于试验阶段。Vyper 的设计初衷是简化合约编写流程，减少合约执行过程中的 gas 消耗，增强合约安全性。Vyper 的逻辑类似于 Solidity，但在句法上更像 Python，它的出现意味着以太坊彻底抛弃了原来基于 Python 的开发语言 Serpent，同时为开发者提供了对于 Solidity 的一个替代选择。
- LLL（Lisp Like Language）：类似于汇编的略微低级的合约编程语言，适宜完成一些简单、直接的任务。

1.3.3　交易（transaction）和消息（message）

在以太坊中，同时具有交易和消息两个概念。这两个概念有的时候表示的意思相同，但在一些特殊情况下却要区别对待。在这里我们将简单介绍两者的相同点和不同点。

“交易”和“消息”都在《以太坊黄皮书》中有明确的定义。“交易”在《以太坊黄皮书》中的定义是：“由外部账户签名的一串数据。既可以表示一个消息，也可以表示一个新的自治对象。交易记录在区块链的每个交易中。”这里的自治对象指的就是合约。简单来说，一个交易有可能表示发送一个消息，也有可能表示部署一个新的合约。一个交易会被广播到整个网络中，会被矿工处理后记录在区块链上，在这个过程中会消耗以太币。

“消息”在《以太坊黄皮书》中的定义是：“两个账户之间发送的数据（data）和值（value，即以太币）。消息既可能由自治对象产生一些确定性操作时产生，也可能由交易在数字签名时产生。”这里的意思是一个消息就是账户之间传递的数据和一定数量的以太币。消息有可能是在合约之间交互的时候产生，也有可能由交易产生，是一种内部的参数传输，不会发布在区块链上。

简而言之，交易都会在区块链上记录，而消息是发生在 EVM 内部的参数传输，不会显示在区块链上。

1.3.4 气（gas）

以太坊作为一个“世界计算机”，在执行每次操作的时候都会消耗一定的资源（计算、存储、内存等），因此以太坊的使用者想要让以太坊为其工作，就要向网络中的矿工支付一定的费用。由于计算机执行每次任务消耗的资源量几乎是恒定的，用户也希望自己支出的费用不会因为以太币价格的波动而有太大的变化。于是，gas 作为以太坊中一种特殊的工作量计量单位应运而生。

gas，顾名思义，可以很确切地将其比喻成以太坊世界的“燃料”，是以太坊生态系统的命脉，以太坊中的一切交易都要消耗一定量的 gas。比如在现实生活中，我们想要让我们的汽车一直运转，就要时不时地去加油站加油，并需要按照加油的量支付相应的费用。类比到以太坊中，汽车就是我们的合约，汽油的计量单位就是 gas，加油站就是矿工。

虽然矿工收取的是 gas，但 gas 并不能在以太坊中交易，更不能在以太坊之外流通，因此矿工需要将收到的 gas 转换成以太币作为收益。与 gas 机制相关的几个概念有：gasPrice、gasCost、gasLimit，以及 gasFee。以太坊通过一系列机制保证在 gas 兑换成以太币的过程中，gas 的价值不会发生太大的变化。

1. gasPrice

gasPrice 表示用户愿意支付的 gas 的价格，即每单位的 gas 可以兑换的以太币数量（eth/gas）。为了保证 gas 价值的稳定，gasPrice 会根据市场的波动而一直变化，保持用户愿意支付的价格与矿工能够接受的价格的平衡。换句话说，以太坊的矿工会优先打包 gasPrice 高的交易，如果 gasPrice 的值过低，那么这个交易可能要等很久，甚至永远不会被打包。根据 Etherscan 给出的数据，可以得出 gasPrice 的平均变化图，如图 1-5 所示。

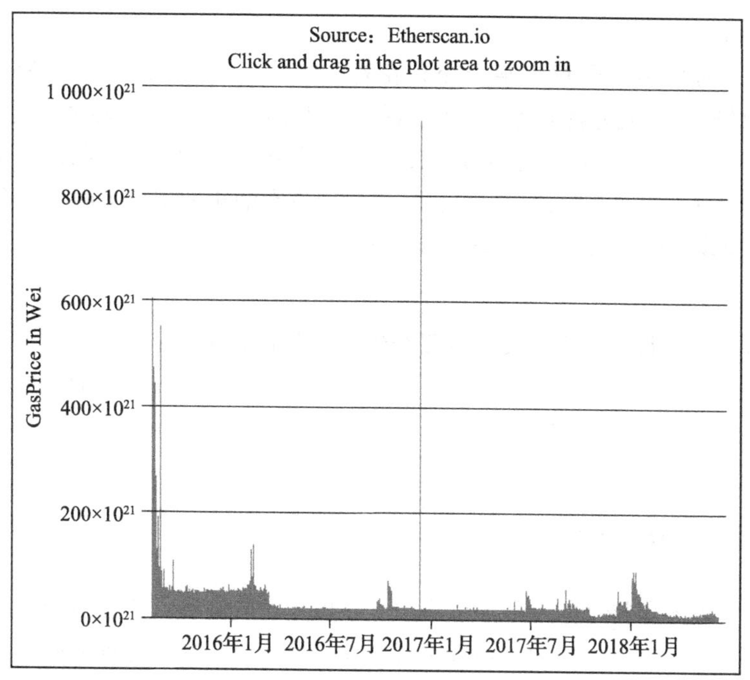

图 1-5 gasPrice 平均变化图

2. gasCost

gasCost 一般是恒定的值，表示以太坊的节点在执行某种操作时固定花费的 gas 数量，也就是表明每种操作所花费的成本是恒定的，几乎不会发生变化，从表 1-3 中可以查看常用的一些操作所花费的 gas 数量。

表 1-3 常用操作花费的 gas 数量

操作名称	花费 gas 数量	注　释
Step	1	一次执行所默认花费的 gas 数量
Stop	0	对于合约的停止操作不会花费 gas
Sha3	20	执行一次 SHA3 操作的费用
Sload	20	执行一次 SLOAD 操作的费用
Sstore	100	执行一次常规的 SSTORE 操作的费用（有时会加倍，或者会免除）
Balance	20	执行一次 BALANCE 操作的费用
Create	100	执行一次 CREATE 操作的费用
Call	20	执行一次 CALL 操作的费用
Memory	1	当执行扩展内存操作时，每扩展 1 字节的内存所花费的费用
Txdata	5	一个交易中每字节的数据或代码所花费的费用
Transaction	500	每个交易所花费的费用

3. gasLimit

gasLimit 指的是用户愿意为某个交易花费的最高 gas 数量，当实际消耗的 gas 达到 gasLimit 的值的时候，交易就会终止。换句话说，就是给一个交易能够消耗的 gas 数量设定一个上限。设计 gasLimit 的目的主要是为合约的执行提供一种安全机制，防止因为合约中的漏洞导致的对 gas 的无限消耗，可以将其类比成汽车油箱的容量上限。一个标准的发送以太币的交易所设定的 gasLimit 一般是 21 000。

4. gasFee

gasFee 是指在执行一个交易或者一段合约代码的过程中实际需要支付的 gas 数量。一个区块的 gasFee 可以用来推测出一个区块消耗的计算量、所包含交易的数量以及一个区块的大小。gasFee 最终都会支付给矿工。

1.4 以太币（ether）

以太币是类似于比特币的一种加密货币，在以太坊的健康可持续运行方面起着至关重要的作用。以太币不仅可以作为一种数字资产在以太坊上交易，更重要的功能是给以太坊中的矿工支付费用（通过兑换成 gas 的方式间接支付给矿工）。

在 1.1 节中我们已经了解到，以太坊致力于构建一种分布式互联网，为新型应用程序 DApp 提供基础运行环境。尽管以太坊不被任何第三方所有，但以太坊的运行也不是免费的，需要通过一种激励机制吸引全世界的矿工加入，为以太坊中发生的所有交易提供打包服务。跟比特币区块链通过比特币奖励矿工的方式类似，以太坊中奖励以太币。

1.4.1 以太币的发行

2014 年 8 月，以太坊在主网上线之前，展开了为期 6 个月的以太币“预售（presale）”活动，在预售期的前两周，用户可以以“1 比特币 =2 000 以太币”的比率兑换以太币，之后兑换比率线性降低到“1 比特币 =1 337 以太币”。预售活动结束后，总计募集了大约 6 000 万以太币，其中 1 200 万以太币用作以太坊开发资金，其余大部分都分配给了以太坊的早期贡献者、开发者，以及“以太坊基金会（Ethereum Foundation）”。

以太坊上线后，矿工每挖到一个区块（大约 15s）会获得 5 个以太币的报酬，即挖矿奖励（mining reward）。有些矿工虽然也挖到区块（找到了 PoW 的解），但他们的区块可能因为网络原因没有被添加到区块链上。此时，他们可能仍然会获得 2～3 个以太币的报酬，这种奖励称为“旁系奖励（uncle/aunt reward）”。在拜占庭版本更新后，挖矿奖励和旁系奖励分别降低到了 3 个以太币和 0.625～2.625 个以太币。

根据 2014 年预售时各方商定的条款，每年以太币发行的上限是 1800 万，这个数字大约是最初发行量的 25%。

1.4.2 以太币的单位

以太币的基础单位称为wei，其他单位都是从wei衍生出来的，例如Kwei、Mwei等，而且这些衍生出的单位都有独特的名字，一些源自为计算机科学和加密货币的发展做出杰出贡献的人的姓氏。表1-4列出了以太币各个单位的名称以及换算关系。

表1-4　以太币单位换算关系

单位	别名	与wei的换算关系
wei	—	1 wei
Kwei	Babbage	10 wei
Mwei	Lovelace	1 000 000 wei
Gwei	Shannon	1 000 000 000 wei
microether	Szabo	1 000 000 000 000 wei
milliether	Finney	1 000 000 000 000 000 wei
ether	—	1 000 000 000 000 000 000 wei

1.4.3 以太坊挖矿

以太坊中的“挖矿”跟现实世界挖掘金矿类似，只不过矿工获取的是以太币，而不是金矿。矿工在付出算力和电力挖矿的同时，实际上维持了整个以太坊网络的安全运行。为了补贴和奖励这些矿工，以太坊中每有一个区块生成，发布该区块的矿工将获得一定数量的以太币作为奖励。在以太坊中，挖矿是目前发行以太币的唯一方式，也是人们获得以太币的主要方式（还可以通过交易换取以太币）。

以太坊中之所以存在“挖矿”和“矿工”的概念，是因为以太坊与比特币区块链一样，采用工作量证明算法（Proof of Work，PoW）实现全网共识。工作量证明算法的核心是矿工在将交易数据打包进区块的时候，需要计算一个奇异值，使得整个区块的哈希值满足某个条件。由于哈希算法的特性，网络中的节点在计算这个奇异值的过程中，没有比逐一枚举更优的策略，然而验证奇异值是否满足条件只需要一次计算即可完成。找到符合条件的奇异值的时间与条件设置的难度以及节点的算力有关，因此，每个节点都有机会获得发布区块的权利，但算力更高的节点最终胜出的概率更高。除此之外，还可以通过调整条件设置的难度来控制全网产生一个区块的平均时间，在以太坊中，目前区块产出的平均时间是15s。

1.5 以太坊测试网络

和大多数区块链网络一样，以太坊网络也分为主网（mainnet）和测试网（testnet），彼此相互独立，为不同目的服务。

以太坊的主网即以太坊实际的“生产环境”。在主网上，以太币具有实际的价值，每次以太币的交换以及智能合约的执行都意味着实际价值的转移。测试网则是为了给开发人员测试新的网络特性，以及测试为智能合约的运行效果提供服务的“测试环境”。测试网中的以太币不具有实际价值，测试人员可以给自己的账户设置任意数量的以太币进行测试，而不用消耗实际的以太币。任何组织和个人都可以根据自己的需要搭建公开或私有的测试网络。以太坊官方发布的测试网络的发展历程如下。

（1）Olympic Testnet：Olympic Testnet是跟随以太坊的第一阶段“边境”发布的测试网络，在2015年年初发布，不到半年就被Morden Testnet取代了。

（2）Morden Testnet：Morden Testnet取代Olympic Testnet之后被称为以太坊第一个真正的公开测试网络，从2015年7月一直运行到2016年10月。然而由于区块链逐渐臃肿之后导致的同步时间过长，以及Geth客户端和Parity客户端共识不一致等问题，Morden Testnet被重建，之后改名为Ropsten Testnet。

（3）Ropsten Testnet：Ropsten Testnet服务于以太坊的第二阶段“家园”，于2016年年末发布，是一个能够跨客户端运行的测试网，直到2017年2月都在正常运行。在当时发生了一起针对Ropsten Testnet的恶意攻击事件，攻击者将gasLimit的正常值从470万调整到了90亿，导致网络中充斥了大量的巨型交易数据。大约过了一个月的时间，Ropsten Testnet才恢复正常。

（4）Kovan和Rinkeby：Kovan和Rinkeby都采用了权威证明算法（Proof of Authority, PoA）进行共识，只是分别服务于Parity客户端和Geth客户端。在这两个测试网络中，以太币的发行由受信的第三方控制，而不是矿工。这些受信的第三方一般是参与以太坊开发的区块链公司，致力于解决以太坊测试网中存在的问题。

1.6 以太坊客户端

以太坊客户端是一个宽泛的概念，凡是能与其他以太坊客户端通信，而且能够解析和验证以太坊网络中传递的各种交易消息（包括合约代码等）的节点都可以称之为以太坊客户端。主流的客户端应该也会提供创建交易以及参与挖矿的功能。

得益于Gavin Wood博士撰写的《以太坊黄皮书》，开发人员可以使用可行的编程语言在大多数平台上开发以太坊客户端，这也造就了以太坊客户端百花齐放的局面。尽管不同的客户端由不同的团队创建，使用不同的编程语言实现，但它们都遵从一样的协议。

目前，市面上主要有6个使用较广泛的以太坊客户端，分别用不同的编程语言实现。其中，Geth和Parity是目前最流行的两个以太坊客户端，所拥有的节点占有率远超其他语言实现的客户端。Geth使用Go语言实现，被公认为是以太坊客户端的“官方”版本，目前拥有最多的节点占有率。Parity 则使用相对小众的 Rust 语言实现，其作者就是《以太坊黄皮书》的作者 GavinWood，目前占有大约 30% 的节点。

1.7　以太坊生态系统全景扫描

以太坊诞生之后，Gavin Wood 首次提出 Web3 的概念，即利用区块链技术将目前中心化的应用和服务搭建在去中心化的协议之上。然而，想要实现如此宏大的愿景，单凭以太坊的 EVM 远远不够，还需要搭建许多外围的基础设施，围绕以太坊搭建全新的生态系统。本节将简单介绍目前最受关注的 Swarm、Whisper 以及 ENS（Ethereum Naming System）3 个项目，以使读者对以太坊的生态系统建设有大致的了解。

1.7.1　Swarm

Swarm 项目由以太坊的核心团队开发，是一个分布式的存储平台，提供内容分发服务，在 Web3 架构中充当最基础的一层。Swarm 的终极目标是为以太坊提供去中心化程度和冗余度足够高的公共数据库，尤其是用来存储和分发区块链上的数据。具体来说，Swarm 致力于为 DApp 提供一系列基础服务，包括但不限于消息传播、数据流、点对点审计、数据库、存储保险、易变资源更新等。

从终端用户的角度来说，Swarm 的突出特点不止体现在将数据分散式存储，更重要的是 Swarm 能够依靠以太坊区块链的优势，给用户提供一种具有抗 DDoS 攻击、抗审查、永不宕机、容错性高的分布式存储服务。以太坊基金会采用和运行以太坊测试网络类似的方式运行着一个 Swarm 的测试网络。所有人都可以通过在他们的服务器、台式计算机、笔记本式计算机或者移动设备上运行 Swarm 节点来加入网络。

1.7.2　ENS

ENS 基于以太坊的命名转换服务，主要功能是将形似“0xbfb2e296d9cf3e593e79981235aed29ab9984c0f”的以太坊钱包地址或者智能合约地址转换成易读的“myname.eth”形式。ENS 另外还有一个功能，是提供有关命名的元数据，例如智能合约的 ABI 或者用户的 whois 信息。

从功能上看，ENS 非常类似于我们熟悉的 DNS（Domain Name Service），只不过 ENS 所要转换的并不是网站的 IP 地址，而是以太坊账户地址、合约地址以及以太坊中其他的身份信息。ENS 同样也是使用“.”将域名分级，每一级域名的拥有者对其下的子域名都有控制权。ENS 的顶级域名，例如“.eth”和“.test”，由智能合约控制，合约中说明了其下子域名的分配规则。

由于 ENS 的实现完全依托于以太坊区块链，故 ENS 跟 DNS 的架构完全不同。ENS 包含两个主要部分：注册器和解析器。注册器由一个单独的中心合约组成，记录了所有的域名以及每个域名对应的所有子域名的信息。解析器则负责从域名到地址的实际解析工作。

1.7.3 Whisper

Whisper 同样由以太坊的核心团队开发，代码直接嵌在以太坊客户端中。简单来说，Whisper 是用于以太坊上 DApp 之间相互通信的协议。Whisper 的设计并不是为了提供面向连接的系统，也不是为了帮助网络中某一对通信节点简单地传送数据。Whisper 专为简单高效的广播通信设计，同时也适用于底层异步通信。典型的应用场景如下：

- 需要节点之间互相发布一些信息，且希望这些信息具有一定时效性的 DApp。例如，数字货币交易所可能需要这种应用来记录某人以某一汇率出售电子货币的报价信息。
- 需要提供节点之间非实时的线索提示或者一般性通信的 DApp。例如，小型聊天室应用。
- 需要节点之间相互协作才能进行交易的 DApp。例如，在数字货币交易所中，可以使用这种 DApp 在创建交易之前协调多个报价信息。

Whisper 的设计很大程度上考虑了对用户隐私的保护，然而这种保护需要消耗节点相当大的性能。在最安全的运行模式下，Whisper 在理论上可以提供 100% 的隐匿度。用户在使用 Whisper 的同时也可以自定义隐私级别，作为隐私保护与性能消耗之间的权衡。

Whisper 是一种底层协议，不同的 DApp 可以根据特定的需求调整对于 Whisper 的使用设置，因此它也被称为 DApp 的发展基石。Whisper 目前还在开发当中，处于 PoC（Proof of Concept）的第二阶段，已经可以在现有 Geth 和 Parity 版本上使用。因此，至于将来的发展，Whisper 的很多特性还可能发生变化。

1.7.4 其他相关项目

1. Oraclize

以太坊作为一个 DApp 的开发平台，其上的许多应用都需要从万维网上读取数据，例如，金融类的应用需要资产的价格数据；保险类的应用需要天气的数据；游戏类的应用需要生成随机数，等等。然而，从某种程度上来说，区块链是一个相对“封闭”的网络，无论是比特币的脚本（script）还是以太坊的智能合约，都无法从区块链外部直接读取数据。Oraclize 的诞生解决了这个问题。

Oraclize 在区块链的世界里充当“数据搬运工”的角色，它为 Web API 与 DApp 之间建立了可靠的连接。当以太坊上的智能合约需要抓取外部数据时，它需要向区块链上 Oraclize 合约发送一个查询（即合约调用），指定数据源以及相关参数。Oraclize 的服务端会不断扫描新传入的查询，每当找到一个新的查询时，服务端会根据查询制定的数据源及参数抓取数据，将其打包后调用合约的 _callback 方法将结果返回。

在整个数据传输过程中，Oraclize 并没有打破区块链自身的安全模型，也没有更改数据源的格式和服务。Oraclize 的解决方案是为所有从数据源处获取的数据做真实性证明，证明文件可以跟返回的数据一起获得。关于 Oraclize 实现真实性证明的细节以及 Oraclize 服务的使用方法可以从官网 www.oraclize.it 获取。

2. IPFS

IPFS（InterPlanetary File System，星际文件系统）是一种新型的超媒体分布式存储、传输协议，旨在构建更快、更安全、更自由的互联网。与传统的 HTTP 不同，IPFS 索引数据的方式并不是依赖于服务器的 IP 地址，而是数据的哈希值。除此之外，IPFS 最大的优势体现在数据的存储是分布式的，从而有效地避免了单点失效，也在很大程度上降低了 DDoS 攻击的风险。

IPFS 本身在技术上没有独特的创新，IPFS 的主要贡献是将多种市面上成功的 P2P 技术融合在一起，形成一个单独的分布式系统，从而达到“1+ 1 > 2”的效果，这些技术主要包括：哈希表（Distributed Hash Tables, DHTs)，文件共享系统——BitTorrent，版本控制系统——Git，自认证文件系统——SFS。IPFS 将每个文件的哈希值作为文件的索引，不但可以快速检索文件，而且可以实现在全网剔除冗余数据，减少对存储空间的需求。IPFS 使用的数据结构是 Merkle DAG（与 Git 存储文件的数据结构相同），因此可以记录文件的所有变更记录，并且可以轻易回溯到文件的某一历史版本。每个 IPFS 节点除了存储本地所需的数据之外，还会存储一张记录数据存储位置的哈希表，以便进行文件的查询和下载。

IPFS 本身并不是为区块链而设计的，但其与生俱来的去中心化属性以及存储文件的数据结构可以用作区块链的链下存储，很好地解决了区块链本身存储容量受限的问题。目前，在以太坊平台上引入 IPFS 作为链下存储的一般方案是，将数据本身存入 IPFS，获得数据的索引哈希值，之后将该哈希值存入区块链中。

1.8　本章小结

在本章中，我们带领读者初步窥探了以太坊的世界，主要介绍了以太坊相关的概念以及以太坊目前的生态建设情况。一些读者朋友可能在初次阅读本章之后仍然会对一些概念感到有些模糊，不过没有关系，请读者朋友们继续阅读后续的实践以及原理剖析的章节，很多概念都会在后面经常出现，到时回到本章再次阅读，相信读者会有更进一步的理解。

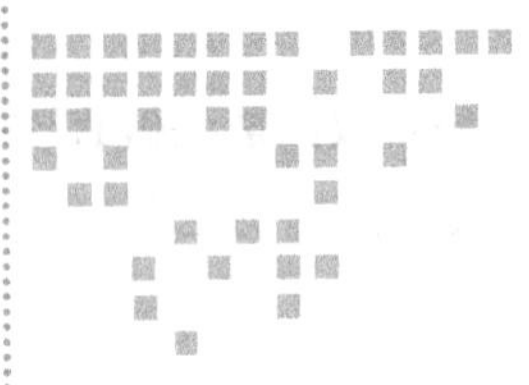

Chapter 2 第2章

以太坊基础交互及基础开发工具详解

在上一章中我们学了区块链的基础知识，同时了解了以太坊以及以太坊的几类客户端的基本情况。本章将在对太坊客户端程序安装、环境搭建、命令操作和智能合约开发工具进行介绍。

本章分两部分：第一部分深入学习以太坊客户端Geth的相关操作，其中包括客户端程序的下载、安装、启动、测试环境搭建、json-rpc基础命令操作等；第二部分用一个简单的例子带大家学习智能合约官方开发工具Remix的基本使用，为后续更进一步学习智能合约开发做铺垫。

2.1 以太坊客户端的下载、安装及简介

对于开发人员来说，像Ethereum Wallet这样的图形化客户端并不是我们的最优选择，而开发智能合约等更多需要的是通过命令行进行操作。因此，本书将开发客户端程序选定为Geth客户端，采用最新版本v1.8.10。同时，操作系统均基于Mac系统，对Linux系统来说基本可以照搬过去使用，但对于使用Windows操作系统的读者需要转换为对应的命令操作工具进行学习。

2.1.1 Geth下载

以太坊官方网址为https://ethereum.org/。在官方首页可以直接看到下载Ethereum Wallet的链接，但这并不是我们需要的。下载Geth客户端的首页为https://geth.ethereum.org/，在这个页面能够看到Geth客户端的简介、下载链接和GitHub源代码链接，如图2-1所示。

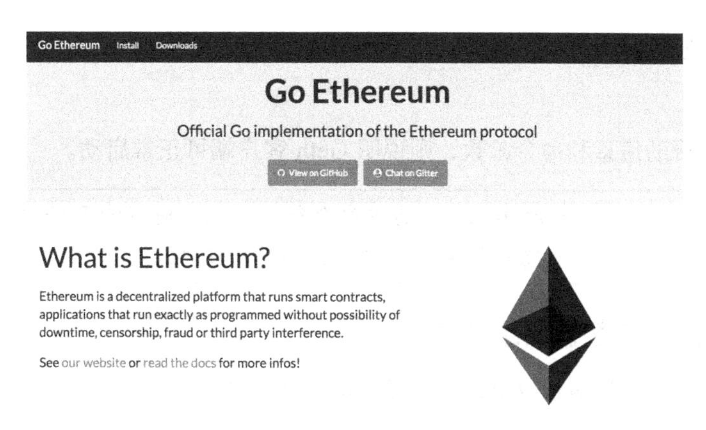

图 2-1　Geth 客户端首页

点击图 2-1 所示界面左上角导航栏中的“Downloads”进入下载页面，选择需要下载的操作系统，完成下载操作。这里我们选择“Geth1.8.10 for macOS”版本，详情如图 2-2 所示。

图 2-2　Geth 客户端下载页面

小技巧：在下载页面可能会由于网络不好等原因，页面一直显示“Retrieving pack-ages from release server...”，同时页面有遮罩效果无法进行其他操作，有一定开发经验的读者可以通过浏览器的查看或 firebug 等功能，直接找到对应下载按钮后面的 URL 链接地址进行直接下载。

2.1.2　Geth 安装

下载完成之后，文件名称为“geth-darwin-amd64-1.8.10-eae63c51.tar.gz”，解压并重命名文件夹为 geth，在 geth 文件下能够看到两个文件：COPYING 和 geth。其中 geth 就是我们以后要与之打交道的以太坊 geth 节点启动程序，如图 2-3 所示。

图 2-3　Geth 安装文件

解压完成，通过终端进入 Geth 所在目录，执行以下命令验证安装是否可执行：

```
./geth -h
```

如果打印出帮助信息和命令参数，则说明 Geth 客户端可正常启动。

> 注意 在某些版本中的 Mac 计算机下，通过命令行执行程序时可能无任何反应，此项需在“偏好设置→安全性与隐私”中对此应用程序进行认可设置。

2.1.3 Geth 启动与数据目录结构

安装完成之后，直接执行以下命令即可启动 geth 节点：

```
./geth
```

需要注意的是，如果通过上面的命令启动节点，节点将直接连接公有链并进行数据同步，一定要确保存储目录有足够大的磁盘空间来存储公有链数据。同步的数据如果是 Windows 系统则存储在 C 盘下，如果是 Linux 系统则存储在用户对应的 home 目录下。关于如何修改默认存储路径将在下一节中详解介绍。Linux 默认存储路径示例如下：

```
/Users/zzs/Library/Ethereum
```

首次执行启动命令会生成图 2-4 所示的两个文件夹：geth 和 keystore。其中 geth 存储区块链数据信息，keystore 存储（加密过的）私钥文件。私钥文件一定要慎重保管，它意味着用户是否拥有对应地址上的资产，私钥文件是一个名称如下的文本文件：

```
UTC--2018-06-11T15-00-05.188042543Z--da652ca84f531deb3c2baeacfda3a2b00aa01c23
```

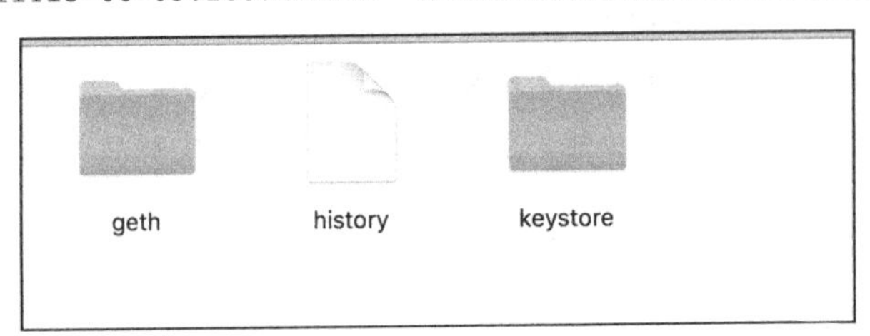

图 2-4 Geth 数据存储目录结构

2.1.4 网络环境分类

根据连接节点数的多少和链接的网络环境可将以太坊的网络分为公有链、私有链和联盟链。本节不对此内容进行过多展开讲解，只针对后续使用过程中涉及的不同环境进行解释说明。开发人员在不同的环境下可选择不同的网络进行使用。

- **私有链**：启动一个独立的节点，并通过初始化文件来创建创世块。通过此方式创建的私有链可以自行设置挖矿难度、创世块时间戳、nonce 值、挖矿账号等。初始化创世块之后，启动节点会自行进行挖矿操作。此种模式可在开发、测试环境中使用，但需要对创世块的配置有一定的了解，在开发过程中一般不采用此种模式。

- **回归测试模式**：回归测试模式是 Geth 为开发测试人员专门提供的一个链路启动模式，通过 -dev 参数可启动回归测试模式。此模式又分两种类型，一种是开启此模式之后节点自动进行挖矿，另外一种类型是当有 pending 交易时才进行挖矿。此模式有利于开发人员进行程序的开发和调试，推荐使用，具体使用方法见后面相关章节。
- **联盟链**：联盟链是基于私有链进行扩展的，是由两个或多个节点构建的一个区块链网络，一般不会对外开放链接，仅限组织内部或合作组织之间进行使用。除非智能合约发布在联盟链中，需要进行测试，否则对智能合约开发来说暂无与之匹配的开发阶段。
- **测试链**：测试链是由全网的测试节点构成的公有链。在 geth 节点启动时添加—testnet 或—rinkeby 来启动测试链。使用这两个参数启动的测试网络分别对应 Ropsten 网络和 Rinkeby 网络。Ropsten 网络是预先配置的 PoW 测试网，Rinkeby 网络是预先配置的 PoA 测试网络。这个环境是在公有链测试前的最后一道环境，此环境中的以太币一般需要通过一些提供测试币的网站获取。因此，往往会忽略掉此环境，直接在公有链上测试发布。
- **公有链**：公有链就是 geth 节点启动默认链接的挖矿网络链路，也是我们开发的产品真正需要发布的地方。公有链就是所有交易和智能合约汇集的地方，但使用公有链也有一定的弊端，比如，需要购买以太币来支付 Gas，数据同步时间过长，数据占用磁盘空间过大等。这里就不再赘述。

2.2 核心命令和参数解析

安装完成 Geth 客户端之后，可通过 help 命令获取客户端支持的所有命令及参数情况（官方 GitHub 提供同样的文档），我们从中挑选一些常用的基础命令和 json-rpc 命令进行讲解演示，其他参数在了解基本使用方法之后，大家可自行尝试验证。

2.2.1 如何获得命令及参数

通过如下 help 命令可获得 geth 参数使用方法的相关信息：

```
localhost:geth zzs$ ./geth -h
```

通过上面的命令获得 geth 相关的命令参数，比如执行 account 操作的命令。但如果想进一步获得 account 的相关命令操作，可进一步执行如下命令：

```
localhost:geth zzs$ ./geth account -h
```

每个版本参数都会有或多或少的变化，当在具体使用过程中发现某些参数无效或想进一步了解某个参数的具体使用方法时，最直接的方式就是通过 help 命令获得当前版本的操作命令信息，对照是否存在此操作，以及操作的使用方法是否准确。参照 help 文档，我们来了解一些常见命令的使用方法及注意事项。

2.2.2 常见基础操作命令

基础操作命令为启动 geth 节点时的一些配置项和与 geth 进行基本交互的命令。比如，启动时配置数据存储目录，如何开启 json-rpc、如何开启 web3j 交互等。下面对常见的使用方法进行讲解，更多的命令读者可通过 2.2.1 节的 help 命令进行获取和尝试。

1. 指定数据存储目录

直接启动 Geth 程序时，Geth 会同步公网数据，并将数据默认存储在用户所在根目录的 /Library/Ethereum 下面（这里指 Mac 环境，Windows 系统在 C 盘下）。截至目前，几百吉字节的区块链数据如果都放在系统盘下会出现严重的问题。我们可以通过 datadir 参数来改变区块链数据存储的目录。

datadir 参数指定 Geth 区块数据及私钥存储目录。添加此项参数之后启动命令为：

```
./geth --datadir /Users/zzs/my/book/geth1.8/geth/data
```

通过此命令启动，会在 /Users/zzs/my/book/geth1.8/geth/data 下存储区块链相关的数据和私钥文件。即便指定了存储路径，也一定要确保 data 所在目录有足够大的磁盘空间。

2. 开启 json-rpc 服务

如果需要通过 json-rpc 方式来与 Geth 进行交互，还需要开启对应的功能：

```
--rpc
--rpcapi "db,eth,net,web3,miner,personal"
```

第一个参数 --rpc 告诉节点开启 json-rpc 服务，第二个参数指定 rpc 服务支持哪些操作权限。不同的 rpcapi 参数对应不同的操作命令权限，可在官网查看具体的使用方法。但无论如何都需要提醒大家一下，慎重对外网开放过高的权限，比如 personal、admin 等权限。如果必须开启，一定要保证只有指定的 IP 才有权限访问此端口的服务。

3. ipcpath 和 attach

此参数指定 ipc 临时文件的路径，默认在 datadir 指定的目录之下，当节点启动时会生成一个名字为 geth.ipc 的文件，当程序关闭时此文件随之消失；可配合 attach 命令进入与 geth 节点进行 js 交互的窗口。基本命令如下：

```
./geth attach rpc: /Users/zzs/my/book/geth1.8/geth/data/geth.ipc
```

公有链环境中一般采用后台进程的形式来启动 geth 程序，Linux 下通过 nohup 和 & 将 Geth 启动为后台进程，然后可以通过 attach 命令行来进行交互。

4. console

通过此命令可以直接启动 Geth 并进入交互命令窗口，但一旦退出命令操作界面或连接服务器的进程断开，geth 节点也随之被停止，使用示例：

```
./geth --datadir /Users/zzs/my/book/geth1.8/geth/data --rpc --rpcapi "db,eth,net,
    web3,miner,personal" console
```

5. 开启 dev 回归测试

dev 模式也叫回归测试模式，主要用来给开发人员提供一个方便的开发测试环境。通过此种模式可以轻松地获得以太币并发起交易，交易也会被快速地打包，节省时间，方便验证。还可以利用 dev 模式进行区块孤立等业务场景的测试，是开发必备的模式。

dev 模式的开启十分简单，只需在启动命令后面添加 --dev 即可，同时可配合 dev.period 来进行不同挖矿模式的调整。

```
--dev   使用POA共识网络，默认预分配一个开发者账户并且会自动开启挖矿
--dev.period value   开发者模式下挖矿周期 (0 = 有pending状态交易时进行挖矿，默认：0)，参数
    值为1时，自动进行挖矿
```

2.2.3　常见 web3j 交互命令

2.2.2 节介绍了如何启动 geth 节点及相关的参数使用方法，当完成 geth 节点的启动之后，再带大家学习一些常见 web3j 交互命令的基本使用方法。与此同时，大家可以参考官网文档，学习更多的命令使用方法（https://github.com/ethereum/wiki/wiki/JSON-RPC）。以下操作命令均需要进入 console 交互命令窗口之后才可完成相应的操作。

1. 查看账户

查看当前节点下的所有账户地址：

```
> eth.accounts
["0xda652ca84f531deb3c2baeacfda3a2b00aa01c23"]
```

2. 查看当前块高

同步节点时经常用到一个命令，查看当前节点的块高为多少，与区块链浏览器进行对比，确认是否同步完成。在公有链环境中，如果查询块高值为 0，则说明区块并未同步完成。

```
> eth.blockNumber
0
```

3. 创建账户

创建一个属于自己的地址，使用 personal 角色的命令进行操作。密码设置支持两种形式：一种是直接在创建命令中写明密码；另一种是先执行创建命令，然后像 Linux 操作系统输入密码那样输入密码。第二种形式中，输入的密码无法看到，密码输入完成，按回车键即可。创建账户需要一定的时间，这与加密算法的复杂度有关，因此当需要大量地址时建议提前批量生成。

```
#方式一:
> personal.newAccount("123456")
"0x46c80960f3bd55af3e07595d1241ccfe2d072f61"
#方式二:
> personal.newAccount()
Passphrase:
Repeat passphrase:
"0x22ac1bae0fe073ec1fd353b136a2b2c2d21dbf72"
```

再次执行查看账户命令，发现已经有刚刚创建的两个账户了：

```
> eth.accounts
["0xda652ca84f531deb3c2baeacfda3a2b00aa01c23", "0x46c80960f3bd55af3e07595d1241cc
    fe2d072f61", "0x22ac1bae0fe073ec1fd353b136a2b2c2d21dbf72"]
```

4. 查询账户余额

查询指定地址的余额信息。此处需注意，在公有链上如果此账户的交易数据未同步到本地节点，则此方法查询出来的余额为此交易未发生之前的余额，也就是说余额的多少与同步到的区块链数据有关。

```
> eth.getBalance("0x46c80960f3bd55af3e07595d1241ccfe2d072f61")
0
```

5. 转账

从 A 账户转账一定金额的以太币到 B 账户，使用 eth.sendTransaction 方法进行转账。比如，从账户 0xda652ca84f531deb3c2baeacfda3a2b00aa01c23 转账 1 个以太币到 0x46c80960f3bd55af3e07595d1241ccfe2d072f61，具体操作命令如下：

```
eth.sendTransaction({from:"0xda652ca84f531deb3c2baeacfda3a2b00aa01c23",to:"0x46c
    80960f3bd55af3e07595d1241ccfe2d072f61",value:web3.toWei(1,"ether")})
```

如果未对转出账户进行解锁操作，直接执行上面的方法会得到如下异常：

```
Error: authentication needed: password or unlock
    at web3.js:3143:20
    at web3.js:6347:15
    at web3.js:5081:36
    at <anonymous>:1:1
```

解锁之后再次执行命令获得交易 hash 值，如下：

```
> eth.sendTransaction({from:"0xda652ca84f531deb3c2baeacfda3a2b00aa01c23",to:"0x4
    6c80960f3bd55af3e07595d1241ccfe2d072f61",value:web3.toWei(1,"ether")})
    INFO [07-02|21:39:38] Submitted transaction               fullhash=0x9f
        d7485767ec81896cd1046f93cbe0e400c1e94461d57e3cbaa973b6c0b5e823  recipient
        =0x46c80960f3Bd55aF3E07595d1241ccFE2D072f61
    "0x9fd7485767ec81896cd1046f93cbe0e400c1e94461d57e3cbaa973b6c0b5e823"
```

另外，获得交易 hash 值在公有链环境中只代表此交易已经发送到本地节点了，但并不代表此交易已经成功。这个过程中可能交易还只是存在于队列中，即使被打包也可能会因为区块孤立等原因被回滚，重新打包。在公有链中，大家一般认为只有确认了6次以上的交易才视作成功（因为此时被回滚的可能性极小）。

6. 解锁转出账户

通过personal.unlockAccount命令进行账户解锁操作，解锁之后在一定时间内可进行转账操作。其中第一个参数为转出账户，第二个参数为密码。也可以只填写第一个参数，然后通过命令行提示再输入密码。

```
#方式一（默认账户密码为空）
> personal.unlockAccount("0xda652ca84f531deb3c2baeacfda3a2b00aa01c23",")
true
#方式二
> personal.unlockAccount("0xda652ca84f531deb3c2baeacfda3a2b00aa01c23")
Unlock account 0xda652ca84f531deb3c2baeacfda3a2b00aa01c23
Passphrase:
true
```

需要注意的是默认解锁时间为300s，可设置有效解锁时间防止资产被盗。最好在解锁并完成交易操作之后，马上执行lockAccount命令将账户重新锁定。

```
> personal.lockAccount("0xda652ca84f531deb3c2baeacfda3a2b00aa01c23")
true
```

7. 启动挖矿

执行启动挖矿命令之后，geth节点（dev模式）开始挖矿并在控制台输出挖出的区块信息。

```
> miner.start()
INFO [07-02|21:41:42] Transaction pool price threshold updated price=18000000000
INFO [07-02|21:41:42] Starting mining operation
null
> INFO [07-02|21:41:42] Commit new mining work                    number=1 txs=1
    uncles=0 elapsed=836.348µs
```

8. 停止挖矿

在停止挖矿时命令行可能会疯狂输入日志，不用关心日志输出打断命令输入，只要输入一下命令并执行回车即可停止挖矿。

```
> miner.stop()
true
```

9. 命令使用技巧

以上介绍了一些核心的命令使用方法。geth节点提供了丰富的命令帮助我们进行发送交易、挖矿、获得节点或交易信息等操作。如果在操作的过程中无法记住所有的命令，可通过在命令行连着敲击两下Tab键获得帮助，或者输入命令的前部分，单击Tab获得帮助。

```
> eth.
```

2.3 Remix 详解

以太坊智能合约的开发支持多种语言，比如 Solidity、Serpent、Mutan、LLL。目前来看，Solidity 是开发智能合约的首选语言。而使用 Solidity 开发智能合约的首选工具就是 Remix。本节我们结合一个简单的智能合约实例来讲解一下 Remix 的使用，关于 Solidity 语法部分不在此节进行介绍。

2.3.1 Remix 简介

在 Solidity 官方文档中用这么一段话来介绍 Remix，翻译过来内容如下：

目前最好的试用 Solidity 的方法就是使用 Remix（加载插件可能需要一些时间，但请耐心等待）。Remix 是一个基于 Web 浏览器的 IDE，通过它可以编写 Solidity 智能合约，然后部署并运行智能合约。

正如上面介绍的，Remix 是一个基于 Web 浏览器的在线智能合约开发 IDE，提供了从智能合约编写、编译、调试到部署的全流程工具，而且操作简单。

打开 Remix 只需在浏览器中输入地址：https://remix.ethereum.org/。稍等片刻，价值完成之后，在工作区域内会默认有一套 Ballot 投票智能合约。基本编程区域和可操作界面如图 2-5 所示。

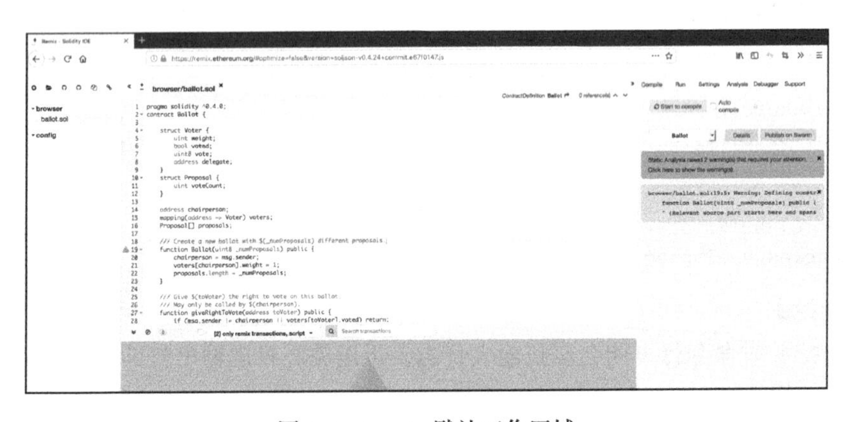

图 2-5 Remix 默认工作区域

下面简单介绍一下此工具支持的功能。

- **文件夹管理：**最左边是文件夹管理，里面列出了当前工作区里的文件，Remix 可以支持从本地文件夹读取文件。图 2-5 中对应列出了默认的 Ballot 智能合约的 sol 文件。在这个区域可以新创建智能合约文件，打开本地智能合约文件，上传到 GitHub 代码托管平台，设置本地连接等操作。
- **工作区：**中间部分为工作区，其中上部分是代码编辑区，如图 2-5 所示的 Solidity

代码。下半部分是日志区，在执行智能合约时，会显示 transaction 相关的信息。在输出日志的时候还可以查看 Details 和 Debug 信息。

- **功能区**：最后边为可操作的功能区，包含编译（Complie）、运行（Run）、设置（Settings）、分析（Analysis）、调试（Debugger）和支持（Support）。

值得注意的是编译功能中的详情（Details），展示了编译的各种细节，后面我们代码的发布内容也是直接使用里面的内容，它包含了 NAME、METADATA、BYTECODE、ABI 等信息。

2.3.2 Remix 实战

前面介绍了 Remix 的基本操作界面和功能，本节带大家实际操作如何创建一个 HelloWold 的智能合约，关于更复杂的智能合约的使用及语法在后面的章节中会详细介绍。这里只针对 Remix 的使用步骤进行介绍。

1. 创建 sol 文件

点击左侧文件夹区域中左上角的加号，弹出浮动窗口，将"File Name"下面的默认文件名改为"HellowWorld.sol"，然后点击"OK"，详情如图 2-6 所示。

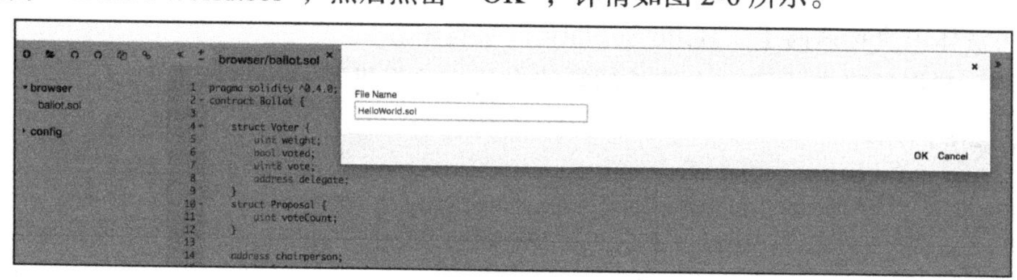

图 2-6　创建智能合约文件

经过上面的步骤，就完成一个智能合约文件的新建。左侧"browser"中新增一个"HelloWorld.sol"文件，工作区中也对应打开了此文件，内容为空，详情如图 2-7 所示。

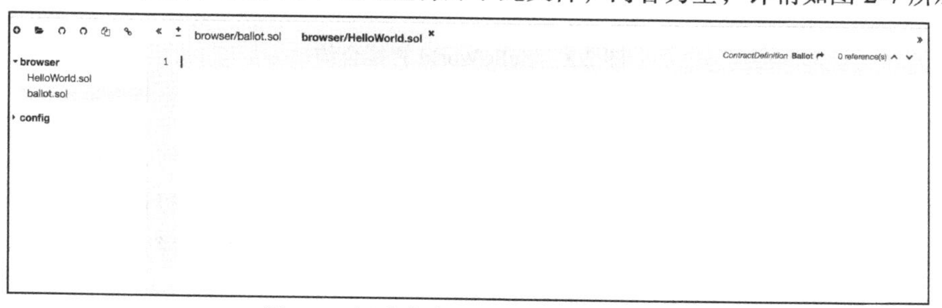

图 2-7　新建内容为空的智能合约文件

2. 编写智能合约

像学习任何一门新语言一样，第一个实例基本上都是 HelloWord，同样，我们也来编写一个 HelloWord 的智能合约。

首先，指定 Solidity 语言的版本，这里可以直接使用 Remix 示例代码中的版本。通过 pragma 来指定，指定版本为 0.4.0。需要注意的是版本号前面的“^”代表的含义，它表示此智能合约语法兼容的版本范围为：0.4.0～0.4.9。

```
pragma solidity ^0.4.0;
```

像面向对象编程语言定义一个类（比如 class）一样，定义一个合约（contract）。声明 contract 后即内置开启了开发智能合约所需的功能。具体代码如下：

```
contract HelloWorld{
}
```

通过上面的代码就完成了合约的定义。在此基础上，可以指定合约的构造方法、函数、变量等信息。如果不指定构造方法，则会调用默认的构造方法。

在合约内定义一个 helloSolidity 的方法，该方法返回一个“Hello Solidity!”的字符串。

```
function helloSolidity() returns (string){
        return ("Hello Solidity!");
    }
```

其中 function 声明了方法，helloSolidity 为方法的名称，returns 后面指定返回类型为字符串，方法体内直接返回了“Hello Solidity!”字符串。

至此，我们已经完成了一个简单的智能合约，并提供了一个可以返回固定字符串的方法，如图 2-8 所示。

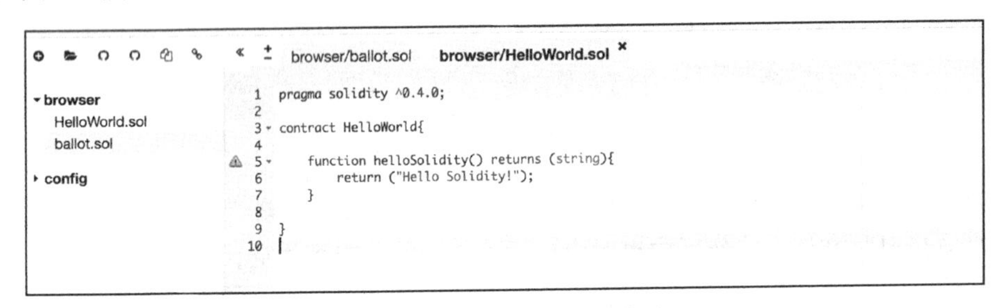

图 2-8 HelloWorld 智能合约

3. 编译智能合约

当完成了简单的智能合约编写之后，开始编译智能合约。编译智能合约 Remix 提供了两种形式，一种是手动点击按钮进行编译，另一种是自动编译。可以选择点击“Start to compile”手动编译，也可勾选“Auto compile”，每次编写之后自动进行编译。具体操作按钮如图 2-9 所示功能区“Compile”下面的选项。

同时，可以看到在“Start to compile”下面的下拉框中出现了我们的 HelloWorld 智能合约的名字。点击“HelloWorld”后面的“Details”就可以看到编译后的相关信息，如图 2-10 和图 2-11 所示（这两张图显示了核心部分，但并未完全展示所有编译信息，读者可自行下拉查看其他编译信息）。

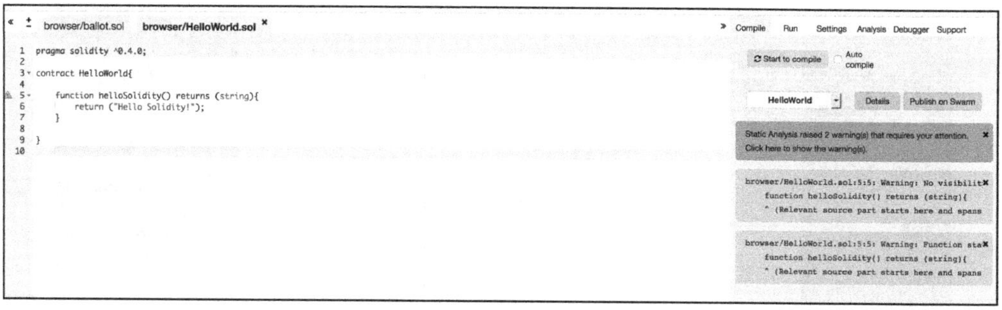

图 2-9　编译智能合约

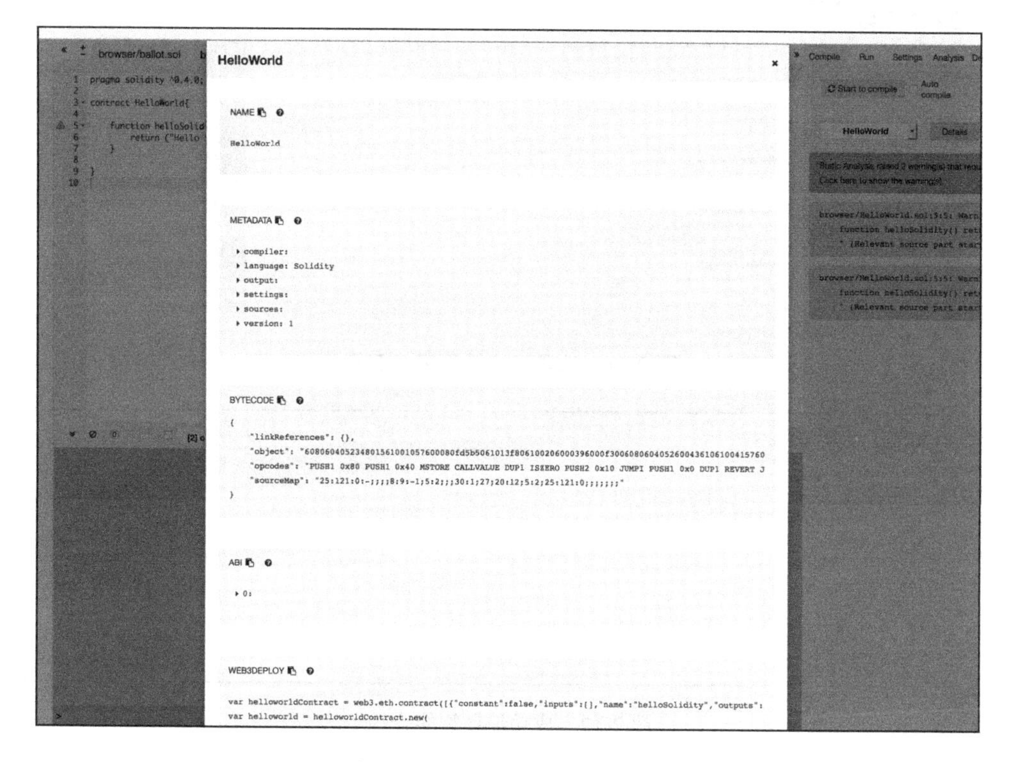

图 2-10　编译智能结果第一部分

细心的读者可能已经发现，当点击编译之后，在代码的第 5 行和功能区的下面会出现两个黄色的提示块。这两个提示块正是在编译的过程中 Remix 对代码进行分析之后的友好提示，都是警告（Warning）级别的，就是说代码可以正常编译，没有语法错误，但如果运行需要注意提示框里面可能发生的问题。这也是我们在编写智能合约时最常遇到的问题之一。

解决这类问题需要有一定的 Solidity 编程基础。根据提示修正代码之后，再次执行编译，提示信息消失，具体结果如图 2-12 所示。

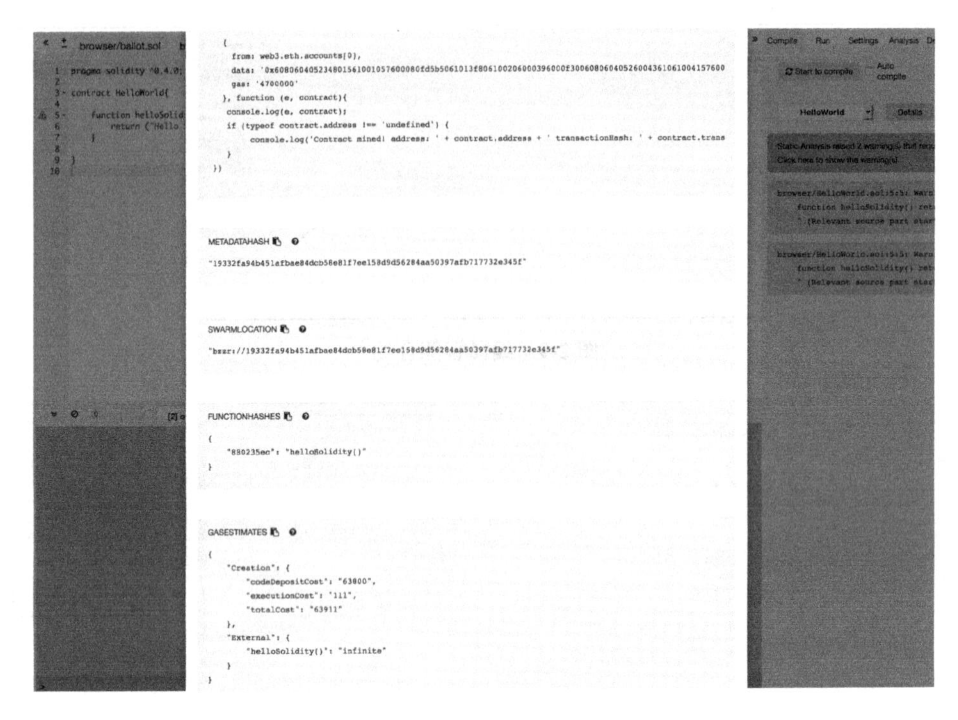

图 2-11 编译智能结果第二部分

图 2-12 成功编译智能合约

至此，完成了智能合约的编译工作。

4. 部署智能合约

编译完成之后，需要将智能合约发布到区块链上，这里直接使用Remix内置的JavaScript VM选项。点击功能区中的“Run”，即可到达执行页面，如图2-13所示。

这里，默认采用JavaScript VM进行测试，测试的账号（Account）拥有100 eth，默认的Gas limit为3000000，Value值为0。下面选中要部署的智能合约，为HelloWorld。点击“Deploy”，在工作区底部会出现debug信息，同时账号中的eth被消耗，“Deployed Contracts”下面也出现了新部署的智能合约和对应的helloSolidity方法，详情如图2-14所示。

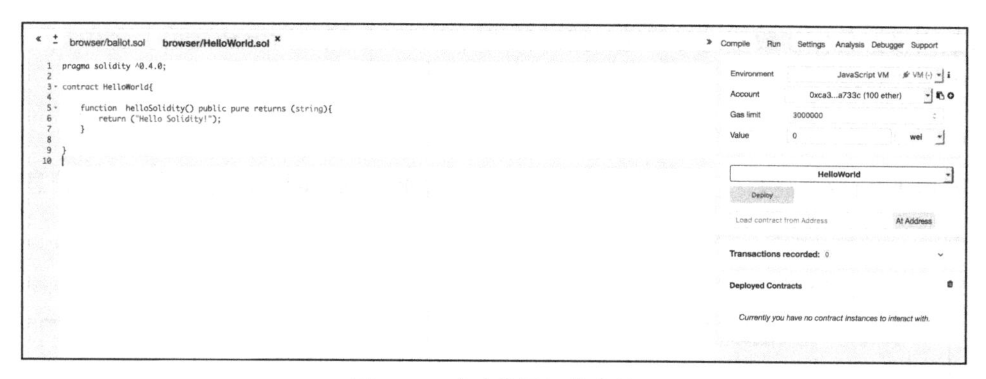

图 2-13　成功编译智能合约

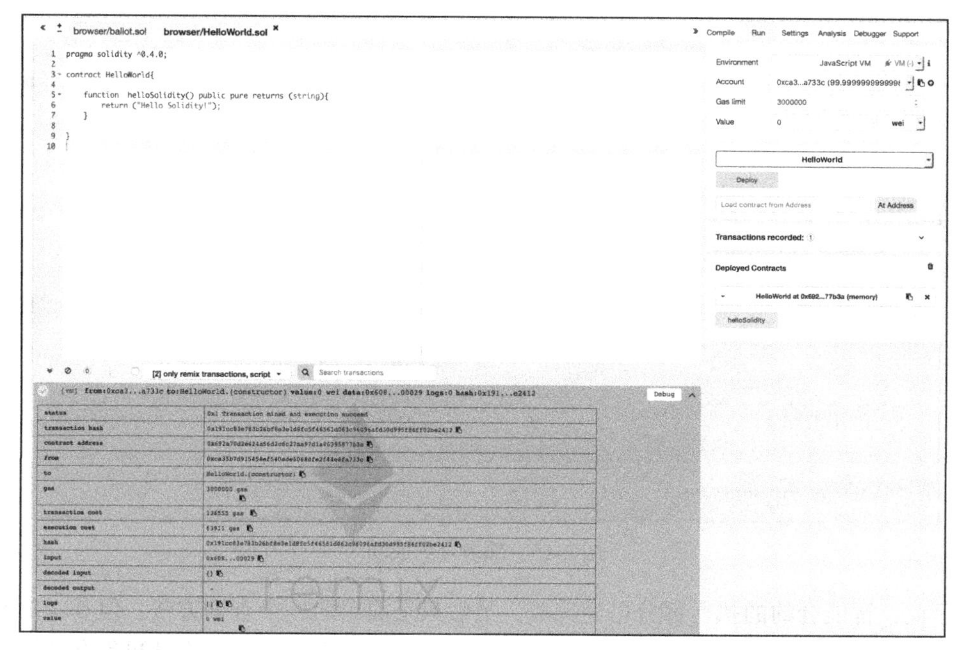

图 2-14　部署合约成功

在 debug 信息中详细介绍了所部署智能合约的状态、交易 hash、合约地址、gas 花费等信息。

上面的部署环境选择了 JavaScript VM，其实 Environment 下拉框中有 3 个选项。

- JavaScript VM：简单的 JavaScript 虚拟机环境，专门为练习、调试智能合约而提供。
- Injected Web3j：连接到嵌入页面的 Web3j，比如连接到 MetaMask。
- Web3j Provider：连接到自定义的节点，比如 2.2 节我们自己搭建的 geth 节点。

5. 执行智能合约

在图 2-14 所示界面中，点击“Deployed Contracts”下面的“helloSolidity”方法，即可直接执行此方法。由于示例方法没有提供入参，因此不需要传递参数。如果 function 需要参数则根据具体参数值进行传递，然后调用对应方法。当执行方法之后，会在方法下面显示如下信息：

```
0: string: Hello Solidity!
```

表示执行合约成功，打印出预期结果。同时在 debug 区打印出执行合约的日志信息：

```
call to HelloWorld.helloSolidity
```

详情如图 2-15 所示。

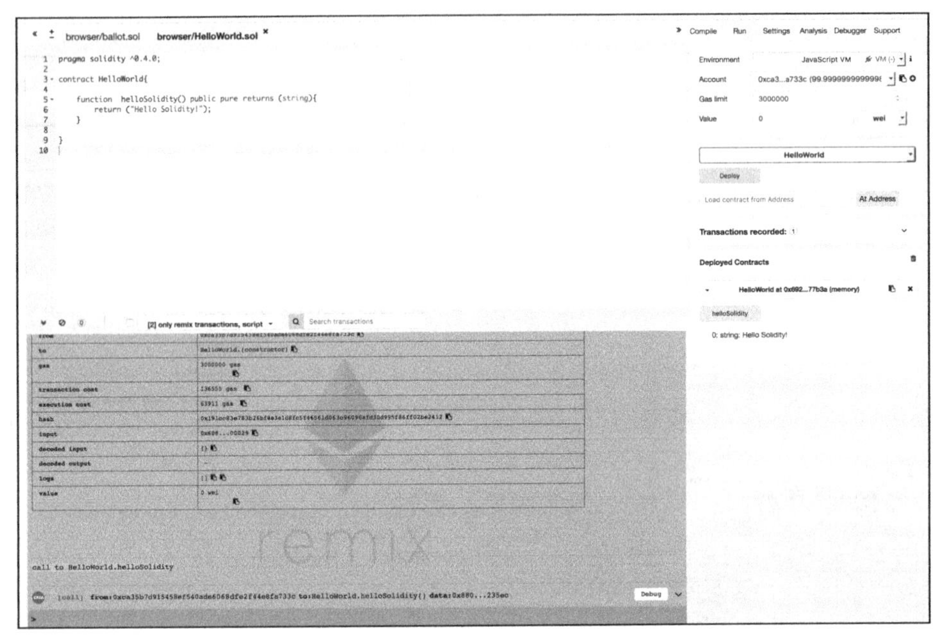

图 2-15 部署合约成功

至此，智能合约的执行部分已经完成。虽然只是简单的一个查询方法，但基本的操作步骤已经包含在其中。随着后面对智能合约语法的逐渐学习，读者可尝试更复杂的智能合约编写、部署和调试。

2.4 本章小结

本章内容主要为后续开发智能合约提供基本的环境和操作基础。本章主要讲述了两部分的内容：第一部分讲述了 Geth 程序下载、安装、启动的方法，及其常见的操作命令和 web3j 交互命令，针对此部分大家要进一步动手实战，根据官方文档将本章未讲到的命令进行实践练习；第二部分讲述了编写智能合约的工具之一 Remix，包含此 IDE 的基本功能和使用步骤，同样是为了后续编写智能合约做准备。后续章节会继续介绍如何基于 Truffle 框架进行智能合约的开发、部署和调用等，可根据需要任选其一进行智能合约的开发。

第二部分 Part 2

基础篇

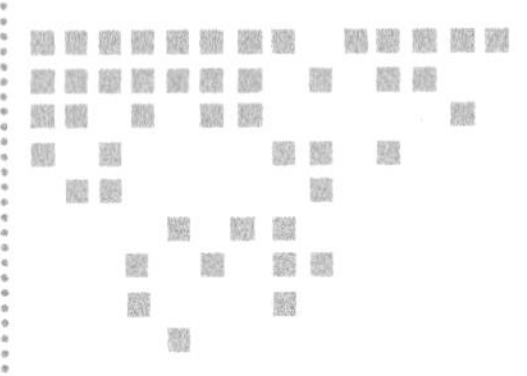

Chapter 3 第 3 章

智能合约开发语言 Solidity 基础

在前面的章节中我们已经了解到以太坊已经发展成为比较成熟的智能合约开发平台，其中 Solidity 是目前开发智能合约最常用的语言。想要成为智能合约的开发者，熟练掌握 Solidity 是一项必不可少的技能。在本章中我们将主要介绍 Solidity 语言的基本语法，因此读者可以将本章当成一个 Solidity 的“语法书”，已经熟悉 Solidity 的读者可以跳过本章，在实际编程的过程中如读者遇到不清楚的地方可再返回来仔细阅读。本章的内容适用于 Solidity v0.4.25。

3.1 智能合约与 Solidity 简介

关于智能合约的想法最早是由计算机科学家兼密码学专家尼克·萨博在 1994 年提出的。他最早对这一概念做出定义，但因为当时缺少合适的环境，智能合约也只是停留在理论阶段，没有被实现。区块链技术的出现改变了这一现状，以太坊为智能合约的发展提供了合适的温床。

今天我们所说的智能合约其实并不“智能”，它既不能帮助合约的参与方自动制订合约，也不能优化合约内容。智能合约的本质是一种以信息化方式传播、验证或执行合同的计算机协议。智能合约允许在没有第三方参与的情况下进行可信交易，并且这些交易可追踪但不可逆转。智能合约包含有关合约条款的所有信息，并自动执行所有提前制订的操作。

在第 1 章中我们已经提到过在以太坊中，智能合约是由 Solidity 等合约编程语言编写的一串代码，经编译器编译成机器可以识别的字节码后形成合约部署的交易，之后打包进区块在以太坊节点之间多次分发和复制，最终在 EVM 上运行。合约中的代码需要外部的交易触发才能执行，执行过程中发生的状态变化记录在区块链上。

Solidity 是一门面向合约的、为实现智能合约而创建的高级编程语言。这门语言受到了 C++、Python 和 JavaScript 语言的影响，设计的目的是使得编写的合约代码能在 EVM 上运行。Solidity 是静态类型语言，支持继承、库和复杂的用户定义类型等特性。

Solidity 的语法概念最早是由 Gavin Wood 在 2014 年提出的，该语言是针对 EVM 所设计的 4 种语言之一，其他的还有 Serpent、LLL、Vyper（实验中）和 Mutan（已弃用），同时也是目前在以太坊及其他以太坊竞争平台中使用的主要编程语言。Gavin Wood 最初在规划 Solidity 语言时参照了 ECMAScript 的语法概念，使其对现有的 Web 开发者更容易入门。Solidity 与 ECMAScript 不同的地方在于 Solidity 具有静态类型和可变返回类型。而与目前其他 EVM 目标语言（如 Serpent 和 Mutan）相比，其重要的差异在于 Solidity 具有一组复杂的成员变量使得合约可支持任意阶层的映射和结构。Solidity 也支持继承，包含 C3 线性化多重继承。另外还引入了一个应用程序二进制接口（Application Binary Interface，ABI），该接口可在单一合约中实现多种类型安全的功能。

3.2 Solidity 基础语法

3.2.1 版本杂注

在使用 Solidity 开始编写合约时，首先应该使用版本杂注声明所使用的编译器版本，这是为了避免该合约未来被可能引入不兼容变更的编译器所编译。编译器版本的版本号将始终遵循“0.×.0”或者“×.0.0”的形式。

版本杂注的使用方法是在合约文件的首行加入以下代码：

```
pragma solidity ^0.4.0;
```

这样，源文件将既不允许低于 0.4.0 版本的编译器编译，也不允许高于（包含）0.5.0 版本的编译器编译（第二个条件因使用“^”被添加）。这种做法的考虑是，编译器在 0.5.0 版本之前不会有重大变更，所以可确保源代码始终按预期被编译。上面的例子中没有固定编译器的具体版本号，因此编译器的补丁版也可以使用。

3.2.2 import 的用法

Solidity 支持导入语句引入外部文件，其语法同 JavaScript（从 ES6 起）非常类似。在全局层面上，可使用如下形式的导入语句：

```
import "filename";
```

此语句将从“filename”中导入所有的全局符号到当前全局作用域中（不同于 ES6，Solidity 是向后兼容的）。也可以创建新的全局符号代表从文件中引入的所有成员：

```
import * as symbolName from "filename";
```

这条语句表示创建一个新的全局符号 symbolName，其成员均来自 filename 中的全局符号。还可以创建多个全局符号分别表示源文件中的其他符号：

```
import {symbol1 as alias, symbol2} from "filename";
```

这条语句表示创建新的全局符号 alias 和 symbol2，从 filename 分别引用 symbol1 和 symbol2。另一种语法不属于 ES6，但或许更简便：

```
import "filename" as symbolName;
```

这条语句等同于：

```
import * as symbolName from "filename";
```

3.2.3 代码注释

在 Solidity 中可以使用单行注释（//）和多行注释（/*…*/）：

```
// 这是一个单行注释
/*
这是一个
多行注释
*/
```

此外，还有一种注释称为 natspec 注释，其文档还尚未编写完成。它是用 3 个反斜杠（///）或双星号开头的块（/**…*/）书写的，直接在函数声明或语句上使用。

在注释中还可以使用 Doxygen 样式的标签来文档化函数，标注形式校验通过的条件，并提供一个当用户试图调用一个函数时显示给用户的确认文本。

下面的例子中记录了合约的标题、两个参数和两个返回值的说明：

```
pragma solidity ^0.4.0;

/** @title 形状计算器 */
contract shapeCalculator {
    /** @dev 求矩形面积与周长
    * @param w 矩形宽度
    * @param h 矩形高度
    * @return s 求得面积
    * @return p 求得周长
    */
    function rectangle(uint w, uint h) returns (uint s, uint p) {
        s = w * h;
        p = 2 * (w + h);
    }
}
```

3.2.4 数据类型

Solidity 是一种静态类型语言，这意味着每个变量（无论是状态变量还是局部变量）都需要在编译时指定变量的类型（或至少可以推导出变量类型）。除此之外，类型之间可以在包含运算符号的表达式中进行交互，关于各种运算符号的优先级可以参考本章 3.3 节中的“表 3-1 操作符优先级”。

1. 值类型

以下介绍的数据类型统称为值类型，因为这些类型的变量始终按值来进行传递，换句话说，当这些变量被用作函数参数或者用在赋值语句中时，总会进行值复制。

1）布尔类型

布尔类型的关键字是 bool，可能的取值为字面常数值 true 和 false。布尔类型支持的运算符如下。

- !（逻辑非）。
- &&（逻辑与，“and”）。
- ||（逻辑或，“or”）。
- ==（等于）。
- !=（不等于）。

> 运算符 || 和 && 都遵循同样的短路（short-circuiting）规则，也就是说例如在表达式 f(x)||g(y) 中，如果 f(x) 的值为 true，那么 g(y) 就不会被执行，即使这样做会出现一些副作用。

2）整型

int/uint：分别表示有符号和无符号的不同位数的整型变量。支持关键字 uint8 到 uint256（无符号，从 8 位到 256 位）以及 int8 到 int256，以 8 位为步长递增。uint 和 int 分别是 uint256 和 int256 的别名。整型支持的运算符如下。

- 比较运算符：<=，<，==，!=，>=，>（返回布尔值）。
- 位运算符：&，|，^（异或），~（位取反）。
- 算数运算符：+，-，一元运算 -，一元运算 +，*，/，%（取余），**（幂），<<（左移位），>>（右移位）。

除法总是会截断的（仅被编译为 EVM 中的 DIV 操作码），但如果操作数都是字面常数（或者字面常数表达式），则不会截断。因此，除以零或者模零运算都会引发运行时异常。移位运算的结果取决于运算符左边的类型。表达式 x<<y 与 x*2**y 是等价的，x>>y 与 x/2**y 是等价的。这意味着对一个负数进行移位会导致其符号消失。如果按负数位移动会引发运行时异常。

需要注意的是，由有符号整数类型负值右移所产生的结果跟其他语言中所产生的结果是不同的。在 Solidity 中，右移和除是等价的，因此对一个负数进行右移操作会导致向 0 的取整（截断）。而在其他语言中，对负数进行右移类似于（向负无穷）取整。

3）定长浮点型

Solidity 目前还没有完全支持定长浮点型，可以声明定长浮点型的变量，但不能给它们赋值或把它们赋值给其他变量。

定长浮点型的关键字是 fixed/ufixed，表示各种大小的有符号和无符号的定长浮点型。在关键字 ufixedMxN 和 fixedMxN 中，“M”表示该类型占用的位数，“N”表示可用的小数位数。“M”必须能整除 8，即 8 位到 256 位。N 则可以是从 0 到 80 之间的任意数。ufixed 和 fixed 分别是 ufixed128x19 和 fixed128x19 的别名。定长浮点型支持的运算符如下。

- 比较运算符：<=，<，==，!=，>=，>（返回值是布尔型）。
- 算术运算符：+，-，一元运算 -，一元运算 +，*，/，%（取余数）。

浮点型（也就是在许多语言中的 float 和 double 类型，更准确地说是 IEEE 754 类型）和定长浮点型之间最大的不同点是：在前者中整数部分和小数部分（小数点后的部分）需要的位数是灵活可变的，而后者中这两部分的长度受到严格的规定。一般来说，在浮点型中，几乎整个空间都用来表示数字，但只有少数的位来表示小数点的位置。

4）地址类型

地址类型的关键字是 address，存储一个 20 字节的值（以太坊地址的大小）。地址类型也有成员变量，是所有合约的基础。地址类型支持的运算符如下。

<=，<，==，!=，>= 和 >：需要注意的是，从 Solidity 0.5.0 版本开始，合约不会从地址类型派生，但仍然可以显式地转换成地址类型。以下将介绍地址类型的成员变量。

① balance 和 transfer

可以使用 balance 属性来查询一个地址的余额，也可以使用 transfer 函数向一个地址发送以太币（以 wei 为单位），一个示例如下：

```
address x = 0x123;
address myAddress = this;
if (x.balance < 10 && myAddress.balance >= 10) x.transfer(10);
```

以上代码中，如果 x 是一个合约地址，它的代码（更具体来说是它的 fallback 函数，如果有的话）会跟 transfer 函数调用一起执行（这是 EVM 的一个特性，无法阻止）。如果在执行过程中用光了 gas 或者因为任何原因执行失败，以太币交易会被打回，当前的合约也会在终止的同时抛出异常。

② send

send 是 transfer 的低级版本。如果执行失败，当前的合约不会因为异常而终止，但 send 会返回 false。在使用 send 的时候会有些风险，如果调用栈深度是 1024 会导致发送失败，如果接收者用光了 gas 也会导致发送失败。所以为了保证以太币的发送安全，一定要检查 send 的返回值，使用 transfer 或者更好的办法，例如使用一种接收者可以取回资金的模式。

③ call、callcode 和 delegatecall

为了与不符合应用二进制接口（ABI）的合约交互，于是就有了可以接受任意类型任意数量参数的 call 函数。这些参数会被打包到以 32 字节为单位的连续区域中存放。其中一个例外是第一个参数被编码成正好 4 字节的情况。在这种情况下，这个参数后边不会填充后续参数编码，以允许使用函数签名。call 函数返回的布尔值表明了被调用的函数已经执行完毕（返回值为 true）或者引发了一个 EVM 异常（返回值为 false）。call 函数的使用示例如下：

```
address nameReg = 0x72ba7d8e73fe8eb666ea66babc8116a41bfb10e2;
nameReg.call("register", "MyName");
nameReg.call(bytes4(keccak256("fun(uint256)")), a);
```

可以使用 .gas 修饰器调整提供的 gas 的数量：

```
nameReg.call.gas(1000000)("register", "MyName");
```

类似地，也能控制提供的以太币的值：

```
nameReg.call.value(1 ether)("register", "MyName");
```

以上修饰器还可以联合使用，每个修饰器出现的顺序并不重要：

```
nameReg.call.gas(1000000).value(1 ether)("register", "MyName");
```

然而，目前还不能在重载函数中使用 gas 或者 value 修饰器。有一种解决方案是给 gas 和值引入一个特例，并重新检查它们是否在重载的地方出现。

类似地，也可以使用 delegatecall 函数，其与 call 函数的区别在于只使用给定地址的代码，其他属性（存储、余额……）都取自当前合约。delegatecall 的目的是使用存储在另外一个合约中的库代码。用户必须确保两个合约中的存储结构都适用于 delegatecall。在 homestead 版本之前，只有一个功能类似但作用有限的 callcode 函数可用，但它不能获取委托方的 msg.sender 和 msg.value。官方不鼓励使用 callcode，在未来也会将其移除。

总而言之，这 3 个函数 call、delegatecall 和 callcode 都是非常低级的函数，需要谨慎使用。具体来说，任何未知的合约都可能是恶意的。用户在调用一个合约的同时就将控制权交给了它，它可以反过来调用用户的合约，因此，当调用返回时要为用户的状态变量的改变做好准备。

5）定长字节数组

定长字节数组支持的关键字有：bytes1, bytes2, bytes3, …, bytes32。byte 是 bytes1 的别名。其支持的运算符如下。

- 比较运算符：<=，<，==，!=，>=，>（返回值是布尔型）。
- 位运算符：&，|，^（按位异或），~（按位取反），<<（左移位），>>（右移位）。
- 索引访问：如果 x 是 bytesI 类型，那么 x[k](其中 0<=k<I) 返回第 k 个字节（只读）。

> 该类型可以和作为右操作数的任何整数类型进行移位运算（但返回结果的类型和左操作数类型相同），右操作数表示需要移动的位数。进行负数位移运算会引发运行时异常。

定长字节数组类型包含的成员变量有 .length，表示这个字节数组的长度（只读）。

需要注意的是，可以将 byte[] 当作字节数组使用，但这种方式非常浪费存储空间，准确来说，在传入调用时，每个元素会浪费 31 字节的空间。更好的做法是使用 bytes。

6）字面地址常数（Address Literals）

比如，像 0xdCad3a6d3569DF655070DEd06cb7A1b2Ccd1D3AF 这样通过了地址校验和测试的十六进制字面常数属于 address 类型。将长度在 39 到 41 个数字的，没有通过校验和测试而产生了一个警告的十六进制字面常数视为正常的有理数字面常数。

7）有理数和整数字面常数

整数字面常数由范围在 0～9 的一串数字组成，表现成十进制。例如，69 表示数字 69。Solidity 中是没有八进制的，因此前置 0 是无效的。十进制小数字面常数带有一个“.”，至少在其一边会有一个数字，比如 1.、.1 和 1.3。科学符号也是支持的，尽管指数必须是整数，但底数可以是小数，比如 2e10、-2e10、2e-10、2.5e1。

数值字面常数表达式本身支持任意精度，除非它们被转换成了非字面常数类型（也就是说，当它们出现在非字面常数表达式中时就会发生转换）。这意味着在数值常量表达式中，计算不会溢出，而且除法也不会截断。例如，(2**800 + 1) -2**800 的结果是字面常数 1（属于 uint8 类型），尽管计算的中间结果已经超过了 EVM 的机器字长度。此外，.5 * 8 的结果是整型 4（尽管有非整型参与了计算）。

只要操作数是整型的，任意整型支持的运算符都可以被运用在数值字面常数表达式中。如果两个中的任一个数是小数，则不允许进行位运算。如果指数是小数，也不支持幂运算，因为这样可能会得到一个无理数。

Solidity 对每个有理数都有对应的数值字面常数类型。整数字面常数和有理数字面常数都属于数值字面常数类型。除此之外，所有的数值字面常数表达式（即只包含数值字面常数和运算符的表达式）都属于数值字面常数类型。因此数值字面常数表达式 1 + 2 和 2 + 1 的结果跟有理数 3 的数值字面常数类型相同。

数值字面常数表达式只要在非字面常数表达式中使用就会转换成非字面常数类型。在下面的例子中，尽管我们知道 b 的值是一个整数，但 2.5 + a 这部分表达式并不进行类型检查，因此编译不能通过。

```
uint128 a = 1;
uint128 b = 2.5 + a + 0.5;
```

8）字符串字面常数

字符串字面常数是指由双引号或单引号引起来的字符串（"foo" 或者 'bar'）。不像在 C

语言中那样带有结束符，即 "foo" 相当于 3 字节而不是 4 字节。和整数字面常数一样，字符串字面常数的类型也可以发生改变，但它们可以隐式地转换成 bytes1，…，bytes32，如果合适，还可以转换成 bytes 以及 string。

字符串字面常数支持转义字符，例如 \n、\xNN 和 \uNNNN。\xNN 表示一个十六进制值，最终转换成合适的字节，而 \uNNNN 表示 Unicode 编码值，最终会转换为 UTF-8 的序列。

9）十六进制字面常数

十六进制字面常数以关键字 hex 打头，后面紧跟着用单引号或双引号引起来的字符串（例如 hex"001122FF"）。字符串的内容必须是一个十六进制的字符串，它们的值将使用二进制表示。十六进制字面常数跟字符串字面常数很类似，它们具有相同的转换规则。

10）枚举类型

枚举是在 Solidity 中创建用户定义类型的一种方法。它们可以显式地转换为所有整数类型，但不允许隐式转换。显式转换在运行时检查值范围，并且失败会导致异常。枚举至少需要一名成员。下面是使用枚举类型的示例：

```
pragma solidity ^0.4.16;

contract test {
    enum ActionChoices { GoLeft, GoRight, GoStraight, SitStill }
    ActionChoices choice;
    ActionChoices constant defaultChoice = ActionChoices.GoStraight;

    function setGoStraight() public {
        choice = ActionChoices.GoStraight;
    }

    // 由于枚举类型不属于 ABI 的一部分，因此对于所有来自 Solidity 外部的调用
    // "getChoice" 的签名会自动被改成 "getChoice() returns (uint8)"
    // 整数类型的大小已经足够存储所有枚举类型的值，随着值的个数增加
    // 可以逐渐使用uint16或更大的整数类型
    function getChoice() public view returns (ActionChoices) {
        return choice;
    }

    function getDefaultChoice() public pure returns (uint) {
        return uint(defaultChoice);
    }
}
```

11）函数类型

函数类型是一种表示函数的类型。可以将一个函数赋值给另一个函数类型的变量，也可以将一个函数作为参数进行传递，还能在函数调用中返回函数类型变量。函数类型有两类：内部（internal）函数和外部（external）函数。

内部函数只能在当前合约内被调用（具体来说，在当前代码块内，包括内部库函数和继

承的函数中），因为它们不能在当前合约上下文的外部被执行。调用一个内部函数是通过跳转到它的入口标签来实现的，就像在当前合约的内部调用一个函数。

外部函数由一个地址和一个函数签名组成，可以通过外部函数调用传递或者返回。

函数类型表示成如下的形式：

```
function (<parameter types>) {internal|external}
 [pure|constant|view|payable] [returns (<return types>)]
```

与参数类型相反，函数类型的返回类型不能为空——如果函数类型不需要返回，则需要删除整个 returns（<return types>）部分。

函数类型默认是内部函数，因此不需要声明 internal 关键字。与此相反的是，合约中的函数本身默认是 public 的，只有当它被当作类型名称时，默认才是内部函数。

有两种方法可以访问当前合约中的函数：一种是直接使用它的名字 f，另一种是使用 this.f。前者适用于内部函数，后者适用于外部函数。

如果当函数类型的变量还没有初始化时就调用它，会引发一个异常。如果在一个函数被 delete 之后调用它，也会发生相同的情况。

如果外部函数类型在 Solidity 的上下文环境以外的地方使用，它们会被视为 function 类型。该类型将函数地址紧跟其函数标识一起编码为一个 bytes24 类型。

请注意，当前合约的 public 函数既可以被当作内部函数，也可以被当作外部函数使用。如果想将一个函数当作内部函数使用，就用 f 调用；如果想将其当作外部函数使用，就用 this.f 调用。除此之外，public（或 external）函数也有一个特殊的成员变量，称作 selector，可以返回 ABI 函数选择器：

```
pragma solidity ^0.4.16;

contract Selector {
    function f() public view returns (bytes4) {
        return this.f.selector;
    }
}
```

使用内部函数类型的例子：

```
pragma solidity ^0.4.16;

library ArrayUtils {
    // 内部函数可以在内部库函数中使用
    // 因为它们会成为同一代码上下文的一部分
    function map(uint[] memory self, function (uint) pure returns (uint) f)
        internal
        pure
        returns (uint[] memory r)
    {
        r = new uint[](self.length);
```

```
        for (uint i = 0; i < self.length; i++) {
            r[i] = f(self[i]);
        }
    }
    function reduce(
        uint[] memory self,
        function (uint, uint) pure returns (uint) f
    )
        internal
        pure
        returns (uint r)
    {
        r = self[0];
        for (uint i = 1; i < self.length; i++) {
            r = f(r, self[i]);
        }
    }
    function range(uint length) internal pure returns (uint[] memory r) {
        r = new uint[](length);
        for (uint i = 0; i < r.length; i++) {
            r[i] = i;
        }
    }
}

contract Pyramid {
    using ArrayUtils for *;
    function pyramid(uint l) public pure returns (uint) {
        return ArrayUtils.range(l).map(square).reduce(sum);
    }
    function square(uint x) internal pure returns (uint) {
        return x * x;
    }
    function sum(uint x, uint y) internal pure returns (uint) {
        return x + y;
    }
}
```

使用外部函数类型的例子:

```
pragma solidity ^0.4.11;

contract Oracle {
    struct Request {
        bytes data;
        function(bytes memory) external callback;
    }
    Request[] requests;
    event NewRequest(uint);
    function query(bytes data, function(bytes memory) external callback) public {
        requests.push(Request(data, callback));
```

```
        NewRequest(requests.length - 1);
    }
    function reply(uint requestID, bytes response) public {
        // 这里要验证 reply 来自可信的源
        requests[requestID].callback(response);
    }
}

contract OracleUser {
    Oracle constant oracle = Oracle(0x1234567); // 已知的合约
    function buySomething() {
        oracle.query("USD", this.oracleResponse);
    }
    function oracleResponse(bytes response) public {
        require(msg.sender == address(oracle));
        // 使用数据
    }
}
```

2. 引用类型

比起之前讨论过的值类型，在处理复杂的类型（即占用的空间超过256位的类型）时，需要更加谨慎。由于复制这些类型变量的开销相当大，因此不得不考虑它们的存储位置，需要考虑是将它们保存在内存（并不是永久存储）中还是存储（保存状态变量的地方）中。

1）数据位置

所有的复杂类型（即数组和结构类型）都有一个额外属性，即数据位置，说明数据是保存在内存中还是存储中。根据上下文的不同，大多数时候数据有默认的位置，但也可以通过在类型名后增加关键字 storage 或 memory 进行修改。函数参数（包括返回的参数）的数据位置默认是 memory，局部变量的数据位置默认是 storage，状态变量的数据位置强制是 storage。

也存在第三种数据位置，称为 calldata，这是一块只读的且不会永久存储的位置，用来存储函数参数。外部函数的参数（非返回参数）的数据位置被强制指定为 calldata，效果跟 memory 差不多。

数据位置的指定非常重要，因为它们影响着赋值行为。在存储和内存之间两两赋值，或者存储向状态变量（甚至是从其他状态变量）赋值都会创建一份独立的拷贝。然而状态变量向局部变量赋值时仅仅传递一个引用，而且这个引用总是指向状态变量，因此后者改变的同时前者也会发生改变。此外，从一个内存存储的引用类型向另一个内存存储的引用类型赋值并不会创建拷贝。下面是关于数据存储位置的一个示例：

```
pragma solidity ^0.4.0;

contract C {
```

```
    uint[] x; // x 的数据存储位置是 storage

    // memoryArray 的数据存储位置是 memory
    function f(uint[] memoryArray) public {
        x = memoryArray; // 将整个数组复制到 storage 中
        var y = x;  // 分配一个指针（其中 y 的数据存储位置是 storage）
        y[7]; // 返回第 8 个元素
        y.length = 2; // 通过 y 修改 x
        delete x; // 清除数组，同时修改 y
        // 下面的就不可行了；需要在 storage 中创建新的未命名的临时数组
        // 但 storage 是"静态"分配的
        // y = memoryArray;
        // 下面这一行也不可行，因为这会"重置"指针
        // 但并没有可以让它指向的合适的存储位置
        // delete y;

        g(x); // 调用 g 函数，同时移交对 x 的引用
        h(x); // 调用 h 函数，同时在 memory 中创建一个独立的临时拷贝
    }

    function g(uint[] storage storageArray) internal {}
    function h(uint[] memoryArray) public {}
}
```

2）数组

数组可以在声明时指定长度，也可以动态调整大小。对于数据存储位置是存储的数组来说，元素类型可以是任意的（即元素可以是数组类型、映射类型或者结构体）。对于数据存储位置是内存的数组来说，元素类型不能是映射类型，如果作为 public 函数的参数，它只能是 ABI 类型。

一个元素类型为 T、固定长度为 k 的数组可以声明为 T[k]，而动态数组可以声明为 T[]。举个例子，一个长度为 5、元素类型为 uint 的动态数组的数组，应声明为 uint[][5]（注意这里跟其他语言比，数组长度的声明位置是反的）。要访问第三个动态数组的第二个元素，应该使用 x[2][1]（数组下标是从 0 开始的，且访问数组时的下标顺序与声明时相反，也就是说，x[2] 是从右边减少了一级）。

bytes 和 string 类型的变量是特殊的数组。bytes 类似于 byte[]，但它在 calldata 中会被"紧打包"（"紧打包"的意思是，将元素连续地存在一起，不会按每 32 字节一单元的方式来存放）。string 与 bytes 相同，但（暂时）不允许用长度或索引来访问。

如果想要访问以字节表示的字符串 s，可以使用" bytes(s).length / bytes(s)[7]= 'x' ; "。注意这时访问的是 UTF-8 形式的低级 bytes 类型，而不是单个的字符。

也可以将数组标识为 public，从而让 Solidity 创建一个 getter。之后必须将数字下标作为参数来访问 getter。

3）创建内存数组

可使用 new 关键字在内存中创建变长数组。与存储数组相反的是，不能通过修改成员

变量 .length 来改变内存数组的大小，例如：

```
pragma solidity ^0.4.16;

contract C {
    function f(uint len) public pure {
        uint[] memory a = new uint[](7);
        bytes memory b = new bytes(len);
        // 这里我们有 a.length == 7 以及 b.length == len
        a[6] = 8;
    }
}
```

4）数组字面常数 / 内联数组

数组字面常数是写作表达式形式的数组，并且不会立即赋值给变量，例如：

```
pragma solidity ^0.4.16;

contract C {
    function f() public pure {
        g([uint(1), 2, 3]);
    }
    function g(uint[3] _data) public pure {
        // ...
    }
}
```

数组字面常数是一种定长的内存数组类型，它的基础类型由其中元素的普通类型决定。例如，[1, 2, 3] 的类型是 uint8[3] memory，因为其中的每个字面常数的类型都是 uint8。正因为如此，有必要将上面这个例子中的第一个元素转换成 uint 类型。目前需要注意的是，定长的内存数组并不能赋值给变长的内存数组，下面是个反例：

```
// 这段代码并不能被编译

pragma solidity ^0.4.0;

contract C {
    function f() public {
        // 这一行引发了一个类型错误，因为uint[3] memory
        // 不能转换成 uint[] memory
        uint[] x = [uint(1), 3, 4];
    }
}
```

已经计划在未来移除这样的限制，但目前数组在 ABI 中传递的问题造成了一些麻烦。下面介绍该类型的两个成员：length 和 push。

- length：length 成员变量表示当前数组的长度。动态数组可以在存储（而不是内存）中通过改变成员变量 .length 来改变数组大小，并不能通过访问超出当前数组长度的方式实现自动扩展数组的长度。一经创建，内存数组的大小就是固定的（但却是动态的，也就是说，它依赖于运行时的参数）。

- push：变长的存储数组以及 bytes 类型（而不是 string 类型）都有一个叫作 push 的成员函数，它用来附加新的元素到数组末尾。这个函数将返回新的数组长度。

需要注意的是，由于 EVM 的限制，不能通过外部函数调用返回动态的内容。例如，如果通过 web3.js 调用 contract C{ function f() returns (uint[]) { ... } } 中的 f 函数，它会返回一些内容，但通过 Solidity 不可以。目前唯一的变通方法是使用大型的静态数组。

该类型的一个使用示例如下：

```
pragma solidity ^0.4.16;

contract ArrayContract {
    uint[2**20] m_aLotOfIntegers;
    // 注意下面的代码并不是一对动态数组
    // 而是一个数组元素为一对变量的动态数组（也就是数组元素为长度为 2 的定长数组的动态数组）
    bool[2][] m_pairsOfFlags;
    // newPairs 存储在 memory（函数参数默认的存储位置）

    function setAllFlagPairs(bool[2][] newPairs) public {
        // 向一个 storage 的数组赋值会替代整个数组
        m_pairsOfFlags = newPairs;
    }

    function setFlagPair(uint index, bool flagA, bool flagB) public {
        // 访问一个不存在的数组下标会引发一个异常
        m_pairsOfFlags[index][0] = flagA;
        m_pairsOfFlags[index][1] = flagB;
    }

    function changeFlagArraySize(uint newSize) public {
        // 如果 newSize 更小，那么超出的元素会被清除
        m_pairsOfFlags.length = newSize;
    }

    function clear() public {
        // 这些代码会将数组全部清空
        delete m_pairsOfFlags;
        delete m_aLotOfIntegers;
        // 这里也是实现同样的功能
        m_pairsOfFlags.length = 0;
    }

    bytes m_byteData;

    function byteArrays(bytes data) public {
        // 字节的数组（语言意义中的 byte 的复数 “bytes”）不一样，因为它们不是填充式存储的
        // 但可以和 "uint8[]" 一样对待
        m_byteData = data;
        m_byteData.length += 7;
```

```
        m_byteData[3] = byte(8);
        delete m_byteData[2];
    }

    function addFlag(bool[2] flag) public returns (uint) {
        return m_pairsOfFlags.push(flag);
    }

    function createMemoryArray(uint size) public pure returns (bytes) {
        // 使用 new 创建动态 memory 数组
        uint[2][] memory arrayOfPairs = new uint[2][](size);
        // 创建一个动态字节数组
        bytes memory b = new bytes(200);
        for (uint i = 0; i < b.length; i++)
            b[i] = byte(i);
        return b;
    }
}
```

5）结构体

Solidity 支持通过构造结构体的形式定义新的类型，以下是一个结构体使用的示例：

```
pragma solidity ^0.4.11;

contract CrowdFunding {
    // 定义的新类型包含两个属性
    struct Funder {
        address addr;
        uint amount;
    }

    struct Campaign {
        address beneficiary;
        uint fundingGoal;
        uint numFunders;
        uint amount;
        mapping (uint => Funder) funders;
    }

    uint numCampaigns;
    mapping (uint => Campaign) campaigns;

    function newCampaign(address beneficiary, uint goal) public returns (uint
        campaignID) {
        campaignID = numCampaigns++; // campaignID 作为一个变量返回
        // 创建新的结构体示例，存储在 storage 中。我们先不关注映射类型
        campaigns[campaignID] = Campaign(beneficiary, goal, 0, 0);
    }

    function contribute(uint campaignID) public payable {
        Campaign storage c = campaigns[campaignID];
```

```
        // 以给定的值初始化，创建一个新的临时 memory 结构体
        // 并将其复制到 storage 中
        // 注意也可以使用 Funder(msg.sender, msg.value) 来初始化
        c.funders[c.numFunders++] = Funder({addr: msg.sender, amount: msg.value});
        c.amount += msg.value;
    }

    function checkGoalReached(uint campaignID) public returns (bool reached) {
        Campaign storage c = campaigns[campaignID];
        if (c.amount < c.fundingGoal)
            return false;
        uint amount = c.amount;
        c.amount = 0;
        c.beneficiary.transfer(amount);
        return true;
    }
}
```

上面的合约只是一个简化版的众筹合约，但它已经足以让我们理解结构体的基础概念。结构体类型可以作为元素用在映射和数组中，其自身也可以包含映射和数组作为成员变量。

尽管结构体本身可以作为映射的值类型成员，但它并不能包含自身。这个限制是有必要的，因为结构体的大小必须是有限的。

注意在函数中使用结构体时，一个结构体是如何赋值给一个局部变量（默认存储位置是存储）的。在这个过程中并没有复制这个结构体，而是保存一个引用，所以对局部变量成员的赋值实际上会被写入状态。当然，也可以直接访问结构体的成员，而不用将其赋值给一个局部变量，就像这样：

```
campaigns[campaignID].amount = 0;
```

3. 映射

映射类型在声明时的形式为 mapping(_KeyType => _ValueType)。其中 _KeyType 可以是除了映射、变长数组、合约、枚举以及结构体以外的几乎所有类型，_ValueType 可以是包括映射类型在内的任何类型。

映射可以视作哈希表，它们在实际的初始化过程中创建每个可能的 key，并将其映射到字节形式全是零的值（一个类型的默认值）。然而映射与哈希表不同的地方是，在映射中，实际上并不存储 key，而是存储它的 keccak256 哈希值，从而便于查询实际的值。正因为如此，映射是没有长度的，也没有 key 的集合或 value 的集合的概念。

只有状态变量（或者在 internal 函数中的对于存储变量的引用）可以使用映射类型。

可以将映射声明为 public，然后来让 Solidity 创建一个 getter。_KeyType 将成为 getter 的必须参数，并且 getter 会返回 _ValueType。_ValueType 也可以是一个映射。在使用 getter 时将需要递归地传入每个 _KeyType 参数。以下是使用映射的一个示例：

```
pragma solidity ^0.4.0;
```

```
contract MappingExample {
    mapping(address => uint) public balances;

    function update(uint newBalance) public {
        balances[msg.sender] = newBalance;
    }
}

contract MappingUser {
    function f() public returns (uint) {
        MappingExample m = new MappingExample();
        m.update(100);
        return m.balances(this);
    }
}
```

4. 涉及 LValue 的运算符

LValue 来源于“left value”，字面意思是等号左边的值，即可以被修改的值。如果 a 是一个 LValue，则运算符都可以简写。

a += e 等同于 a = a + e。其他运算符 -=、*=、/=、%=、|=、&= 以及 ^= 都是如此定义的。a++ 和 a-- 分别等同于 a + = 1 和 a - = 1，但表达式本身的值等于 a 在计算之前的值。与之相反，--a 和 ++a 虽然最终 a 的结果与之前的表达式相同，但表达式的返回值是计算之后的值。

还有一个与 LValue 紧密相关的一个关键字是 delete。delete a 的结果是将 a 的类型在初始化时的值赋值给 a。即对于整型变量来说，相当于 a = 0，但 delete 也适用于数组，对于动态数组来说，是将数组的长度设为 0，而对于静态数组来说，是将数组中的所有元素重置。如果对象是结构体，则将结构体中的所有属性重置。

delete 对整个映射是无效的（因为映射的键可以是任意的，通常也是未知的）。因此在删除一个结构体时，结果将重置所有的非映射属性，这个过程是递归进行的，除非它们是映射。然而，单个的键及其映射的值是可以被删除的。

delete a 的效果就像是给 a 赋值，换句话说，这相当于在 a 中存储了一个新的对象。以下是使用删除的一个例子：

```
pragma solidity ^0.4.0;

contract DeleteExample {
    uint data;
    uint[] dataArray;

    function f() public {
        uint x = data;
        delete x; // 将 x 设为 0，并不影响数据
        delete data; // 将 data 设为 0，并不影响 x，因为它仍然有个副本
        uint[] storage y = dataArray;
```

```
        delete dataArray;
        // 将 dataArray.length 设为 0，但由于 uint[] 是一个复杂的对象，y 也将受到影响，
        // 因为它是一个存储位置是 storage 的对象的别名
        // 此外，“delete y” 是非法的，引用了 storage 对象的局部变量只能由已有的 storage
              对象赋值
    }
}
```

5. 基本类型之间的转换

1）隐式转换

如果一个运算符用在两个不同类型的变量之间，那么编译器将隐式地将其中一个类型转换为另一个类型（不同类型之间的赋值也是一样的）。一般来说，只要值类型之间的转换在语义上行得通，而且转换的过程中没有信息丢失，那么隐式转换基本都是可以实现的：uint8 可以转换成 uint16，int128 可以转换成 int256，但 int8 不能转换成 uint256（因为 uint256 不能涵盖某些值，例如 –1）。更进一步来说，无符号整型可以转换成跟它大小相等或比它更大的字节类型，但反之不能。任何可以转换成 uint160 的类型都可以转换成 address 类型。

2）显式转换

如果某些情况下编译器不支持隐式转换，但是用户很清楚他要做什么，这种情况可以考虑显式转换。但这可能会发生一些无法预料的后果，因此一定要进行测试，确保结果是意料之中的。下面的示例是将一个 int8 类型的负数转换成 uint 类型：

```
int8 y = -3;
uint x = uint(y);
```

这段代码的最后，x 的值将是 0xfffff … fd（64 个 16 进制字符），因为这是 –3 的 256 位补码形式。如果一个类型显式转换成更小的类型，相应的高位将被舍弃：

```
uint32 a = 0x12345678;
uint16 b = uint16(a); // 此时 b 的值是 0x5678
```

6. 类型转换

为了方便起见，没有必要每次都精确指定一个变量的类型，编译器会根据分配该变量的第一个表达式的类型自动推断该变量的类型，例如：

```
uint24 x = 0x123;
var y = x;
```

这里 y 的类型将是 uint24。不能对函数参数或者返回参数使用 var。

需要注意的是，类型只能从第一次赋值中推断出来，因此以下代码中的循环是无限的，原因是 i 的类型是 uint8，而这个类型变量的最大值比 2 000 小。

```
for (var i = 0; i < 2000; i++) { ... }
```

3.2.5 全局变量

在全局命名空间中已经存在了（预设了）一些特殊的变量和函数，它们主要用来提供关于区块链的信息或一些通用的工具函数。

1. 区块和交易属性

与区块和交易属性相关的函数主要如下。

- block.blockhash(uint blockNumber) returns (bytes32)：指定区块的区块哈希——仅可用于最新的 256 个区块且不包括当前区块；blocks 从 0.4.22 版本开始已经不推荐使用，由 blockhash(uint blockNumber) 代替。
- block.coinbase (address)：挖出当前区块的矿工地址。
- block.difficulty (uint)：当前区块难度。
- block.gaslimit (uint)：当前区块 gas 限额。
- block.number (uint)：当前区块号。
- block.timestamp (uint)：自 unix epoch 起当前区块以秒计的时间戳。
- gasleft() returns (uint256)：剩余的 gas。
- msg.data (bytes)：完整的 calldata。
- msg.gas (uint)：剩余的 gas，但自 0.4.21 版本开始已经不推荐使用，由 gesleft 代替。
- msg.sender (address)：消息发送者（当前调用）。
- msg.sig (bytes4)：calldata 的前 4 字节（也就是函数标识符）。
- msg.value (uint)：随消息发送的 wei 的数量。
- now (uint)：目前区块时间戳（block.timestamp）。
- tx.gasprice (uint)：交易的 gas 价格。
- tx.origin (address)：交易发起者（完全的调用链）。

在使用以上函数的时候需要注意以下几点。

- 对于每一个外部函数调用，包括 msg.sender 和 msg.value 在内所有 msg 成员的值都会变化。这里包括对库函数的调用。
- 不要依赖 block.timestamp、now 和 blockhash 产生随机数，除非用户知道自己在做什么。
- 此外，时间戳和区块哈希在一定程度上都可能受到挖矿矿工的影响。例如，挖矿社区中的恶意矿工可以用某个给定的哈希来运行赌场合约的 payout 函数，而如果他们没收到钱，还可以用一个不同的哈希重新尝试。
- 当前区块的时间戳必须严格大于最后一个区块的时间戳，但这里唯一能确保的只是它会是在权威链上的两个连续区块的时间戳之间的数值。
- 基于可扩展因素，区块哈希并不是对所有区块都有效。用户仅仅可以访问最近 256

个区块的哈希，其余的哈希均为零。

2. ABI 编码函数

有关 ABI 编码可以使用的全局函数如下。

- abi.encode(...) returns (bytes)：对给定参数进行编码。
- abi.encodePacked(...) returns (bytes)：对给定参数执行紧打包编码。
- abi.encodeWithSelector(bytes4 selector, ...) returns (bytes)：对给定参数进行编码，并以给定的函数选择器作为起始的 4 字节数据一起返回。
- abi.encodeWithSignature(string signature,...) returns (bytes)：等价于 abi.encodeWithSelector(bytes4(keccak256(signature), ...)。

这些编码函数可以用来构造函数调用数据，而不用实际进行调用。此外，keccak256 (abi.encodePacked(a, b)) 是计算在未来版本不推荐使用的 keccak256(a, b) 的更准确的方法。

3. 错误处理

有关错误处理的全局函数如下。

- assert(bool condition)：如果条件不满足，则当前交易没有效果，主要用于检查内部错误。
- require(bool condition)：如果条件不满足，则撤销状态更改，主要用于检查由输入或者外部组件引起的错误。
- require(bool condition, string message)：如果条件不满足，则撤销状态更改，用于检查由输入或者外部组件引起的错误，可以同时提供一个错误消息。
- revert()：终止运行并撤销状态更改。
- revert(string reason)：终止运行并撤销状态更改，可以同时提供一个解释性的字符串。

4. 数学和密码学函数

有关数学计算以及密码学的全局函数如下。

- addmod(uint x, uint y, uint k) returns (uint)：计算 (x + y) %k，加法会在任意精度下执行，并且加法的结果即使超过 2**256 也不会被截取。从 0.5.0 版本的编译器开始会加入对 k ! = 0 的校验（assert）。
- mulmod(uint x, uint y, uint k) returns (uint)：计算（x * y）%k，乘法会在任意精度下执行，并且乘法的结果即使超过 2**256 也不会被截取。从 0.5.0 版本的编译器开始会加入对 k != 0 的校验。
- keccak256(...) returns (bytes32)：计算 (tightly packed) arguments 的 Ethereum-SHA-3（keccak-256）哈希。
- sha256(...) returns (bytes32)：计算 (tightly packed) arguments 的 SHA-256 哈希。

- sha3(...) returns (bytes32)：等价于 keccak256。
- ripemd160(...) returns (bytes20)：计算 (tightly packed) arguments 的 RIPEMD-160 哈希。
- ecrecover(bytes32 hash, uint8 v, bytes32 r, bytes32 s) returns (address)：利用椭圆曲线签名恢复与公钥相关的地址，错误返回零值。

以上函数中的"tightly packed"是指不会对参数值进行 padding 处理（也就是说所有参数值的字节码是连续存放的），这意味着下边这些调用都是等价的：

```
keccak256("ab", "c"); keccak256("abc"); keccak256(0x616263);
keccak256(6382179); keccak256(97, 98, 99)
```

如果需要 padding，可以使用显式类型转换：keccak256("\x00\x12") 和 keccak256(uint16(0x12)) 是一样的。

需要注意的是，常量值会使用存储它们所需要的最少字节数进行打包。例如：

```
keccak256(0) == keccak256(uint8(0)), keccak256(0x12345678) == keccak256 (uint32
    (0x12345678))
```

在一个私链上，很有可能碰到由于 sha256、ripemd160 或者 ecrecover 引起 Out-of-Gas 的情况。这个原因就是它们被当作所谓的预编译合约而执行，并且在第一次收到消息后这些合约才真正存在（尽管合约代码是硬代码）。发送到不存在的合约的消息非常昂贵，所以实际的执行会导致 Out-of-Gas 错误。在合约中实际使用它们之前，给每个合约发送一点以太币，比如 1wei。这在官方网络或测试网络上不是问题。

5. 地址相关

针对地址操作的全局函数如下。

- <address>.balance (uint256)：以 wei 为单位的地址类型的余额。
- <address>.transfer(uint256 amount)：向地址类型发送数量为 amount 的 wei，失败时抛出异常，发送 2 300 gas 的矿工费，且不可调节。
- <address>.send(uint256 amount) returns (bool)：向地址类型发送数量为 amount 的 wei，失败时返回 false，发送 2300gas 的矿工费用，且不可调节。
- <address>.call(...) returns (bool)：发出低级函数 call，失败时返回 false，发送所有可用 gas，可调节。
- <address>.callcode(...) returns (bool)：发出低级函数 callcode，失败时返回 false，发送所有可用 gas，可调节。
- <address>.delegatecall(...) returns (bool)：发出低级函数 delegatecall，失败时返回 false，发送所有可用 gas，可调节。

需要注意的是，在使用 send 时会面临很多风险：如果调用栈深度已经达到 1 024（这总是可以由调用者强制指定），转账会失败；并且如果接收者用光了 gas，转账同样会失败。

为了保证以太币转账安全，应该总是检查 send 的返回值，利用 transfer 或者更好的方式，例如，使用接收者取回钱的模式。

此外，如果在通过低级函数 delegatecall 发起调用时需要访问存储中的变量，那么这两个合约的存储中的变量定义顺序需要一致，以便被调用的合约代码可以正确地通过变量名访问合约的存储变量。这当然不是指像在高级的库函数调用时所传递的存储变量指针那样的情况。

6. 合约相关

有关合约操作的全局函数如下。

- this (current contract's type)：当前合约可以显式转换为地址类型。
- selfdestruct(address recipient)：销毁合约，并把余额发送到指定地址类型。
- suicide(address recipient)：与 selfdestruct 等价，但已不推荐使用。

> 此外，当前合约内的所有函数都可以被直接调用，包括当前函数。

3.2.6 表达式和控制结构

1. 输入参数和输出参数

Solidity 与 JavaScript 一样，函数可能需要参数作为输入，而它与 JavaScript 和 C 语言不同的地方在于，它们可能返回任意数量的参数作为输出。

1）输入参数

输入参数的声明方式与变量相同。但是有一个例外，未使用的参数可以省略参数名。例如，如果希望合约接受有两个整数形参的函数的外部调用，可以像下面这样写：

```
pragma solidity ^0.4.16;

contract Simple {
    function taker(uint _a, uint _b) public pure {
        // 用 _a 和 _b 实现相关功能
    }
}
```

2）输出参数

输出参数的声明方式在关键词 returns 之后，与输入参数的声明方式相同。例如，如果需要返回两个结果，两个给定整数的和与积，应该写成：

```
pragma solidity ^0.4.16;

contract Simple {
    function arithmetics(uint _a, uint _b)
        public
        pure
```

```
        returns (uint o_sum, uint o_product)
    {
        o_sum = _a + _b;
        o_product = _a * _b;
    }
}
```

输出参数名可以被省略。输出值也可以使用 return 语句指定。return 语句也可以返回多值。返回的输出参数被初始化为 0，如果它们没有被显式赋值，它们就会一直为 0。输入参数和输出参数可以在函数体中用作表达式。因此，它们也可用在等号左边被赋值。

2. 控制结构

JavaScript 中的大部分控制结构在 Solidity 中都是可用的（除了 switch 和 goto 语句）。因此 Solidity 中有 if、else、while、do、for、break、continue、return、?: 这些与在 C 语言或者 JavaScript 中表达相同语义的关键词。

Solidity 中用于表示条件的括号不可以被省略，单语句体两边的花括号可以被省略。需要注意的是，与 C 语言和 JavaScript 不同，Solidity 中非布尔类型数值不能转换为布尔类型，因此“if (1) { ... }”的写法在 Solidity 中无效。

当一个函数有多个输出参数时，“ return (v0, v1, ...,vn)”写法可以返回多个值。不过元素的个数必须与输出参数的个数相同。

3. 函数调用

1）内部函数调用

当前合约中的函数可以直接（“从内部”）调用，也可以递归调用，就像下边这个例子一样：

```
pragma solidity ^0.4.16;

contract C {
    function g(uint a) public pure returns (uint ret) { return f(); }
    function f() internal pure returns (uint ret) { return g(7) + f(); }
}
```

这些函数调用在 EVM 中被解释为简单的跳转。这样做的效果就是当前内存不会被清除，也就是说，通过内部调用在函数之间传递内存引用是非常有效的。

2）外部函数调用

表达式“this.g(8);”和“c.g(2);”(其中 c 是合约实例）是有效的函数调用，但是这种情况下，函数将会通过一个消息调用来被“外部调用”，而不是直接跳转。请注意，不可以在构造函数中通过 this 来调用函数，因为此时真实的合约实例还没有被创建。

如果想要调用其他合约的函数，需要外部调用。对于一个外部调用，所有的函数参数都需要被复制到内存。当调用其他合约的函数时，随函数调用发送的 wei 和 gas 的数量可以分别由特定选项 .value 和 .gas 指定：

```
pragma solidity ^0.4.0;

contract InfoFeed {
    function info() public payable returns (uint ret) { return 42; }
}

contract Consumer {
    InfoFeed feed;
    function setFeed(address addr) public { feed = InfoFeed(addr); }
    function callFeed() public { feed.info.value(10).gas(800)(); }
}
```

在上面的代码中，payable 修饰符要用于修饰 info，否则，.value 选项将不可用。需要注意的是，表达式“InfoFeed(addr);”进行了一个显式类型转换，说明使用者知道给定地址的合约类型是 InfoFeed，并且这不会执行构造函数。显式类型转换需要谨慎处理。绝对不要在一个不清楚类型的合约上执行函数调用。

也可以直接使用“function setFeed(InfoFeed _feed) { feed = _feed; }”。注意一个事实，“feed.info.value(10).gas(800);”只是（局部地）设置了与函数调用一起发送的 wei 值和 gas 的数量，只有最后的圆括号执行了真正的调用。

如果被调函数所在合约不存在（也就是账户中不包含代码）或者被调用合约本身抛出异常或者 gas 用完等，函数调用会抛出异常。

需要格外注意的是，任何与其他合约的交互都会强加潜在危险，尤其是在不能预先知道合约代码的情况下。当前合约将控制权移交给被调用合约，而被调用合约可能做任何事。即使被调用合约从一个已知父合约继承，继承的合约也只需要有一个正确的接口就可以了。被调用合约的实现可以完全任意，因此会带来危险。此外，一定要小心它可能再调用系统中的其他合约，甚至在第一次调用返回之前返回到之前调用的合约。这意味着被调用合约可以通过它自己的函数改变调用合约的状态变量。一个推荐的函数写法是，例如，在合约中状态变量进行各种变化后再调用外部函数，这样，合约就不会轻易被滥用的重入（re-entrancy）所影响。

3）具名调用和匿名函数参数

函数调用参数也可以按照任意顺序由名称给出，如果它们被包含在 {} 中，如以下示例中所示。参数列表必须按名称与函数声明中的参数列表相符，但可以按任意顺序排列。

```
pragma solidity ^0.4.0;

contract C {
    function f(uint key, uint value) public {
        // ...
    }

    function g() public {
        // 具名参数
        f({value: 2, key: 3});
```

```
    }
}
```

4）省略函数参数名称

未使用参数的名称（特别是返回参数）可以省略。这些参数仍然存在于堆栈中，但它们无法访问，例如：

```
pragma solidity ^0.4.16;

contract C {
    // 省略参数名称
    function func(uint k, uint) public pure returns(uint) {
        return k;
    }
}
```

4. 通过 new 创建合约

使用关键字 new 可以创建一个新合约。由于待创建合约的完整代码必须事先知道，因此递归地创建合约是不可能的。可以参考下面的例子：

```
pragma solidity ^0.4.0;

contract D {
    uint x;
    function D(uint a) public payable {
        x = a;
    }
}

contract C {
    D d = new D(4); // 将作为合约 C 构造函数的一部分执行

    function createD(uint arg) public {
        D newD = new D(arg);
    }

    function createAndEndowD(uint arg, uint amount) public payable {
                //随合约的创建发送 ether
        D newD = (new D).value(amount)(arg);
    }
}
```

如示例中所示，使用 .value 选项创建 D 的实例时可以转发 Ether，但是不可能限制 gas 的数量。如果创建失败（可能因为栈溢出，或没有足够的余额，或其他问题），就会引发异常。

5. 赋值

1）解构赋值和返回多值

Solidity 内部允许元组（tuple）类型，也就是一个在编译时元素数量固定的对象列表，列表中的元素可以是不同类型的对象。这些元组可以用来同时返回多个数值，也可以用它们来同时给多个新声明的变量或者既存的变量（或通常的 LValues）赋值，参见下面的例子：

```
pragma solidity >0.4.23 <0.5.0;

contract C {
    uint[] data;

    function f() public pure returns (uint, bool, uint) {
        return (7, true, 2);
    }

    function g() public {
        //基于返回的元组来声明变量并赋值
        (uint x, bool b, uint y) = f();
        //交换两个值的通用窍门——但不适用于非值类型的存储变量
        (x, y) = (y, x);
        //元组的末尾元素可以省略（这也适用于变量声明）
        (data.length,,) = f(); // 将长度设置为 7
        //省略元组中末尾元素的写法，仅可以在赋值操作的左侧使用，除了这个例外
        (x,) = (1,);
        //(1,) 是指定单元素元组的唯一方法，因为 (1)
        //相当于 1
    }
}
```

2）数组和结构体的复杂性

赋值语义对于像数组和结构体这样的非值类型来说会有些复杂。为状态变量赋值经常会创建一个独立副本。此外，对局部变量的赋值只会为基本类型（即 32 字节以内的静态类型）创建独立的副本。如果结构体或数组（包括 bytes 和 string）被从状态变量分配给局部变量，局部变量将保留对原始状态变量的引用。对局部变量的第二次赋值不会修改状态变量，只会改变引用。赋值给局部变量的成员（或元素）则改变状态变量。

6. 作用域和声明

变量声明后将有默认初始值，其初始值字节全部为零。任何类型变量的“默认值”是其对应类型的典型“零状态”。例如，bool 类型的默认值是 false。uint 或 int 类型的默认值是 0。对于静态大小的数组和 bytes1 到 bytes32，每个单独的元素将被初始化为与其类型相对应的默认值。最后，对于动态大小的数组及 bytes 和 string 类型，其默认值是一个空数组或字符串。

Solidity 中的作用域规则与其他很多语言一样遵循了 C99 规则：变量将会从它们被声明之后可见，直到一对 {} 块的结束。作为一个例外，在 for 循环语句中初始化的变量，其可见性仅维持到 for 循环的结束。

那些定义在代码块之外的变量，比如函数、合约、自定义类型等，并不会影响它们的

作用域特性。这意味着可以在实际声明状态变量的语句之前就使用它们，并且递归地调用函数。

基于以上的规则，下边的例子不会出现编译警告，因为那两个变量虽然名字一样，但却在不同的作用域里。

```
pragma solidity >0.4.24;
contract C {
    function minimalScoping() pure public {
        {
            uint same2 = 0;
        }

        {
            uint same2 = 0;
        }
    }
}
```

作为C99作用域规则的特例，注意在下边的例子里，第一次对x的赋值会改变上一层中声明的变量值。如果外层声明的变量被“影子化”（就是说被在内部作用域中由一个同名变量所替代）就会得到一个警告。

```
pragma solidity >0.4.24;
contract C {
    function f() pure public returns (uint) {
        uint x = 1;
        {
            x = 2; // 这个赋值会影响在外层声明的变量
            uint x;
        }
        return x; // x has value 2
    }
}
```

在Solidity 0.5.0之前的版本，作用域规则都沿用了JavaScript的规则，即一个变量可以声明在函数的任意位置，都可以使它在整个函数范围内可见。而这种规则会从0.5.0版本起被打破。从0.5.0版本开始，下面例子中的代码段会导致编译错误：

```
// 这将无法编译通过

pragma solidity >0.4.24;
contract C {
    function f() pure public returns (uint) {
        x = 2;
        uint x;
        return x;
    }
}
```

7. 错误处理

Solidity 使用“状态恢复”异常的处理方法来解决程序运行中出现的错误。这种异常处理方法是将撤销对当前调用（及其所有子调用）中的状态所做的所有更改，并且还向调用者标记错误发生的位置。函数 assert 和 require 可用于检查条件并在条件不满足时抛出异常。assert 函数只能用于测试内部错误，并检查非变量。require 函数用于确认条件有效性，例如输入变量，或合约状态变量是否满足条件，或验证外部合约调用返回的值。如果使用得当，分析工具可以评估用户的合约，并标示出那些会使 assert 失败的条件和函数调用。正常工作的代码不会导致一个 assert 语句的失败，但如果这种情况发生了，那就说明出现了一个需要修复的 bug。

还有另外两种触发异常的方法：一种是使用 revert 函数标记错误并恢复当前的调用，revert 调用中包含有关错误的详细信息是可能的，这个消息会被返回给调用者；另一种是使用已经不推荐的关键字 throw 替代 revert，但无法返回错误消息。从 0.4.13 版本开始，throw 这个关键字被弃用，并且将来会被逐渐淘汰。

当子调用发生异常时，它们会自动“冒泡”（即重新抛出异常）。这个规则的例外是 send 和低级函数 call、delegatecall 和 callcode。如果这些函数发生异常，将返回 false，而不是“冒泡”。作为 EVM 设计的一部分，如果被调用合约账户不存在，则低级函数 call、delegatecall 和 callcode 将返回 success。因此如果需要使用低级函数，必须在调用之前检查被调用合约是否存在。

在下例中，可以看到如何使用 require 检查输入条件以及如何使用 assert 检查内部错误。在这里需要注意的是，可以给 require 提供一个消息字符串，而 assert 不行。

```
pragma solidity ^0.4.22;

contract Sharer {
    function sendHalf(address addr) public payable returns (uint balance) {
        require(msg.value % 2 == 0, "Even value required.");
        uint balanceBeforeTransfer = this.balance;
        addr.transfer(msg.value / 2);
            //由于转移函数在失败时抛出异常并且不能在这里回调，因此我们应该没有办法仍然有一半的钱
        assert(this.balance == balanceBeforeTransfer - msg.value / 2);
        return this.balance;
    }
}
```

下列情况将会产生一个 assert 式异常。

- 如果访问数组的索引太大或为负数（例如 x[i]，其中 i >= x.length 或 i < 0）。
- 如果访问固定长度 bytesN 的索引太大或为负数。
- 如果用零当除数做除法或模运算（例如 5 / 0 或 23% 0）。
- 如果移位负数位。
- 如果将一个太大或负数值转换为一个枚举类型。

- 如果调用内部函数类型的零初始化变量。
- 如果调用 assert 的参数（表达式）最终结算为 false。

下列情况将会产生一个 require 式异常。

- 调用 throw。
- 如果调用 require 的参数（表达式）最终结算为 false。
- 如果通过消息调用某个函数，但该函数没有正确结束（它耗尽了 gas，没有匹配函数，或者本身抛出一个异常），上述函数不包括低级别的操作 call、send、delegatecall 或者 callcode。低级操作不会抛出异常，而通过返回 false 来指示失败。
- 如果使用 new 关键字创建合约，但合约没有被正确创建。
- 如果对不包含代码的合约执行外部函数调用。
- 如果合约通过一个没有 payable 修饰符的公有函数（包括构造函数和 fallback 函数）接收 Ether。
- 如果合约通过公有 getter 函数接收 Ether。
- 如果 .transfer 失败。

在内部，Solidity 对一个 require 式的异常执行回退操作（指令 0xfd）并执行一个无效操作（指令 0xfe）来引发 assert 式异常。在这两种情况下，都会导致 EVM 回退对状态所做的所有更改。回退的原因是不能继续安全地执行，没有实现预期的效果。因为我们想保留交易的原子性，所以最安全的做法是回退所有更改并使整个交易（或至少是调用）不产生效果。需要注意的是，assert 式异常消耗了所有可用的 gas，而从 Metropolis 版本起 require 式的异常不会消耗任何 gas。

下边的例子展示了如何在 revert 和 require 中使用错误字符串：

```
pragma solidity ^0.4.22;

contract VendingMachine {
    function buy(uint amount) payable {
        if (amount > msg.value / 2 ether)
            revert("Not enough Ether provided.");
        // 下边是用等价的方法来做同样的检查
        require(
            amount <= msg.value / 2 ether,
            "Not enough Ether provided."
        );
        // 执行购买操作
    }
}
```

这里提供的字符串应该是经过 ABI 编码之后的，因为它实际上调用了 Error(string) 函数。在上边的例子里，“revert("Not enough Ether provided.");”会产生如下的十六进制错误返回值：

```
// Error(string) 的函数选择器
0x08c379a0

// 数据的偏移量(32)
0x0000000000000000000000000000000000000000000000000000000000000020

// 字符串长度(26)
0x000000000000000000000000000000000000000000000000000000000000001a

// 字符串数据("Not enough Ether provided." 的 ASCII 编码，26字节)
0x4e6f7420656e6f7567682045746865722070726f76696465642e000000000000
```

3.3 Solidity 语言速查表

表 3-1 所示是按评估顺序列出的操作符优先级。

表 3-1　操作符优先级

优先级	描　述	操　作　符
1	后置自增和自减	++，--
	创建类型实例	new<typename>
	数组元素	<array>[<index>]
	访问成员	<object>.<member>
	函数调用	<func>(<args...>)
	小括号	(<statement>)
2	前置自增和自减	++，--
	一元运算的加和减	+，-
	一元操作符	delete
	逻辑非	!
	按位非	~
3	乘方	**
4	乘、除和模运算	*，/，%
5	算术加和减	+，-
6	移位操作符	<<，>>
7	按位与	&
8	按位异或	^
9	按位或	|
10	非等操作符	<，>，<=，>=
11	等于操作符	==，!=

（续）

优先级	描　述	操 作 符
12	逻辑与	&&
13	逻辑或	||
14	三元操作符	<conditional>?<if-true>:<if-false>
15	赋值操作符	=，|=，^=，&=，<<=，>>=，+=，-=，*=，/=，%=
16	逗号	,

以下是Solidity的保留字，未来可能会变为语法的一部分：abstract,after，alias，apply，auto，case，catch，copyof，default，define，final，immutable，implements，in，inline，let，macro，match，mutable，null，of，override，partial，promise，reference，relocatable，sealed，sizeof，static，supports，switch，try，type，typedef，typeof，unchecked。

```
SourceUnit = (PragmaDirective | ImportDirective | ContractDefinition)*

// 为了完全向前兼容，'pragma' 实际上解析了 ';' 的所有部分
PragmaDirective = 'pragma' Identifier ([^;]+) ';'

ImportDirective = 'import' StringLiteral ('as' Identifier)? ';'
        | 'import' ('*' | Identifier) ('as' Identifier)? 'from' StringLiteral ';'
        | 'import' '{' Identifier ('as' Identifier)? ( ',' Identifier ('as'
             Identifier)? )* '}' 'from' StringLiteral ';'

ContractDefinition = ( 'contract' | 'library' | 'interface' ) Identifier
                     ( 'is' InheritanceSpecifier (',' InheritanceSpecifier )* )?
                     '{' ContractPart* '}'

ContractPart = StateVariableDeclaration | UsingForDeclaration
             | StructDefinition | ModifierDefinition | FunctionDefinition |
                 EventDefinition | EnumDefinition

InheritanceSpecifier = UserDefinedTypeName ( '(' Expression ( ',' Expression )* ')' )?

StateVariableDeclaration = TypeName ( 'public' | 'internal' | 'private' |
'constant' )* Identifier ('=' Expression)? ';'
UsingForDeclaration = 'using' Identifier 'for' ('*' | TypeName) ';'
StructDefinition = 'struct' Identifier '{'
                   ( VariableDeclaration ';' (VariableDeclaration ';')* ) '}'

ModifierDefinition = 'modifier' Identifier ParameterList? Block
ModifierInvocation = Identifier ( '(' ExpressionList? ')' )?

FunctionDefinition = 'function' Identifier? ParameterList
                     ( ModifierInvocation | StateMutability | 'external' |
                         'public' | 'internal' | 'private' )*
                     ( 'returns' ParameterList )? ( ';' |?Block )
```

```
EventDefinition = 'event' Identifier EventParameterList 'anonymous'? ';'

EnumValue = Identifier
EnumDefinition = 'enum' Identifier '{' EnumValue? (',' EnumValue)* '}'

ParameterList = '(' ( Parameter (',' Parameter)* )? ')'
Parameter = TypeName StorageLocation? Identifier?

EventParameterList = '(' ( EventParameter (',' EventParameter )* )? ')'
EventParameter = TypeName 'indexed'? Identifier?

FunctionTypeParameterList = '(' ( FunctionTypeParameter (','
FunctionTypeParameter )* )? ')'
FunctionTypeParameter = TypeName StorageLocation?

// 语义限制：参数列表中不允许映射和结构体递归地包含映射
VariableDeclaration = TypeName StorageLocation? Identifier

TypeName = ElementaryTypeName
         | UserDefinedTypeName
         | Mapping
         | ArrayTypeName
         | FunctionTypeName

UserDefinedTypeName = Identifier ( '.' Identifier )*

Mapping = 'mapping' '(' ElementaryTypeName '=>' TypeName ')'
ArrayTypeName = TypeName '[' Expression? ']'
FunctionTypeName = 'function' FunctionTypeParameterList ( 'internal' | 'external'
| StateMutability )*
                   ( 'returns' FunctionTypeParameterList )?
StorageLocation = 'memory' | 'storage' | 'calldata'
StateMutability = 'pure' | 'constant' | 'view' | 'payable'

Block = '{' Statement* '}'
Statement = IfStatement | WhileStatement | ForStatement | Block |
InlineAssemblyStatement |
            ( DoWhileStatement | PlaceholderStatement | Continue | Break | Return |
              Throw | EmitStatement | SimpleStatement ) ';'

ExpressionStatement = Expression
IfStatement = 'if' '(' Expression ')' Statement ( 'else' Statement )?
WhileStatement = 'while' '(' Expression ')' Statement
PlaceholderStatement = '_'
SimpleStatement = VariableDefinition | ExpressionStatement
ForStatement = 'for' '(' (SimpleStatement)? ';' (Expression)? ';' (ExpressionStatement)?
    ')' Statement
InlineAssemblyStatement = 'assembly' StringLiteral? InlineAssemblyBlock
DoWhileStatement = 'do' Statement 'while' '(' Expression ')'
Continue = 'continue'
Break = 'break'
```

```
Return = 'return' Expression?
Throw = 'throw'
EmitStatement = 'emit' FunctionCall
VariableDefinition = ('var' IdentifierList | VariableDeclaration | '('
VariableDeclaration? (',' VariableDeclaration? )* ')' ) ( '=' Expression )?
IdentifierList = '(' ( Identifier? ',' )* Identifier? ')'

// 通过顺序决定优先级（参见 github.com/ethereum/solidity/pull/732）
Expression
  = Expression ('++' | '--')
  | NewExpression
  | IndexAccess
  | MemberAccess
  | FunctionCall
  | '(' Expression ')'
  | ('!' | '~' | 'delete' | '++' | '--' | '+' | '-') Expression
  | Expression '**' Expression
  | Expression ('*' | '/' | '%') Expression
  | Expression ('+' | '-') Expression
  | Expression ('<<' | '>>') Expression
  | Expression '&' Expression
  | Expression '^' Expression
  | Expression '|' Expression
  | Expression ('<' | '>' | '<=' | '>=') Expression
  | Expression ('==' | '!=') Expression
  | Expression '&&' Expression
  | Expression '||' Expression
  | Expression '?' Expression ':' Expression
  | Expression ('=' | '|=' | '^=' | '&=' | '<<=' | '>>=' | '+=' | '-=' | '*=' | '/=' | '%=')
      Expression
  | PrimaryExpression

PrimaryExpression = BooleanLiteral
                  | NumberLiteral
                  | HexLiteral
                  | StringLiteral
                  | TupleExpression
                  | Identifier
                  | ElementaryTypeNameExpression

ExpressionList = Expression ( ',' Expression )*
NameValueList = Identifier ':' Expression ( ',' Identifier ':' Expression )*

FunctionCall = Expression '(' FunctionCallArguments ')'
FunctionCallArguments = '{' NameValueList? '}'
                      | ExpressionList?

NewExpression = 'new' TypeName
MemberAccess = Expression '.' Identifier
IndexAccess = Expression '[' Expression? ']'
```

```
BooleanLiteral = 'true' | 'false'
NumberLiteral = ( HexNumber | DecimalNumber ) (' ' NumberUnit)?
NumberUnit = 'wei' | 'szabo' | 'finney' | 'ether'
           | 'seconds' | 'minutes' | 'hours' | 'days' | 'weeks' | 'years'
HexLiteral = 'hex' ('"' ([0-9a-fA-F]{2})* '"' | '\'' ([0-9a-fA-F]{2})* '\'')
StringLiteral = '"' ([^"\r\n\\] | '\\' .)* '"'
Identifier = [a-zA-Z_$] [a-zA-Z_$0-9]*

HexNumber = '0x' [0-9a-fA-F]+
DecimalNumber = [0-9]+ ( '.' [0-9]* )? ( [eE] [0-9]+ )?

TupleExpression = '(' ( Expression? ( ',' Expression? )*  )? ')'
                | '[' ( Expression  ( ',' Expression  )*  )? ']'

ElementaryTypeNameExpression = ElementaryTypeName

ElementaryTypeName = 'address' | 'bool' | 'string' | 'var'
                   | Int | Uint | Byte | Fixed | Ufixed

Int = 'int' | 'int8' | 'int16' | 'int24' | 'int32' | 'int40' | 'int48' | 'int56'
| 'int64' | 'int72' | 'int80' | 'int88' | 'int96' | 'int104' | 'int112'
| 'int120' | 'int128' | 'int136' | 'int144' | 'int152' | 'int160' | 'int168'
| 'int176' | 'int184' | 'int192' | 'int200' | 'int208' | 'int216' | 'int224'
| 'int232' | 'int240' | 'int248' | 'int256'

Uint = 'uint' | 'uint8' | 'uint16' | 'uint24' | 'uint32' | 'uint40' | 'uint48'
| 'uint56' | 'uint64' | 'uint72' | 'uint80' | 'uint88' | 'uint96' | 'uint104' |
'uint112' | 'uint120' | 'uint128' | 'uint136' | 'uint144' | 'uint152'
| 'uint160' | 'uint168' | 'uint176' | 'uint184' | 'uint192' | 'uint200'
| 'uint208' | 'uint216' | 'uint224' | 'uint232' | 'uint240' | 'uint248'
| 'uint256'

Byte = 'byte' | 'bytes' | 'bytes1' | 'bytes2' | 'bytes3' | 'bytes4' | 'bytes5'
| 'bytes6' | 'bytes7' | 'bytes8' | 'bytes9' | 'bytes10' | 'bytes11' | 'bytes12'
| 'bytes13' | 'bytes14' | 'bytes15' | 'bytes16' | 'bytes17' | 'bytes18' |
'bytes19' | 'bytes20' | 'bytes21' | 'bytes22' | 'bytes23' | 'bytes24' |
'bytes25' | 'bytes26' | 'bytes27' | 'bytes28' | 'bytes29' | 'bytes30' |
'bytes31' | 'bytes32'

Fixed = 'fixed' | ( 'fixed' [0-9]+ 'x' [0-9]+ )

Ufixed = 'ufixed' | ( 'ufixed' [0-9]+ 'x' [0-9]+ )

InlineAssemblyBlock = '{' AssemblyItem* '}'

AssemblyItem = Identifier | FunctionalAssemblyExpression | InlineAssemblyBlock
| AssemblyLocalBinding | AssemblyAssignment | AssemblyLabel | NumberLiteral |
StringLiteral | HexLiteral
AssemblyLocalBinding = 'let' Identifier ':=' FunctionalAssemblyExpression
AssemblyAssignment = ( Identifier ':=' FunctionalAssemblyExpression ) | ( '=:'
Identifier )
```

```
AssemblyLabel = Identifier ':'
FunctionalAssemblyExpression = Identifier '(' AssemblyItem? ( ',' AssemblyItem )* ')'
```

3.4 Solidity 源代码书写风格

本节旨为读者提供 Solidity 代码书写的风格指南，约定 Solidity 代码的编码规范。然而源代码的写作规范是不断变化和演进的，旧的、过时的编码规范会被淘汰，而新的、有用的规范会被添加进来。Solidity 代码书写的风格指南中的结构和许多建议是取自 Python 的 PEP8 style guide。

风格指南是关于一致性的。重要的是与此风格指南保持一致，但项目中的一致性更重要。一个模块或功能内的一致性是重要的。但最重要的一点是：知道什么时候不一致——有时风格指南不适用。在编写的过程中如有疑问，还需自行判断，多参考其他例子，并决定什么看起来最好，同时还应多向有经验的程序员请教。

1. 代码结构

（1）缩进：每个缩进级别使用 4 个空格。

（2）制表符或空格：空格是首选的缩进方法，应该避免混合使用制表符和空格。

（3）空行：在 Solidity 源代码中合约声明之间留出两个空行。正确写法如下。

```
contract A {
    ...
}

contract B {
    ...
}

contract C {
    ...
}
```

错误写法如下。

```
contract A {
    ...
}
contract B {
    ...
}

contract C {
    ...
}
```

在一个合约中的函数声明之间应该留有一个空行，在相关联的各组单行语句之间可以省略空行（例如抽象合约的 stub 函数）。正确写法如下。

```
pargma solidity >=0.4.0 <0.6.0;

contract A {
    function spam() public;
    function ham() public;
}


contract B is A {
    function spam() public {
        ...
    }

    function ham() public {
        ...
    }
}
```

错误写法如下。

```
pargma solidity >=0.4.0 <0.6.0;

contract A {
    function spam() public pure {
        // ...
    }
    function ham() public pure {
        // ...
    }
}
```

（4）代码行的最大长度：基于 PEP 8 recommendation，代码行的字符长度控制在 79（或 99）字符，以帮助读者阅读代码。折行时应该遵从以下规则。

- 第一个参数不应该紧跟在左括号后边。
- 用一个且只用一个缩进。
- 每个函数应该单起一行。
- 结束符号 “);” 应该单独放在最后一行。

关于函数调用的正确写法：

```
thisFunctionCallIsReallyLong(
    longArgument1,
    longArgument2,
    longArgument3
);
```

错误写法：

```
thisFunctionCallIsReallyLong(longArgument1,
```

```
                                    longArgument2,
                                    longArgument3
);

thisFunctionCallIsReallyLong(longArgument1,
    longArgument2,
    longArgument3
);

thisFunctionCallIsReallyLong(
    longArgument1, longArgument2,
    longArgument3
);

thisFunctionCallIsReallyLong(
longArgument1,
longArgument2,
longArgument3
);

thisFunctionCallIsReallyLong(
    longArgument1,
    longArgument2,
    longArgument3);
```

关于赋值语句的正确写法：

```
thisIsALongNestedMapping[being][set][to_some_value] = someFunction(
    argument1,
    argument2,
    argument3,
    argument4
);
```

错误写法：

```
thisIsALongNestedMapping[being][set][value] = someFunction(argument1,
                                                           argument2,
                                                           argument3,
                                                           argument4);
```

有关事件定义和事件发生的正确写法：

```
event LongAndLotsOfArgs(
    adress sender,
    adress recipient,
    uint256 publicKey,
    uint256 amount,
    bytes32[] options
);

LongAndLotsOfArgs(
```

```
    sender,
    recipient,
    publicKey,
    amount,
    options
);
```

错误写法：

```
event LongAndLotsOfArgs(adress sender,
                        adress recipient,
                        uint256 publicKey,
                        uint256 amount,
                        bytes32[] options);

LongAndLotsOfArgs(sender,
                  recipient,
                  publicKey,
                  amount,
                  options);
```

（5）源文件编码格式：首选 UTF-8 或 ASCII 编码。

（6）Import 规范：Import 语句应始终放在文件的顶部。正确写法：

```
import "owned";

contract A {
    ...
}

contract B is owned {
    ...
}
```

错误写法：

```
contract A {
    ...
}

import "owned";

contract B is owned {
    ...
}
```

（7）函数顺序：排序有助于读者识别他们可以调用哪些函数，并更容易地找到构造函数和 fallback 函数的定义。函数应根据其可见性和顺序进行分组。

- 构造函数。
- fallback 函数（如果存在）。

- 外部函数。
- 公共函数。
- 内部函数和变量。
- 私有函数和变量。

在一个分组中，把 view 和 pure 函数放在最后。正确写法：

```
contract A {
    function A() public {
        ...
    }

    function() public {
        ...
    }

    // 外部函数
    // ...

    // view 类型的外部函数
    // ...

    // pure 类型的外部函数
    // ...

    // 公共函数
    // ...

    // 内部函数
    // ...

    // 私有函数
    // ...
}
```

错误写法：

```
contract A {

    // 外部函数
    // ...

    // 私有函数
    // ...

    // 公共函数
    // ...

    function A() public {
        ...
```

```
    }

    function() public {
        ...
    }

    // Internal functions
    // ...
}
```

（8）表达式中的空格：除单行函数声明外，紧接着小括号、中括号或者大括号的内容应该避免使用空格。正确写法：

```
spam(ham[1], Coin({name: "ham"}));
```

错误写法：

```
spam( ham[ 1 ], Coin( { name: "ham" } ) );
```

例外：

```
spam( ham[ 1 ], Coin( { name: "ham" } ) );
```

逗号和分号之前不使用空格。正确写法：

```
function spam(uint i, Coin coin) public;
```

错误写法：

```
function spam(uint i , Coin coin) public ;
```

赋值或其他操作符两边不能有多于一个的空格。正确写法：

```
x = 1;
y = 2;
long_variable = 3;
```

错误写法：

```
x                 = 1;
y                 = 2;
long_variable = 3;
```

fallback 函数中不包含空格。正确写法：

```
function() public {
    ...
}
```

错误写法：

```
function () public {
    ...
}
```

（9）控制结构：用大括号表示一个合约、库、函数和结构，应该遵循以下规则。

- 开括号与声明应在同一行。
- 闭括号在与之前函数声明对应的开括号保持同一缩进级别上另起一行。
- 开括号前应该有一个空格。

正确写法：

```
contract Coin {
    struct Bank {
        address owner;
        uint balance;
    }
}
```

错误写法：

```
contract Coin
{
    struct Bank {
        address owner;
        uint balance;
    }
}
```

对于控制结构if、else、while、for的实施建议与以上相同。另外，诸如if、else、while、for这类的控制结构和条件表达式的块之间应该有一个单独的空格，同样地，条件表达式的块和开括号之间也应该有一个空格。正确写法：

```
if (...) {
    ...
}

for (...) {
    ...
}
```

错误写法：

```
if (...)
{
    ...
}

while(...){
}

for (...) {
    ...}
```

对于控制结构，如果其主体内容只包含一行，则可以省略括号。正确写法：

```
if (x < 10)
    x += 1;
```

错误写法：

```
if (x < 10)
    someArray.push(Coin({
        name: 'spam',
        value: 42
    }));
```

对于具有 else 或 else if 子句的 if 块，else 应该与 if 的闭大括号放在同一行上。这一规则区别于其他块状结构。正确写法：

```
if (x < 3) {
    x += 1;
} else if (x > 7) {
    x -= 1;
} else {
    x = 5;
}

if (x < 3)
    x += 1;
else
    x -= 1;
```

错误写法：

```
if (x < 3) {
    x += 1;
}
else {
    x -= 1;
}
```

（10）函数声明：对于简短的函数声明，建议函数体的开括号与函数声明保持在同一行。闭大括号应该与函数声明的缩进级别相同。开大括号之前应该有一个空格。正确写法：

```
function increment(uint x) public pure returns (uint) {
    return x + 1;
}

function increment(uint x) public pure onlyowner returns (uint) {
    return x + 1;
}
```

错误写法：

```
function increment(uint x) public pure returns (uint)
{
    return x + 1;
}
```

```
function increment(uint x) public pure returns (uint){
    return x + 1;
}

function increment(uint x) public pure returns (uint) {
    return x + 1;
    }

function increment(uint x) public pure returns (uint) {
    return x + 1;}
```

应该严格地标识所有函数的可见性，包括构造函数。正确写法：

```
function explicitlyPublic(uint val) public {
    doSomething();
}
```

错误写法：

```
function implicitlyPublic(uint val) {
    doSomething();
}
```

函数的可见性修饰符应该出现在任何自定义修饰符之前。正确写法：

```
function kill() public onlyowner {
    selfdestruct(owner);
}
```

错误写法：

```
function kill() onlyowner public {
    selfdestruct(owner);
}
```

对于长函数声明，建议将每个参数独立一行并与函数体保持相同的缩进级别。闭括号和开括号也应该独立一行并保持与函数声明相同的缩进级别。正确写法：

```
function thisFunctionHasLotsOfArguments(
    address a,
    address b,
    address c,
    address d,
    address e,
    address f
)
    public
{
    doSomething();
}
```

错误写法：

```
function thisFunctionHasLotsOfArguments(address a, address b, address c,
    address d, address e, address f) public {
    doSomething();
}

function thisFunctionHasLotsOfArguments(address a,
                                        address b,
                                        address c,
                                        address d,
                                        address e,
                                        address f) public {
    doSomething();
}

function thisFunctionHasLotsOfArguments(
    address a,
    address b,
    address c,
    address d,
    address e,
    address f) public {
    doSomething();
}
```

如果一个长函数声明有修饰符，那么每个修饰符应该下沉到独立的一行。正确写法：

```
function thisFunctionNameIsReallyLong(address x, address y, address z)
    public
    onlyowner
    priced
    returns (address)
{
    doSomething();
}

function thisFunctionNameIsReallyLong(
    address x,
    address y,
    address z,
)
    public
    onlyowner
    priced
    returns (address)
{
    doSomething();
}
```

错误写法：

```
function thisFunctionNameIsReallyLong(address x, address y, address z)
                                      public
```

```
                                          onlyowner
                                          priced
                                          returns (address) {
    doSomething();
}

function thisFunctionNameIsReallyLong(address x, address y, address z)
    public onlyowner priced returns (address)
{
    doSomething();
}

function thisFunctionNameIsReallyLong(address x, address y, address z)
    public
    onlyowner
    priced
    returns (address) {
    doSomething();
}
```

多行输出参数和返回值语句应该遵从“代码行的最大长度”部分的说明。正确写法：

```
function thisFunctionNameIsReallyLong(
    address a,
    address b,
    address c
)
    public
    returns (
        address someAddressName,
        uint256 LongArgument,
        uint256 Argument
    )
{
    doSomething()

    return (
        veryLongReturnArg1,
        veryLongReturnArg2,
        veryLongReturnArg3
    );
}
```

错误写法：

```
function thisFunctionNameIsReallyLong(
    address a,
    address b,
    address c
)
    public
    returns (address someAddressName,
```

```
            uint256 LongArgument,
            uint256 Argument)
{
    doSomething()

    return (veryLongReturnArg1,
            veryLongReturnArg1,
            veryLongReturnArg1);
}
```

对于继承合约中需要参数的构造函数，如果函数声明很长或难以阅读，建议将基础构造函数像多个修饰符的风格那样每个下沉到一个新行上书写。正确写法：

```
contract A is B, C, D {
    function A(uint param1, uint param2, uint param3, uint param4, uint param5)
        B(param1)
        C(param2, param3)
        D(param4)
        public
    {
        // 有关 param5 的操作
    }
}
```

错误写法：

```
contract A is B, C, D {
    function A(uint param1, uint param2, uint param3, uint param4, uint param5)
    B(param1)
    C(param2, param3)
    D(param4)
    public
    {
        // 有关 param5 的操作
    }
}

contract A is B, C, D {
    function A(uint param1, uint param2, uint param3, uint param4, uint param5)
        B(param1)
        C(param2, param3)
        D(param4)
        public {
        // 有关 param5 的操作
    }
}
```

当用单个语句声明简短函数时，允许在一行中完成，例如：

```
function shortFunction() public { doSomething(); }
```

这些函数声明的准则旨在提高可读性。因为本指南不会涵盖所有内容，读者应该自行作出最佳判断。

（11）变量声明：数组变量的声明在变量类型和括号之间不应该有空格。正确写法：

```
uint[] x;
```

错误写法：

```
uint [] x;
```

（12）其他建议：字符串应该用双引号而不是单引号。正确写法：

```
str = "foo";
str = "Hamlet says, 'To be or not to be...'";
```

错误写法：

```
str = 'bar';
str = '"Be yourself; everyone else is already taken." -Oscar Wilde';
```

操作符两边应该各有一个空格。正确写法：

```
x = 3;
x = 100 / 10;
x += 3 + 4;
x |= y && z;
```

错误写法：

```
x=3;
x = 100/10;
x += 3+4;
x |= y&&z;
```

为了表示优先级，高优先级操作符两边可以省略空格，这样可以提高复杂语句的可读性。应该在操作符两边总是使用相同的空格数。正确写法：

```
x = 2**3 + 5;
x = 2*y + 3*z;
x = (a+b) * (a-b);
```

错误写法：

```
x = 2** 3 + 5;
x = y+z;
x +=1;
```

2. 命名规范

在一个项目中，当完全采纳和使用命名规范时会产生强大的作用。当使用不同的规范时，则很难立即获取代码中传达的重要元信息。

这里给出的命名建议旨在提高可读性，因此它们不是规则，而是透过名称来尝试和帮助传达更多的信息。

最后，基于代码库中的一致性，本节中的任何规范总是可以被（代码库中的规范）取代。

（1）命名方式：为了避免混淆，下面的名字用来指明不同的命名方式。

- b（单个小写字母）。
- B（单个大写字母）。
- lowercase（小写）。
- lower_case_with_underscores（小写和下画线）。
- UPPERCASE（大写）。
- UPPER_CASE_WITH_UNDERSCORES（大写和下画线）。
- CapitalizedWords（驼峰式，首字母大写）。
- mixedCase（混合式，与驼峰式的区别在于首字母小写！）。
- Capitalized_Words_With_Underscores（首字母大写和下画线）。

需要注意的是，当在驼峰式命名中使用缩写时，应该将缩写中的所有字母都大写。因此 HTTPServerError 比 HttpServerError 好。另外，当在混合式命名中使用缩写时，除了第一个缩写中的字母小写（如果它是整个名称的开头）以外，其他缩写中的字母均大写。因此 xmlHTTPRequest 比 XMLHTTPRequest 好。

（2）应避免的名称：

- l - el 的小写方式；
- O - oh 的大写方式；
- I - eye 的大写方式。

切勿将这些用于单个字母的变量名称，它们经常难以与数字 1 和 0 区分开。

（3）合约和库名称：合约和库名称应该使用驼峰式风格，比如 SimpleToken、SmartBank、CertificateHashRepository、Player。

（4）结构体名称：结构体名称应该使用驼峰式风格，比如 MyCoin、Position、PositionXY。

（5）事件名称：事件名称应该使用驼峰式风格，比如 Deposit、Transfer、Approval、BeforeTransfer、AfterTransfer。

（6）函数名称：函数名称不同于结构，应该使用混合式命名风格，比如 getBalance、transfer、verifyOwner、addMember、changeOwner。

（7）函数参数名：函数参数命名应该使用混合式命名风格，比如 initialSupply、account、recipientAddress、senderAddress、newOwner。在编写操作自定义结构的库函数时，这个结构体应该作为函数的第一个参数，并且应该始终命名为 self。

（8）常量命名：常量应该全都使用大写字母书写，并用下划线分割单词，比如 MAX_BLOCKS、TOKEN_NAME、TOKEN_TICKER、CONTRACT_VERSION。

（9）修饰符命名：使用混合式命名风格，比如 onlyBy、onlyAfter、onlyDuringThePreSale。

（10）枚举变量命名：在声明简单类型时，枚举应该使用驼峰式风格，比如 Token-Group、Frame、HashStyle、CharacterLocation。

（11）避免命名冲突：当所起名称与内建或保留关键字相冲突时，建议照此惯例在名称后边添加下划线，比如 single_trailing_underscore_。

3.5 本章小结

在本章中主要介绍了 Solidity 语言的基本语法，读者在以后的实践过程中可以经常翻阅本章的内容。同时还需要关注 Solidity 的版本更新，及时查阅官方最新的文档。

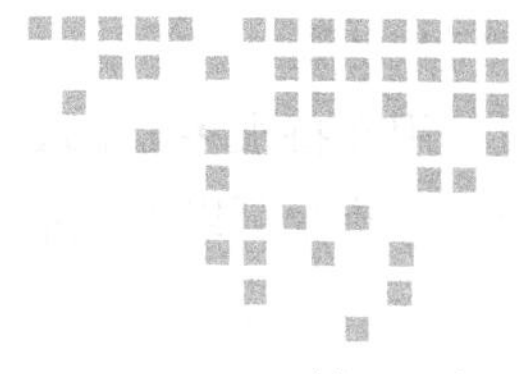

第 4 章 Chapter 4

Solidity 编译器

本章中我们将会介绍 Solidity 编译器（solc）的安装、使用以及编译器输出文件的细节。目前主流的两个集成开发环境 Truffle 和 Embark 已经可以帮助我们简化相关工作，我们可以不直接使用编译器来对合约代码进行编译。不过，了解编译器的使用、相关选项以及一些可能的优化选项依然是有价值的，尤其是在我们要进行一些相对精细的编译器控制以及优化的时候。

4.1 安装 Solidity 编译器

4.1.1 直接获取可执行程序包

最简单的方式当然是去 Solidity 的官方 GitHub 上直接下载可运行的二进制文件（可执行文件）。我们可以在 https://github.com/ethereum/solidity/releases 找到最新的发布版本，其中有相应的操作系统上的可执行程序包。

在 Ubuntu 上，社区也提供了 PPAs（Personal Package Achieves），我们可以通过下列指令获取最新的稳定版本：

```
sudo add-apt-repository ppa:ethereum/ethereum
sudo apt-get update
sudo apt-get install solc
```

当然，也可以安装尝试开发版本：

```
sudo add-apt-repository ppa:ethereum/ethereum
sudo add-apt-repository ppa:ethereum/ethereum-dev
sudo apt-get update
```

```
sudo apt-get install solc
```

另外还可以使用支持很多 Linux 版本的包（App）管理器 Snapcraft（https://snapcraft.io/）来安装。比如用以下指令可以安装最新的稳定版本：

```
sudo snap install solc
```

或者尝试开发版本：

```
sudo snap install solc --edge
```

在 Arch Linux 上，仅可以使用开发版本：

```
pacman -S solidity
```

目前，Homebrew（OSX 系统中最常用的第三方包管理器）上还没有提供预构建的二进制包（因为社区的持续集成服务从 Jenkins 迁移到了 TravisCI），但从代码进行构建依然是可行的：

```
brew update
brew upgrade
brew tap ethereum/ethereum
brew install solidity
```

此外，Gentoo Linux 下也提供了安装包，可使用 emerge 进行安装：

```
emerge dev-lang/solidity
```

4.1.2 从源代码编译构建

在 MacOS（OSX）上编译源代码的先决条件如下。

需要确保已经安装了 Xcode（命令行工具），因为这是在 OSX 上编译 C++ 程序所必需的。如果是第一次安装 Xcode 或者刚好更新了 Xcode 的版本，则在使用命令行构建前，需同意 Xcode 的使用协议：

```
sudo xcodebuild -license accept
```

在 OSX 下编译构建 Solidity，必须先通过 Homebrew（http://brew.sh）包管理器来安装相关依赖库。

Windows 上编译源代码的先决条件如表 4-1 所示。

表 4-1 在 Windows 上编译构建 Solidity 编译器必备的软件

必备软件	备 注
Git for Windows（https://git-scm.com/download/win）	从 GitHub 上获取源码的命令行工具
CMake（https://cmake.org/download/）	跨平台构建生成器
Visual Studio 2017 Build Tools（https://www.visualstudio.com/vs/）	C++ 编译器
Visual Studio 2017（https://www.visualstudio.com/downloads/#build-tools-for-visual-studio-2017）	C++ 编译器和开发环境

如果已经有了IDE，仅需要编译器和相关的库，可以安装Visual Studio 2017 Build Tools。

Visual Studio 2017提供了IDE以及必要的编译器和库。所以如果还没有一个IDE并且想要开发Solidity，那么Visual Studio 2017将是一个可以使用户获得所有工具的简单选择。

这里是一个在Visual Studio 2017 Build Tools或Visual Studio 2017中应该安装的组件列表。

- Visual Studio C++ core features。
- VC++ 2017 v141 toolset (x86, x64)。
- Windows Universal CRT SDK。
- Windows 8.1 SDK。
- C++/CLI support。

在确认自己的操作系统已经正确安装了先决条件中提到的必要软件之后，我们就可以开始从Solidity编译器的源代码编译构建相应的可执行程序了。

首先要从GitHub克隆源代码工程：

```
git clone --recursive https://github.com/ethereum/solidity.git
cd solidity
```

如果用户想参与Solidity的开发，可以创建自己的分叉，用用户个人的分叉库作为第二远程源：

```
cd solidity
git remote add personal git@github.com:[username]/solidity.git
```

Solidity有一些Git子模块，需确保完全加载它们：

```
git submodule update --init --recursive
```

然后安装相关依赖库。

目前的代码工程中已经提供了一个脚本，可以"一键"安装所需的所有外部依赖库。在Linux（OSX）中我们可以使用：

```
./scripts/install_deps.sh
```

在Windows中我们可以使用：

```
scripts\install_deps.bat
```

下面我们就可以开始命令行构建了。

Solidity使用CMake来配置构建。Linux、MacOS和其他Unix系统上的构建方式都差不多：

```
mkdir build
cd build
cmake .. && make
```

也有更简单的：

```
#注意，以下脚本将安装 solc 和 soltest 到 usr/local/bin 目录
./scripts/build.sh
```

对于 Windows，可以执行：

```
mkdir build
cd build
cmake -G "Visual Studio 15 2017 Win64" ..
```

这组指令的最后一句会在 build 目录下创建一个 **solidity.sln** 文件，双击后，默认会使用 Visual Studio 打开。我们建议在 Visual Studio 上创建 **RelWithDebugInfo** 配置文件，可用如下命令创建：

```
cmake --build . --config RelWithDebInfo
```

如果用户对 CMake 命令选项有兴趣，可执行 cmake .. -LH 进行查看。这里不再详细介绍。

4.1.3 Solidity 编译器版本号详解

Solidity 编译器的版本遵循“语义化版本原则”（https://semver.org），这是 GitHub 上通行的一套软件版本标识规则。

作为发布版本的补充，“每日开发构建（nightly development builds）”也是可用的。这个每日开发构建不保证能正常工作，尽管社区尽了最大的努力，但仍可能包含未记录的和（或）重大的改动。所以通常推荐使用最新的发布版本。

Solidity 编译器的版本名包含四部分。

- 版本号。
- 预发布版本号，通常为 develop.YYYY.MM.DD 或者 nightly.YYYY.MM.DD。
- 以 commit.GITHASH 格式展示的提交号。
- 由若干条平台、编译器详细信息构成的平台标识。

如果本地有修改，则 commit 部分有后缀“.mod”。

这些部分按照 Semver 的要求来组合，Solidity 预发布版本号等价于 Semver 预发布版本号，Solidity 提交号和平台标识则组成 Semver 的构建元数据。

- 发行版样例：0.4.8+commit.60cc1668.Emscripten.clang。
- 预发布版样例：0.4.9-nightly.2017.1.17+commit.6ecb4aa3.Emscripten.clang。

在版本发布之后，补丁版本号会增加，因为我们假定只有补丁级别的变更会在版本发布之后发生。当变更被合并后，版本应该根据 Semver 和变更的剧烈程度进行调整。最后，发行版本总是与当前每日开发构建版本的版本号一致，但没有 prerelease 指示符。

例如：

- 0. 0.4.0 版本发布；

- 从现在开始，每晚构建 0.4.1 版本；
- 引入非破坏性变更——不改变版本号；
- 引入破坏性变更——版本跳跃到 0.5.0 版；
- 0.5.0 版本发布。

4.2 使用 Solidity 编译器

4.2.1 命令行编译器

就像 4.1 节中介绍的那样，无论是直接获取编译器的可执行文件，还是从编译器源码编译构建，solc 都是最终用来编译 Solidity 源代码的命令行程序，它就是 Solidity 的命令行编译器。可使用如下命令来查看它的所有选项的解释：

```
solc -help
```

该编译器可以生成各种输出，范围从简单的二进制文件、汇编文件到用于估计 gas 使用情况的抽象语法树（解析树）。如果只想编译一个文件，可以运行如下命令来生成二进制文件：

```
solc --bin sourceFile.sol
```

如果想通过 solc 获得一些更高级的输出信息，可以通过如下命令将所有的输出都保存到一个单独的文件夹中：

```
solc -o outputDirectory --bin --ast --asm sourceFile.sol
```

在部署合约之前，通常应该用如下命令开启编译优化：

```
solc --optimize --bin sourceFile.sol
```

编译器默认会按照运行合约 200 次的标准来优化实际的字节码。如果希望仅对初始合约优化以获得最少的输出，可以给以上命令增加 --runs=1 选项。如果期待的是多次执行合约代码并且不关心相关的 gas 成本和输出内容大小，可以给 --runs 选项设置一个比较大的数值。

命令行编译器会自动从文件系统中读取并导入文件，但同时，它也支持通过 prefix=path 选项将路径重定向，比如：

```
solc  github.com/ethereum/dapp-bin/=/usr/local/lib/dapp-bin/  =/usr/local/lib/
    fallback file.sol
```

这实质上是告诉编译器去搜索 /usr/local/lib/dapp-bin/ 目录下的所有以 github.com/ethereum/dapp-bin/ 开头的文件，如果编译器找不到这样的文件，它会接着读取 /usr/local/lib/fallback 目录下的所有文件（空前缀意味着始终匹配）。solc 不会从位于重定向目标之外和显式指定的源文件所在目录之外的文件系统读取文件，所以，类似“import "/etc/passwd";”

这样的语句，编译器只会在用户添加了 =/ 选项之后，才会尝试到根目录下加载 /etc/passwd 文件。

如果重定向路径下存在多个匹配，则选择具有最长公共前缀的那个匹配。

出于安全原因，编译器限制了它可以访问的目录。在命令行中指定的源文件的路径（及其子目录）和通过重定向定义的路径可用于 import 语句，其他的则会被拒绝。额外的路径（及其子目录）可以通过 --allow-paths/sample/path,/another/sample/path 选项进行配置。

如果用户的合约使用了库合约（library），用户会注意到在编译后的十六进制字节码中会包含形如 "__LibraryName____" 的字符串。当用户将 solc 作为链接器使用时，它会在下列情况中为用户插入库的地址：要么在命令行中添加 --libraries "Math:0x12345678901234567890 Heap:0xabcdef0123456" 来为每个库提供地址，要么将这些字符串保存到一个文件中（每行一个库），并使用 --libraries fileName 命令行参数。

如果在调用 solc 命令时使用了 --link 选项，则所有的输入文件会被解析为上面提到过的 "__LibraryName____" 格式的未链接的二进制数据（十六进制编码），并且就地链接（如果输入是从 stdin 读取的，则生成的数据会被写入 stdout）。在这种情况下，除了 --libraries 外的选项（包括 -o）都会被忽略。

如果在调用 solc 命令时使用了 --standard-json 选项，它将会按 JSON 格式解析标准输入上的输入，并在标准输出上返回 JSON 格式的输出。4.2.2 节中我们将具体介绍这种 JSON 格式的输入、输出文件的内容。

4.2.2 编译器输入、输出的 JSON 描述

下面展示的这些 JSON 格式的内容是编译器 API 使用的，当然，在 solc 上也是可用的。有些字段是可选的（参见注释），并且它们可能会发生变化，但所有的变化都会是后向兼容的。

编译器 API 需要 JSON 格式的输入，并以 JSON 格式输出编译结果。但注释是不允许的，这里仅用于解释目的。

以下是可以作为编译器输入的 JSON 文件样例：

```
{
    // 必选：源代码语言，比如“Solidity”“serpent”“lll”“assembly”等
    language: "Solidity",
    // 必选
    sources:
    {
        // 这里的键值是源文件的“全局”名称，可以通过 remappings 引入其他文件（参考下文）
        "myFile.sol":
        {
            // 可选：源文件的 kaccak256 哈希值，可用于校验通过URL加载的内容
            "keccak256": "0x123...",
            // 必选（除非声明了 content 字段）：指向源文件的URL
```

```
        // URL(s) 会按顺序加载，并且结果会通过 keccak256 哈希值进行检查（如果有keccak256）
        // 如果哈希值不匹配，或者没有 URL 返回成功，则抛出一个异常
        "urls":
        [
            "bzzr://56ab...",
            "ipfs://Qma...",
            "file:///tmp/path/to/file.sol"
        ]
    },
    "mortal":
    {
        // 可选：该文件的 keccak256 哈希值
        "keccak256": "0x234...",
        // 必选（除非声明了 urls 字段）：源文件的字面内容
        "content": "contract mortal is owned { function kill() { if (msg.sender
            == owner) selfdestruct(owner); } }"
    }
},
// 可选
settings:
{

    // 可选：重定向参数的排序列表
    remappings: [ ":g/dir" ],
    // 可选：优化器配置
    optimizer: {
        // 默认为 disabled
        enabled: true,
        // 基于用户希望运行多少次代码来进行优化
        // 较小的值可以使初始部署的费用得到更多优化，较大的值可以使高频率的使用得到优化
        runs: 200
    },
        // 指定需编译的 EVM 的版本。会影响代码的生成和类型检查。可用的版本为：homestead、
              tangerineWhistle、spuriousDragon、byzantium、constantinople
        evmVersion: "byzantium",
        // 可选：元数据配置
        metadata: {
            // 只可使用字面内容，不可用 URLs（默认设为 false）
            useLiteralContent: true
        },
        // 库的地址。如果这里没有把所有需要的库都给出，会导致生成输出数据不同的未链接对象
        libraries: {
            // 最外层的 key 是使用这些库的源文件的名字
            // 如果使用了重定向， 在重定向之后，这些源文件应该能匹配全局路径
            // 如果源文件的名字为空，则所有的库为全局引用
            "myFile.sol": {
            "MyLib": "0x123123..."
            }
        }
        // 以下内容可以用于选择所需的输出
        // 如果这个字段被忽略，那么编译器会加载并进行类型检查，但除了错误之外不会产生任何输出
```

```
            // 第一级的 key 是文件名，第二级是合约名称，如果合约名为空，则针对文件本身（进行输出）
            // 若使用通配符 *，则表示所有合约
            //
            // 可用的输出类型如下所示
            //   abi——ABI
            //   ast——所有源文件的 AST（Abstract Syntax Tree，抽象语法树）
            //   legacyAST——所有源文件的 legacy AST
            //   devdoc——开发者文档（natspec）
            //   userdoc——用户文档（natspec）
            //   metadata——元数据
            //   ir——去除语法糖（desugaring）之前的新汇编格式
            //   evm.assembly——去除语法糖（desugaring）之后的新汇编格式
            //   evm.legacyAssembly——JSON的旧样式汇编格式
            //   evm.bytecode.object——字节码对象
            //   evm.bytecode.opcodes——操作码列表
            //   evm.bytecode.sourceMap——源码映射（用于调试）
            //   evm.bytecode.linkReferences——链接引用（如果是未链接的对象）
            //   evm.deployedBytecode*——部署的字节码（与 evm.bytecode 具有相同的选项）
            //   evm.methodIdentifiers——函数哈希值列表
            //   evm.gasEstimates——函数的 gas 预估量
            //   ewasm.wast——eWASM S-expressions格式（不支持atm）
            //   ewasm.wasm——eWASM二进制格式（不支持atm）
            //
            // 请注意，如果使用evm、evm.bytecode、ewasm等选项，会选择其所有的子项作为输
                出。另外，* 可以用作通配符来请求所有内容
            //
            outputSelection: {
                // 为每个合约生成元数据和字节码输出
            "*": {
                "*": [ "metadata", "evm.bytecode" ]
            },
            // 启用“def”文件中定义的“MyContract”合约的 abi 和 opcodes 输出
            "def": {
                "MyContract": [ "abi", "evm.bytecode.opcodes" ]
            },
            // 为每个合约生成源码映射输出
            "*": {
                "*": [ "evm.bytecode.sourceMap" ]
            },
            // 每个文件生成 legacy AST 输出
            "*": {
                "": [ "legacyAST" ]
            }
        }
    }
}
```

下面是编译器输出结果的 JSON 文件样例：

```
{
    // 可选：如果没有遇到错误/警告，则不出现
```

```
    errors: [
        {
            // 可选：源文件中的位置
            sourceLocation: {
                file: "sourceFile.sol",
                start: 0,
                end: 100
            ],
            // 强制：错误类型，例如 “TypeError” “InternalCompilerError” “Exception” 等
            // 稍后有完整的错误类型列表
            type: "TypeError",
            // 强制：发生错误的组件，例如“general” “ewasm” 等
            component: "general",
            // 强制：错误的严重级别（ “error” 或 “warning” ）
            severity: "error",
            // 强制
            message: "Invalid keyword"
            // 可选：带错误源位置的格式化消息
            formattedMessage: "sourceFile.sol:100: Invalid keyword"
        }
    ],
    // 这里包含了文件级别的输出。可以通过 outputSelection 来设置限制/过滤
    sources: {
        "sourceFile.sol": {
        // 标识符（用于源码映射）
        id: 1,
        // AST 对象
        ast: {},
        // legacy AST 对象
        legacyAST: {}
    }
},
// 这里包含了合约级别的输出。 可以通过 outputSelection 来设置限制/过滤
    contracts: {
        "sourceFile.sol": {
        // 如果使用的语言没有合约名称，则该字段应该留空
        "ContractName": {
            // 以太坊合约的应用二进制接口（ABI）。如果为空，则表示为空数组
            // 请参阅 https://github.com/ethereum/wiki/wiki/Ethereum-Contract-ABI
            abi: [],
            // 请参阅4.3节中介绍的元数据输出文档（序列化的JSON字符串）
            metadata: "{...}",
            // 用户文档（natspec）
            userdoc: {},
            // 开发人员文档（natspec）
            devdoc: {},
            // 中间表示形式 (string)
            ir: "",
            // EVM 相关输出
            evm: {
                // 汇编 (string)
```

```
                assembly: "",
                // 旧风格的汇编 (object)
                legacyAssembly: {},
                // 字节码和相关细节
                bytecode: {
                    // 十六进制字符串的字节码
                    object: "00fe",
                    // 操作码列表 (string)
                    opcodes: "",
                    // 源码映射的字符串。 请参阅源码映射的定义
                    sourceMap: "",
                    // 如果这里给出了信息，则表示这是一个未链接的对象
                    linkReferences: {
                        "libraryFile.sol": {
                        // 字节码中的字节偏移；链接时，从指定的位置替换20字节
                        "Library1": [
                            { start: 0, length: 20 },
                            { start: 200, length: 20 }
                        ]
                    }
                }
            },
            // 与上面相同的布局
            deployedBytecode: { },
            // 函数哈希的列表
            methodIdentifiers: {
                "delegate(address)": "5c19a95c"
            },
            // 函数的 gas 预估量
            gasEstimates: {
                creation: {
                    codeDepositCost: "420000",
                    executionCost: "infinite",
                    totalCost: "infinite"
                },
                external: {
                    "delegate(address)": "25000"
                },
                internal: {
                    "heavyLifting()": "infinite"
                }
            }
        },
        // eWASM 相关的输出
        ewasm: {
            // S-expressions 格式
            wast: "",
            // 二进制格式（十六进制字符串）
            wasm: ""
        }
}
```

```
        }
    }
}
```

上述编译器输出文件中 errors 字段下的每个错误中的 type 字段值都会是下列错误类型列表中的某个值。这些错误类型标识的意义如下。

- JSONError：JSON 输入不符合所需格式，例如输入不是 JSON 对象等。
- IOError：IO 和导入处理错误，例如，在提供的源里包含无法解析的 URL 或哈希值不匹配。
- ParserError：源代码不符合语言规则。
- DocstringParsingError：注释块中的 NatSpec 标签无法解析。
- SyntaxError：语法错误，例如在 for 循环外部使用 continue。
- DeclarationError：无效的、无法解析的或冲突的标识符名称，比如"Identifier not found"。
- TypeError：类型系统内的错误，例如无效类型转换、无效赋值等。
- UnimplementedFeatureError：编译器当前不支持该功能，但预计将在未来的版本中支持。
- InternalCompilerError：在编译器中触发的内部错误——应将此报告为一个 issue。
- Exception：编译期间的未知失败——应将此报告为一个 issue。
- CompilerError：编译器堆栈的无效使用——应将此报告为一个 issue。
- FatalError：未正确处理致命错误——应将此报告为一个 issue。
- Warning：警告，不会停止编译，但应尽可能处理。

4.3 合约元数据

在 4.2 节中我们介绍了编译器的输入和输出，而编译器输出中的 metadata 字段所表示的具体内容就是所谓的"合约元数据"，也就是当前所编译的合约的相关具体信息，其中包括编译器版本、所使用的源代码、ABI 编码和 Natspec 文档，这些信息可以使我们更安全地与合约进行交互并验证其源代码。Natspec 规范可用标签说明如表 4-2 所示。

这里提到的 ABI（Application Binary Interface）编码将在第 8 章详细介绍；Natspec（Ethereum Natural Specification Format）是一套类似于 Javadoc 注释的声明性注解（annotation）规范，用于在合约代码中明确解释合约、函数的功能；标注参数、返回值的意义以及添加一些额外的说明信息。这个规范在以太坊社区维护的 wiki（https://github.com/ethereum/wiki/wiki/Ethereum-Natural-Specification-Format）中有详细说明，因其与传统高级开发语言中的注释的目的和使用方法基本一致，故这里仅列出可用的标签（tag），不再做详细的介绍。读者可以参考社区文档获得更多信息。另外在本书第 9 章的代码中也可以看到具体的使用样例。

表 4-2 Natspec 规范可用标签说明

Natspec 标签	描 述	可用上下文
@title	用来描述一个合约的解释信息	contract、interface
@auther	作者信息	contract、interface、function
@notice	用来概括代码功能的解释信息或者注意事项	contract、interface、function
@dev	为开发者提供的额外解释信息	contract、interface、function
@param	函数参数的解释信息，后边必须紧跟一个函数参数名，且与实际代码中的某个参数名称一致	function
@return	函数返回值的解释信息	function

编译器会将元数据文件的 Swarm 哈希值附加到每个合约的字节码末尾（详情请参阅下文），以便用户可以以认证的方式获取该文件，而不必求助于中心化的数据提供者。

当然，用户必须将元数据文件发布到 Swarm（或其他服务），以便其他人可以访问它。该文件可以通过使用 solc --metadata 来生成，并被命名为 ContractName_meta.json。它将包含源代码在 Swarm 上的引用，因此用户必须上传所有源文件和元数据文件。

这里提到的 Swarm，就是以太坊生态的去中心化存储网络，在第 1 章中有过介绍。

正确格式化的元数据应正确使用引号，将空白减少到最小，并对所有对象的键值进行排序以得到唯一的格式。

下面代码所示的样例将以更直观可读的形式呈现，代码注释当然也是不允许的，这里仅用于解释目的。

```
{
    // 必选：元数据格式的版本
    version: "1",
    // 必选：源代码的编程语言，一般会选择规范的“子版本”
    language: "Solidity",
    // 必选：编译器的细节，内容视语言而定。
    compiler: {
        // 对 Solidity 来说是必须的：编译器的版本
        version: "0.4.6+commit.2dabbdf0.Emscripten.clang",
        // 可选： 生成此输出的编译器二进制文件的哈希值
        keccak256: "0x123..."
    },
    // 必选：编译的源文件 / 源单位，键值为文件名
      sources:
      {
        "myFile.sol": {
            // 必选：源文件的 keccak256 哈希值
            "keccak256": "0x123...",
            // 必选（除非定义了“content”，详见下文）：
```

```
            // 已排序的源文件的 URL，URL 的协议可以是任意的，但建议使用 Swarm 的 URL
            "urls": [ "bzzr://56ab..." ]
        },
        "mortal": {
            // 必选：源文件的 keccak256 哈希值
            "keccak256": "0x234...",
            // 必选（除非定义了“urls”）： 源文件的字面内容
        "content": "contract mortal is owned { function kill() { if (msg.sender
            == owner) selfdestruct(owner); } }"
        }
    },
    // 必选：编译器的设置
    settings:
    {
        // 对 Solidity 来说是必需的：已排序的重定向列表
        remappings: [ ":g/dir" ],
        // 可选：优化器的设置（enabled 默认设为 false）
        optimizer: {
            enabled: true,
            runs: 500
        },
        // 对 Solidity 来说是必需的：用以生成该元数据的文件名和合约名或库名
        compilationTarget: {
            "myFile.sol": "MyContract"
        },
        // 对 Solidity 来说是必须的：所使用的库的地址
        libraries: {
            "MyLib": "0x123123..."
        }
    },
    // 必选：合约的生成信息
    output:
    {
        // 必选：合约的 ABI 定义
        abi: [ ... ],
        // 必选：合约的 Natspec用户文档
        userdoc: [ ... ],
        // 必选：合约的 Natspec 开发者文档
        devdoc: [ ... ],
    }
}
```

注意，合约元数据中output字段下的ABI编码信息中的合约函数编码没有固定的顺序，根据编译器的版本可能会有不同。

此外，由于生成的合约的字节码包含元数据的哈希值，因此对元数据的任何更改都会导致字节码的更改。而元数据又包含所有使用的源代码的哈希值，所以任何源代码中的哪怕是一个空格的变化都将导致产生不同的元数据，并随后产生不同的字节代码。

由于社区计划在将来会支持通过其他方式来获取元数据文件，所以类似“{"bzzr0":

<Swarm hash>}”的键值对，将会以 CBOR（Concise Binary Object Representation，一种旨在减小消息数据大小从而简化处理代码并可以区分版本的序列化算法，更多信息可以参考原始算法文档：https://tools.ietf.org/html/rfc7049）编码来存储。

因为这种编码的起始位不容易找到，所以添加了两字节来表述其长度，以大端方式编码；最终反映为当前版本的 Solidity 编译器，会将以下内容添加到部署的字节码的末尾：

```
0xa1 0x65 'b' 'z' 'z' 'r' '0' 0x58 0x20 <32 bytes swarm hash> 0x00 0x29
```

因此，应用程序可以检查部署的字节码的末尾以匹配该模式，并使用 Swarm 哈希来获取元数据文件。

合约元数据通常会以下列方式被使用。

想要与合约交互的组件（例如 Mist）读取合约的字节码，首先应从中获取元数据文件的 Swarm 哈希，然后从 Swarm 获取该文件。该文件被解码为上面的 JSON 结构，之后这个交互组件就可以使用 ABI 编码自动生成合约的基本用户接口。

此外，Mist 还会使用元数据中的 userdoc 信息在用户与合约进行交互时向用户显示确认消息。

最后，合约元数据还可以用来对编译结果进行验证。

可以通过元数据文件中的链接从 Swarm 中获取源代码，再根据元数据中指定的设置，使用正确版本的编译器（应该为“官方”编译器之一）来进行处理。处理得到的字节码会与合约创建交易所附带的数据或者 CREATE 操作码使用的数据进行比较。这将会自动验证元数据，因为它的哈希值是字节码的一部分。而额外的数据则应该是与基于接口进行编码并展示给用户的构造输入数据相符的。

4.4 本章小结

本章中我们介绍了 Solidity 编译器的安装、基本使用、输入和输出文件格式以及合约元数据的一些详细信息。虽然像 Truffle、Embark 这样的集成开发环境能代替我们对合约源码进行编译，但通常这些工具的默认并不能针对我们特定的合约进行最合适的优化或者必要的设置，比如对库合约的引用（链接）。所以了解 Solidity 编译器的细节对我们进行实际的工程工作仍是有益的，本章的内容也可以作为未来实际合约开发工作中的快速参考资料。

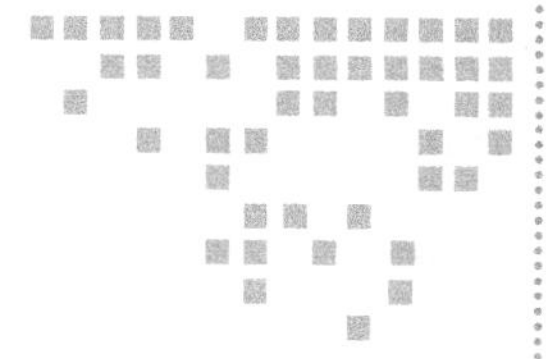

第 5 章 Chapter 5

Solidity 智能合约编写

使用 Solidity 编写智能合约类似于编写面向对象语言中的类。智能合约中有用于数据持久化的状态变量，也有可以修改状态变量的函数。调用另一个智能合约实例的函数时，会执行一个 EVM 函数调用，这个操作会切换执行时的上下文，这样前一个智能合约的状态变量就不能访问了。本章参考 Solidity 官方文档，首先介绍了如何创建一个智能合约，并且如何使用可见性关键字对状态变量以及函数进行可见性控制，之后介绍了智能合约中“事件”机制的原理和使用方法，最后主要介绍了在 Solidity 中如何对智能合约进行集成，以及如何编写抽象智能合约、接口和库。

5.1 创建智能合约

可以通过两种方式创建智能合约：通过以太坊交易“从外部”创建智能合约；通过 Solidity“从内部”创建智能合约。

目前可以使用一些工具构造创建合约的交易：一些集成开发环境，例如以太坊官方推荐的 Remix，可以通过使用一些用户界面元素使创建智能合约的过程更加流畅。除此之外，目前在以太坊上编程创建智能合约最好用的工具是 JavaScript API web3.js，其中有一个称为 web3.eth.Contract 的方法能够更容易地创建智能合约。在创建智能合约时，会执行一次构造函数（与智能合约同名的函数）。该构造函数是可选的，但只允许有一个构造函数，也就是说不支持重载。

在内部，构造函数参数在智能合约代码之后通过 ABI 编码传递，但是如果使用 web3.js 则不必关心这个问题。如果一个智能合约想要创建另一个智能合约，那么创建者必须知晓被创建智能合约的源代码以及二进制代码，这意味着不可能循环创建依赖项。创建智能合约的一个例子如下：

```
pragma solidity ^0.4.16;

contract OwnedToken {
    // TokenCreator 是如下定义的智能合约类型
    // 如不创建新智能合约，也可以引用它
    TokenCreator creator;
    address owner;
    bytes32 name;

    // 这是注册 creator 和设置名称的构造函数
    function OwnedToken(bytes32 _name) public {
        // 状态变量通过其名称访问，而不是通过例如 this.owner 这样的方式访问
        // 这也适用于函数，特别是在构造函数中，用户只能像这样（“内部地”）调用它们
        // 因为智能合约本身还不存在
        owner = msg.sender;
        // 从 address 到 TokenCreator ，是做显式的类型转换
        // 并且假定调用智能合约的类型是 TokenCreator，没有真正的方法来检查这一点
        creator = TokenCreator(msg.sender);
        name = _name;
    }

    function changeName(bytes32 newName) public {
        // 只有 creator （即创建当前智能合约的智能合约）能够更改名称——因为智能合约是隐式转
            换为地址的
        // 所以这里的比较是可行的
        if (msg.sender == address(creator))
            name = newName;
    }

    function transfer(address newOwner) public {
        // 只有当前所有者才能发送 token
        if (msg.sender != owner) return;
        // 我们也想询问 creator 是否可以发送
        // 请注意，这里调用了一个下面定义的智能合约中的函数
        // 如果调用失败（比如，由于 gas 不足），会立即停止执行
        if (creator.isTokenTransferOK(owner, newOwner))
            owner = newOwner;
    }
}

contract TokenCreator {
    function createToken(bytes32 name)
        public
        returns (OwnedToken tokenAddress)
    {
        // 创建一个新的token 智能合约并且返回它的地址
        // 从 JavaScript 方面来说，返回类型是简单的address类型，因为
        // 这是在 ABI 中可用的最接近的类型
        return new OwnedToken(name);
```

```
    }

    function changeName(OwnedToken tokenAddress, bytes32 name)  public {
        // 同样，tokenAddress 的外部类型也是 address
        tokenAddress.changeName(name);
    }

    function isTokenTransferOK(address currentOwner, address newOwner)
        public
        view
        returns (bool ok)
    {
        // 检查一些任意的情况
        address tokenAddress = msg.sender;
        return (keccak256(newOwner) & 0xff) == (bytes20(tokenAddress) & 0xff);
    }
}
```

5.2 可见性控制

函数或者状态变量的可见性是指其允许外部访问的范围。对函数或状态变量的可见性进行限定和约束能够有效划分函数的职能，提高合约的安全性。在 Solidity 中有两种函数调用方式：内部调用（也称为“消息调用”）和外部调用。其中，外部调用会产生一个实际的 EVM 调用，而内部调用则不会。因此，函数和状态变量有 4 种可见性类型，分别为 external、public、internal 和 private，默认情况下函数可见性类型为 public。对于状态变量，由于其只能被智能合约内部的函数改变，因此不能将其设置为 external，默认是 internal。关于这 4 种可见性类型的解释如下：

- external：外部函数作为智能合约接口的一部分，意味着该函数可以从其他智能合约和交易中调用。一个外部函数 f 不能从内部调用（即 f 不起作用，但 this.f 可以）。当收到大量数据的时候，外部函数有时候会更有效率。
- public：public 函数是智能合约接口的一部分，可以在内部或通过消息调用。对于公共状态变量，会自动生成一个 getter 函数（具体会在下文中继续介绍）。
- internal：这些函数和状态变量只能是内部访问（即从当前智能合约内部或从它派生的智能合约访问），不能使用 this 调用。
- private：private 函数和状态变量仅在当前定义它们的智能合约中使用，并且不能被派生智能合约使用。

需要注意的是，智能合约中的所有内容对外部观察者都是可见的。设置一些 private 类型只能阻止其他智能合约访问和修改这些信息，但是对于区块链外的整个世界它仍然是可见的。

可见性标识符的定义位置，对于状态变量来说在类型后面，对于函数来说在参数列表和返回关键字中间。可以参见下面的例子：

```
pragma solidity ^0.4.16;

contract C {
    function f(uint a) private pure returns (uint b) { return a + 1; }
    function setData(uint a) internal { data = a; }
    uint public data;
}
```

在下面的例子中，D 可以调用 c.getData 来获取状态存储中 data 的值，但不能调用 f。智能合约 E 继承自 C，因此可以调用 compute。

```
// 下面代码无法编译

pragma solidity ^0.4.0;

contract C {
    uint private data;

    function f(uint a) private returns(uint b) { return a + 1; }
    function setData(uint a) public { data = a; }
    function getData() public returns(uint) { return data; }
    function compute(uint a, uint b) internal returns (uint) { return a+b; }
}

contract D {
    function readData() public {
        C c = new C();
        uint local = c.f(7); // 错误：成员 f 不可见
        c.setData(3);
        local = c.getData();
        local = c.compute(3, 5); // 错误：成员 compute 不可见
    }
}

contract E is C {
    function g() public {
        C c = new C();
        uint val = compute(3, 5); // 访问内部成员（从继承智能合约访问父智能合约成员）
    }
}
```

5.3 getter 函数

对于所有 public 的状态变量，Solidity 编译器提供了自动为状态变量生成对应的 getter（访问器）的特性。也许是因为不能很好地控制访问权限的改值函数，Solidity 不提供 setter。对于下面给出的智能合约，编译器会生成一个名为 data 的函数，该函数不会接收任何参数

并返回一个 uint，即状态变量 data 的值。可以在声明时完成状态变量的初始化。

```
pragma solidity ^0.4.0;

contract C {
    uint public data = 42;
}

contract Caller {
    C c = new C();
    function f() public {
        uint local = c.data();
    }
}
```

getter 函数的可见性是 external 的。如果从内部访问 getter（即没有 this.），它相当于一个状态变量。如果它是外部访问的（即用 this.），它被认为是一个函数。如下面的例子所示：

```
pragma solidity ^0.4.0;

contract C {
    uint public data;
    function x() public {
        data = 3; // 内部访问
        uint val = this.data(); // 外部访问
    }
}
```

对于数组类型的 public 状态变量，只能通过编译器自动生成的 getter 函数访问数组中的单个元素。可以使用参数制订所要访问的单个元素位置，例如 data(0)。这种机制存在的原因是为了防止当返回整个数组时 gas 的消耗过高。如果想要一次得到整个数组，那么需要编写一个函数，例如：

```
pragma solidity >=0.4.0 <0.6.0;

contract arrayExample {
    // public 状态变量
    uint[] public myArray;

    // 由编译器生成的 getter 函数
    /*
    function myArray(uint i) returns (uint) {
        return myArray[i];
    }
    */

    // 返回整个数组的函数
    function getArray() returns (uint[] memory) {
        return myArray;
    }
}
```

于是可以使用getArray得到整个数组，而myArray(i)只返回单个元素。下一个例子稍微复杂一些：

```
pragma solidity ^0.4.0;

contract Complex {
    struct Data {
        uint a;
        bytes3 b;
        mapping (uint => uint) map;
    }
    mapping (uint => mapping(bool => Data[])) public data;
}
```

编译器将自动生成以下形式的getter函数。注意这里的结构体中的mapping变量被省略的原因是没有合适的键值。

```
function data(uint arg1, bool arg2, uint arg3) public returns (uint a, bytes3 b) {
    a = data[arg1][arg2][arg3].a;
    b = data[arg1][arg2][arg3].b;
}
```

5.4 函数修饰器

函数修饰器（modifier）的关键字是modifier，使用修饰器可以轻松改变函数的行为。例如，它们可以在执行函数之前自动检查某个条件。修饰器是智能合约的可继承属性，并且可以被派生智能合约覆盖。下面是使用函数修饰器的例子：

```
pragma solidity ^0.4.11;

contract owned {
    function owned() public { owner = msg.sender; }
    address owner;

    // 这个智能合约只定义一个修饰器，但并未使用：它将会在派生智能合约中被用到
    // 修饰器所修饰的函数体会被插到特殊符号“_;”的位置
    // 这意味着如果是 owner 调用这个函数，则函数会被执行，否则会抛出异常
    modifier onlyOwner {
        require(msg.sender == owner);
        _;
    }
}

contract mortal is owned {
    // 这个智能合约从 owned 继承了 onlyOwner 修饰符，并将其应用于 close 函数
    // 只有在智能合约里保存的 owner 调用 close 函数，才会生效
    function close() public onlyOwner {
        selfdestruct(owner);
```

```
    }
}

contract priced {
    // 修改器可以接收参数
    modifier costs(uint price) {
        if (msg.value >= price) {
            _;
        }
    }
}

contract Register is priced, owned {
    mapping (address => bool) registeredAddresses;
    uint price;

    function Register(uint initialPrice) public { price = initialPrice; }

    // 在这里使用关键字 payable 非常重要，否则函数会自动拒绝所有发送给它的以太币
    function register() public payable costs(price) {
        registeredAddresses[msg.sender] = true;
    }

    function changePrice(uint _price) public onlyOwner {
        price = _price;
    }
}

contract Mutex {
    bool locked;
    modifier noReentrancy() {
        require(!locked);
        locked = true;
        _;
        locked = false;
    }

    // 这个函数受互斥量保护，这意味着 msg.sender.call 中的重入调用不能再次调用f
    // return 7 语句指定返回值为 7，但修改器中的语句 locked = false 仍会执行
    function f() public noReentrancy returns (uint) {
        require(msg.sender.call());
        return 7;
    }
}
```

如果同一个函数有多个修饰器，它们之间以空格隔开，修饰器会被依次检查执行。修饰器或函数体中显式的return语句仅仅跳出当前的修饰器和函数体。返回变量会被赋值，但整个执行逻辑会从前一个修饰器中定义的“_”之后继续执行。

修饰器的参数可以是任意表达式，在此上下文中，所有在函数中可见的符号，在修饰

器中均可见，但在修饰器中引入的符号在函数中不可见（可能被重载改变）。

5.5 状态常量

状态变量可以被声明为 constant。在这种情况下，只能使用那些在编译时有确定值的表达式来给它们赋值。通过访问区块链存储、区块链数据（例如 now、this.balance 或者 block.number）、执行数据（msg.gas 或 gasleft）或对外部智能合约的调用来给它们赋值都是不允许的。在内存分配上有边界效应（side-effect）的表达式是允许的，但对其他内存对象产生边界效应的表达式则不行。内建（built-in）函数如 keccak256、sha256、ripemd160、ecrecover、addmod 和 mulmod 是允许的（即使它们确实会调用外部智能合约）。

允许带有边界效应的内存分配器的原因是这将允许构建复杂的对象，比如查找表（lookup-table）。但这项功能尚未完全可用。编译器不会为这些变量预留存储，它们的每次出现都会被替换为相应的常量表达式（这将可能被优化器计算为实际的某个值）。不是所有类型的状态变量都支持用 constant 来修饰，目前支持的仅有值类型和字符串。使用 constant 的一个例子如下：

```
pragma solidity ^0.4.0;

contract C {
    uint constant x = 32**22 + 8;
    string constant text = "abc";
    bytes32 constant myHash = keccak256("abc");
}
```

5.6 函数

在 Solidity 0.4.17 版本之后，函数已经不能被声明为 constant，取而代之的是关键字 view 和 pure。在改动之前，被标记为 constant 的函数不会改动智能合约的状态变量。也就是说，调用 constant 函数不会发生写入操作，执行的结果也不需要在网络中进行验证，仅仅是读取区块链中的数据，因此不会花费 gas。之所以撤销 constant 函数是因为设计者认为 constant 已经用于修饰状态变量，需要使用更加精准的关键字修饰函数，于是引入 view，取代 constant，作用跟 constant 完全相同，表明被修饰的函数只能“查看”状态变量。除此之外，还引入了 pure 关键字，表明该函数是“纯”功能性函数，既不能读，也不能写入状态变量。

本节除了介绍 view 和 pure 关键字之外，还将介绍智能合约中非常重要的 fallback 函数，以及 Solidity 中如何对函数进行重载。

5.6.1　view 函数

可以将函数声明为 view 类型，表示这种情况下函数只能读取状态变量，但不能修改状态变量，即该函数不能执行 SSTORE（EVM 的汇编代码，表示写入）指令，也不能发送或接收以太币，在调用其他函数时只能调用 view 或 pure 函数。下面的语句被认为修改了状态：

- 修改状态变量。
- 产生事件。
- 创建其他智能合约。
- 使用 selfdestruct。
- 通过调用发送以太币。
- 调用任何没有标记为 view 或者 pure 的函数。
- 使用低级调用。
- 使用包含特定操作码的内联汇编。

下面是定义一个 view 函数的例子：

```
pragma solidity ^0.4.16;

contract C {
    function f(uint a, uint b) public view returns (uint) {
        return a * (b + 42) + now;
    }
}
```

需要注意的是，getter 方法默认被标记为 view。如果使用了无效的显式类型转换，即使使用了 view 函数，也可以对状态进行修改。当调用了此类函数时，用户可以切换编译器以使用 STATICCALL，从而可以通过增加语句“pragma experimental "v0.5.0";”的方式，从 EVM 级别上防止对状态的修改。

5.6.2　pure 函数

声明为 pure 的函数表示不读取，也不修改状态变量。也就是说 pure 函数既不能执行 SSTORE 指令，也不能执行 SLOAD 指令，同时也不能发送和接收以太币。在调用其他函数时只能调用 pure 函数。除了上面在 view 函数中解释的状态修改语句列表之外，以下被认为是从状态中读取的：

- 读取状态变量。
- 访问 this.balance 或者 <address>.balance。
- 访问 block、tx、msg 中任意成员（除 msg.sig 和 msg.data 之外）。
- 调用任何未标记为 pure 的函数。
- 使用包含某些操作码的内联汇编。

以下是定义 pure 函数的一个例子：

```
pragma solidity ^0.4.16;

contract C {
    function f(uint a, uint b) public pure returns (uint) {
        return a * (b + 42);
    }
}
```

需要注意的是，编译器并不强制标记为 pure 的方法不能读取状态。

5.6.3 fallback 函数

每个智能合约都可以有且仅有一个未命名的函数，称为 fallback 函数。这个函数不能有参数，也不能有返回值。如果在一个智能合约的调用中，没有其他函数与给定的函数标识符匹配（或没有提供调用数据），那么 fallback 函数就会被执行。

除此之外，每当智能合约收到以太币（没有任何数据）时，fallback 函数就会被执行。此外，为了接收以太币，fallback 函数必须标记为 payable。如果不存在这样的函数，则智能合约不能通过常规交易接收以太币。

在这样的上下文中，通常只有很少的 gas 可以用来完成这个函数调用（准确地说，是 2 300 gas），所以使 fallback 函数的调用尽量廉价很重要。需要注意，调用 fallback 函数的交易（而不是内部调用）所需的 gas 较高，因为每次交易都会额外收取 21 000 gas 或更多的费用，用于签名检查等操作。具体来说，以下操作会消耗比 fallback 函数更多的 gas。

- 写入存储。
- 创建智能合约。
- 调用消耗大量 gas 的外部函数。
- 发送以太币。

在部署智能合约之前一定要彻底测试 fallback 函数，以确保执行成本低于 2 300 gas。

虽然 fallback 函数不能有参数，但仍然可以使用 msg.data 来获取随调用提供的任何有效数据。需要注意的是，一个没有定义 fallback 函数的智能合约，直接接收以太币（没有函数调用，即使用 send 或 transfer）会抛出一个异常，并返还以太币（在 Solidity v0.4.0 之前行为会有所不同）。所以想让用户的智能合约接收以太币，就必须实现 fallback 函数。

另外，一个没有 payable fallback 函数的智能合约，可以作为 coinbase transaction（又名 miner block reward）的接收者或者作为 selfdestruct 的目标来接收以太币。一个智能合约不能对这种以太币转移做出反应，因此也不能拒绝它们。这是 EVM 在设计时就决定好的，而且 Solidity 无法绕过这个问题。这也意味着 this.balance 可以高于智能合约中实现的一些手工记账的总和（即在 fallback 函数中更新的累加器）。

实现 fallback 函数的例子如下：

```
pragma solidity ^0.4.0;

contract Test {
    // 发送到这个智能合约的所有消息都会调用此函数（因为该智能合约没有其他函数）
    // 向这个智能合约发送以太币会导致异常，因为 fallback 函数没有 payable 修饰符
    function() public { x = 1; }
    uint x;
}


// 这个智能合约会保留所有发送给它的以太币，没有办法返还
contract Sink {
    function() public payable { }
}

contract Caller {
    function callTest(Test test) public {
        test.call(0xabcdef01); // 不存在的哈希
        // 导致 test.x 变成 == 1
        // 以下将不会被编译，但如果有人向该智能合约发送以太币，交易将失败并拒绝以太币
        // test.send(2 ether);
    }
}
```

5.6.4 函数重载

智能合约可以具有多个不同参数的同名函数，这也适用于继承函数。以下示例展示了智能合约 A 中的重载函数 f。

```
pragma solidity ^0.4.16;

contract A {
    function f(uint _in) public pure returns (uint out) {
        out = 1;
    }

    function f(uint _in, bytes32 _key) public pure returns (uint out) {
        out = 2;
    }
}
```

重载函数也存在于外部接口中。如果两个外部可见函数仅区别于 Solidity 内的类型，而不是它们的外部类型，则会导致错误，例子如下：

```
// 以下代码无法编译
pragma solidity ^0.4.16;

contract A {
    function f(B _in) public pure returns (B out) {
        out = _in;
```

```
    }

    function f(address _in) public pure returns (address out) {
        out = _in;
    }
}

contract B {
}
```

以上两个 f 函数重载都接受了 ABI 的地址类型，虽然它们在 Solidity 中被认为是不同的。

通过将当前范围内的函数声明与函数调用中提供的参数相匹配，可以选择重载函数。如果所有参数都可以隐式地转换为预期类型，则选择函数作为重载候选项。如果一个候选项都没有，则解析失败。需要注意的是，返回参数不作为重载解析的依据。参考示例如下：

```
pragma solidity ^0.4.16;

contract A {
    function f(uint8 _in) public pure returns (uint8 out) {
        out = _in;
    }

    function f(uint256 _in) public pure returns (uint256 out) {
        out = _in;
    }
}
```

在以上例子中，调用 f(50) 会导致类型错误，因为 50 既可以被隐式转换为 uint8，也可以被隐式转换为 uint256。此外，调用 f(256) 则会解析为 f(uint256) 重载，因为 256 不能隐式转换为 uint8。

5.7 事件

事件机制使得开发者可以方便地使用 EVM 的日志系统（一种以太坊区块链中特殊的数据结构）。开发者可以在 DApp 的用户界面中监听事件，EVM 的日志系统可以反过来“调用”，用来监听事件的 JavaScript 回调函数。事件在智能合约中可被继承，当事件被调用时，会将参数存储到交易的日志中。这些日志与地址相关联，被存入区块链中，只要区块可以访问就一直存在（在 Frontier 和 Homestead 版本中会被永久保存，在 Serenity 版本中可能会改动）。日志和事件在智能合约内不可直接被访问（甚至是创建日志的智能合约也不能访问）。

记录在区块链中的日志消息可以从外部检索到。Solidity 规定最多 3 个参数可以被设置为 indexed，表示相应的参数可以当作索引，即用户可以使用被指定为 indexed 的参数对搜索结果进行过滤。

如果数组（包括 string 和 bytes）类型被当作 indexed 的参数使用，则它们的 keccak-256 哈希值会被作为索引保存。除非用 anonymous 说明符声明事件，否则事件签名的哈希值就可以被当作事件的索引之一。这同时也意味着无法通过名字搜索某些特定的匿名（anonymous）事件。

所有非 indexed 参数都将存储在日志的数据部分中。

由于索引参数本身不会被保存，因此只能搜索它们的值来确定相应的日志数据是否存在，而不能获取它们的值本身。在智能合约中定义事件的例子如下：

```
pragma solidity ^0.4.0;

contract ClientReceipt {
    event Deposit(
        address indexed _from,
        bytes32 indexed _id,
        uint _value
    );

    function deposit(bytes32 _id) public payable {
        // 我们可以过滤对 Deposit 的调用，从而用JavaScript API 来查明对这个函数的任何调用
            （甚至是深度嵌套调用）
        Deposit(msg.sender, _id, msg.value);
    }
}
```

使用 JavaScript API 调用事件的用法如下：

```
var abi = /* abi 由编译器产生 */;
var ClientReceipt = web3.eth.contract(abi);
var clientReceipt = ClientReceipt.at("0x1234...ab67" /* 地址 */);

var event = clientReceipt.Deposit();

// 监视变化
event.watch(function(error, result){
    // 结果包括Deposit的调用参数在内的各种信息
    if (!error)
        console.log(result);
});

// 或者通过回调立即开始观察
var event = clientReceipt.Deposit(function(error, result) {
    if (!error)
        console.log(result);
});
```

通过函数 log0、log1、log2、log3 和 log4 可以访问日志机制的底层接口。logi 接受 $i + 1$ 个 bytes32 类型的参数。其中第一个参数会被用来作为日志的数据部分，其他的会作为索

引。下面示例的事件调用可以以相同的方式执行：

```
pragma solidity ^0.4.10;

contract C {
    function f() public payable {
        bytes32 _id = 0x420042;
        log3(
            bytes32(msg.value),
            bytes32(0x50cb9fe53daa9737b786ab3646f04d0150dc50ef4e75f59509d83667ad5adb20),
            bytes32(msg.sender),
            _id
        );
    }
}
```

其中的长十六进制数的计算方法是“keccak256("Deposit(address,hash256,uint256)")”，即事件的签名。

5.8 继承

5.8.1 基类构造函数

和其他面向对象的编程语言类似，Solidity 中的构造函数是由 constructor 关键字声明的可选函数，该函数在智能合约被创建时执行。构造函数可以是 public 的，也可以是 internal 的，如果没有定义构造函数，则编译器会生成默认的构造函数 contructor()public{}。示例如下：

```
pragma solidity ^0.4.22;

contract A {
    uint public a;

    constructor(uint _a) internal {
        a = _a;
    }
}

contract B is A(1) {
    constructor() public {}
}
```

当一个构造函数被声明成 internal 时，该智能合约将被自动标记为抽象合约。示例如下：

```
pragma solidity ^0.4.11;

contract A {
```

```
    uint public a;

    function A(uint _a) internal {
        a = _a;
    }
}

contract B is A(1) {
    function B() public {}
}
```

派生智能合约需要提供基类构造函数需要的所有参数，这可以通过两种方式来完成：

```
pragma solidity ^0.4.0;

contract Base {
    uint x;
    function Base(uint _x) public { x = _x; }
}

contract Derived1 is Base(7) {
    constructor(uint _y) public {}
}
contract Derived2 is Base {
    constructor(uint _y) Base(_y * _y) public {}
}
```

从以上例子可以看到，一种方法是直接在继承列表中调用基类构造函数（is Base(7)），另一种方法是像修饰器的使用方法一样，作为派生智能合约构造函数定义头的一部分（Base(_y * _y)）。如果构造函数参数是常量并且定义或描述了智能合约的行为，例如第一个示例中的常数参数为“7”，那么使用第一种方法比较方便。如果基类构造函数的参数依赖于派生智能合约的参数，那么只能使用第二种方法。如果像上面这个简单的例子一样，两种方法都可以使用，那么优先使用修饰器风格的继承方法。如果一个派生的智能合约没有指定所有其父合约的构造函数的参数，说明这个智能合约是一个抽象智能合约。

5.8.2 多重继承

通过复制包括多态的代码，Solidity可以支持多重继承。所有的函数调用都是虚拟的，这意味着最远的派生函数会被调用，除非明确给出智能合约名称。

当一个智能合约从多个智能合约继承时，在区块链上只有一个智能合约被创建，所有基类智能合约的代码被复制到创建的智能合约中。总的来说，Solidity的继承系统与Python的继承系统非常相似，特别是在多重继承方面，下面的例子进行了详细说明：

```
pragma solidity ^0.4.16;

contract owned {
    function owned() { owner = msg.sender; }
```

```
    address owner;
}

// 使用 is 从另一个智能合约派生。派生智能合约可以访问所有非私有成员，包括内部函数和状态变量
// 但无法通过 this 来进行外部访问
contract mortal is owned {
    function kill() {
        if (msg.sender == owner) selfdestruct(owner);
    }
}

// 这些抽象智能合约仅用于给编译器提供接口
// 注意函数没有函数体
// 如果一个智能合约没有实现所有函数，则只能用作接口
contract Config {
    function lookup(uint id) public returns (address adr);
}

contract NameReg {
    function register(bytes32 name) public;
    function unregister() public;
 }

// 可以多重继承。请注意，owned 也是 mortal 的基类
// 但只有一个 owned 实例（就像 C++ 中的虚拟继承）
contract named is owned, mortal {
    function named(bytes32 name) {
        Config config = Config(0xD5f9D8D94886E70b06E474c3fB14Fd43E2f23970);
        NameReg(config.lookup(1)).register(name);
    }

    // 函数可以被另一个具有相同名称和相同数量/类型输入的函数重载
    // 如果重载函数有不同类型的输出参数，会导致错误
    // 本地和基于消息的函数调用都会考虑这些重载
    function kill() public {
        if (msg.sender == owner) {
            Config config = Config(0xD5f9D8D94886E70b06E474c3fB14Fd43E2f23970);
            NameReg(config.lookup(1)).unregister();
            // 仍然可以调用特定的重载函数
            mortal.kill();
        }
    }
}

// 如果构造函数接受参数
// 则需要在声明（智能合约的构造函数）时提供
// 或在派生智能合约的构造函数位置以修饰器调用风格提供（见下文）
contract PriceFeed is owned, mortal, named("GoldFeed") {
    function updateInfo(uint newInfo) public {
        if (msg.sender == owner) info = newInfo;
    }
```

```
    function get() public view returns(uint r) { return info; }

    uint info;
}
```

注意，在上边的代码中，我们调用 mortal.kill 来“转发”销毁请求，这样的做法是有问题的，在下面的例子中可以看到：

```
pragma solidity ^0.4.0;

contract owned {
    function owned() public { owner = msg.sender; }
    address owner;
}

contract mortal is owned {
    function kill() public {
        if (msg.sender == owner) selfdestruct(owner);
    }
}

contract Base1 is mortal {
    function kill() public { /* 清除操作 1 */ mortal.kill(); }
}

contract Base2 is mortal {
    function kill() public { /* 清除操作 2 */ mortal.kill(); }
}

contract Final is Base1, Base2 {
}
```

调用 Final.kill 时会调用最远的派生重载函数 Base2.kill，但是会绕过 Base1.kill，主要是因为它甚至都不知道 Base1 的存在。解决这个问题的方法是使用 super 关键字，如以下例子所示：

```
pragma solidity ^0.4.0;

contract owned {
    function owned() public { owner = msg.sender; }
    address owner;
}

contract mortal is owned {
    function kill() public {
        if (msg.sender == owner) selfdestruct(owner);
    }
}

contract Base1 is mortal {
```

```
    function kill() public { /* 清除操作 1 */ super.kill(); }
}


contract Base2 is mortal {
    function kill() public { /* 清除操作 2 */ super.kill(); }
}

contract Final is Base1, Base2 {
}
```

如果Base2调用super的函数，它不会简单地在其基类智能合约上调用该函数。相反，它在最终的继承关系图谱的下一个基类智能合约中调用这个函数，所以它会调用Base1.kill（注意最终的继承序列是从最远派生智能合约开始的：Final、Base2、Base1、mortal、ownerd）。在类中使用super调用的实际函数在当前类的上下文中是未知的，尽管它的类型是已知的，这与普通的虚拟方法查找类似。

5.8.3 线性化

编程语言实现多重继承需要解决几个问题，其中一个问题是钻石问题。Solidity借鉴了Python的方式并且使用“C3线性化”强制一个由基类构成的DAG（有向无环图）保持一个特定的顺序。这种方法可以得到我们所期望的唯一结果，但也使某些继承方式变为无效。尤其需要注意的是，基类在is后面的顺序很重要。在下面的代码中，Solidity会给出“linearization of inheritance graph impossible”这样的错误：

```
// 以下代码编译出错

pragma solidity ^0.4.0;

contract X {}
contract A is X {}
contract C is A, X {}
```

代码编译出错的原因是C要求X重写A（因为定义的顺序是A、X），但是A本身要求重写X，无法解决这种冲突。可以通过一个简单的规则来记忆：以从“最接近的基类（most base-like）”到“最远的继承（most derived）”的顺序来指定所有的基类。

当继承导致一个智能合约具有相同名字的函数和修饰器时，会被认为是一个错误。当事件和修饰器同名，或者函数和事件同名时，同样会被认为是一个错误。有一种例外情况是，状态变量的getter函数可以覆盖一个public函数。

5.9 抽象智能合约

当一个智能合约中至少有一个函数缺省实现时，这个智能合约就可以当作抽象智能合约来使用，如下例所示（请注意函数声明头由分号（;）结尾）：

```
pragma solidity ^0.4.0;

contract Feline {
    function utterance() public returns (bytes32);
}
```

抽象智能合约无法成功编译（即使它们除了未实现的函数，还包含其他已经实现了的函数），但它们可以用作基类智能合约，如下例所示：

```
pragma solidity ^0.4.0;

contract Feline {
    function utterance() public returns (bytes32);
}

contract Cat is Feline {
    function utterance() public returns (bytes32) { return "miaow"; }
}
```

如果一个智能合约继承自抽象智能合约，但没有通过重写来实现所有未实现的函数，那么它本身也是一个抽象智能合约。

需要注意的是，缺省实现的函数虽然跟function类型的变量在语法上看起来很像，但两者是完全不同的。例如，缺省实现的函数如下所示：

```
function foo(address) external returns (address);
```

function类型的变量在声明时如下所示：

```
function(address) external returns (address) foo;
```

抽象智能合约将智能合约的定义部分与实现部分分离，从而提供了更好的可扩展性和易读性，减少了代码冗余，并且使得智能合约的编写更加“模板化”。

5.10　接口

接口类似于抽象智能合约，但是接口内部不能实现任何函数。除此之外，还有进一步的限制。

- 无法继承其他智能合约或接口。
- 无法定义构造函数。
- 无法定义变量。
- 无法定义结构体。
- 无法定义枚举。

将来有可能会解除以上的某些限制。接口基本上仅限于智能合约ABI可以表示的内容，并且ABI和接口之间的转换应该不会丢失任何信息。就像继承其他智能合约一样，智能合约也可以继承接口。

接口由属于它们自己的关键字“interface”表示，例如：

```
pragma solidity ^0.4.11;

interface Token {

    function totalSupply() public view returns (uint256);
    function balanceOf(address who) public view returns (uint256);
    function transfer(address to, uint256 value) public returns (bool);
}
```

那么何时使用抽象智能合约，何时使用接口呢？在实际编写DApp的过程中，如果想使用“模板方法（template method，一种设计模式）”，那么最好使用抽象智能合约。这样做能够更加便捷地搭建DApp的骨架，在快速实现原型的同时保持很高的扩展性。除此之外，使用抽象智能合约也有助于调试，当编译器发现DApp模式中的不一致情况时，就会及时报告错误。

当编写大规模的DApp时，使用接口会更加有用。接口使得DApp易于扩展，而且不会增加复杂性。但由于接口的限制较多，在实际编程过程中还要注意是否能够使用接口。

5.11 库

库与智能合约类似，它们只需要在特定的地址部署一次，并且它们的代码可以通过EVM的DELEGATECALL（Homestead之前使用CALLCODE关键字）特性进行重用。这意味着如果库函数被调用，它的代码在调用智能合约的上下文中被执行，即this指向调用智能合约，特别是可以访问调用智能合约的存储。因为每个库都是一段独立的代码，所以它仅能访问调用智能合约明确提供的状态变量（否则它就无法通过名字访问这些变量）。由于库是无状态的，所以如果它们不修改状态（也就是说，如果它们是view或者pure函数），库函数仅可以通过直接调用来使用（即不使用DELEGATECALL关键字）。特别需要注意的是，除非能规避Solidity的类型系统，否则是不可能销毁任何库的。

库可以看作使用它们的智能合约的隐式的基类智能合约。虽然它们在继承关系中不会显式可见，但调用库函数与调用显式的基类智能合约十分类似（如果L是库，可以使用L.f调用库函数）。此外，就像库是基类智能合约一样，对所有使用库的智能合约，库的internal函数都是可见的。当然，需要使用内部调用约定来调用内部函数，这意味着所有内部类型，内存类型都是通过引用而不是复制来传递的。为了在EVM中实现这些，内部库函数的代码和从其中调用的所有函数都在编译阶段被拉取到调用智能合约中，然后使用一个JUMP调用来代替DELEGATECALL。下面的示例说明如何使用库：

```
pragma solidity ^0.4.16;

library Set {
    // 我们定义了一个新的结构体数据类型，用于在调用智能合约中保存数据
    struct Data { mapping(uint => bool) flags; }

    // 注意第一个参数是“storage reference”类型，因此在调用中参数传递的只是它的存储地址，而
        不是内容
    // 这是库函数的一个特性。如果该函数可以被视为对象的方法，则习惯称第一个参数为self
    function insert(Data storage self, uint value)
        public
        returns (bool)
    {
        if (self.flags[value])
            return false; // 已经存在
        self.flags[value] = true;
        return true;
    }

    function remove(Data storage self, uint value)
        public
        returns (bool)
    {
        if (!self.flags[value])
            return false; // 不存在
        self.flags[value] = false;
        return true;
    }

    function contains(Data storage self, uint value)
        public
        view
        returns (bool)
    {
        return self.flags[value];
    }
}

contract C {
    Set.Data knownValues;

    function register(uint value) public {
        // 不需要库的特定实例就可以调用库函数
        // 因为当前智能合约就是“instance”
        require(Set.insert(knownValues, value));
    }
    // 如果我们愿意，我们也可以在这个智能合约中直接访问 knownValues.flags
}
```

当然，在实际应用中不必按照上例中的方式去使用库：它们也可以在不定义结构数据类型的情况下使用。函数也不需要任何存储引用参数，库可以出现在任何位置并且可以有

多个存储引用参数。

调用 Set.contains、Set.insert 和 Set.remove 都被编译为外部调用（DELEGATECALL）。如果使用库，请注意实际执行的是外部函数调用。msg.sender、msg.value 和 this 在调用中将保留它们的值，(在 Homestead 之前，因为使用了 CALLCODE，改变了 msg.sender 和 msg.value)。

以下示例展示了如何在库中使用内存类型和内部函数来实现自定义类型，而无须支付外部函数调用的开销：

```
pragma solidity ^0.4.16;

library BigInt {
    struct bigint {
        uint[] limbs;
    }

    function fromUint(uint x) internal pure returns (bigint r) {
        r.limbs = new uint[](1);
        r.limbs[0] = x;
    }

    function add(bigint _a, bigint _b) internal pure returns (bigint r) {
        r.limbs = new uint[](max(_a.limbs.length, _b.limbs.length));
        uint carry = 0;
        for (uint i = 0; i < r.limbs.length; ++i) {
            uint a = limb(_a, i);
            uint b = limb(_b, i);
            r.limbs[i] = a + b + carry;
            if (a + b < a || (a + b == uint(-1) && carry > 0))
                carry = 1;
            else
                carry = 0;
        }
        if (carry > 0) {
            // 需要增加一个 limb
            uint[] memory newLimbs = new uint[](r.limbs.length + 1);
            for (i = 0; i < r.limbs.length; ++i)
                newLimbs[i] = r.limbs[i];
            newLimbs[i] = carry;
            r.limbs = newLimbs;
        }
    }

    function limb(bigint _a, uint _limb) internal pure returns (uint) {
        return _limb < _a.limbs.length ? _a.limbs[_limb] : 0;
    }

    function max(uint a, uint b) private pure returns (uint) {
        return a > b ? a : b;
```

```
    }
}

contract C {
    using BigInt for BigInt.bigint;

    function f() public pure {
        var x = BigInt.fromUint(7);
        var y = BigInt.fromUint(uint(-1));
        var z = x.add(y);
    }
}
```

由于编译器无法知道库的部署位置，我们需要通过链接器将这些地址填入最终的字节码中。如果这些地址没有作为参数传递给编译器，编译后的十六进制代码将包含 __Set______ 形式的占位符（其中 Set 是库的名称）。可以手动填写地址来将那 40 个字符替换为库智能合约地址的十六进制编码。

与智能合约相比，目前库在使用的过程中存在一些限制。

- 没有状态变量。
- 不能够继承或被继承。
- 不能接收以太币。

同样地，将来有可能会解除这些限制。

如果库的代码是通过 CALL 来执行的，而不是 DELEGATECALL 或者 CALLCODE，那么执行的结果会被回退，除非是对 view 或者 pure 函数的调用。EVM 没有为智能合约提供检测是否使用 CALL 的直接方式，但是智能合约可以使用 ADDRESS 操作码找出正在运行的“位置”。生成的代码通过比较这个地址和构造时的地址来确定调用模式。

更具体地说，库的运行时代码总是从一个 push 指令开始，它在编译时是 20 字节的零。当部署代码运行时，这个常数被内存中的当前地址替换，修改后的代码存储在智能合约中。在运行时，这导致部署时地址是第一个被 push 到堆栈上的常数，对于任何非 view 和非 pure 函数，调度器代码都将对比当前地址与这个常数是否一致。

5.12 using for 的用法

指令“`using A for B;`”可用于附加库函数（从库 A）到任何类型（B）。这些函数将接收到调用它们的对象作为它们的第一个参数（类似于 Python 的 self 变量）。“`using A for *;`”的效果是，库 A 中的函数被附加在任意的类型上。

在这两种情况下，所有函数都会被附加一个参数，即使它们的第一个参数类型与对象的类型不匹配。函数调用和重载解析时才会做类型检查。

“`using A for B;`”指令仅在当前作用域有效，目前仅限于在当前智能合约中，后续可能提升到全局范围。通过引入一个模块，不需要再添加代码就可以使用包括库函数在内的数据类型。

例如可以用这种方式将库中的 set 例子重写：

```
pragma solidity ^0.4.16;

// 这是和之前一样的代码，只是没有注释
library Set {
    struct Data { mapping(uint => bool) flags; }

    function insert(Data storage self, uint value)
        public
        returns (bool)
    {
        if (self.flags[value])
            return false; // 已经存在
        self.flags[value] = true;
        return true;
    }

    function remove(Data storage self, uint value)
        public
        returns (bool)
    {
        if (!self.flags[value])
            return false; // 不存在
        self.flags[value] = false;
        return true;
    }

    function contains(Data storage self, uint value)
        public
        view
        returns (bool)
    {
        return self.flags[value];
    }
}

contract C {
    using Set for Set.Data; // 这里是关键的修改
    Set.Data knownValues;

    function register(uint value) public {
        // 这里， Set.Data 类型的所有变量都有与之相对应的成员函数
        // 下面的函数调用和 Set.insert(knownValues, value) 的效果完全相同
        require(knownValues.insert(value));
    }
}
```

也可以像下面的例子一样扩展基本类型：

```
pragma solidity ^0.4.16;

library Search {
    function indexOf(uint[] storage self, uint value)
        public
        view
        returns (uint)
    {
        for (uint i = 0; i < self.length; i++)
            if (self[i] == value) return i;
        return uint(-1);
    }
}

contract C {
    using Search for uint[];
    uint[] data;

    function append(uint value) public {
        data.push(value);
    }

    function replace(uint _old, uint _new) public {
        // 执行库函数调用
        uint index = data.indexOf(_old);
        if (index == uint(-1))
            data.push(_new);
        else
            data[index] = _new;
    }
}
```

需要注意的是，所有库调用都是实际的 EVM 函数调用。这意味着如果传递内存或值类型，都将产生一个副本，即使是 self 变量。使用存储引用变量是唯一不会发生拷贝的情况。

5.13　本章小结

本章的主要内容是如何使用 Solidity 编写智能合约，以及在编写智能合约过程中所应用到的 Solidity 语言特性。总体来说，Solidity 参考了诸多语言的特性，但目前还是一门仍在发展中的编程语言，迭代速度很快，因此开发者在使用的过程中一定要遵守开发规范，及时查看官方发布的更新内容。

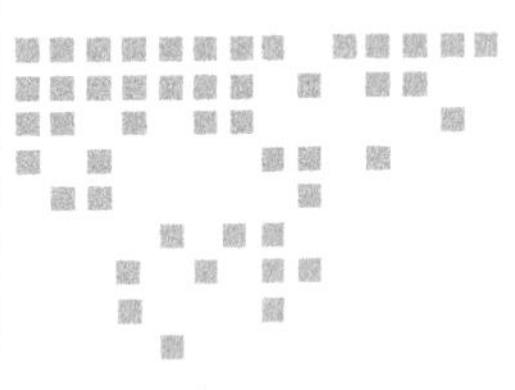

Chapter 6 第6章

Solidity集成开发工具简介

Solidity作为以太坊上的智能合约官方推荐的开发语言，有越来越多的开发工具支持这种新语言的开发工作，如Truffle、Embark等。本章将重点介绍Truffle工具和Embark工具。

6.1 Truffle

Truffle是以太坊上最流行的开发框架，被称为以太坊开发的瑞士军刀。

6.1.1 Truffle简介

Truffle是用JavaScript编写的模块化的框架，用户可以根据需要选择想要使用的模块。比如，在工具中，把Truffle作为一个库，使用用户需要的功能。如在命令行工具中，只使用Truffle进行部署。

Truffle的主要功能如下。

- 内建的智能合约编译、链接、部署及二进制文件管理。
- 自动化的智能合约测试。
- 脚本化的部署框架。
- 公共网络或私有网络的部署管理。
- 外部依赖包的管理。
- 交互式的终端，用来直接与合约通信。
- 集成Ganache，一个快速便捷的以太坊私链工具。

6.1.2 快速体验

6.1.1 节我们介绍了 Truffle 的主要功能，本节我们一起体验一下 Truffle 工具，从零开始搭建项目的框架。

1. Truffle 安装

安装要求：

- 推荐 NodeJS 5.0+;
- Windows、Linux 或 Mac OS X。

Truffle 的安装需要用 node 环境，Mac 环境下可以先安装 nvm，然后用 nvm 安装 node。

安装 nvm 的代码如下：

```
brew install nvm
```

安装 node 的代码如下：

```
nvm install node
```

安装 Truffle 的代码如下：

```
npm install -g truffle
```

Truffle 还需要一个支持标准的 JSON-RPC API 的以太坊客户端，Truffle 网站也提供了 Ganache，一个轻便的、图形化的以太坊客户端。

2. Truffle 项目初始化

Truffle 中有两种方式初始化一个项目。

- 初始化一个全新的项目。
- 用 Truffle 网站的盒子（boxes）初始化。

实现初始化一个全新的项目的代码如下：

```
mkdir <your project name>
cd <your project name>
truffle init
```

初始化完成后，会看到在项目目录 <your project name> 下有如下内容。

- contracts/：Solidity 合约目录。
- migrations/：部署文件目录。
- test/：测试脚本目录。
- truffle.js：Truffle 配置文件。

用 Truffle 网站的盒子初始化的相关代码如下：

```
mkdir <your project name>
cd <your project name>
truffle unbox metacoin
```

Truffle 网站提供了几种打包的示例代码（盒子），详情可以参考官方网站 https://truffleframework.com/boxes。

truffle unbox 之后的目录结构，可以参考前面的介绍。

6.1.3 用 Truffle 的开发过程

Truffle 的开发过程可能包含如下步骤。

（1）智能合约开发。

（2）智能合约测试。

（3）智能合约编译。

（4）智能合约部署。

（5）智能合约调用。

1. 智能合约开发

以太坊中智能合约的开发，常用语言是 Solidity，在本书的第 3 章和第 4 章中已经有过详细介绍，这里不再赘述。

2. 智能合约测试

Truffle 集成了一套自动化测试框架，用来测试合约。这套框架可以用两种不同的方式来管理测试。

- 用 JavaScript 测试，就像在 DApp 中调用合约一样。
- 用 Solidity 测试，高级的白盒测试。

所有的测试文件都存在 `./test` 目录中。Truffle 仅仅可以执行如下后缀的测试：`.js`、`.es`、`.es6`、`.jsx`、`.sol`。所有其他文件格式会被忽略掉。

运行所有的测试，命令如下：

```
$ truffle test
```

如果想运行单个测试，命令如下：

```
$ truffle test ./path/to/test/test.js
```

1）用 JavaScript 编写测试

Truffle 中采用 Mocha 测试框架以及 Chai 项目作为断言，来提供一套完整的 JavaScript 测试框架。下面我们看一下如何编写测试。

首先我们先看一段测试代码，这段代码中一共包含 3 个测试用例，分别是：判断账号内是否存在 10 000 个 MetaCoin；调用依赖库的方法；以及成功发送一笔交易。每一个测试用例包含在 it 方法内。

```
var MetaCoin = artifacts.require("MetaCoin");
contract('MetaCoin', function(accounts) {
    it("should put 10000 MetaCoin in the first account", function() {
```

```
    return MetaCoin.deployed().then(function(instance) {
        return instance.getBalance.call(accounts[0]);
    }).then(function(balance) {
        assert.equal(balance.valueOf(), 10000, "10000 wasn't in the first account");
    });
});
it("should call a function that depends on a linked library", function() {
    var meta;
    var metaCoinBalance;
    var metaCoinEthBalance;

    return MetaCoin.deployed().then(function(instance) {
        meta = instance;
        return meta.getBalance.call(accounts[0]);
    }).then(function(outCoinBalance) {
        metaCoinBalance = outCoinBalance.toNumber();
        return meta.getBalanceInEth.call(accounts[0]);
    }).then(function(outCoinBalanceEth) {
        metaCoinEthBalance = outCoinBalanceEth.toNumber();
    }).then(function() {
        assert.equal(metaCoinEthBalance, 2 * metaCoinBalance, "Library function
            returned unexpected function, linkage may be broken");
    });
});
it("should send coin correctly", function() {
    var meta;
    // 获得第一个账号和第二个账号的余额
    var account_one = accounts[0];
    var account_two = accounts[1];

    var account_one_starting_balance;
    var account_two_starting_balance;
    var account_one_ending_balance;
    var account_two_ending_balance;
    var amount = 10;
    return MetaCoin.deployed().then(function(instance) {
        meta = instance;
        return meta.getBalance.call(account_one);
    }).then(function(balance) {
        account_one_starting_balance = balance.toNumber();
        return meta.getBalance.call(account_two);
    }).then(function(balance) {
        account_two_starting_balance = balance.toNumber();
        return meta.sendCoin(account_two, amount, {from: account_one});
    }).then(function() {
        return meta.getBalance.call(account_one);
    }).then(function(balance) {
        account_one_ending_balance = balance.toNumber();
        return meta.getBalance.call(account_two);
    }).then(function(balance) {
        account_two_ending_balance = balance.toNumber();
```

```
            assert.equal(account_one_ending_balance, account_one_starting_balance
                - amount, "Amount wasn't correctly taken from the sender");
            assert.equal(account_two_ending_balance, account_two_starting_balance
                + amount, "Amount wasn't correctly sent to the receiver");
        });
    });
});
```

在这段代码的示例中，可以发现我们采用了 artifacts.require()，这样只需要把合约的名字传入即可。

另外每个测试文件都可以用 web3 实例，比如用 web3.eth.getBalance 可以获取某个地址的余额。

上述测试，如果全部通过运行，结果如下，如果某个测试不能通过，则提示运行失败，我们可以找对应的代码，去查找失败的原因：

```
Contract: MetaCoin
    √ should put 10000 MetaCoin in the first account (83ms)
    √ should call a function that depends on a linked library (43ms)
    √ should send coin correctly (122ms)
3 passing (293ms)
```

2）用 Solidity 编写测试

Solidity 测试文件和智能合约一样，是以 .sol 结尾的。运行 truffle test 的时候，测试会自动包含进合约的测试中。Truffle 的 Solidity 测试框架有一些需要注意的点。

- 测试合约不应该从其他合约继承，因为这会让测试脚本变得复杂及不可控。
- Solidity 的测试可以运行在任意的以太坊客户端上。

为了更好地说明 Solidity 测试，下面我们提供了一个例子。可以使用 truffle unbox metacoin 获取该例子。这个例子主要是来验证交易的所有者是否有 10 000 个 MetaCoin。

```
import "truffle/Assert.sol";
import "truffle/DeployedAddresses.sol";
import "../contracts/MetaCoin.sol";
contract TestMetacoin {
//用已部署的合约来测试账号的初始代币数量
    function testInitialBalanceUsingDeployedContract() {
        MetaCoin meta = MetaCoin(DeployedAddresses.MetaCoin());
        uint expected = 10000;
        Assert.equal(meta.getBalance(tx.origin), expected, "Owner should have 10000
            MetaCoin initially");
    }
//无须部署合约，通过创建合约临时对象来验证账号的初始代币数量
    function testInitialBalanceWithNewMetaCoin() {
        MetaCoin meta = new MetaCoin();
        uint expected = 10000;
        Assert.equal(meta.getBalance(tx.origin), expected, "Owner should have 10000
            MetaCoin initially");
```

运行 truffle test 后的结果如下：

```
$ truffle test
Compiling ConvertLib.sol...
Compiling MetaCoin.sol...
Compiling truffle/Assert.sol
Compiling truffle/DeployedAddresses.sol
Compiling ../test/TestMetacoin.sol...
    TestMetacoin
        √ testInitialBalanceUsingDeployedContract (61ms)
        √ testInitialBalanceWithNewMetaCoin (69ms)

    2 passing (3s)
```

下面我们来看一些重要的细节。

Assert.equal() 方法是 truffle/Assert.sol 提供的。这个是默认的断言功能，但用户也可以自己提供断言功能。

合约部署地址是一个经常用到的变量，因此 truffle 中通过 truffle/DeployedAddresses.sol 提供这个功能。调用的例子如下：

```
DeployedAddresses.<contract name>();
```

3. 智能合约编译

合约文件存在项目目录内的 contracts/ 目录下，合约是用 Solidity 语言实现的，所以后缀是 .sol。所有相关的库文件也是以 .sol 结尾的。

不论是新项目（如用 `truffle init` 创建的），还是 truffle box 的项目，都会有一个默认的 Migrations.sol 文件，用来进行合约部署。

在项目的根目录下，执行如下命令：

```
truffle compile
```

第一次执行的时候，contracts 目录内的所有合约都会被编译，后续执行的时候，默认只会编译上次编译后修改的合约文件。如果想要重新编译所有文件，可以加 --all 参数。

编译后的文件存放于 build/contracts/ 目录，如果该目录不存在，会自动创建。目录内的编译后的 .json 文件不应该被修改，否则会被下次编译覆盖。

编译后的文件（.json 结尾）非常重要，下一步合约的部署会将 .json 文件部署在以太坊的网络上。

可以使用 import 来创建合约的依赖，Truffle 会依次编译依赖的合约文件。其导入有两种方式。

（1）用文件名导入：从一个单独的文件导入合约，可以采用如下命令：

```
import "./AnotherContract.sol";
```

这会编译 AnotherContract.sol 内所有的合约，注意这里的 AnotherContract.sol 是相对路径。

（2）用外部包导入：Truffle也支持EthPM或NPM的包管理方式，所以还可以用如下语法导入：

```
import "somepackage/SomeContract.sol";
```

这里somepackage指的是EthPM或NPM安装的包，SomeContract.sol是包里面的合约文件。

4. 智能合约部署

部署脚本是JavaScript语言编写的，把智能合约部署到以太坊网络上。部署命令如下：

```
truffle migrate
```

该命令会运行./migrations/目录下的部署脚本。truffle migrate会从上次部署的位置开始执行。如果想要从头部署，可以使用参数--reset运行部署命令。针对本地测试，确保有以太坊客户端在运行中（如truffle develop或ganache）。

1）智能合约部署文件

简单的部署脚本如下（文件名：4_example_migrate.js）：

```
var MyContract = artifacts.require("MyContract");
module.exports = function(deployer) {
    // 部署步骤
    deployer.deploy(MyContract);
};
```

部署脚本是以数字为前缀的，会按照数字从小到大的顺序依次部署。后缀为.js的是部署脚本，中间的名字是为了记忆和方便使用的。

部署脚本的开头会用artifacts.require方法来指定部署的合约名字。这里指定的名字是合约名字，不要指定文件名字，因为一个文件内可能存在多个合约。

举个例子如下（文件名：./contracts/Contract.sol）：

```
contract ContractOne {
    // ...
}
contract ContractTwo {
    // ...
}
```

如果只部署ContractTwo，那么部署脚本的声明如下：

```
var ContractTwo = artifacts.require("ContractTwo");
```

如果要部署两个合约，则部署脚本的声明如下：

```
var ContractOne = artifacts.require("ContractOne");
var ContractTwo = artifacts.require("ContractTwo");
```

部署脚本必须通过module.export来导出一个方法。每个部署导出的方法会把deployer

对象作为第一个参数。

2）初始化部署

为了使用部署的特性，Truffle 需要创建一个名为 Migrations 的合约。该合约包含一个特定的接口，用户也可以根据自己的需要来修改。就大多数的项目而言，不需要修改 Migrations 合约。

我们可以通过使用 truffle init 命令来创建一个项目，获取 Migrations 合约如下（文件名：contracts/Migrations.sol）。

```
pragma solidity ^0.4.8;
contract Migrations {
    address public owner;
    // "last_completed_migration()"是必需的，返回一个uint类型的值
    uint public last_completed_migration;
    modifier restricted() {
        if (msg.sender == owner) _;
    }
    function Migrations() {
        owner = msg.sender;
    }
    // "setCompleted(uint)"是必需的
    function setCompleted(uint completed) restricted {
        last_completed_migration = completed;
    }
    function upgrade(address new_address) restricted {
        Migrations upgraded = Migrations(new_address);
        upgraded.setCompleted(last_completed_migration);
    }
}
```

为了使用部署特性，上面的 Migrations.sol 必须一起部署。因此该合约也需要部署脚本，如下（文件名：migrations/1_initial_migrations.js）：

```
var Migrations = artifacts.require("Migrations");

module.exports = function(deployer) {
    // Deploy the Migrations contract as our only task
    deployer.deploy(Migrations);
};
```

在部署脚本中，我们可以使用 deployer 来执行部署任务。比如同时执行部署任务，按照先后顺序执行，例如：

```
// 部署B之前先部署A
deployer.deploy(A);
deployer.deploy(B);
```

另外，每个 deployer 方法可以用作 promise，每个部署任务排队执行，后一个部署任务会依赖于前一个部署任务的结果，如下：

```
// 先部署A，再部署B，把A部署后的地址传给B
deployer.deploy(A).then(function() {
    return deployer.deploy(B, A.address);
});
```

3）部署到以太坊网络

部署脚本时可以根据网络执行不同的部署操作，在部署方法中调用network参数，如下：

```
module.exports = function(deployer, network) {
    if (network == "live") {
        // 当网络为live的时候执行相关的部署操作
    } else {
        // 否则执行其他的部署操作
    }
}
```

部署脚本还可以传入一组由以太坊客户端和web3 provider提供的账号，部署的时候可以使用这些账号。该组账号和web3.eth.getAccounts()的结果一致，如下：

```
module.exports = function(deployer, network, accounts) {
    // 部署脚本内使用账号
}
```

合约部署脚本还有多种其他用法，参考如下：

```
// 部署不带构造函数的合约
deployer.deploy(A);

// 部署带构造函数参数的合约
deployer.deploy(A, arg1, arg2, ...);

// 如果合约已经部署了，则不再重复部署
deployer.deploy(A, {overwrite: false});

// 设置部署的最大gas和部署的from地址
deployer.deploy(A, {gas: 4612388, from: "0x..."});

// 部署多个合约，有些带参数，有些不带参数
// 这样比写3个"deployer.deploy()"声明更快
deployer.deploy([
    [A, arg1, arg2, ...],
    B,
    [C, arg1]
]);
```

5. 智能合约调用

如果自己编写以太坊网络的原始请求与合约互动，用户会发现这非常烦琐。比如用户会发现管理每次请求的状态会很复杂。Truffle可以帮助我们与合约互动（调用）。

1）读写数据

以太坊网络中读数据与写数据是不同的。一般来说，写数据是一次交易（transaction），而读数据是一次调用（call）。交易和调用是完全不同的。

（1）交易：交易从本质上改变了网络状态。简单的交易如两个账户之间进行转账，而复杂的交易如执行一个合约或部署一个合约等。交易的最大特点就是向以太坊网络中写入数据（或改变数据）。交易需要消耗以太币（Ether），也就是“gas”，并且交易需要花时间执行。如果通过交易执行一个合约的方法，不会马上得到返回值，因为交易不会立即生效。总之，通过交易执行一个方法不会返回值，而会返回一个交易编号。交易总结如下。

- 花费gas（Ether）。
- 改变网络状态。
- 不会立即处理。
- 不会暴露返回值（只有交易编号）。

（2）调用：调用与交易是完全不同的。调用用来在网络上执行代码，也不会有数据改变。调用是免费的，因为调用仅仅从以太坊网络读取数据。通过调用执行合约方法时，会立即获得返回值。调用总结如下。

- 免费（不花费gas）。
- 不会改变网络状态。
- 立即处理。
- 暴露返回值。

（3）抽象：为了说明抽象，我们需要先创建一个项目。我们可以通过truffle unbox metacoin来创建一个项目。创建后的合约代码如下（文件名：./contracts/MetaCoin.sol）：

```
pragma solidity ^0.4.2;
import "./ConvertLib.sol";
// 如下是一个有关代币的示例合约，和标准并不兼容。如果想要创建一个和标准兼容的代币
//请参考： https://github.com/ConsenSys/Tokens
contract MetaCoin {
//存储地址和余额的mapping
    mapping (address => uint) balances;
    event Transfer(address indexed _from, address indexed _to, uint256 _value);
    function MetaCoin() { //构造函数
        balances[tx.origin] = 10000; //初始化10000个代币
    }
//发送amount数量的代币给地址receiver。如下代码有安全隐患，这里需要参考SafeMath
    function sendCoin(address receiver, uint amount) returns(bool sufficient) {
        if (balances[msg.sender] < amount) return false;
        balances[msg.sender] -= amount;
        balances[receiver] += amount;
        Transfer(msg.sender, receiver, amount);
        return true;
    }
//获得地址addr里的余额（转换为ether）
```

```
        function getBalanceInEth(address addr) returns(uint){
            return ConvertLib.convert(getBalance(addr),2);
        }
    //获得地址addr里的余额
        function getBalance(address addr) returns(uint) {
            return balances[addr];
        }
    }
```

这个合约中除了构造函数外，还有 3 个方法（sendCoin、getBalanceInEth 和 getBalance）。所有的 3 个方法都可以作为交易或调用来执行。

我们先来看一下部署后的 MetaCoin 对象。在 truffle console 中执行：

```
// 输出MetaCoin的部署版本
// 注意获得部署的版本需要promise，所以这里用.then()
MetaCoin.deployed().then(function(instance) {
    console.log(instance);
});
// 输出如下:
// Contract
// - address: "0xa9f441a487754e6b27ba044a5a8eb2eec77f6b92"
// - allEvents: ()
// - getBalance: ()
// - getBalanceInEth: ()
// - sendCoin: ()
// ...
```

2）执行合约方法

使用抽象可以很方便地在以太坊网络上执行合约的方法。

（1）创建交易：MetaCoin 中有 3 个方法，只有 sendCoin 方法会改变网络状态。sendCoin 方法会从一个账号发送 Meta coins 给另一个账号。下面我们通过一笔交易来执行 sendCoin 方法，我们会从一个账号转 10 个 Meta coin 给另一个账号。

```
var account_one = "0x1234..."; // 第一个账号的地址
var account_two = "0xabcd..."; // 第二个账号的地址

var meta;
MetaCoin.deployed().then(function(instance) {
    meta = instance;
    return meta.sendCoin(account_two, 10, {from: account_one});
}).then(function(result) {
    // 如果调用了回调函数，交易就成功处理了
    alert("Transaction successful!")
}).catch(function(e) {
    // 这里需要处理错误信息
})
```

上述代码中有如下几点需要注意。

- 我们直接调用抽象的 sendCoin 方法，这会默认产生一笔交易。

- 当交易成功的时候（例如打印出“Transaction successful!”），回调方法并没有被触发。直到交易处理后（交易打包完成），才会触发回调方法。
- sendCoin 方法传入了第三个参数，而在合约的方法中并没有这个参数。第三个参数用 {} 括起来，用来指定交易的相关信息，比如这里我们设定了 from 地址是 account_one。

（2）创建调用：继续 MetaCoin 代码，我们注意到 getBalance 方法只从以太坊网络读取数据，会需要对网络做出改变，只是返回传入地址的 MetaCoin 数量。示例代码如下：

```
var account_one = "0x1234..."; // 第一个账号地址
var meta;
MetaCoin.deployed().then(function(instance) {
    meta = instance;
    return meta.getBalance.call(account_one, {from: account_one});
}).then(function(balance) {
    // 如果调用了回调方法，则该调用成功执行了
    // 这里会立即返回，而不需要等待
    // 打印出返回值
    console.log(balance.toNumber());
}).catch(function(e) {
    // 这里有错误信息，需要处理
})
```

这段代码的重点如下。

- 通过 .call() 方法显式地说明不会改变网络状态。
- 我们会获得一个返回值，而不是交易编号。

（3）捕捉事件：合约可以通过触发事件来获得合约执行的细节信息。最简单的处理事件的方法是处理交易的结果对象，如下：

```
var account_one = "0x1234..."; // 第一个账号地址
var account_two = "0xabcd..."; // 第二个账号地址

var meta;
MetaCoin.deployed().then(function(instance) {
    meta = instance;
    return meta.sendCoin(account_two, 10, {from: account_one});
}).then(function(result) {
    // result是一个含有如下值的对象：
    // result.tx       => 交易的哈希，字符型
    // result.logs     => 该交易所触发的解码事件的数组
    // result.receipt => 交易清单的对象，包含使用的gas
    // 可以通过循环result.logs来查看我们触发的Transfer事件
    for (var i = 0; i < result.logs.length; i++) {
        var log = result.logs[i];
        if (log.event == "Transfer") {
            // 找到了Transfer事件
            break;
        }
```

```
    }
}).catch(function(err) {
    // 这里有错误发生，需要处理
});
```

我们可以通过 result 对象，在交易结果中获得丰富的交易信息，例如：

- result.tx (string)——交易的哈希值及交易编号。
- result.logs (array)——解码的事件。
- result.receipt (object)——交易清单。

6.1.4 Truffle 高级用法

本节主要包含两部分内容。

- 以太坊网络上智能合约的部署。
- 部署流程。

1. 合约部署

智能合约部署到以太坊网络上时，可以在配置文件中指定部署的网络，如下：

```
truffle migrate --network live
```

live 的定义在 ./truffle.js 中，示例配置内容如下：

```
networks: {
    development: {
        host: "127.0.0.1",
        port: 8545,
        network_id: "*" // 匹配所有网络
    },
    live: {
        host: "178.25.19.88", // 示例IP（不要使用）
        port: 80,
        network_id: 1,        // 以太坊主网id
        // 可选的配置项：
        // gas
        // gasPrice
        // from——在部署过程中发生交易所使用的默认地址
        // provider——Truffle用来和以太坊网络交互的web3 provider实例，返回web3 provider
            实例的方法。如果指定了，host 和 port 将被忽略
    }
}
```

对于每个网络，如果不指定参数，如下是默认值：

- gas：部署的 gas 上限，默认是 4712388。
- gasPrice：部署的 gas 价格，默认是 100000000000。
- from：部署用的 from 地址，默认是以太坊客户端中的第一个可用的账户。
- provider：默认的 web3 provider 会采用主机加端口的方式，如 new Web3.providers.

HttpProvider(http://<host>:<port>)。

下面的配置文件中配置了 2 个网络，一个是本地测试网络，另一个是 Infura 提供的 Ropsten 网络，它们都采用了 HDWalletProvider。

```
networks: {
    ropsten: {
        provider: function() {
            return new HDWalletProvider(mnemonic, "https://ropsten.infura.io/");
        },
        network_id: '3',
    },
    test: {
        provider: function() {
            return new HDWalletProvider(mnemonic, "http://127.0.0.1:8545/");
        },
        network_id: '*',
    },
}
```

需要确认同时只能连接一个网络。如果指定主机加端口，而不是采用 provider 方式，Truffle 将使用主机加端口方式创建默认的 HTTP provider。

2. 部署流程

为了与 Truffle 紧密配合，Truffle 可以指定自定义的部署流水线来引导和配置应用。Truffle 提供了 3 种集成方式。

- 运行外部命令。
- 提供自定义的方法。
- 创建自定义的模块。

1）运行外部命令

如果用户希望 Truffle 部署的时候可以执行外部命令，在配置文件中简单地配置该外部命令即可，如下：

```
module.exports = {
    // 每次构建会执行"webpack"命令
    // 执行该命令时，将会设置如下的环境变量：
    // WORKING_DIRECTORY: 项目的根目录
    // BUILD_DESTINATION_DIRECTORY: 构建资产的预期路径 (对“truffle serve”命令也很重要)
    // BUILD_CONTRACTS_DIRECTORY: 构建合约文件的根目录（如.sol、.js）
    build: "webpack"
}
```

注意需要设置的环境变量，如上述程序的备注所描述。

2）提供自定义的方法

还可以提供一个自定义的部署方法，如下所示：

```
module.exports = {
```

```
    build: function(options, callback) {
        // 构建发生时可以做一些自定义的操作。"options" 包含如下值:
        //
        // working_directory: 项目的根目录
        // contracts_directory: .sol文件的根目录
        // destination_directory: Truffle编译后的目录
    }
}
```

3）创建自定义的模块

也可以创建一个实现 builder 接口的自定义的模块或对象，例如：

```
var DefaultBuilder = require("truffle-default-builder");
module.exports = {
    build: new DefaultBuilder(...) // 指定默认的构建配置
}
```

这里 DefaultBuilder 实现了 Truffle 中的默认 builder。

4）部署自己的应用

不论是构建 Web 应用，还是命令行工具，或者是 JavaScript 库，或者是手机应用，部署合约的过程几乎是一样的。

配置部署工具或应用的时候，遵循如下步骤。

- 编译合约文件，所有编译后的文件，如 .json 文件应存放于 ./build/contracts 目录下。
- 通过 truffle-contract 把 .json 文件转换为合约抽象，以便于调用。
- 用 Web3 provider 初始化合约抽象。如果是浏览器（或 Web 应用），可能使用 MetaMask 或 Mist，也可以是自己配置指向 Infura 的 provider 或任何其他的以太坊客户端。
- 与合约互动。

在以太坊节点上，上述操作更容易。我们看一下最简化的步骤：

```
// 第一步: 合约引入应用程序
var json = require("./build/contracts/MyContract.json");
// 第二步: 合约转换成可以使用的抽象
var contract = require("truffle-contract");
var MyContract = contract(json);
// 第三步: 用Web3 provider初始化合约
MyContract.setProvider(new Web3.providers.HttpProvider("http://127.0.0.1:8545"));
// 第四步: 使用合约
MyContract.deployed().then(function(deployed) {
    return deployed.someFunction();
});
```

6.2 Embark

Embark 作为一款非常优秀的 DApp（去中心化应用程序）开发框架，集成了以太坊虚拟机（EVM）、去中心化存储（IPFS）以及去中心化的通信平台（如 Whisper 或 Orbit），Embark 还支持部署到 Swarm。

Embark 中可以支持如下配置。

（1）以太坊（以太坊虚拟机）：

- 自动部署合约代码并生效。Embark 会监控代码，一旦有变化，会自动重新编译部署合约（如果需要）和 DApp。
- 智能合约可以用 JavaScript 及 Promise。
- 合约可以用 JavaScript 来做测试驱动开发（TDD）。
- 持续跟踪已部署的合约。
- 管理多个网络（如测试网络、本地网络、主网等）。

（2）去中心化存储（IPFS）：

- 用 EmbarkJS 可以容易地存储与查询 DApp 上的数据，包括上传和检索文件。
- 整个应用程序部署到 IPFS 或 Swarm 上。

（3）去中心化通信平台（Whisper、Orbit）：Whisper 或 Orbit 简单地通过 P2P（点对点）的通道发送或接收消息。

（4）网络技术：

- 集成多种网页技术，如 React、Foundation 等。
- 可以用任何构建流水线或构建工具，如 grunt、gulp 或 webpack。

6.2.1 Embark 安装

1. 以太坊的支持

Embark 的安装很容易，几分钟就可以完成。在安装 Embark 之前需要安装 NodeJS，如果在 MacOS 上可以执行如下命令：

```
$ brew install node
```

安装成功后，可以查看 node 的版本信息：

```
$ node --version
```

Embark 需要 NodeJS 版本在 8.11.3 及以上。

安装完 NodeJS 后，就可以安装 Embark：

```
$ npm -g install embark
```

如果想要安装以太坊的 go-ethereum 客户端，可以用以下命令：

```
$ brew tap ethereum/ethereum
$ brew install ethereum
```

或者可以采用 testrpc 等模拟器：

```
$ npm -g install ethereumjs-testrpc
```

2. IPFS 的支持

安装 IPFS 的支持有两种方式：go-ipfs 和 js-ipfs。

go-ipfs 安装的相关代码如下：

```
$ ipfs config --json API.HTTPHeaders.Access-Control-Allow-Origin "[\"http://
    example.com\"]"
$ ipfs config --json API.HTTPHeaders.Access-Control-Allow-Credentials
    "[\"true\"]"
$ ipfs config --json API.HTTPHeaders.Access-Control-Allow-Methods "[\"PUT\",
    \"POST\", \"GET\"]"
```

启动 ipfs 可以使用命令：

```
ipfs daemon --enable-pubsub-experiment
```

更多 go-ipfs 的安装信息请参考：https://github.com/ipfs/go-ipfs#install。

6.2.2 Embark 快速开始

1. 创建示例应用程序

Embark 中创建程序非常简单，命令如下：

```
$ embark demo
$ cd embark_demo
```

embark 命令是 Embark 工具的主命令，demo 参数是用来创建一个示例项目的。

2. 启动区块链节点或模拟器

提示 从 Embark 3.1 开始，embark run 命令会自动启动一个区块链节点。采用如下命令启动以太坊节点：

```
$ embark blockchain
```

或者可以用以太坊节点模拟器（rpc），命令如下：

```
$ embark simulator
```

默认有交易的时候，Embark 区块链会进行挖矿操作（进行交易打包）。

3. 启动 Embark

Embark 的启动命令如下：

```
$ embark run
```

Embark 启动后的主界面如图 6-1 所示。

该界面会告诉用户当前合约的状态、所使用的环境情况以及 Embark 正在执行的操作。可用的服务会以绿色显示，如果服务不可用，则是红色的。

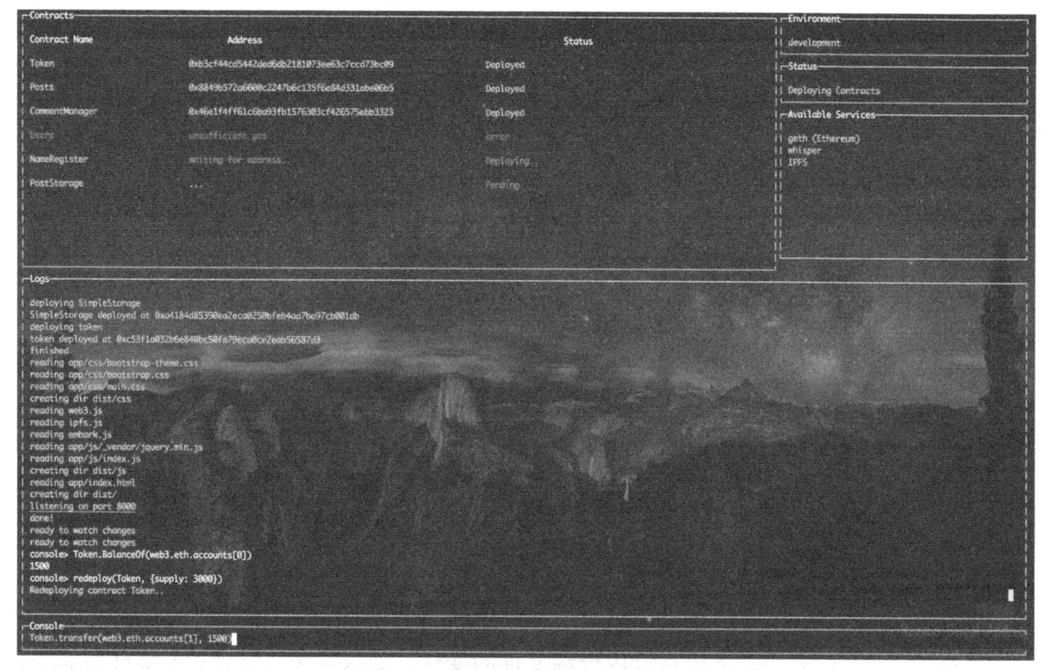

图 6-1　Embark 启动后的主界面

> **提示**　如果修改了代码，Embark 会自动部署更新，包括智能合约。不必重启 Embark，只需要刷新一下网页即可。

6.2.3　Embark 常规用法

Embark 工具常规用法如下。

- 创建项目。
- 项目目录结构。
- 环境。
- Embark 配置。

1. 创建项目

创建一个空项目的命令如下：

```
$ embark new <YourDAppName>
$ cd <YourDAppName>
```

如果项目中不包含用户界面（UI），只编写智能合约，那么创建项目的时候可以使用参数 --simple：

```
$ embark new <YourDAppName> --simple
$ cd <YourDAppName>
```

这个命令将只会保留区块链合约的模块，其他模块的功能将被禁用。

2. 项目目录结构

一旦完成初始化，项目的目录如下：

```
.
├── app/
├── contracts/
├── config
|   ├── blockchain.js
|   └── contracts.js
|   └── storage.js
|   └── communication.js
|   └── webserver.js
└── test/
└── dist/
└── chains.json
└── embark.json
```

- app/：该目录存的是网页代码。参照 embark.json 可以定制管道（pipeline）。
- contracts/：智能合约目录。激活后，Embark 将自动编译、部署并跟踪该目录内的合约。Embark 会监测该目录内合约文件的变化，如果需要（配置后）将自动部署合约及相关依赖。
- config：各个组件的配置文件。
- blockchain.js：Embark 运行节点的配置，如采用 go-ethereum 还是采用模拟器。
- contracts.js：合约的配置文件，包括合约参数及合约之间的关系，还可以指定合约部署网络（如测试网、主网或本地网）。
- storage.js：存储组件的配置文件（如 IPFS），包含连接哪个节点，以及上传点等信息。
- communication.js：通信组件的配置文件（如 Whisper）。
- webserver.js：开发的网络服务器配置文件，包括主机和端口信息。
- test/：测试文件目录。
- dist/：编译后的文件目录。
- chains.json：跟踪每个区块链部署的智能合约。
- embark.json：Embark 非常灵活，用户可以在 embark.json 中配置自己的目录结构。该文件用来指定 Embark 的插件及其相关的配置。

3. 环境

以太坊上的智能合约开发在本地进行，然而部署的是不同的以太坊网络（可能是不同的测试网络或者主网）。部署到不同的以太坊网络本来是件很麻烦的事情，但是在 Embark 中，一切变得非常简单，一个命令就可以实现。Embark 中引入了 environment 的概念，可以通过在命令行中输入 environment 的名字来引用不同的环境（对应不同的以太坊网络配置）。

1）环境配置

default 是个特殊环境，常用的参数设置可以配置在这里。每个其他的设置将会合并入 default，也就是说最常用的参数都写到 default 中，每个环境也可以有自己的配置，将会覆盖 default 中的值。

配置示例如下：

```
module.exports = {
    "default": {
        "gas": "auto",
        "contracts": {
            "Foo": {
                "args": [ 200 ]
            }
        }
    },
    "development": {
        "contracts": {
            "Token": {
                "args": [ 100 ]
            }
        }
    },
    "myenvironment": {
        "contracts": {
            "Token": {
                "address": "0x420be61af1dea86646269f9f892a1b2a57fe24f2"
            }
        }
    }
}
```

如果指定 development 环境，则合并后的配置如下（development 和 default 合并）：

```
{
    "gas": "auto",
    "contracts": {
        "Foo": {
            "args": [ 200 ]
        },
        "Token": {
            "args": [ 100 ]
        }
    }
}
```

如果指定 myenvironment，则合并后的配置如下：

```
{
    "gas": "auto",
    "contracts": {
```

```
            "Foo": {
                "args": [ 200 ]
            },
            "Token": {
                "address": "0x420be61af1dea86646269f9f892a1b2a57fe24f2"
            }
        }
}
```

2）运行时指定环境

Embark 在运行时可以指定环境的名字：

```
$ embark <cmd_name> <environment>
```

例如，用户想指定 myenvironment 环境的名字：

```
$ embark run myenvironment
```

如果不指定环境名字，则 Embark 会默认为 development 环境，即：

```
$ embark run
```

等同于：

```
$ embark run development
```

4. Embark 配置

embark.json 配置文件如下：

```
{
    "contracts": ["contracts/**"],
    "app": {
        "js/dapp.js": ["app/dapp.js"],
        "index.html": "app/index.html",
        "images/": ["app/images/**"]
    },
    "buildDir": "dist/",
    "config": "config/",
    "versions": {
        "web3": "1.0.0-beta.34",
        "solc": "0.4.17",
        "ipfs-api": "17.2.4"
    },
    "plugins": {
    }
}
```

其中：

- contracts：Embark 将从这个目录内查找所有的智能合约文件，包括子目录。
- app：在 embark.json 中可以指定源文件和输出文件的映射，如“`js/dapp.js": ["app/dapp.js"]`”会运行 app/dapp.js，尽管编译后的文件存放于 dist/js/dapp.js。

- buildDir：Embark 中编译后的文件目录，默认是 dist/。
- versions：Embark 中可以指定库文件及其版本。Embark 会自动下载这些指定的库文件，还可以被其他配置文件中的配置覆盖。
- config：可以指定一个配置文件目录，如上述的配置文件中，指定 "config/"。它还可以指定配置的对象如下。

```
"config": {
    "contracts": "contracts.js",
    "blockchain": false,
    "storage": false,
    "communication": false,
    "webserver": false
},
```

在配置的对象中，可以分别指定不同的组件是禁用还是启用。

6.2.4　智能合约的配置与调用

1. 智能合约的配置

在 Embark 中合约的配置文件如下（demo 项目中）(文件：config/contracts.js)：

```
module.exports = {
    // 默认配置，所有环境都适用
    default: {
        // 部署合约的区块链节点
        development: {
            host: "localhost", // 区块链节点的主机
            port: 8545, // 区块链节点的端口
            type: "rpc" // 连接的类型 (ws 或 rpc)
            // 要使用的账号，而不是钱包里的默认账号
            /*,accounts: [
                {
                privateKey: "your_private_key",
                balance: "5 ether"  // 开发环境中可以设置账户的余额
                                // 默认单位是wei，也可以指定单位，如这里指定为ether
            },
            {
            privateKeyFile: "path/to/file" // 可以使用多个私钥，中间用 "," 或 ";" 隔开
            },
                {
                    mnemonic: "12 word mnemonic",
                    addressIndex: "0", // 可选的。开始获得地址的索引
                    numAddresses: "1", // 可选的。获得地址的数量
                    hdpath: "m/44'/60'/0'/0/" // 可选的。hd求导的路径
                }
            ]*/
        },
        // dapp连接的顺序
```

```
        dappConnection: [
            "$WEB3",  // 如果可用，采用之前的web3对象（如在Mist中）
            "ws://localhost:8546",
            "http://localhost:8545"
        ],
        gas: "auto",
        contracts: {
            SimpleStorage: {
                fromIndex: 0,
                args: [100]
            }
        }
    }
};
```

其中：

- default：所有环境都会使用的配置部分。
- development：环境的名字，这个例子中配置的是本地 rpc 连接。
- accounts：账号部分，可以通过私钥、私钥文件或助记词来导入账号，还可以指定本地测试账号的以太数量。
- dappConnection：DApp 连接的顺序，示例中用之前的 web3 对象，用 ws 和 http 连接。

还可以指定合约的 gas 和合约所使用的账号（fromIndex，账号的序号）。

2. 智能合约的调用

Embark 中可以用 js 与合约进行互动，如下是 demo 项目中的示例合约（文件：app/contracts / simple_storage.sol）：

```
contract SimpleStorage {
    uint public storedData;
    function SimpleStorage(uint initialValue) {
        storedData = initialValue;
    }
    function set(uint x) {
        storedData = x;
    }
    function get() constant returns (uint retVal) {
        return storedData;
    }
}
```

这个合约仅仅是存储一个数字，并可以用 get() 取得该数字。

在 js 中调用该合约的方法如下（文件：app/js/index.js）：

```
import SimpleStorage from 'Embark/contracts/SimpleStorage';
SimpleStorage.methods.set(100).send();
SimpleStorage.methods.get().call().then(function(value) { console.log(value) });
```

```
SimpleStorage.methods.storedData().call().then(function(value) { console.log(value) });
```

更多 web3.js 语法可以参考 http://web3js.readthedocs.io/en/1.0/。

6.2.5 Embark 去中心化存储

Embark 中会使用文件 config/storage.js 来配置去中心化存储。和其他配置文件一样，storage.js 中也包含 default 环境，以及其他环境的定义。default 环境的定义适用于每个环境，同时其他环境的定义会覆盖 default 环境的定义。

示例的配置文件如下：

```
module.exports = {
    "default": {
        "enabled": true,//启动存储设置，默认为true
        "ipfs_bin": "ipfs",//ipfs的名字或路径
        "available_providers": ["ipfs", "swarm"],
        "upload":{
            "provider": "ipfs",
            "host": "localhost",
            "port": 5001,
            "getUrl": "http://localhost:8080/ipfs"
        },
        "dappConnection":[
            {"provider": "swarm", "host": "localhost", "port": 8500, "getUrl": "http://
                localhost:8500/bzz:/"},
            {"provider": "ipfs", "host": "localhost", "port": 5001, "getUrl": "http://
                localhost:8080/ipfs/"}
        ],
        "versions": {
            "ipfs-api": "17.2.4"
        }
    },
    "development": {
        "enabled": true,
        "provider": "ipfs",
        "host": "localhost",
        "port": 5001
    }
}
```

1. 使用本地节点

不论是 IPFS 还是 Swarm，开发模式下 Embark 模式会使用本地节点。但还是需要设置正确的端口，如 IPFS 的默认端口为 5001，Swarm 的默认端口为 8500。可以手动启动本地存储节点，也可以选择用 Embark 来启动本地存储节点。前提是已经安装好了 IPFS 或 Swarm。

Swarm 配置文件如下（关键部分）：

```
{
    "development": {
        "provider": "swarm",
        "account": {
            "address": "YOUR_ACCOUNT_ADDRESS",
            "password": "PATH/TO/PASSWORD/FILE"
        },
        "swarmPath": "PATH/TO/SWARM/EXECUTABLE"
    }
}
```

2. 采用公共网关

不论是 IPFS 还是 Swarm 都可以采用公共网关，具体的配置文件如下。

IPFS（采用 infura 的公共网关）：

```
"development": {
    "enabled": true,
    "upload":{
        "provider": "ipfs",
        "host": "ipfs.infura.io",
        "port": 80,
        "protocol": "https",
        "getUrl": "https://ipfs.infura.io/ipfs/"
    }
}
```

Swarm 的配置部分如下：

```
"development": {
    "enabled": true,
    "upload": {
        "provider": "swarm",
        "host": " http://swarm-gateways.net/",
        "port": 80
    }
}
```

3. 上传文件

IPFS 中上传文件的页面代码：

```
<input type="file">
var input = $("input[type=file"]);
EmbarkJS.Storage.uploadFile(input)
    .then(function(hash) {})
    .catch(function(err) {
        if(err){
        console.log("IPFS uploadFile Error => " + err.message);
        }
    });
```

4. 显示文件

IPFS 中获取并显示一个文件（通过文件的哈希值）：

```
EmbarkJS.Storage.getUrl(hash);
```

5. 检查存储的 provider 是否可用

如果存储的 provider（不论是 IPFS 还是 Swarm）可用或在运行中，则返回 true。

```
EmbarkJS.Storage.isAvailable()
    .then(isAvailable => { alert(`The storage provider is: ${isAvailable ? 'available' :
        'not available'}`) })
    .catch(function(err) {
        if(err){
        console.log("Error getting storage provider availability => " + err.message);
        }
    });
```

6. 安装

默认 Embark 会自动初始化 config/storage.js 中定义的 provider。用户也可以在运行中修改 provider，如下：

```
EmbarkJS.Storage.setProvider('swarm', options);
```

options 是指定的参数，这些参数可以覆盖 config/storage.js 中的定义。

例如：

```
EmbarkJS.Storage.setProvider('ipfs', {server: 'localhost', port: '5001'});
// 上面是本地的ipfs配置，下面是互联网上ipfs网关
EmbarkJS.Storage.setProvider('swarm', {server: 'swarm-gateways.net', port: '80'});
```

7. 部署到 IPFS

要把 DApp 部署到本地的 IPFS 节点：

（1）首先需要运行本地的 IPFS 节点，参考 https://ipfs.io/docs/getting-started/。

（2）正确配置 IPFS 的 config/storage.js 文件，如下：

```
module.exports = {
    "development": {
        "enabled": true,
        "provider": "ipfs",
        "host": "localhost",
        "port": 5001,
        "getUrl": "http://localhost:8080/ipfs/"
    }
}
```

（3）运行。使用 Embark 上传一个文件：

```
embark upload
```

如果要部署到公共的 IPFS 网关，配置文件参考如下：

```
module.exports = {
    "development": {
        "enabled": true,
        "provider": "ipfs",
        "host": "ipfs.infura.io",
        "port": 80,
        "protocol": "https"
        "getUrl": "https://ipfs.infura.io/ipfs/"
    }
```

8. 部署到 Swarm

部署 DApp 到本地 Swarm 节点：

（1）首先运行本地的 Swarm 节点，参考 http://swarm-guide.readthedocs.io/en/latest/runninganode.html。

（2）配置 storage.js 文件如下：

```
module.exports = {
    "development": {
        "enabled": true,
        "provider": "swarm",
        "host": "localhost",
        "port": 8500,
        "getUrl": "http://localhost:8500/bzzr:/"
    }
}
```

（3）运行。使用 Embark 上传一个文件：

```
embark upload
```

如果要部署到 Swarm 的公共网关，配置文件参考如下：

```
module.exports = {
    "development": {
        "enabled": true,
        "provider": "swarm",
        "host": "swarm-gateways.net",
        "port": 80
    }
}
```

6.2.6 Embark 去中心化通信

1. 去中心化通信的配置

Embark 将会检查 config/communication.js 配置文件中的设置。同样地，该配置文件中也存在多个环境的设置，default 对所有环境的设置有效，每个环境的配置将会覆盖 default 中同样的变量。示例配置如下（文件：config/communication.js）：

```
module.exports = {
```

```
    "default": {
        "enabled": true,
        "provider": "whisper",
        "available_providers": ["whisper"]
    }
}
```

2. 使用去中心化的通信

（1）监听消息

```
EmbarkJS.Messages.listenTo({topic: ["topic1", "topic2"]}).then(function(message) {
    console.log("received: " + message);
})
```

（2）发送消息

发送文本格式的消息：

```
EmbarkJS.Messages.sendMessage({topic: "sometopic", data: 'hello world'})
```

发送对象格式的消息：

```
EmbarkJS.Messages.sendMessage({topic: "sometopic", data: {msg: 'hello world'}})
```

6.3　其他工具（Remix）

Remix 是一个非常好用的 Solidity 编辑、编译及部署工具，可以使用在线版本（https://remix.ethereum.org/），还可以本地安装（npm install remix-ide-g）。

6.3.1　Solidity 编辑与编译

打开 Remix 的主界面后，显示如图 6-2 所示。

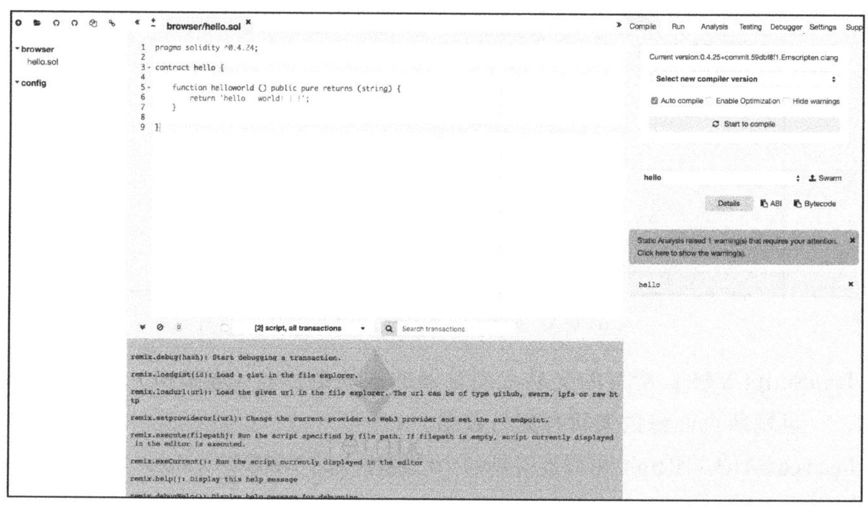

图 6-2　Remix 的主界面

左边栏显示的是当前文件及目录，以及和文件相关的操作，如新建文件、发布到 GitHub、连接本地文件系统等。

中间是编辑器，可以高亮显示 Solidity 的语法及编译的结果。

右边栏则是和智能合约操作相关的动作，如编译及设置、部署运行、分析、测试、调试、设置等。

Remix 编辑器可以自动编译（也可以手动），还可以提供语法高亮显示。右边栏选择“Compile”标签，勾选“Auto compile”，代码修改后将会自动编译。

6.3.2 Solidity 合约部署

合约编译完成后即可进行部署，Remix 中有 3 种部署方式。

- JavaScript VM。
- Injected Web3。
- Web3 Provider。

Remix 中部署合约的方式如图 6-3 所示。

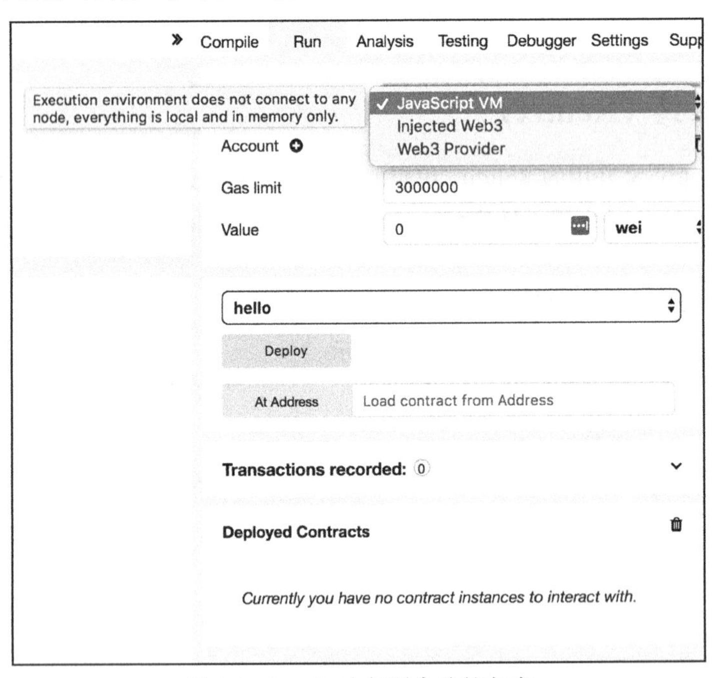

图 6-3 Remix 中部署合约的方式

（1）JavaScript VM：所有的交易在浏览器的区块链沙盒（虚拟机）内执行，不会持久保存数据，一旦刷新页面将丢失所有交易数据。

（2）Injected Web3：Remix 可以连接到一个已经注入的 Web3 Provider，如 Mist 或 Metamask（本地的 RPC 连接）。

（3）Web3 Provider：Remix 还可以通过 URL 连接到远程的以太坊节点，如 geth、parity 或其他以太坊节点。

6.4　本章小结

本章讲述了智能合约 Solidity 的工具支持，如 Truffle、Embark 及 Remix。3 个工具的对比如表 6-1 所示。

表 6-1　Remix、Truffle、Embark 工具的对比

对　比	Truffle	Embark	Remix
在线工具	N	N	Y
离线工具	Y	Y	Y
Solidity 语法高亮	N	N	Y
编译合约	Y	Y	Y
自动编译合约	N	Y	Y
测试框架	Y	Y	Y
部署合约	Y	Y	Y
自定义部署环境	Y	Y	Y
去中心化存储	N	Y	Y
去中心化通信	N	Y	N

注：“N”代表“不支持”，“Y”代表“支持”。

第三部分 Part 3

进 阶 篇

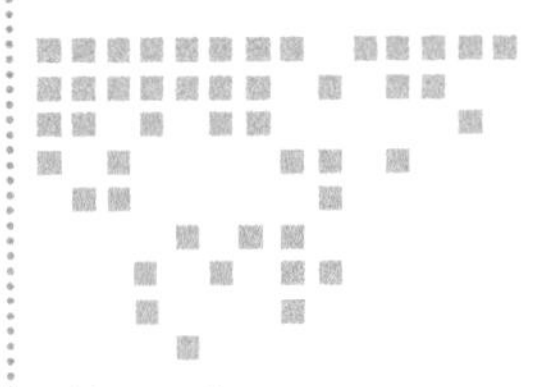

Chapter 7 第7章

深入理解以太坊虚拟机

从本章开始，我们将讨论一些与以太坊智能合约开发相关的高级话题。首先，我们应该了解一下以太坊智能合约的运行基础——以太坊虚拟机（Ethereum Virtual Machine，EVM）。EVM是以太坊协议的核心组件之一，它是实际用来处理以太坊所有状态变动的虚拟执行环境，有独立的指令集、内存、存储和其他一些相关要素。本章就将具体介绍EVM的所有技术细节。

在学习EVM之前，我们需要对以太坊协议的原理和实现方式进行必要的介绍，以使我们可以从本质上理解EVM的运作方式。从这个角度讲，本章也可以看作对以太坊协议的整体介绍。

本章内容的主要参考资料是《以太坊黄皮书》，这是最初由Gavin Wood博士撰写的以太坊协议的技术细节说明。在《以太坊黄皮书》中，作者基于数学表达式，对以太坊协议进行了相对严格的定义，并对EVM的所有技术细节做了明确、精细的描述；但本书的目的是帮助读者学习和深入理解智能合约开发，所以本章中将尽量不涉及《以太坊黄皮书》中的数学证明内容。我们将基于以太坊协议的基础数据结构，从概念上来讲解以太坊协议的原理和实现方式。

本章的内容相对比较理论化，也比较枯燥，但这对我们理解智能合约的本质和其运行方式非常重要，对我们在以太坊上进行开发实践同样非常重要，同时这也是我们后续讨论智能合约安全编码的技术基础。对于以太坊开发者而言，本章中的大部分内容都应该作为以太坊开发的基础知识来认真学习。

7.1 区块链范式

用一句话来说：以太坊可以看作一个由交易（transaction）所驱动的状态机（state machine）。

以太坊中的交易，就是一个由外部用户所触发的、会导致“状态（state)”变动的行为。这个行为可以是一个类似于比特币中的所谓“价值转移”，即把一定量的价值（token)，由某个地址转移到另一个地址；也可以是任何其他的“状态”变动（在以太坊中，就是合约代码的执行所导致的“状态”变动)。

和比特币一样，以太坊也是以区块链（blockchain）作为底层技术的；所以以太坊中的状态变动同样是以区块（block）为单位来记录的。我们可以用图 7-1 来表示这种范式。

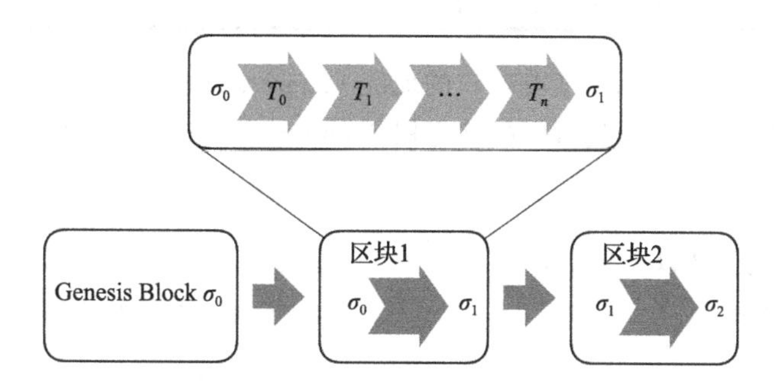

图 7-1　以太坊的区块链范式示意图

在图 7-1 中，σ 表示状态，T 表示交易；Genesis Block 即固定写在协议中的所谓“创世区块”，其中不包含交易。后续的交易都被包含到区块中，按顺序连接到先前的区块之后。每个区块由若干顺序执行的交易所构成，区块定稿（finalization）之后，就会形成一个确定的状态，也就是所谓的“最终状态”或者“最新状态”。

在本章的后续介绍中，我们会把图 7-1 进行完善。目前来讲，我们知道以太坊就是这样一个基于区块（交易）的状态机即可。

7.2　状态、交易、收据和区块

本节中我们将介绍以太坊的基础数据结构，我们将分别介绍以太坊的区块链范式中所涉及的状态、交易和区块都是如何定义的。

7.2.1　状态

我们知道，“账户”是以太坊的一个核心概念，以太坊的所有操作和数据都是根据“账户”来区分和标识的。以太坊中的账户（无论是外部账户还是合约账户）都会有一个由 4 个字段所组成的数据元组来表示其状态，这就是所谓的“账户状态（account state)”，如表 7-1 所示。

表 7-1 账户状态字段结构

字段名称	描 述
nonce	如果 codeHash 为空字符串的哈希值（即该账户没有关联代码），这个值等于由此账户所发出的所有交易的数量；如果 codeHash 为某段 EVM 代码的哈希值（即该账户有关联代码），则这个值等于由此账户所创建的合约的数量
balance	等于这个账户所拥有的以太币数量，以 wei 为单位
storageRoot	用于保存账户的存储（storage）数据的全局唯一的存储树（storage trie）根节点哈希值
codeHash	与此账户相关联的 EVM 代码的哈希值

根据以太坊协议，将网络中所有账户的地址（address）和状态数据（accountState）作为键值对映射，并构建为一个全局唯一的状态树（state trie），这就是所谓的“世界状态（world state）”。

这里的术语 trie，是以太坊中对 Merkle Patricia Tree（MPT）的简称。MPT 是一种结合了 Merkle 树和字典树（radix tree）所构造出来的数据结构，在本书的附录 A 中有详细介绍，本章中不再展开介绍了。

状态树中保存的数据是这样的元组：(sha3(address), RLP(accountState))。其中，sha3 即是 keccak256 函数，其数值为 256 位二进制，即 32 字节；树中路径所对应的值即是相应账户地址所对应的账户状态数据元组的 RLP 编码。

这里的术语 RLP 编码，指的是 Recursive Length Prefix 编码，是一种可以自解释的序列化算法，在本书的附录 B 中有详细介绍，本章中不再展开介绍了。

此外，以太坊协议中还有一个全局唯一的 MPT，就是存储树，其中保存了所有合约的存储数据（也就是合约中声明的合约级状态变量的实际数据），账户状态中的 storageRoot 字段保存的就是存储树的根节点哈希值。实际上，在某个“世界状态”（即基于某个定稿的区块所得到的“最终状态”）之下，所有账户的 storageRoot 都是一样的，都是在这个状态下的存储树的根节点哈希值。

7.2.2 交易

在以太坊协议中，交易（transaction）是触发状态变动的唯一途径。交易数据的字段结构如表 7-2 所示。

表 7-2 交易数据的字段结构

字段名称	描 述
nonce	由交易发送者所发出的所有交易的数量（包含当前交易）
gasPrice	执行这个交易所需要进行的计算步骤消耗的每单位 gas 的价格，以 wei 为单位

（续）

字段名称	描　述
gasLimit	用于执行这个交易的最大 gas 数量，这个值须在交易开始前设置，且设定后不能再增加
to	160 位的消息调用接收者地址；对于合约创建交易，此字段为空
value	转移到接收者账户的 wei 的数量；对于合约创建，则为到新建合约地址的初始捐款
v	一个用来构成交易签名的 1 字节长度的数据
r	一个用来构成交易签名的 32 字节长度的数据
s	一个用来构成交易签名的 32 字节长度的数据
data	一个不限制大小的字节数组；当这个交易为“合约创建”时，其数据会被认为是账户初始化程序的 EVM 代码；当这个交易为“消息调用”时，其数据会被认为是合约函数调用数据（ABI 编码）

这里需要特别说明的是 v、r 和 s，它们是交易签名数据的 3 个组成部分。一个正常的交易签名是通过椭圆曲线加密算法，基于账户地址、交易数据（表 7-2 中除去 v、r、s 以外的其他所有字段组成的元组）和用户的私钥计算得到的一个 65 字节长的二进制数据。其中前 32 字节数据是 r，第 33 到第 64 字节数据是 s，第 65 字节数据是 v。实际开发中，交易签名可以通过以太坊客户端的 JSON-RPC 接口简单地获得。交易签名处理中所涉及的算法细节已经超出本书的范畴，这里不再展开介绍。

7.2.3　收据

我们应该注意到了，区块数据中有一个字段是 receiptRoot，它的值是这个区块中所有交易的“收据（receipt）”所组成的树（trie）的根节点哈希值。为了使交易信息能在未来的信息搜索等场景中可以使用，我们将每个交易执行过程中产生的一些特定信息编码作为交易数据，并把这些数据保存到一个以交易在区块中的执行顺序（索引）为键（key），以索引对应的交易收据为值（value）的树（trie）中（实际的客户端实现，是用交易在区块中的索引的 RLP 编码作为键来保存数据的）。每一个区块都有一个独立的收据树，树的整体数据由各节点（客户端）分别维护，只把这个树的根节点哈希值保存到区块中。所以对于历史区块来讲，这个收据树的数据是不会被修改的。

每个交易的交易收据都是一个有 4 个元素的元组。

- 交易执行之后的状态树根节点哈希值（medState）。
- 区块中当前交易执行完成后的累积 gas 使用量。
- 交易过程中创建的日志（log）集合。
- 由交易日志所构成的 Bloom 过滤器。

其中，所谓的日志是由产生日志的地址、若干日志主题（topic）和一个额外的字节数组所组成的。而 Bloom 过滤器则是一个用于判断某个值是否存在于一个集合中的数据结构；在这里，这个过滤器是用来判断某个日志主题的值是否存在于当前交易的所有日志数据中的。

以太坊协议所设计的这种日志机制对基于智能合约的应用开发而言非常重要，这相当于提供了一种使交易（合约）的执行可以与外部世界进行交互的媒介。

在本书前面的章节中，我们已经知道 Solidity 语言中有所谓事件（event）的机制，也就是在合约执行过程中可以产生自定义的事件；这种事件就是利用了以太坊协议的日志机制，在程序的执行（也就是某个交易的执行）过程中人工生成交易日志数据。

这种日志机制的意义在于：我们可以在外部世界，比如一个 DApp 中或者区块链浏览器中，通过监视日志（监听事件）的方式来获知合约的行为或者具体操作的结果，从而触发特定的外部处理或业务逻辑。这也是以太坊作为智能合约平台的核心特性之一。实际开发中，可以通过 JSON-RPC 或者 Web3 接口中的 filter 功能轻松地实现对日志的查找过滤。

此外，我们还可以在定义事件的代码中将某个事件参数声明为 indexed；而这个声明，就是指定将这个参数的值放入 Bloom 过滤器，对于这些指定为 indexed 的事件参数，我们就可以通过 JSON-RPC 或者 Web3 接口的 filter 功能对其实际值进行查找过滤。

7.2.4 区块

以太坊中的区块由以下 3 个部分组成：区块头（block header）、组成当前区块的所有交易（transaction list）和 Ommer Block Header（Ommer Block 中文可以译为叔辈区块，但其实这并不准确；这个术语的概念将在 7.7 节中进行详细介绍）。其中 Ommer Block Header 的数据结构与区块头是一样的，它们是与当前区块相关的若干区块的区块头。

区块头数据的字段结构详见表 7-3。

表 7-3 区块头数据的字段结构

字段名称	描 述
parentHash	父区块头的 keccak256 哈希值
ommersHash	当前区块的 ommers 列表的 keccak256 哈希值
beneficiary	成功挖到这个区块所得到的所有交易费的 160 位接收地址
stateRoot	所有交易被执行完且区块定稿后的状态树的根节点的 keccak256 哈希值
transactionsRoot	由当前区块中所有交易所组成的树（transaction trie）的根节点的 keccak256 哈希值
receiptsRoot	由当前区块中所有交易的收据所组成的树（receipt trie）的根节点的 keccak256 哈希值
logsBloom	由当前区块中所有交易的收据数据中的可索引信息（产生日志的地址和日志主题）组成的 Bloom 过滤器
difficulty	当前区块难度水平的纯量值，它可以根据前一个区块的难度水平和时间戳计算得到
number	当前区块的祖先的数量（创世区块的这个值为 0，所以除创世区块外，这个值实际上就是区块的顺序号）

（续）

字段名称	描　述
gasLimit	目前每个区块的 gas 开支上限（即区块中所有交易所能使用的 gas 数量总和）
gasUsed	当前区块的所有交易所用掉的 gas 之和
timestamp	当前区块初始化时的 Unix 时间戳
extraData	与当前区块相关的任意字节数据，但必须在 32 字节以内
mixHash	一个 256 位的哈希值，用来与 nonce 一起证明当前区块已经承载了足够的计算量
nonce	一个 64 位的值，用来与 mixHash 一起证明当前区块已经承载了足够的计算量

注意　表 7-3 中的最后两个字段 mixHash 和 nonce 都是以太坊的工作量证明算法 Ethhash 的输出数据，也就是由所谓矿工（miner）节点所提供的“挖矿（mining）”证明，我们将会在 7.7 节中进一步介绍它们。

需要注意的是：区块头信息中包含了 3 个“树（trie）”的根节点哈希值，但只有交易树的数据，是作为区块数据的一部分，由矿工打包，然后广播到以太坊网络中的。

在以太坊中，只有区块数据是要进行网络传输的；状态树、交易树、收据树以及前文提到的存储树都是由矿工 / 节点（客户端程序）本地独立维护的，在网络上传输（达成共识）的只有包含在区块头数据里的它们的根节点哈希值。这是基于 MPT（trie）的特性“可以用根节点哈希值来表示树的某个具体的数据状态”来实现的，通过对它们的根节点哈希值达成共识，就可以确保所有矿工 / 节点（客户端程序）上维护的“树”的数据状态是一致的。

除了找到（“挖到”）区块的矿工以外，网络中的其他节点接收到新区块之后，都要对区块进行验证。这个验证的过程就是按照接收到的区块中的交易数据的顺序逐个执行所有交易（执行的过程中就会更新本地维护的状态树、存储树、交易树和收据树），全部执行完成之后，比对本地维护的状态树、交易树、收据树的根节点哈希值是否与从区块头中获得的根节点哈希值一致。

此外，以太坊协议还要求所有客户端独立维护一个简单的键值对（key-value）数据库——状态数据库（state database），其中键（key）即状态树的根节点哈希值，值（value）为状态树整体数据的 RLP 编码。这样利用根节点哈希值和树中整体数据的唯一对应关系，就可以允许我们通过历史状态中的某个根节点哈希值（可以从历史区块的区块头数据中取得），来将状态树的数据恢复到某个特定的历史状态。

那么，为什么需要这样的“状态数据库”呢？

我们知道，区块链是一个分布式系统，网络中的所有矿工节点都可以向区块链末端添加自己找到（挖到）的区块；因为网络传输延迟等，其他节点上就很有可能在某个时间段内接收到多个 parentHash（即父区块）相同的区块，这就使区块链产生了分叉（fork）。所以实际上网络中的节点维护的是一个区块树，只是最终只会有一个分支被选定为公认的区块链

(也就是主分支)。基于这种现象，我们通常会说区块链的末端是“不稳定的”(这也是为什么在区块链系统中要确定一个交易真正完成，需要等待若干后续区块被确认)。这种区块链末端的“不稳定性”会导致某些节点认为末端的A分支是主分支，而其他一些节点可能会认为B分支才是主分支；当经过一段时间之后，某个分支会被越来越多的节点选定为主分支；这个时候，那些没有选定这个公认的分支为主分支的节点就需要在区块树中的分支之间进行“切换”。在这种情况下，节点(客户端)就可以通过状态数据库来简单地基于根节点哈希值将状态树切换到某个历史状态。

此外，这里说的在区块树中选择区块链(主分支)是需要特定的算法来完成的，在不同的区块链协议中会有不同的设计。以太坊中所使用的算法，我们将在7.7节中进一步介绍。

7.2.5 以太坊基础数据结构汇总

结合前4节中介绍的内容，我们可以把以太坊的基础数据结构汇总为图7-2所示的形式。

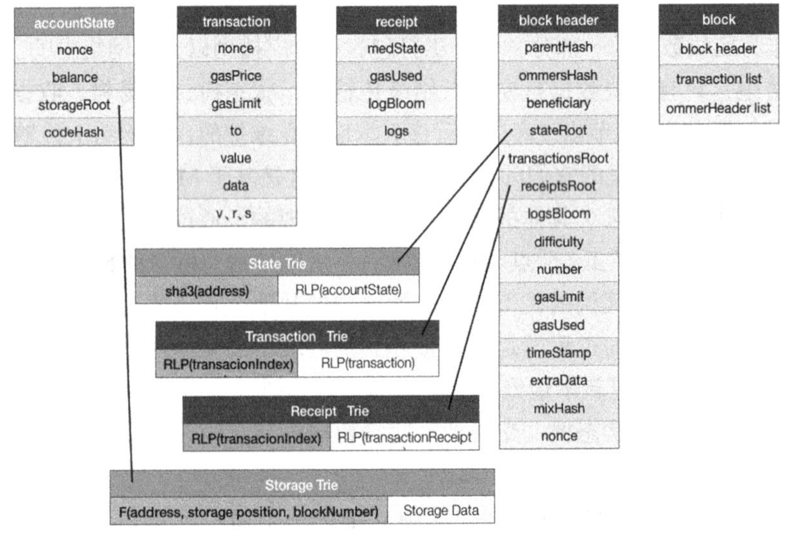

图7-2 以太坊基础数据结构汇总

除了状态(accountState)、交易(transaction)、收据(receipt)和区块(block)以外，基于协议所生成的4种树(trie)就是以太坊中最重要的数据结构了。这4种树的具体数据内容都是由各个节点(客户端)所独立维护的，通过在区块中包含它们的根节点哈希值来保证全网节点间的数据一致性(即共识)。其中交易树(transation trie)和收据树(receipt trie)是区块级别的，每个区块都会有一个特定的交易树和收据树作为其原数据，且形成之后就不会再被更改。而状态树(state trie)和存储树(storage trie)则是全局唯一的，树中的数据会随世界状态(区块的最终状态)的变化而相应变化。其中状态树的历史数据会记录在上文提到的所谓“状态数据库”中。

这里唯一需要特殊说明的就是存储树。上文中我们曾提到，存储树中保存的是所有合约的“存储数据（storage data)”。在图7-2中，Storage Trie的数据键值位置所写的F（address, storage position, blockNumber）是说我们要取得存储树中保存的某个特定合约的特定状态变量的数据，需要address、storage position和blockNumber 3个输入数据；也就是说，树中保存的具体数据的叶节点路径是根据这3个输入数据计算得来的。其中，address和blockNumber很容易理解，指的就是合约地址和区块号；因为世界状态是以每个区块的最终状态来标识的，所以也就当然需要用区块号来标识合约状态变量值的“版本”。而storage position则稍微有一些复杂：这个值可以是一个合约状态变量在合约代码中声明的顺序（比如，我们在合约中声明了两个状态变量，也就是合约级的变量，那么我们就可以用0和1作为storage positon来从存储树中获取它们的具体数据）；也可以是一个哈希值（用来指定合约存储中特定位置的mapping类型的状态变量中的某个key所对应的具体数据）。针对后一种情况的哈希值的具体计算方式，读者可以参考以太坊客户端的JSON-RPC接口说明中关于eth_getStorageAt函数的介绍，这里就不再展开介绍了。

7.2.6 理解gas

可以看到，在交易和区块中，都有一个名为gasLimit的字段，这是一个对于交易、区块中所能包含的操作总量的一个限制。在第1章中，我们已经介绍过gas的概念，这是一种为了避免网络滥用并回避由图灵完整性而带来的一些问题（比如死循环导致的无限资源消耗）所设计的基本操作费用。gas可以理解为我们开汽车所要消耗的“汽油”（这也是这个词最初的来源），或者理解为我们使用以太坊这台“世界计算机”所要消耗的“电”。

在以太坊中，所有的程序执行（在以太坊虚拟机中）都需要费用（消耗gas）。任意的程序片段，包括后文会介绍的合约创建、消息调用、分配资源、访问账户存储（storage)、在虚拟机上执行操作等，都会有一个普遍认同的（协议级规定的）gas消耗。（我们将在7.4节中更详细地介绍协议级的gas消耗设计。）

每一个交易都要指定一个gas上限：gasLimit。这些gas会从发送者的账户的balance中扣除。这种购买是通过同样在交易中指定的gasPrice来完成的。如果这个账户的balance不能支持这样的购买，交易会被视为无效交易。之所以将其命名为gasLimit，是因为剩余的gas会在交易完成后被返还（与购买时同样价格）到发送者账户。gas不会在交易执行之外存在，因此对于可信任的账户，应该设置一个相对较高的gas上限。

通常来说，以太币是用来购买gas的，而交易中所附带发送的一部分value会作为手续费移交到beneficiary的地址（即一般由矿工所控制的一个账户地址）。交易发起人可以随意指定gasPrice，然而矿工也可以任意地忽略某个交易。一个高gas价格的交易将花费发送者更多的以太币，也就将移交给矿工更多的以太币，因此这个交易自然会被更多的矿工选择打包进区块。通常来说，矿工会选择公告他们执行交易的最低gas价格，发起交易的人也就可以据此来提供一个具体的价格。因此，会有一个（加权的）最低的可接受gas价格分布，发起交易的人则需要在降低 gas 价格和使交易能最快地被矿工打包间进行权衡。

7.3 交易执行

每当一个交易产生时（被某个外部用户通过自己的私钥进行签名，而后发送到某个客户端），它会被最先接收到它的节点（客户端）广播到以太坊网络中；网络中的所有矿工在接收到一个交易数据时，会先把它加入自己维护的交易池（transaction pool），通常会按照接收到交易的时间顺序和交易的 gasPrice 进行排序；而后矿工就会从交易池中选择最先收到的/gasPrice 最高的交易进行打包（即把交易包含到一个新的区块中），打包的过程中就会“执行”这个交易。

对于非矿工节点而言，交易的执行仅作为对区块的验证处理的一部分，在每次接收到一个新的区块时进行。

无论是上述哪种情况，以太坊的节点在执行交易之前，都需要进行下列基础有效性检查。

（1）交易的数据是 RLP 格式的数据，且没有多余的后缀字节（即严格地按照 RLP 进行编码的数据）。

（2）交易的签名是有效的（即交易数据中的 v、r、s 字段所表示的签名者地址，与发送交易的地址一致）。

（3）交易的 nonce 是有效的（等于发送者地址对应的账户状态中的 nonce）。

（4）交易中指定的 gasLimit 不小于执行交易所要使用的 gas（这个 gas 数量可以基于协议的约定事先确定）。

（5）发送者地址对应的账户 balance 不小于执行交易实际需要花费的费用（即第 4 步中得到的执行交易所要使用的 gas 乘以交易中指定的 gasPrice）。

通过基础有效性检查之后，就会进入交易执行环节，交易的执行会有 4 个输出：自毁集合（在交易完成后需要被删除的账户）、交易执行过程中所接触过的账户集合（其中的空账户需要在交易完成后删除）、交易应该返还的余额和交易日志。

结合前文（表 7-2）中所介绍的交易数据结构 (nonce、gasPrice、gasLimit、to、value、data)，其数据有表 7-4 所示的 3 种情况。

表 7-4 交易数据的逻辑类型

数据逻辑条件	交易逻辑类型	备 注
to 为有效的地址，且 data 为空	普通转账交易	—
to 为空，且 data 不为空	合约创建	data 会被作为 EVM 代码进行执行
to 为有效的地址，且 data 不为空	消息调用	data 会被作为 ABI 编码进行执行

ABI（Application Binary Interface）编码是为了消息调用（合约函数调用）处理而设计的序列化算法，在第 8 章中有详细介绍。

对于表 7-4 中的后两种情况，交易数据都会附带一些特定的字节数据（合约初始化代码或者为了进行合约函数调用而传入的 ABI 编码），我们将在接下来的两节中具体介绍它们。

无论是上述哪种情况，交易在具体执行之前都会经过一个额外的检查：交易本身需要消耗的 gas 加上当前区块中之前所有交易运行所消耗的 gas 之和，要小于当前区块的 gasLimit。

如果交易数据通过了所有这些检查，交易就会开始执行。每个交易的执行都开始于一个无法撤回（取消）的状态变动：给发送者地址所对应的账户的 nonce 加 1，同时从发送者地址对应的账户 balance 中扣除需要预付的执行费用（即交易所要消耗的 gas 数量，乘以由发送者在交易数据中指定的 gasPrice）。无论后续处理最终反映为合约创建还是消息调用，这个对发送者账户的 nonce 和 balance 的改动都是一定会发生的；从这个角度讲，实际上并不存在所谓“无效”的交易。

如果一个交易中附带了合约创建代码或者消息调用代码（ABI 编码），那么接下来这些代码就会在以太坊虚拟机中执行。由于我们可以通过代码再度创建合约或者再度执行消息调用，并反复这么做下去，所以当所有代码执行完成后，我们就会得到一个在整个执行过程中所接触过的所有账户的列表、所有需要自毁的合约账户，并累积算出需要返还的余额；当然，还会产生相应的交易日志（生成交易收据）。

对于一个交易最终会返还的余额，协议设计上有这样一个逻辑：当在代码处理中导致 EVM 执行特定的指令（SSTORE）将合约账户的存储（storage）内容重置为 0 时，会相应地增加这个返还额，这个返还额可以抵消一部分执行费用。此外，在执行过程中如果有自毁的合约，同样也会增加这个返还额，这些都会累积到交易执行结束。这里的具体计算方法，对于合约开发的影响不大，我们可以不用关心。有兴趣的读者可以参阅《以太坊黄皮书》或以太坊客户端的代码实现。

最后，在交易中总共消耗的 gas 乘以交易指定的 gasPrice 所得到的交易费用会支付给矿工，即给区块数据中的 beneficiary 所对应的账户余额增加这个数值的以太币（以 wei 为单位），需要自毁的合约以及交易过程中接触过的所有空账户会被删除，这样就达到了最终的交易结果状态。

7.4 执行模型——以太坊虚拟机

现在我们可以来看看以太坊的核心机制——以太坊虚拟机——的细节了。如果一个交易数据中附加了合约创建代码或者合约函数调用代码（ABI 编码），以太坊客户端就会相应地使用 EVM 来运行这些代码。

7.4.1 EVM概述

从高层设计角度看，EVM与Java语言中的虚拟机（JVM）有很多共同点。它们的主要设计目标就是提供一种可以忽略硬件、操作系统等兼容性的虚拟的执行环境，程序代码是通过编译某种高级开发语言（比如Java和Solidity）而得到的字节码。它们与云计算场景中的偏重模拟相关硬件虚拟机是不同的。

EVM中的逻辑存储结构可以汇总为表7-5所示。

表7-5 EVM的逻辑存储结构

存储结构名称	数据逻辑条件	备　注
ROM	用来保存所有EVM程序代码的“只读”存储，由以太坊客户端独立维护	
Stack	即所谓的“运行栈”，用来保存EVM指令的输入和输出数据	最大深度为1024，其中每个单元是一个“字”
Memory	内存，一个简单的字节数组，用于临时存储EVM代码运行中需要存取的各种数据	基于“字”进行寻址和扩展
Storage	存储，基于账户来区分的持久化数据存储，由以太坊客户端独立维护，其数据会组成一个树（trie），树的根节点哈希值会保存在账户状态数据（storageRoot）中	每个账户的存储区域被以“字”为单位划分为若干“槽（slot）”，合约中的“状态变量”会根据其具体类型分别保存到这些“槽”中

注意 表中所说的“字”是指256位二进制数据，即32字节。这是为了方便用来存取keccak256哈希值和进行椭圆曲线相关运算。EVM中的大部分基础操作都是以“字”为单位进行处理的。

7.4.2 EVM基础操作码

所有的智能合约代码，都会通过编译高级开发语言（比如Solidity）程序最终反映为EVM机器码（与基础操作码相对应的十六进制指令代码）。

以下就是一些常用的EVM操作码（汇编语言形式）及其功能说明。

1. 栈和内存操作码

- POP：取出栈顶元素。
- PUSH ：向栈顶加入数据（可以直接在后边跟一个数字来指定要加入的字节数，取值范围为1到32，即最大为一个“字”）。
- MLOAD：从内存中取出一个“字”。
- MSTORE：存储一个“字”到内存中。
- JUMP：修改程序计数器（PC）的位置。
- PC：程序计数器（program counter）。
- MSIZE：目前已激活（已使用）的内存大小（以“字”为单位）。

- GAS：可用的 gas 数量（当前交易内）。
- DUP：复制栈里的元素到栈顶（可以直接在后边跟一个数字来指定要复制的元素，比如 DUP6 可以复制栈顶数第 6 个元素到栈顶，后边跟的数字最大为 16）。
- SWAP：交换栈里的元素（可以直接在后边跟一个数字来指定要交换的元素，比如 SWAP6 可以将栈中的第 7 个元素与栈顶元素交换，后边跟的数字最大为 16）。

2. 通用系统操作码

- CREATE：创建账户。
- CALL：向某个账户发起一个消息调用。
- RETURN：终止执行，并返回输出数据。
- REVERT：终止执行，并复原（回退）状态改动。
- SELFDESTRUCT：终止执行，并将账户加入当前交易的自毁集合。

3. 算术操作码

- ADD：加法。
- MUL：乘法。
- SUB：减法。
- DIV：整数除法。
- SDIV：有符号整数除法。
- MOD：模运算。
- SMOD：有符号模运算。
- ADDMOD：加法模运算（即先做加法再取模）。
- MULMOD：乘法模运算（即先做乘法再取模）。
- EXP：指数运算。
- STOP：终止操作。

4. 环境数据操作码

- ADDRESS：当前程序执行所基于的账户地址。
- BALANCE：取得指定账户的余额。
- CALLVALUE：取得当前交易的转账金额（交易数据中的 value 字段值）。
- ORIGIN：取得最初引发这次执行的原始交易的发送者地址。
- CALLER：引发当前程序执行的直接调用者地址。
- CODESIZE：当前运行环境的代码长度。
- GASPRICE：当前运行环境的 gasPrice。
- EXTCODESIZE：取得指定账户的代码长度。
- RETURNDATACOPY：复制前一个内存调用的输出数据。

请注意，以上 4 类操作码中分别列举的并不是其大类中的所有操作码；而且除了这 4

类操作码之外，还有用于比较和位运算的操作码、进行哈希运算的操作码、日志数据操作码和用来取得区块信息的操作码。

这里还有一个重要的事实：除了 STOP、RETURN 和 REVERT 这 3 个操作以外，其他所有的操作都是要消耗 gas 的，而具体的消耗量并不是固定的，可根据操作所使用的内存大小相应计算得到（内存用得越多，gas 消耗越大）。

EVM 的完整操作码列表和具体操作所消耗 gas 的计算方法，在本书的附录 C 中有详细介绍，这里不再赘述。

7.4.3 EVM 代码的执行

从严格意义上说，EVM 是一个“准”图灵机（quasi-Turing complete machine）。

因为 EVM 的绝大多数操作码都要消耗 gas，也就是说有一定的执行成本，且无论是在一个具体的交易中还是在一个区块中，都有一个 gasLimit 用来限制可以消耗的最大 gas，这就限制了类似于死循环或者恶意、非恶意的会消耗大量资源的复杂程序的使用。根据以太坊协议的设计，所有交易（关联代码）的执行都会在所有节点（客户端）上进行的，因而这种限制是必要的。只是这种设计使 EVM 成了只能使用有限资源来运行的“准”图灵机。

在 EVM 中，从逻辑上讲有两类程序代码（字节码）。

一类叫作“运行时字节码（runtime bytecode）”，它们保存在 ROM 中，由各个节点（客户端）维护，且基于账户地址标识。这一类代码会通过后文介绍的“消息调用”来执行。

另一类叫作“字节码（bytecode）”，它们是一次性使用的所谓“合约创建代码”，即仅在合约创建时执行一次，用来生成合约的“运行时字节码”的代码，这种代码不会进行持久化保存。我们在智能合约开发环境中通过编译器编译合约源程序所得到的结果字节码，就是这里说的第二种“用来生成合约的‘运行时字节码’的代码”。这一类代码会通过 7.5 节介绍的“合约创建”来执行。

无论是“合约创建”还是“消息调用”，EVM 代码的执行都要依赖于特定的“执行环境”（“状态”），它包含表 7-6 所示的一些内容。

表 7-6 EVM 代码的执行环境

执行环境要素	描 述
Account State	当前执行中会接触到的所有账户的状态数据，包括 nonce、balance 等
Storage State	当前执行中会接触到的所有账户的存储数据，即由以太坊客户端独立维护的“存储树”中给定账户地址所对应的存储数据
Block Information	即引发当前执行的原始交易所在的区块信息，包括 blockHash、coinBase（beneficiary）、timeStamp、number、difficulty 和 gasLimit 等
Runtime Environment	当前执行的一些运行时参数，包括 gasPrice、调用者（直接发起这次调用的地址）和原始调用者（触发这次执行的原始交易发送者地址）等

在以太坊中，整体的状态变动是以区块级别记录的，每个区块内可以包含多个交易；这些交易是顺序执行的，每个交易的执行环境就是前一个交易执行后的结果状态；在一个区块的 gasLimit 限定内执行完所有的交易，再进行“区块定稿”之后，就形成了一个区块的最终状态；这就是整个区块链的新的最终“状态”，也是下一个新区块中第一个交易的执行环境状态。这个过程是在以太坊网络中的所有节点（客户端）上都会进行的。（虽然一个新区块是由某个矿工产生并广播到网络中的，但其他节点为了验证区块的正确性，仍然需要按照上述方式执行区块中的所有交易，并更新自己所维护的“状态”；所以最终所有的交易都会在所有的节点上执行。）

7.5　合约创建

合约创建可以由一个外部用户签名的交易执行所触发，也可以在合约代码中由特定的合约代码所触发（即在一个合约中创建另一个合约）。对于在 EVM 中执行的合约创建操作而言，它需要若干输入参数。

- 发送者（sender）：直接发起合约创建操作的账户地址。
- 原始交易发起人（origin）：触发当前执行的、最初的由外部用户签名的交易数据的发送者地址。
- 可用的 gas：可以在这个创建过程中使用的最大 gas 数量。
- gasPrice：触发当前执行的、最初的由外部用户签名的交易数据中指定的 gas 价格。
- 初始捐款（endowment）：发送到新创建合约的一定量的以太币，最终会反映到新创建的合约账户的 balance 上。
- EVM 初始化代码：用来创建合约的“运行时字节码”的字节码。
- 当前的运行栈深度（depth of stack）。
- 对状态（state）进行修改的许可标志。

基于这些输入，EVM 首先会生成一个账户地址，该地址是基于发送者的地址和其账户的 nonce（此时应该已经基于原始数值加了 1）经过 RLP 编码之后再计算 keccak256 哈希值得到的（实际的地址是这个哈希值的低 160 位，即此哈希值的第 96 到第 255 位，共计 20 字节）。对于新创建的账户，其状态数据中的 nonce 会被初始化为 1，balance 为输入参数中的初始捐款，存储为空，codeHash 为空字符串的 keccak256 哈希值。

之后，EVM 会运行合约初始化代码。合约初始化代码将对账户状态和账户存储进行初始化，并生成最终的合约“运行时字节码”；此外它也可以执行其他操作，包括创建更多的账户、执行更多的消息调用等。当然，这所有的执行都需要以输入参数中的“可用 gas”作为上限。如果合约初始化代码的执行所消耗的 gas 超出了这个限制，合约创建会失败，初始捐款不会从发送者账户中扣除，那么刚刚生成的新合约账户就变为了我们在“7.3 交易执行”中提到的所谓的“空账户”，会在交易执行结束时被删除。

如果合约初始化代码的执行没有发生任何异常，那么由其所生成的合约“运行时字节码”会被保存到EVM的ROM中，这个“运行时字节码”的keccak256哈希值会被保存到新创建的合约账户状态的codeHash字段中；初始捐款会增加到这个新合约账户的balance中，并被从发送者账户的balance中扣除。此外，还需要从发送者账户的balance中扣除执行这些初始化代码所消耗的gas的费用和代码保存费用（就是将最终的“合约运行时代码”保存到ROM中的费用，它与“合约运行时代码”的字节大小成正比）。

注意 在这种合约创建中“没有发生任何异常”的情况下，如果合约初始化代码由STOP操作码结束，或者返回空（即合约初始化代码没有正常返回合约的“运行时字节码”），那么会导致产生一个所谓的“僵尸账户（zombie account）”，账户中的余额（balance）会被永远锁定。这是因为在这种情况下，创建合约所引发的balance的变动会正常反映到状态数据中，但因为这个合约账户没有关联代码，所以就没有办法再更改其状态（进行转账）了。

如果合约创建的过程中发生了异常（导致了EVM执行的异常终止），那么将不会创建出任何账户，且不会转移任何金额。所以“合约创建”的最终效果就是：要么带着初始捐款成功创建合约；要么不会创建任何合约且不会进行转账。

7.6 消息调用

所谓消息调用，即由EVM执行某个合约地址所关联的“运行时字节码”（即由合约账户的codeHash所对应的、保存在EVM的ROM中的合约代码）。

与合约创建一样，消息调用也可以由一个外部用户所签名的交易执行所触发，或者由合约初始化代码以及合约的“运行时字节码”所触发。对于在EVM中执行的消息调用而言，它需要若干输入数据。

- 发送者：直接发起合约创建操作的账户地址。
- 原始交易发起人：触发当前执行的、最初的由外部用户签名的交易数据的发送者地址。
- 接收者（recipient）：消息调用的目标地址。
- 要执行的代码所在的账户地址（code address）：通常与接收者地址相同。
- 可用的gas：可以在这个创建过程中使用的最大gas数量。
- gasPrice：触发当前执行的、最初的由外部用户签名的交易数据中指定的gas价格。
- 转账金额（value）：发送到被调用合约函数的以太币数量。
- 合约函数调用的输入数据：一个任意长度的字节数据（合约函数调用对应的ABI编码）。
- 当前的运行栈深度。

- 对状态进行修改的许可标志。

EVM 会根据上述输入条件，执行目标合约地址所关联的特定“运行时字节码”。（这是通过合约函数调用输入数据，也就是 ABI 编码实现的。ABI 编码的细节我们将在下一章中介绍。）

如果执行的过程中出现了任何异常（比如 gas 不足、运行栈溢出、无效的跳转目标或者无效的指令等），此前代码执行中所做的所有状态更改都会被撤销（除了对发送者的 balance 的扣除以外）。

在 EVM 中有 4 个操作码可以发起消息调用，下面我们来简单地对它们作一比较，如表 7-7 所示。

表 7-7 消息调用操作码

操作码	说明
CALL	向某个接收者地址发起消息调用，recipient（= code address）与 sender 可以相同，也可以不同，且会根据 recipient 地址切换执行环境（包含账户状态、存储状态等程序执行所依赖的上下文）
CALLCODE	与 CALL 基本等价，但 recipient 与 sender 相同且与 code address 相同（所以不需要切换执行环境）
DELEGATECALL	与 CALL 基本等价，但 recipient 与 sender 相同，与 code address 不同，不允许进行转账，且执行环境保持不变
STATICCALL	与 CALL 基本等价，但不允许转账，且不允许对状态进行任何修改

注意 执行环境的切换不包括运行栈。运行栈的清理（重置）是以交易的维度进行的（也就是每个交易执行完成之后才会对运行栈进行清理，不管这个交易触发了多少个消息调用或合约创建）。每次消息调用或合约创建要传递的只是运行栈的深度，所以这就给攻击者提供了一种恶意地将运行栈深度设置到接近 1024 而使程序执行失败的攻击方式。

用以上 4 种操作码发起的消息调用都会生成 calldata（调用数据）和 returndata（返回数据），calldata 和 returndata 都是用 ABI 编码进行序列化的。这就是我们在 Solidity 语言的合约中调用其他合约函数，或者用 this. 调用本合约的 public 函数时的情况。在合约代码中直接用函数名调用本合约的 public 函数或者 private/internal 函数时，本质上是代码跳转，并不会生成一个新的消息调用。

此外，操作码 CALLCODE 和 DELEGATECALL 允许在不切换执行环境的情况下执行其他合约的函数，也就是允许我们基于当前合约的上下文（context）来执行其他合约中的代码。这实质上就是提供了一种可能，使我们可以通过所谓的“库（library）”函数来重用（重复使用，reuse）一些通用的处理代码。在软件工程的角度，这是非常有价值的一种特性，这也是 Solidity 中 Library 的本质。

7.7 区块定稿

最后，我们要来看看一个区块是如何最终定稿并添加到区块链中的。

1. Ommer 验证

Ommer 验证即验证某个区块的 Ommer 区块的合法性。某个区块最多可以包含两个 Ommer 区块，且要求 Ommer 区块的父区块（parent block）必须是当前区块 6 代（含）以内的祖先区块。

在具体解释 Ommer 区块之前，我们先来看一下图 7-3。

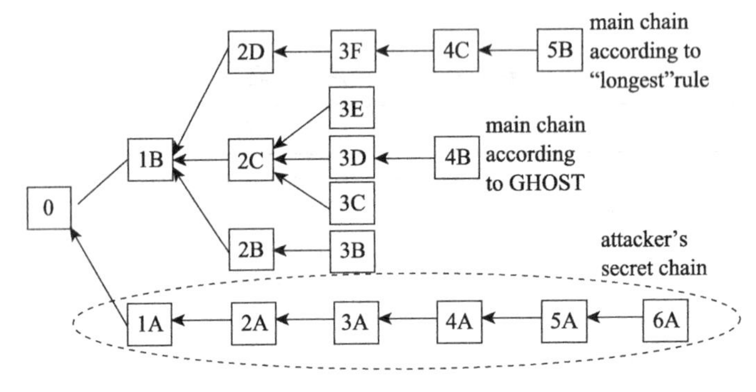

图 7-3 GHOST 算法示意图

图 7-3 所示是一个 GHOST（Greedy Heaviest-Observed Sub-Tree）算法的简单示意，该图摘自论文“ Secure High-Rate Transaction Processing in Bitcoin”，此文也是 GHOST 算法的原始出处。以太坊协议中采用了一种 GHOST 算法的简化版本来在区块链末端的区块树中选取区块链（主分支）。这种区块链末端的“抖动”，是工作量证明共识算法的一个特性，也就是通常所说的 finality 问题（最终一致性问题）。

我们知道，区块链本身是构建在一个 P2P（点到点）网络（即对等网络）中的，网络中的所有矿工都有权利在共享的账本（区块链）中添加新的区块。因为工作量证明算法本质上是一种“随机选取记账人”的算法，所有矿工是要进行“竞争记账”的，所以在某一时间，很可能出现多个矿工都找到符合“难度要求”的“工作量证明”的情况；而由于网络延迟的原因，对于其他节点而言，就必然可能在某段时间内接收到 parentHash 相同（即父区块相同）的不同区块，这时候就会在区块链的末端形成所谓的“分叉（fork）”。所以网络中权威的“区块链”实际上是“区块树”中的某个得到网络中大多数节点认可的“主分支”。

那所谓的 Ommer 区块是什么呢？英文中 Ommer 这个词大概指的是父亲的兄弟，也就是叔叔这个层面的亲属关系。所以在图 7-3 中，对于 4B 区块而言，3C 和 3E 区块都是它的 Ommer 区块；而 4C 区块则没有 Ommer 区块。其他区块的 Ommer 区块也可以根据这个逻辑确定。

在以太坊协议中，因为出块时间很短（15s 左右生成一个新区块），所以为了鼓励更多的矿工参与计算（贡献算力），从协议上，把这个 Ommer 区块的条件扩大为 6 代（含）以内的父区块的兄弟区块都可以作为 Ommer 区块。这样在图 7-3 中，本来没有 Ommer 区块的 4C，就有了 Ommer 区块 2B 和 2C；最极端情况的 6A 区块，也有了一个 Ommer 区块 1B。

基于以太坊协议，每一个包含了 Ommer 区块的新区块，都会获得额外的区块奖励，每包含一个 Ommer 区块，会额外获得 1/32 的区块奖励，所以一个新区块最多可以获得 1 + 2/32 倍的区块奖励。而每个新区块包含的 Ommer 区块头的 beneficiary（即挖到这个区块的矿工）也可以获得区块奖励，这个奖励值是按照祖先区块的个数折算的，每增加一代，减去基础区块奖励的 1/8，即第一代（即叔叔辈）的区块可以获得 7/8 的区块奖励，第二代的区块可以获得 6/8 的区块奖励，以此类推。这个查找 Ommer 区块的过程直到找到两个 Ommer 区块或祖先个数超过 6 才会停止。

之后，矿工就会把找到的 Ommer 区块的区块头列表进行 RLP 编码，然后取得其 keccak256 哈希值保存到区块头数据的 ommersHash 字段中。对于其他节点，则需要验证区块中的 ommersHash 是否符合协议规定。

2. 交易验证

对于生成区块的矿工而言，它需要从本地维护的交易池（transaction pool，即用来保存所有接收到的交易数据的缓冲区）中选择那些 gasPrice 合适的交易来顺序执行，同时更改相应的状态和存储并生成交易收据数据；在总共消耗的 gas 量接近区块的 gasLimit 的时候停止这个过程，将区块中所包含的所有交易执行消耗的总 gas 保存到区块头的 gasUsed 字段。

对于非矿工全节点（即保存了所有状态数据和区块数据的客户端节点）而言，则需要按区块中包含的交易数据列表顺序执行所有交易，同时更改本地维护的状态树、存储树，生成交易收据，并计算累积的 gas 消耗量，最后判断其是否与区块头中给定的 gasUsed 相符。

3. 奖励发放

依据刚刚介绍的逻辑，当前区块的 beneficiary 最多可以获得 1 + 2/32 的基础区块奖励，这个奖励会被累加到 beneficiary 地址状态的 balance 中；当前区块的 ommersHash 所对应的 Ommer 区块头所指定的 beneficiary 地址状态的 balance 中也会累加上它们各自的区块奖励（具体数值从 7/8 基础区块奖励到 2/8 基础区块奖励不等）。

无论是矿工节点还是非矿工节点，都需要按此逻辑对应更新状态数据。

4. 状态验证

对于生成区块的矿工而言，它需要将区块中所包含的所有交易执行所导致的状态变动以及奖励发放之后的最终的“状态树”根节点哈希值保存到区块头的 stateRoot 字段，并将本区块内所有交易的“交易树”“收据树”的根节点哈希值保存到区块头；对于非矿工全节点而言，则需要验证按区块中包含的交易数据列表顺序执行完所有交易，并发放区块奖励之后的“状态树”根节点哈希值是否与区块头中给定的 stateRoot 相符，以及在此过程中生成的“交易树”“收据树”的根节点哈希值是否与区块头中保存的响应哈希值相符。

5. 验证区块头数据中的nonce和mixHash字段

最后就是验证区块头数据中的nonce和mixHash两个字段的值。这里就涉及了以太坊协议中的工作量证明算法——Ethhash。对于矿工节点而言，就是基于Ethhash算法获得nonce和mixHash的值；对于非矿工全节点而言，则是验证区块头中保存的这两个数值的一致性。

这里引用一段《以太坊黄皮书》中对以太坊的工作量证明算法设计目标的阐述。

工作量证明函数有两个重要的目标。第一，它应该尽可能地被更多人去接受。对特别定制的硬件需求或由这种硬件所提供的回报，应该被减到最小。这使得分配模型尽可能开放，从而使世界各地的人们都可以以大致相同的比例，通过电力消耗获得以太币。

第二，应该不允许获得超线性的收益，尤其是在有一个很高的初始障碍的条件下。否则，一个资金充足的恶意者可以获得引起麻烦的网络挖矿算力，并允许他们获得超线性的回报（按他们的意愿改变收益分布），这也就会弱化网络的安全性。

比特币世界中一个灾难是ASIC[⊖]。有一些计算硬件仅仅是为了做一个简单的任务而存在的。在比特币中，这个任务就是SHA256哈希函数。当ASIC为了工作量证明函数而存在时，所有的目标都会变得危险。因此，一个可抵抗ASIC的工作量证明函数（也就是难以在专用硬件上执行，或者在专用硬件上执行并不划算）就可以作为谚语中的银弹。

在工作量证明算法中设计ASIC抗性有两个方向。第一个是让算法成为内存困难（memory-hard），即设计一个需要大量内存和带宽算法，从而使得这些内存不能被用于并行计算nonce。第二是让算法变得更有通用目的（general purpose）。一个为通用目的"定制的硬件"的意思就是，使得类似于普通的桌面计算机这样的硬件可以适合这种通用目的的计算。在以太坊1.0中，我们选择了第一个方向。

对于这个算法的实现细节的介绍已经超出了本书的范畴，这里也不再展开介绍了，有兴趣的读者可以自行查阅《以太坊黄皮书》。

至此，我们就可以认为一个区块已经定稿了。最先挖到（计算出）这个区块的矿工就会把完整的区块数据广播到网络中，其他节点（客户端）会根据区块的完整数据进行必要的运算、检查，并把相应的数据更新到它们各自维护的本地数据中。

7.8 本章小结

在本章中，我们介绍了以太坊协议的绝大部分基本概念和原理，现在我们可以把在本章开头部分所给出的以太坊区块链范式图最终完善了，如图7-4所示。

⊖ 即Application Specific Integrated Circuit的缩写，也就是为特定应用而设计的集成电路，下边提到的比特币矿机仅支持计算SHA256函数，所以ASIC并不是为了"通用目的"而设计的硬件。

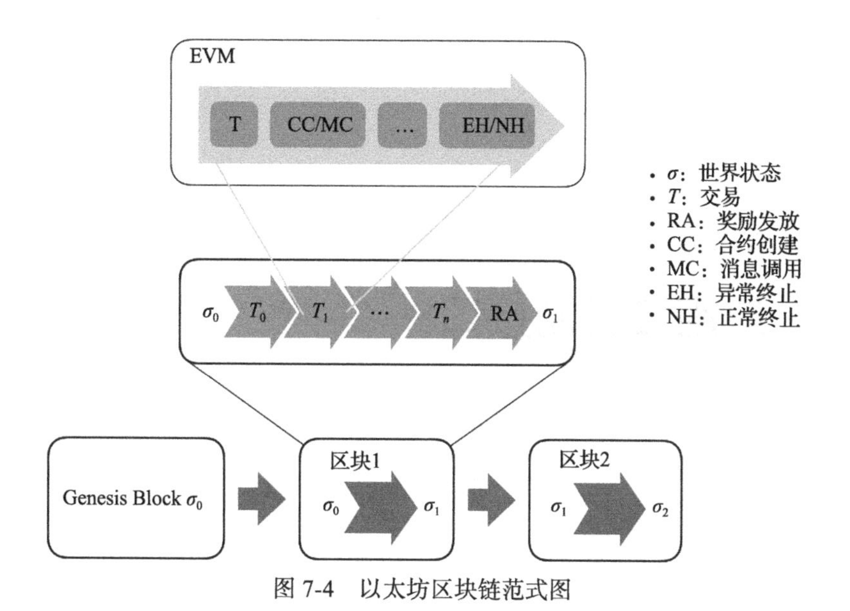

图 7-4 以太坊区块链范式图

可以看到，以太坊是一个以区块为单位记录状态变动的状态机。

一个区块有自己的起始状态和最终状态，最新区块的最终状态就是整个区块链的最终状态。每个区块的状态变动是以区块的起始状态为基础，按顺序执行区块中的所有交易，并根据协议规则发放区块奖励之后最终定稿的。

以太坊虚拟机是用来执行交易以及由交易所触发的所有合约创建 / 消息调用程序的一个虚拟执行环境。每个交易都会在 EVM 中触发一个独立的执行过程（使用一个全局的运行栈），合约创建 / 消息调用可以在这个过程中反复由代码触发，直到程序达到正常终止或异常终止状态。

这就是对以太坊协议的最精简的描述。

本章中对以太坊协议的数据设计做了较为详细的介绍，其中所提及的概念、术语和基本处理方式有利于我们理解智能合约程序的运行机制，为我们讨论更高级的合约安全话题打下了理论基础。

当然，本章的内容相对比较抽象，而且也有很多实现细节没有介绍，有兴趣的读者可以参考《以太坊黄皮书》和其他以太坊社区内的相关资料继续学习理解。

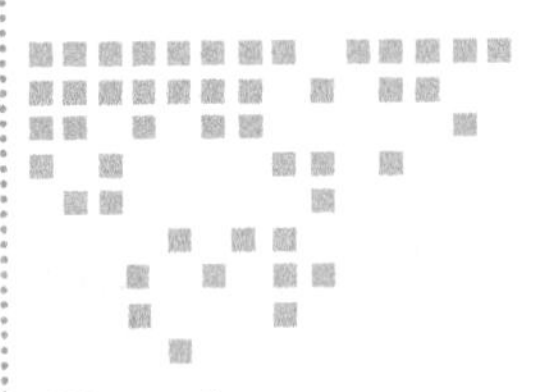

Chapter 8 第 8 章

应用二进制接口

在以太坊生态系统中，应用二进制接口（Application Binary Interface，ABI）是从区块链外部与合约进行交互以及合约与合约间进行交互的一种标准方式。在第 7 章中，我们已经介绍过，在交易数据（nonce、gasPrice、gasLimit、to、value、data）中，如果 to 为有效地址，且 data 不为空，则 data 会被作为 ABI 编码进行处理，也就是作为消息调用（合约函数调用）数据来处理。处理的方式就是按照本章中介绍的编码算法进行解析来取得相应的调用数据。

这种 ABI 编码并不是可以自描述的，而是需要一种特定的概要（schema）来进行解码。也就是说，编码方和解码方需要使用同样的算法来对具体的二进制数据进行处理。

这套编码规则的前提如下。

- 假定合约函数的接口都是强类型的，且在编译时是可知的和静态的（因而不提供自我检查机制）。
- 假定在编译时，所有合约要调用的其他合约接口定义都是可用的。

就目前的绝大多数场景来说，这种限制都是可以接受的。所谓"动态合约接口"或者为仅在运行时才可获知的合约接口，也可以通过使用 ABI 编码的方式完成调用，因为目前的 Solidity 中已经提供了可以生成 ABI 编码的全局函数（也就是可以在合约代码中生成 ABI 编码来发起合约函数调用）。

8.1 函数选择器

在以太坊协议中，一次函数调用是由一个基于 ABI 编码的二进制数据来完成的，这个二进制数据（字节数组）可以由最终用户私钥控制的账户（EOA）签发交易时附加在交易的 data 字段中，也可以由 EVM 根据具体要调用的合约代码来生成；这个调用数据在 EVM 中由术语 calldata（调用数据）来表示，EVM 中的这种 calldata 就是基于我们本章要介绍的 ABI 编码生成的一组字节数据。这组字节数据的前 4 字节指定了要调用的函数，所以被称为“函数选择器（function selector)”。

在 ABI 编码的语境中，会将一个函数的函数名和由其所有参数的类型标识按顺序组成的字符串称为“函数签名（ function signature)”，它代表一个具体的函数，而对这个函数签名字符串进行 keccak（ SHA3 ）哈希计算所获得的哈希值的前 4 字节，就是所谓的函数选择器。

函数签名是函数基础原型的规范表达，基础原型就是函数名称加上由括号括起来的参数类型列表，参数类型间由一个逗号分隔开，并且没有空格。

例如有这么一个函数：

```
function transferFrom(address _form, address _to, uint256 _tokenId) public …
```

其函数签名就是 transferFrom(address, address, uint256)，所以函数选择器就是 bytes4(keccak256('transferFrom(address, address, uint256)'))，值为“0x23b872dd”。

函数签名中并不包含函数的返回类型，这是因为在 Solidity 的函数重载（ function overloading）中没有考虑返回值，这样做是为了使对函数调用的解析保持上下文无关。

不过，我们将在接下来的介绍中看到，ABI 编码的 JSON 描述中既包含了输入参数，又包含了返回值。

8.2　参数编码

从函数调用数据（ calldata）的第 5 字节开始就是被编码的实际参数，这种编码方法也用在对函数返回值和事件的参数的处理中。函数选择器不需要再进行编码。

在介绍具体的编码算法之前，我们先来看看基础数据类型是如果进行规范表达的。

8.2.1　类型的规范表达

以下是基础类型的规范表达。

- uint<M>：其中 M 为无符号整数的位数，要求 0 < M <= 256 且 M % 8 == 0，例如 uint32、uint8、uint256 都是规范表达。
- int<M>：以 2 的补码作为符号位的 M 位整数，要求 0 < M <= 256 且 M % 8 == 0。
- address：地址类型，本质上等价于 uint160。在实际计算和函数签名中，通常使用 address 来替代 uint160。
- uint、int：uint256、int256 各自的同义词。在实际计算和函数签名中，通常使用 uint256 和 int256。

- bool：等价于 uint8，取值限定为 0 或 1。在实际计算和函数签名中，通常使用 bool。
- fixed<M>x<N>：M 位的有符号的固定小数位的十进制数字，8<= M <= 256、M % 8 ==0 且 0 < N <= 80。其值 v 即是 v / (10 ** N)。也就是说，这种类型是由 M 位的二进制数据所保存的，有 N 位小数的十进制数值。
- ufixed<M>x<N>：无符号的 fixed<M>x<N>。
- fixed、ufixed：fixed128x18、ufixed128x18 各自的同义词。在实际计算和函数签名中，通常使用 fixed128x18 和 ufixed128x18。
- bytes<M>：M 字节的二进制类型，0 < M <= 32。
- function：一个地址（20 字节）之后紧跟一个函数选择器（4 字节）。编码之后等价于 bytes24。

以下是定长数组类型的规范表达。

<type>[M]：有 M 个元素的定长数组，M >= 0，数组元素为给定类型。

以下是非定长类型的规范表达。

- bytes：动态大小的字节序列。
- string：动态大小的 unicode 字符串，通常为 UTF-8 编码。
- <type>[]：元素为给定类型的变长数组。

此外，可以将若干类型放到一对括号中，用逗号分隔开，以此来构成一个所谓的元组（tuple），比如（T1, T2, …, Tn）是由 T1, …, Tn（n >= 0）构成的元组。

用元组构成元组、用元组构成数组等也是可能的。另外也可以构成“零元组（zero-tuples）”，就是 n = 0 的情况。

注意，除了元组以外，Solidity 支持以上所有类型的名称。ABI 编码中的元组是利用 Solidity 的结构（struct）编码得到的。

8.2.2 编码的形式化说明

我们现在来正式介绍编码算法。这种编码算法有如下特性。

- 读取的次数取决于参数数组结构中的最大深度；也就是说，要取得 a_i[k][l][r] 需要读取 4 次相关数据的位置（依次为：获得 a_i 的数据位置，获得 a_i[k] 的数据位置，获得 a_i[k][l] 的数据位置和获得 a_i[k][l][r] 的数据位置）。在先前的 ABI 版本中，在最糟的情况下，读取数据位置的次数会随着动态参数的总数而线性增长。
- 一个变量或数组元素的数据不会被插入其他的数据，并且是可以再定位的；也就是说，它们只会使用相对的“地址”，并且其数值是从这个“地址”开始连续存放的。

在对参数进行编码的时候，我们需要区分静态类型和动态类型。静态类型会被直接编码，动态类型则会在当前数据块之后单独分配的位置被编码（也就是需要添加额外的“前置”数据）。

我们定义以下类型为“动态”类型。

- bytes。
- string。
- 任意类型 T 的变长数组 T[]。
- 任意动态类型 T 的定长数组 T[k]（k >= 0）。
- 由动态的 Ti（1 <= i <= k）构成的元组（T1, …, Tk)。

除上述类型外，所有其他类型都被称为静态类型。

我们定义 len(a) 为一个二进制字符串 a 的字节长度。len(a) 的类型被呈现为 uint256。

我们把实际的编码 enc 定义为一个由 ABI 类型到二进制字符串的值的映射；因而，当且仅当 X 的类型是动态的时，X 经编码后的实际长度 len(enc(X)) 才会依赖于 X 的值。

对任意 ABI 值 X，我们根据 X 的实际类型递归地定义 enc(X)。以下是对 X 的不同类型进行编码的具体规则。

- (T1, …, Tk)：对于 k >= 0 且任意类型 T1 ,…, Tk，有 enc(X) = head(X(1))…head(X(k)) tail(X(1)) … tail(X(k))；这里，X = (X(1), …, X(k))，并且当 Ti 为静态类型时，head 和 tail 被定义为 head(X(i)) = enc(X(i)) and tail(X(i)) = ""〔即 tail(X(i)) 为空字符串〕，否则，当 Ti 为动态类型时，它们被定义为 head(X(i)) = enc(len(head(X(1)) … head(X(k-1)) tail(X(1)) … tail(X(i-1)))) tail(X(i)) = enc(X(i))。

注意，在为动态类型的情况下，由于 head 部分的长度仅取决于类型而非值，所以 head(X(i)) 是定义明确的。它的值是从 enc(X) 的开头算起的，即 tail(X(i)) 的起始位在 enc(X) 中的偏移量。

- T[k]：对于任意 T 和 k，有 enc(X) = enc((X[0], …, X[k-1]))，就是说，它就像是由相同类型的 k 个元素组成的元组那样被编码的。
- T[]：当 X 有 k(k 被呈现为类型 uint256）个元素时，有 enc(X) = enc(k) enc([X[1], …, X[k]])，就是说，它就像是由静态大小 k 的数组那样被编码的，且由元素的个数作为前缀。
- bytes：具有 k（呈现为类型 uint256）长度的 bytes，有 enc(X) = enc(k) pad_right(X)，就是说，字节数被编码为 uint256，紧跟着实际的 X 的字节码序列，再在前边（左边）补上可以使 len(enc(X)) 成为 32 的倍数的最少数量的 0 值字节数据。
- string：enc(X) = enc(enc_utf8(X))，就是说，X 被 UTF-8 编码，且在后续编码中将这个值解释为 bytes 类型。注意，在随后的编码中使用的长度是其 UTF-8 编码的字符串的字节数，而不是其字符数。
- uint<M>：enc(X) 是在 X 的大端序编码的前边（左边）补充若干 0 值字节，以使其长度成为 32 字节。
- address：与 uint160 的情况相同。
- int<M>：enc(X) 是在 X 的大端序的 2 的补码编码的高位（左侧）添加若干字节数据，以使其长度成为 32 字节；对于负数，添加值为 0xff 的字节数据，对于正数，添加

0 值（即 8 位全为 0）的字节数据。

- bool：与 uint8 的情况相同，“1”用来表示 true，“0”用来表示 false。
- fixed<M>x<N>：enc(X) 就是 enc(X * 10**N)，其中 X * 10**N 可以理解为 int256。
- fixed：与 fixed128x18 的情况相同。
- ufixed<M>x<N>：enc(X) 就是 enc(X * 10**N)，其中 X * 10**N 可以理解为 uint256。
- ufixed：与 ufixed128x18 的情况相同。
- bytes<M>：enc(X) 就是 X 的字节序列为使其长度成为 32 字节，而添加的若干 0 值字节。

注意，对于任意的 X，len(enc(X)) 都是 32 的倍数。

8.2.3 编码实例

综合上述编码方法，一个以 a_1, …, a_n 为参数的对 f 函数的调用，会被编码为：

```
function_selector(f).enc((a_1, ..., a_n))
```

其中“.”为连接符号，表示字节数据的连续存放，f 的返回值 v_1, …, v_k 会被编码为：

```
enc((v_1, ..., v_k))
```

也就是说，返回值会被组合为一个元组进行编码。

以下是一个编码实例：

```
1. pragma solidity ^0.4.16;
2.
3. contract Foo {
4.     function bar(bytes3[2]) public pure {}
5.     function baz(uint32 x, bool y) public pure returns (bool r) { r = x > 32 || y; }
6.     function sam(bytes, bool, uint[]) public pure {}
7. }
```

这样，对于我们的例子 Foo，如果我们想用 69 和 true 做参数调用 baz，我们总共需要传送 68 字节，可以分解如下几部分。

- 0xcdcd77c0：方法 ID（函数选择器）。这源自对 ASCII 格式的函数签名 baz (uint32,bool) 进行 keccak 哈希计算得到的哈希值的前 4 字节。
- 0x0000000000000000000000000000000000000000000000000000000000000045：第一个参数，一个被用 0 值字节补充到 32 字节的 uint32 值 69。
- 0x0000000000000000000000000000000000000000000000000000000000000001：第二个参数，一个被用 0 值字节补充到 32 字节的 bool 值 true。

合起来就是：

```
0xcdcd77c0
0000000000000000000000000000000000000000000000000000000000000045
0000000000000000000000000000000000000000000000000000000000000001
```

它返回一个 bool 值。比如它返回 false，那么它的输出将是一个字节数组 0x0000000000000000000000000000000000000000000000000000000000000000，一个 bool 值。

如果我们想用 ["abc", "def"] 做参数调用 bar，我们总共需要传送 68 字节，可以分解为如下几部分。

- 0xfce353f6：方法 ID（函数选择器）。源自函数签名 bar(bytes3[2]) 的哈希值。
- 0x6162630000000000000000000000000000000000000000000000000000000000：第一个参数的第一部分，一个 bytes3 值 "abc"（左对齐）。
- 0x6465660000000000000000000000000000000000000000000000000000000000：第一个参数的第二部分，一个 bytes3 值 "def"（左对齐）。

合起来就是：

```
0xfce353f6
6162630000000000000000000000000000000000000000000000000000000000
6465660000000000000000000000000000000000000000000000000000000000
```

如果我们想用 "dave"、true 和 [1, 2, 3] 作为参数调用 sam，我们总共需要传送 292 字节，可以分解为如下几部分。

- 0xa5643bf2：方法 ID（函数选择器）。源自对函数签名 sam(bytes,bool,uint256[]) 的哈希值。注意，uint 被替换为它的权威表示 uint256。
- 0x0000000000000000000000000000000000000000000000000000000000000060：第一个参数（动态类型）的数据部分的位置，即从参数编码块开始位置算起的字节数。在这里，是 0x60。
- 0x0000000000000000000000000000000000000000000000000000000000000001：第二个参数，bool 类型的 true。
- 0x00000000000000000000000000000000000000000000000000000000000000a0：第三个参数（动态类型）的数据部分的位置，由字节数计量，在这里，是 0xa0。
- 0x0000000000000000000000000000000000000000000000000000000000000004：第一个参数的数据部分，以字节数组的元素个数作为开始，在这里，是 4。
- 0x6461766500000000000000000000000000000000000000000000000000000000：第一个参数的内容,"dave" 的 UTF-8 编码（在这里等同于 ASCII 编码），并在右侧（低位）用 0 值字节补充到 32 字节。
- 0x0000000000000000000000000000000000000000000000000000000000000003：第三个参数的数据部分，以数组的元素个数作为开始，在这里，是 3。
- 0x0000000000000000000000000000000000000000000000000000000000000001：第三个参数的第一个数组元素。
- 0x0000000000000000000000000000000000000000000000000000000000000002：第三个参数的第二个数组元素。

- 0x0000000000000000000000000000000000000000000000000000000000000003：第三个参数的第三个数组元素。

合起来就是：

```
0xa5643bf2
0000000000000000000000000000000000000000000000000000000000000060
0000000000000000000000000000000000000000000000000000000000000001
00000000000000000000000000000000000000000000000000000000000000a0
0000000000000000000000000000000000000000000000000000000000000004
6461766500000000000000000000000000000000000000000000000000000000
0000000000000000000000000000000000000000000000000000000000000003
0000000000000000000000000000000000000000000000000000000000000001
0000000000000000000000000000000000000000000000000000000000000002
0000000000000000000000000000000000000000000000000000000000000003
```

8.3 动态类型的使用

若是需要用参数（0x123, [0x456, 0x789], "1234567890", "Hello, world!"）来对函数 f(uint, uint32[],bytes10,bytes）进行调用，则需要通过以下方式进行编码。

（1）取得 sha3("f(uint256,uint32[],bytes10,bytes)") 的前 4 字节，也就是 0x8be65246。

（2）我们对所有 4 个参数的头部进行编码。对静态类型 uint256 和 bytes10，可以直接使用它们的实际数值；对动态类型 uint32[] 和 bytes，我们使用的字节数偏移量是它们的数据区域的起始位置，由需编码的值的开始位置算起（也就是说，不计算包含了函数签名的前 4 字节），这就是：

- 0x0000000000000000000000000000000000000000000000000000000000000123（0x123 补充到 32 字节）；
- 0x0000000000000000000000000000000000000000000000000000000000000080（第二个参数的数据部分起始位置的偏移量，4*32 字节，正好是头部的大小）；
- 0x3132333435363738393000000000000000000000000000000000000000000000（"1234567890" 从右边补充到 32 字节）；
- 0x00000000000000000000000000000000000000000000000000000000000000e0（第四个参数的数据部分起始位置的偏移量 = 第一个动态参数的数据部分起始位置的偏移量 + 第一个动态参数的数据部分的长度 = 4*32 + 3*32，参考后文）。

在此之后，跟着第一个动态参数的数据部分 [0x456, 0x789]：

- 0x0000000000000000000000000000000000000000000000000000000000000002（数组元素个数，2）；
- 0x0000000000000000000000000000000000000000000000000000000000000456（第一个数组元素）；
- 0x0000000000000000000000000000000000000000000000000000000000000789（第

二个数组元素）。

最后，我们将第二个动态参数的数据部分 "Hello, world!" 进行编码：

- 0x000000000000000000000000000000000000000000000000000000000000000d（元素个数，在这里是字节数：13）；
- 0x48656c6c6f2c20776f726c642100000000000000000000000000000000000000（"Hello, world!" 从右边补充到 32 字节）。

（3）合并到一起就是（为了清晰，在函数选择器和每 32 字节之后加了换行）：

```
0x8be65246
0000000000000000000000000000000000000000000000000000000000000123
0000000000000000000000000000000000000000000000000000000000000080
3132333435363738390000000000000000000000000000000000000000000000
00000000000000000000000000000000000000000000000000000000000000e0
0000000000000000000000000000000000000000000000000000000000000002
0000000000000000000000000000000000000000000000000000000000000456
0000000000000000000000000000000000000000000000000000000000000789
000000000000000000000000000000000000000000000000000000000000000d
48656c6c6f2c20776f726c642100000000000000000000000000000000000000
```

让我们使用相同的原理来对一个签名为 g(uint[][],string[])、参数值为（[[1, 2], [3]], ["one", "two", "three"]）的函数进行编码，这里从最原子的部分开始。

（1）我们对第一个根数组 [[1, 2], [3]] 的第一个嵌入的动态数组 [1, 2] 的长度和数据进行编码：

- 0x0000000000000000000000000000000000000000000000000000000000000002（第一个数组中的元素数量 2；元素本身是 1 和 2）；
- 0x0000000000000000000000000000000000000000000000000000000000000001（第一个元素）；
- 0x0000000000000000000000000000000000000000000000000000000000000002（第二个元素）。

（2）我们将第一个根数组 [[1, 2], [3]] 的第二个潜入的动态数组 [3] 的长度和数据进行编码：

- 0x0000000000000000000000000000000000000000000000000000000000000001（第二个数组中的元素数量 1；元素数据是 3）；
- 0x0000000000000000000000000000000000000000000000000000000000000003（第一个元素）。

（3）我们需要找到动态数组 [1, 2] 和 [3] 的偏移量。要计算这个偏移量，我们可以来看一下第一个根数组 [[1, 2], [3]] 编码后的具体数据：

```
0 - a                                                                   - [1, 2] 的偏移量
1 - b                                                                   - [3] 的偏移量
2 - 0000000000000000000000000000000000000000000000000000000000000002 - [1, 2] 的计数
```

```
3 - 0000000000000000000000000000000000000000000000000000000000000001 - 1 的编码
4 - 0000000000000000000000000000000000000000000000000000000000000002 - 2 的编码
5 - 0000000000000000000000000000000000000000000000000000000000000001 - [3] 的计数
6 - 0000000000000000000000000000000000000000000000000000000000000003 - 3 的编码
```

其中：

- 偏移量 a 指向数组 [1, 2] 内容的开始位置，即第 2 行的开始（64 字节），所以 a = 0x0000000000000000000000000000000000000000000000000000000000000040；
- 偏移量 b 指向数组 [3] 内容的开始位置，即第 5 行的开始（160 字节），所以 b = 0x00000000000000000000000000000000000000000000000000000000000000a0。

（4）我们对第二个根数组的嵌入字符串进行编码：

- 0x0000000000000000000000000000000000000000000000000000000000000003（单词 "one" 中的字符个数）；
- 0x6f6e650000000000000000000000000000000000000000000000000000000000（单词 "one" 的 UTF-8 编码）；
- 0x0000000000000000000000000000000000000000000000000000000000000003（单词 "two" 中的字符个数）；
- 0x74776f0000000000000000000000000000000000000000000000000000000000（单词 "two" 的 UTF-8 编码）；
- 0x0000000000000000000000000000000000000000000000000000000000000005（单词 "three" 中的字符个数）；
- 0x7468726565000000000000000000000000000000000000000000000000000000（单词 "three" 的 UTF-8 编码）。

作为与第一个根数组的并列，因为字符串也属于动态元素，我们也需要找到它们的偏移量 c、d 和 e：

```
0 - c                                                                   - "one" 的偏移量
1 - d                                                                   - "two" 的偏移量
2 - e                                                                   - "three" 的偏移量
3 - 0000000000000000000000000000000000000000000000000000000000000003 - "one" 的字符计数
4 - 6f6e650000000000000000000000000000000000000000000000000000000000 - "one" 的编码
5 - 0000000000000000000000000000000000000000000000000000000000000003 - "two" 的字符计数
6 - 74776f0000000000000000000000000000000000000000000000000000000000 - "two" 的编码
7 - 0000000000000000000000000000000000000000000000000000000000000005 - "three" 的字符计数
8 - 7468726565000000000000000000000000000000000000000000000000000000 - "three" 的编码
```

其中：

- 偏移量 c 指向字符串 "one" 内容的开始位置，即第 3 行的开始（96 字节），所以 c = 0x0000000000000000000000000000000000000000000000000000000000000060；
- 偏移量 d 指向字符串 "two" 内容的开始位置，即第 5 行的开始（160 字节），所以 d = 0x00000000000000000000000000000000000000000000000000000000000000a0；

- 偏移量 e 指向字符串 "three" 内容的开始位置，即第 7 行的开始（224 字节），所以 e = 0x00000000000000000000000000000000000000000000000000000000000000e0。

> 注意　根数组的嵌入元素的编码并不互相依赖，且具有与函数签名 g(string[], uint[][]) 相同的编码。

（5）我们对第一个根数组的长度进行编码：0x0000000000000000000000000000000000000000000000000000000000000002（第一个根数组的元素数量 2；这些元素本身是 [1, 2] 和 [3]）。

（6）我们对第二个根数组的长度进行编码：0x0000000000000000000000000000000000000000000000000000000000000003（第二个根数组的元素数量 3；这些字符串本身是 "one"、"two" 和 "three"）。

（7）我们找到根动态数组元素 [[1, 2], [3]] 和 ["one", "two", "three"] 的偏移量 f 和 g。汇编数据的正确顺序如下：

```
0x2289b18c                                                                  - 函数签名
0 - f                                                                       - [[1, 2], [3]] 的偏移量
1 - g                                                                       - ["one", "two", "three"] 的偏移量
2 - 0000000000000000000000000000000000000000000000000000000000000002 - [[1, 2], [3]] 的元素计数
3 - 0000000000000000000000000000000000000000000000000000000000000040 - [1, 2] 的偏移量
4 - 00000000000000000000000000000000000000000000000000000000000000a0 - [3] 的偏移量
5 - 0000000000000000000000000000000000000000000000000000000000000002 - [1, 2] 的元素计数
6 - 0000000000000000000000000000000000000000000000000000000000000001 - 1 的编码
7 - 0000000000000000000000000000000000000000000000000000000000000002 - 2 的编码
8 - 0000000000000000000000000000000000000000000000000000000000000001 - [3] 的元素计数
9 - 0000000000000000000000000000000000000000000000000000000000000003 - 3 的编码
10 - 0000000000000000000000000000000000000000000000000000000000000003 - ["one", "two", "three"] 的元素计数
11 - 0000000000000000000000000000000000000000000000000000000000000060 - "one" 的偏移量
12 - 00000000000000000000000000000000000000000000000000000000000000a0 - "two" 的偏移量
13 - 00000000000000000000000000000000000000000000000000000000000000e0 - "three" 的偏移量
14 - 0000000000000000000000000000000000000000000000000000000000000003 - "one" 的字符计数
15 - 6f6e650000000000000000000000000000000000000000000000000000000000 - "one" 的编码
16 - 0000000000000000000000000000000000000000000000000000000000000003 - "two" 的字符计数
17 - 74776f0000000000000000000000000000000000000000000000000000000000 - "two" 的编码
```

```
18 - 0000000000000000000000000000000000000000000000000000000000000005 - "three"
     的字符计数
19 - 7468726565000000000000000000000000000000000000000000000000000000 - "three"
     的编码
```

其中：

- 偏移量 f 指向数组 [[1, 2], [3]] 内容的开始位置，即第 2 行的开始（64 字节），所以 f = 0x0000000000000000000000000000000000000000000000000000000000000040；
- 偏移量 g 指向数组 ["one", "two", "three"] 内容的开始位置，即第 10 行的开始（320 字节），所以 g = 0x0000000000000000000000000000000000000000000000000000000000000140。

8.4 事件

事件（event）是以太坊的日志 / 事件监视协议的一个抽象，通过事件可以在以太坊的交易收据（transaction receipt）中生成所谓的“日志（log)”数据。日志项提供了合约的地址、一系列的主题（最高 4 项）和一些任意长度的二进制数据。为了使用合适类型的数据结构来演绎这些功能（与接口定义一起），事件沿用了既存的 ABI 函数。

给定了事件名称和事件参数之后，我们将事件参数分解为两个子集：已索引的（indexed）和未索引的。已索引的事件参数最多有 4 个，它们与事件签名的 keccak 哈希值一起组成日志项的主题（topic）。未索引的部分就组成了事件的字节数组。

这样，一个用 ABI 编码的日志项就可以用以下几个字段表示。

- address：合约地址。
- topics[0]：其值为 keccak(EVENT_NAME+"("+EVENT_ARGS.map(canonical_type_of).join(",")+")")，即函数签名的 keccak 哈希值。公式中的 canonical_type_of 是一个可以返回给定参数的权威类型名称的函数，例如，对 uint indexed foo 它会返回 uint256。不过，如果事件被声明为 anonymous，那么 topics[0] 就不会生成。
- topics[n]：其值为 EVENT_INDEXED_ARGS[n-1]（EVENT_INDEXED_ARGS 就是被标记为 indexed 的事件参数）。
- data：其值为 abi_serialise(EVENT_NON_INDEXED_ARGS)（EVENT_NON_INDEXED_ARGS 是未被标记为 indexed 的事件参数，abi_serialise 是一个用来从某个函数返回一系列类型值的 ABI 序列化函数，就像上文所讲的那样）。

对于所有定长的 Solidity 数据类型，这里的 EVENT_INDEXED_ARGS 数组会直接包含 32 字节的编码值。然而对于动态长度的类型，包括 string、bytes 和数组，EVENT_INDEXED_ARGS 会包含编码值的 keccak 哈希值而不是直接包含编码值。这样就允许应用程序更有效地查询动态长度类型的值（通过把编码值的哈希值设定为主题）。对于动态长度的类型，应用程序开发者面临着对预先设定的值（如果参数已被索引）的快速检索和对任意数据的清晰处理（需要参数不被索引）之间的权衡。开发者可以通过定义两个参数（一个已索引、一个未索引）保存同一个值的方式来解决这种权衡，从而既能获得高效的检索，又能清晰地处理任意数据。

8.5 合约接口的 JSON 描述

Solidity 编译器编译合约代码之后会生成相应的输出文件，作为编译器输出之一的 JSON 文件就是对合约接口的一个详细描述。

合约接口的 JSON 格式是由一个函数和 / 或事件描述的数组所给定的。一个函数的描述是一个有如下字段的 JSON 对象。

- type：函数类型，其值为 function（函数）、constructor（构造函数）或 fallback（未命名的“缺省”函数）3 个字符串之一。
- name：函数名称。
- inputs：对象数组，每个数组对象会包含如下几部分。
  - name：参数名称。
  - type：参数的权威类型（详见下文）。
  - components：供元组类型使用（详见下文）。
- outputs：一个类似于 inputs 的对象数组，如果函数无返回值，可以被省略。
- payable：如果函数接受以太币转账，为 true；缺省为 false。
- stateMutability：为 pure（不会访问状态变量）、view（不会修改状态变量）、nonpayable（不接受以太币转账）和 payable（接受以太币转账）之一。
- constant：如果函数被指定为 pure 或 view，则为 true。

其中，type 可以被省略，缺省为 "function"。此外，constructor 和 fallback 函数没有 name 或 outputs，fallback 函数也没有 inputs。

向 nonpayable（即不接受以太币转账）函数发送非零值的以太币会导致其丢失。

一个事件描述是一个有极其相似字段的 JSON 对象。

- type：事件类型，总是 event。
- name：事件名称。
- inputs：对象数组，每个数组对象会包含如下几部分。
  - name：参数名称。
  - type：参数的权威类型（详见下文）。
  - components：供元组类型使用（详见下文）。
  - indexed：如果此字段是日志的一个主题，则为 true；否则为 false。

- anonymous：如果事件被声明为 anonymous，则为 true。

例如：

```
1. pragma solidity ^0.4.0;
2.
3. contract Test {
4.     function Test() public { b = 0x12345678901234567890123456789012; }
5.     event Event(uint indexed a, bytes32 b);
6.     event Event2(uint indexed a, bytes32 b);
7.     function foo(uint a) public { Event(a, b); }
8.     bytes32 b;
9. }
```

可由如下 JSON 来表示：

```
[{
"type":"event",
"inputs": [{"name":"a","type":"uint256","indexed":true},{"name":"b","type":"byte
    s32","indexed":false}],
"name":"Event"
}, {
"type":"event",
"inputs": [{"name":"a","type":"uint256","indexed":true},{"name":"b","type":"byte
    s32","indexed":false}],
"name":"Event2"
}, {
"type":"function",
"inputs": [{"name":"a","type":"uint256"}],
"name":"foo",
"outputs": []
}]
```

8.6 处理元组类型

尽管 ABI 编码中有意没有将参数名称作为编码的一部分，但将它包含进 JSON 来显示给最终用户还是非常合理的。JSON 结构会按下列方式进行嵌套：一个拥有 name、type 和潜在的 components 成员的对象描述了某种类型的变量，直至到达一个元组类型且到那里的存储在 type 属性中的字符串以 tuple 为前缀（也就是说，在 tuple 之后紧跟一个 [] 或有整数 k 的 [k]），这样才能确定一个元组。元组的组件元素会被存储在成员 components 中，它是一个数组类型，且与顶级对象具有同样的结构，只是在这里不允许已索引的数组元素。

例如，下面的代码：

```
1. pragma solidity ^0.4.19;
2. // 注意：这里使用了还未正式发布的 ABIEncoderV2 特性，仅为了演示对元组的编码；目前的
    Solidity 缺省设置中是不支持对 struct 类型进行 ABI 编码的
3. pragma experimental ABIEncoderV2;
4.
```

```
5. contract Test {
6.     struct S { uint a; uint[] b; T[] c; }
7.     struct T { uint x; uint y; }
8.     function f(S s, T t, uint a) public { }
9.     // 目前的 Solidity 缺省设置中不支持用 struct 类型作为 public/external 函数的参
         数；这里使用了未发布的 ABIEncoderV2 特性，仅为演示目的
10.    function g() public returns (S s, T t, uint a) {}
11. }
```

可由如下 JSON 来表示：

```
[
    {
        "name": "f",
        "type": "function",
        "inputs": [
            {
                "name": "s",
                "type": "tuple",
                "components": [
                    {
                        "name": "a",
                        "type": "uint256"
                    },
                    {
                        "name": "b",
                        "type": "uint256[]"
                    },
                    {
                        "name": "c",
                        "type": "tuple[]",
                        "components": [
                            {
                                "name": "x",
                                "type": "uint256"
                            },
                            {
                                "name": "y",
                                "type": "uint256"
                            }
                        ]
                    }
                ]
            },
            {
                "name": "t",
                "type": "tuple",
                "components": [
                    {
                        "name": "x",
                        "type": "uint256"
```

```
                    },
                    {
                        "name": "y",
                        "type": "uint256"
                    }
                ]
            },
            {
            "name": "a",
            "type": "uint256"
            }
        ],
        "outputs": []
    }
]
```

8.7 非标准打包模式

Solidity 还支持一种所谓的“非标准打包模式（也称为紧打包模式）”，就是不遵循本章前边介绍的 ABI 编码的规则来对参数数据进行编码的数据打包模式。在这种编码模式下：函数选择器不进行编码；长度低于 32 字节的类型，既不会进行补 0 操作，也不会进行符号扩展；而动态类型则会直接进行编码，并且不包含长度信息。

例如，对 int1、bytes1、uint16、string 用数值 -1、0x42、0x2424、"Hello, world!" 进行编码将生成如下结果：

```
0xff42242448656c6c6f2c20776f726c6421
  ^^                                int1(-1)
    ^^                               bytes1(0x42)
      ^^^^                            uint16(0x2424)
          ^^^^^^^^^^^^^^^^^^^^^^^^^^  string("Hello, world!") without a length field
```

更具体地说，每个静态大小的类型都尽可能多地按它们的数值范围使用了字节数，而动态大小的类型，像 string、bytes 或 uint[]，在编码时没有包含其长度信息。这意味着一旦有两个动态长度的元素，编码就会变得有歧义了，所以仅在某些特殊情况下才会使用这种编码方式。

很明显，这种编码方式可以认为是“简单的字节数据连接”，也就是将若干数据不做任何变换直接连接为一个字节数组。所以这种模式在我们要对某些数据（比如由多个变量组成的复杂数据）进行哈希计算时可以帮我们压缩数据的长度来降低 gas 消耗（因为 EVM 中计算 keccak 哈希值时的 gas 消耗和输入数据字节长度有关，用这种“紧打包模式”可以减小输入数据的长度，所以可以节省一些 gas）；也可以允许某些合约函数具有“自定义的”数据交互格式，以最大限度地提高数据处理上的灵活性。

非标准打包模式是一种为提高程序设计语言表达能力所设计的数据编码机制，通常仅应该用在计算特定数据的哈希值或者需要定制二进制（字节）数据格式的一些场合。

8.8　本章小结

本章中我们了解了应用二进制（ABI）编码的形式化表达和具体的编码算法，以及事件、合约接口 JSON 描述文件等内容。ABI 编码是在以太坊中执行函数调用的基础，也就是所谓的“调用数据”以及返回值的二进制格式，智能合约开发者应该对其有明确、准确的理解，特别是对于动态类型和元组类型的编码方式。

从 Solidity 0.4.22 版本开始，已经加入了可以直接生成 ABI 编码的全局函数 abi.encode()、abi.encodePacked()、abi.encodeWithSelector() 和 abi.encodeWithSignature()，这允许我们在合约代码中直接生成 ABI 编码格式的“调用数据”，从而允许我们执行一些所谓的“动态”函数调用（即在代码运行时确定要调用的函数和实际的调用参数）。这也是一种非常灵活和强悍的语言特性。

Chapter 9 第9章

OpenZeppelin 源代码详解

OpenZeppelin是以太坊生态中的一个伟大的项目！它的目的是为以太坊开发者提供大量可复用的、经过社区反复审计过的合约模板和库函数，来帮助开发者提高他们自己开发的合约程序的安全性，并提高开发效率。

在本章中，我们会看到OpenZeppelin项目的所有合约源代码，同时会结合具体的合约做必要的讲解和说明，帮助开发者更好地了解这个项目提供的合约模板和库函数，为实际的合约编写提供可借鉴和可复用的经验。本章中的代码部分使用的是OpenZeppelin-Solidity项目的1.12版本（发布日期为2018-08-12），这也是其2.0版本之前的最后一个正式版本。

GitHub工程：https://github.com/OpenZeppelin/openzeppelin-solidity。

注意 至本书截稿时，OpenZeppelin-Solidity的2.0版本还没有正式发布，故本书中仍使用1.12版本进行介绍。2.0版本的主要改动是对相关API的重新整理，考虑了未来的版本更替，把它们“API化”，以提供更好的可扩展性和版本兼容性，并对很多源码文件做了重新命名。实现上，其把很多原先的public状态变量改为private并增加了相应的public函数来获得其数据，以此提高了一定的封装性，使其对基础合约函数的调用更加明确；不过具体功能的实现细节上与1.12版本相比改动并不大。建议读者持续关注这个项目的进展。

此外，本章中介绍合约源代码的顺序基于一个原则：如果某个合约导入（import）了其他合约/库，那么我们就会先介绍导入的那些合约/库。所以我们最先看到的会是那些没有导入任何其他合约/库的合约。

9.1 通用基础合约

9.1.1 地址工具(AddressUtils.sol)

这是一个用于检查某个地址是否是合约地址的工具合约(library)。

代码清单9-1 openzeppelin-solidity/contracts/AddressUtils.sol

```
1. pragma solidity ^0.4.24;
2.
3.
4. /**
5. 可用在地址类型变量之上的工具库
6. */
7. library AddressUtils {
8.
9. /**
10. 返回目标地址是否是一个合约
11. @dev 当在一个合约的构造函数中调用此函数时会返回 false，因为在构造函数执行完成之前，合约代
    码都会真正保存
12. @param addr 要检查的地址
13. @return 目标地址是否是一个合约
14. */
15. function isContract(address addr) internal view returns (bool) {
16.     uint256 size;
17.     // 目前没有比判断地址所关联的代码大小更好的方式来判断某个地址上是否有一个合约
18.     // 参考 https://ethereum.stackexchange.com/a/14016/36603
19.     // 获得更多技术细节
20.     // TODO 在 Serenity 版本之前需要重新检查这个逻辑，因为到那时所有地址都会是合约了
21.     // solium-disable-next-line security/no-inline-assembly
22.     assembly { size := extcodesize(addr) }
23.     return size > 0;
24.     }
25.
26. }
```

我们看到，这个合约是一个library，所以对它的函数调用会被编译为由DELEGATECALL操作码来发起，也就是不会切换执行环境(保持调用者的执行上下文)，这是非常有用的。这使这个库合约的代码可以被其他合约反复使用。

这个合约只有一个函数isContract，且被声明为internal view。internal限制了这个函数只能由import这个合约的合约内部使用；view则声明这个函数不会修改状态(state)。

isContract函数实际上只有两行代码。第22行，assembly指明后边的程序是内联汇编(inline assembly)。这行代码的意思就是用extcodesize函数取得输入参数addr所对应的账户地址关联的EVM字节码数据的长度。显然，如果size > 0，则表示给定的addr是有关联代码的，于是我们就可以判断给定的地址是一个合约(contract)。

9.1.2 椭圆曲线签名操作（ECRecovery.sol）

这是一个用于处理椭圆曲线加密签名数据的工具库合约。

代码清单9-2 openzeppelin-solidity/contracts/ECRecovery.sol

```
1. pragma solidity ^0.4.24;
2.
3.
4.    /**
5.     * @title 椭圆曲线签名操作
6.     * @dev 基于 https://gist.github.com/axic/5b33912c6f61ae6fd96d6c4a47afde6d 编写
7.     * TODO 一旦 Solidity 支持直接向 ecrecover 函数传递签名数据，就移除这个库
8.     * 参考 https://github.com/ethereum/solidity/issues/864
9.     */
10.
11.   library ECRecovery {
12.
13.   /**
14.    * @dev 基于对消息的签名数据来恢复签名者地址
15.    * @param hash bytes32 类型的消息数据，即原始消息数据的 keccak256 哈希值
16.    * @param sig bytes 类型的签名数据，可以通过 web3.eth.sign() 来生成
17.    */
18.   function recover(bytes32 hash, bytes sig)
19.     internal
20.     pure
21.     returns (address)
22.   {
23.     bytes32 r;
24.      bytes32 s;
25.     uint8 v;
26.
27.     // 检查签名的长度
28.     if (sig.length != 65) {
29.         return (address(0));
30.     }
31.
32.     // 将签名拆分为 r、s和v
33.     // 目前，要获得 ecrecover 函数所需的签名数据参数，只能使用内联汇编
34.     // solium-disable-next-line security/no-inline-assembly
35.     assembly {
36.         r := mload(add(sig, 32))
37.         s := mload(add(sig, 64))
38.         v := byte(0, mload(add(sig, 96)))
39.     }
40.
41.      // 签名的版本数据应该是 27 或 28，但 0 和 1 也是可能的数值
42.      if (v < 27) {
43.          v += 27;
44.     }
45.
```

```
46.         // 如果版本数据正确，则返回签名者地址
47.         if (v != 27 && v != 28) {
48.             return (address(0));
49.         } else {
50.             // solium-disable-next-line arg-overflow
51.             return ecrecover(hash, v, r, s);
52.         }
53.     }
54.
55.     /**
56.      * toEthSignedMessageHash
57.      * @dev 为输入数据添加一个固定前缀 "\x19Ethereum Signed Message:"(目前以太坊客
         户端的实现)并返回哈希值结果
58.      */
59.     function toEthSignedMessageHash(bytes32 hash)
60.         internal
61.         pure
62.         returns (bytes32)
63.     {
64.         // 字符串最后的"32"是后续数据的长度，因为输入数据是定长 32 字节
65.         return keccak256(
66.             "\x19Ethereum Signed Message:\n32",
67.             hash
68.         );
69.     }
70. }
```

这个合约也是一个library，有两个函数：recover和toEthSignedMessageHash。这两个函数都被声明为internal pure。pure的意思就是函数不会对状态进行任何访问（读或写）。

在recover函数中，首先判断了输入参数sig的长度；然后在第36行到第38行使用内联汇编将sig拆解为r、s、v（这部分的逻辑我们在第7章中有过介绍，这里不再重复）；之后是为了考虑兼容性，对v的数值做了特殊处理（按照算法要求，v的值只能是27或28）；最后，调用全局函数ecrecover（源代码第51行，这个函数本质上是以太坊的8个协议级的预编译合约之一，可以直接使用）恢复公钥地址。

注意 在合约的第36、第37、第38这3行代码中使用了mload函数，这个函数可以从内存中的指定位置开始读取一个"字"(32字节)的数据。这里需要特别解释的是偏移量计算。因为sig是一个bytes类型的变量，也就是一个动态字节数组，所以其在内存中会多占用一个"字"的空间来保存其字节长度。这额外的一个"字"，即从sig到sig + 31字节位置的数据；实际的65字节的sig数据，是从sig + 32字节的位置开始存放的。所以这里mload函数的参数中所使用的偏移量，应该是32、64和96。

这个合约里的toEthSignedMessageHash则是一个简单地在传入参数之前加上了一个固定字符串前缀，之后再进行keccak256运算的处理。

这里之所以会增加固定前缀 "\x19Ethereum Signed Message:\n32"，是因为目前的以太坊客户端实现中的 JSON-RPC 接口在签名一个消息之前会按照如下规则添加前缀："\x19Ethereum Signed Message:\n" + len(message) + message。

而在这个函数里，因为后续的 message 为 bytes32 类型的哈希值，所以其长度为固定的 32。

此外，这里使用的 keccak256 函数，会对其所有参数进行“紧打包（tightly packed)”，即不会判断参数的类型，而是简单地将所有参数的字节数据顺序连接，形成一个字节数组。所以第 65 行到第 68 行程序的效果就和以太坊客户端所使用的添加前缀的效果完全一致了。

9.1.3 限制子合约的余额（LimitBalance.sol）

这是一个可以用来限制子合约以太币余额的基础合约。

代码清单9-3 openzeppelin-solidity/contracts/LimitBalance.sol

```
 1. pragma solidity ^0.4.24;
 2.
 3. /**
 4.  * @title LimitBalance
 5.  * @dev 简单地用来限制子合约余额的合约
 6.  * @dev 注意，这无法防止其他合约通过 selfdestruct(address) 的方式来向这个合约发送以太
      币，参考：https://github.com/ConsenSys/smart-contract-best-practices#remember-
      that-ether-can-be-forcibly-sent-to-an-account
 7.  */
 8. contract LimitBalance {
 9.
10.   uint256 public limit;
11.
12.   /**
13.    * @dev 构造函数接受传入的参数为限额数量
14.    * @param _limit 指定限额数量的 uint256 变量
15.    */
16.   constructor(uint256 _limit) public {
17.       limit = _limit;
18.   }
19.
20.   /**
21.    * @dev 检查合约余额是否超过限额
22.    */
23.   modifier limitedPayable() {
24.       require(address(this).balance <= limit);
25.       _;
26.   }
27.
28. }
```

这是一个简单的可以通过函数修改器来限制合约转账（转入）操作的基础合约，任何希望限制自身转账（转入）操作的合约都可以继承此合约，并在自己的所有转账操作函数声明时添加 limitedPayable 修改器。

这个合约简单地用了一个在创建合约时初始化的状态变量 limit 来记录合约可以获得的资金上限，用 modifier 检查账户余额是否超过 limit，以此来限制转入资金的操作。但就像合约开头的注释中提到的，这种利用 modifier 来限制的方式，显然无法限制其他合约通过在 selfdestruct 操作中指定合约地址而引发的转入操作，也无法限制没有使用 limitedPayable 来声明的合约函数进行转入操作。

9.1.4 Merkle 证明 (MerkleProof.sol)

这是一个可以用来进行 Merkle 验证的库合约。

代码清单9-4 openzeppelin-solidity/contracts/MerkleProof.sol

```
1. pragma solidity ^0.4.24;
2.
3.
4. /*
5.  * @title MerkleProof
6.  * @dev Merkle proof verification
7.  * @note 基于 https://github.com/ameensol/merkle-tree-solidity/blob/master/
     src/MerklePrMer.sol 修改
8.  */
9. library MerkleProof {
10.   /*
11.    * @dev 用来验证某个叶节点确实存在于一个Merkle 树中，这里假设每对叶节点都是已排序的
12.    * @param _proof Merkle 证明数据，包含了Merkle 树上从叶节点到根节点所经过的所有分支
        上的兄弟节点哈希值
13.    * @param _root Merkle 树的根节点哈希值
14.    * @param _leaf Merkle 树中的叶节点哈希值
15.    */
16.   function verifyProof(
17.       bytes32[] _proof,
18.       bytes32 _root,
19.       bytes32 _leaf
20.   )
21.       internal
22.       pure
23.       returns (bool)
24.   {
25.       bytes32 computedHash = _leaf;
26.
27.       for (uint256 i = 0; i < _proof.length; i++) {
28.           bytes32 proofElement = _proof[i];
29.
30.           if (computedHash < proofElement) {
```

```
31.                 // Hash(current computed hash + current element of the proof)
32.                 computedHash = keccak256(computedHash, proofElement);
33.             } else {
34.                 // Hash(current element of the proof + current computed hash)
35.                 computedHash = keccak256(proofElement, computedHash);
36.             }
37.         }
38.
39.         // 检查计算结果是否与给定的根节点哈希值相同
40.         return computedHash == _root;
41.     }
42. }
```

这是一个可以通过Merkle树中某个叶节点哈希_leaf和从根节点到叶节点所经过的路径上的所有分支（branch）节点哈希_proof来验证根节点哈希_root的库合约。

这里需要注意的是，这个库函数验证的是merkle tree数据，它和我们在第7章中介绍的以太坊中所使用的树（trie，Merkle Patricia tree）是不同的。Merkle树是一个二叉树，所有分支节点（包括根节点）都有且最多有两个子节点，分支节点的数值等于两个子节点的数值的哈希值（即将两个子节点的数值连接为一个数值再进行哈希运算，且连接的时候将数值较小的节点数据放在前边）。

在这个库函数中，_proof是一个byte32的数组，其中保存的是从叶节点_leaf到Merkle树的根节点的路径上每个分支的另一个子节点的数据（即数组_proof的第0个元素为与叶节点_leaf同层的另一个叶节点数据；数组_proof的第1个元素为与叶节点_leaf的父节点同层的另一个子节点数据；以此类推）。所以计算的时候只需要加上一个对当前路径节点在同层内的左右关系的判断即可，也就是源程序第31行到第37行所做的处理（即数值较小的子节点数据在前边，作为keccak256函数的第一个参数）。

9.1.5 拒绝重入（ReentrancyGuard.sol）

这是一个可以用来防止“重入”的基础合约。

代码清单9-5 openzeppelin-solidity/contracts/ReentrancyGuard.sol

```
1. pragma solidity ^0.4.24;
2.
3.
4. /**
5.  * @title 帮助合约抵抗重入攻击
6.  * @author Remco Bloemen <remco@2π.com>
7.  * @notice 如果你把一个函数声明为“nonReentrant”，也应该同时把它声明为“external”
8.  */
9. contract ReentrancyGuard {
10.
11.     /// @dev 解除锁定状态的常数——用非零值以避免额外的 gas 消耗
12.     /// 参考：https://github.com/OpenZeppelin/openzeppelin-solidity/issues/1056
```

```
13.     uint private constant REENTRANCY_GUARD_FREE = 1;
14.
15.     /// @dev 锁定状态的常数
16.     uint private constant REENTRANCY_GUARD_LOCKED = 2;
17.
18.     /**
19.      * @dev 整个合约使用一个锁
20.      */
21.     uint private reentrancyLock = REENTRANCY_GUARD_FREE;
22.
23.     /**
24.      * @dev 防止一个合约调用它自己的函数，无论直接还是间接
25.      * 如果把一个函数声明为“nonReentrant”，也应该把它声明为“external”
26.      * 从一个“nonReentrant”的函数调用另一个也是不允许的
27.      * 通常可以用一个“private”函数来进行实际的处理
28.      * 而用一个声明为“nonReentrant”的“external”的函数给它做一个包装
29.      */
30.     modifier nonReentrant() {
31.         require(reentrancyLock == REENTRANCY_GUARD_FREE);
32.         reentrancyLock = REENTRANCY_GUARD_LOCKED;
33.         _;
34.         reentrancyLock = REENTRANCY_GUARD_FREE;
35.     }
36.
37. }
```

这是一个用来防止重入攻击的基础合约。它使用了一个状态变量 reentrancyLock 作为合约全局的锁，通过一个修改器来实现对重入的限制。因为自 Solidity 0.4.0 版本之后，modifier 中的“_;”（即实际的函数体）之后的代码无论函数体中是否出现异常终止都会执行，所以目前的实现是没有问题的。

此外，就像修改器 nonReentrant 的注释中介绍的那样，如果决定要使用这个修改器限制对某个函数的重入，推荐的做法是将实际的处理写在一个 private 函数中，而用一个声明为 nonReentrant 的 external 函数来调用这个 private 函数。这是因为：给某个函数增加了 nonReentrant 声明之后，在某一次程序执行中，即使在本合约内也无法再调用这个函数了；所以将具体的处理单独作为一个 private 函数（这样在合约内部的多次调用是不会受影响的），而只用修改器去限制其外部访问显然是更灵活、更合适的处理方式。

9.2　算术运算

9.2.1　基本算术（Math.sol）

这是一个包含了针对 uint64 和 uint256 类型的算术大小比较运算的库合约。

代码清单9-6 openzeppelin-solidity/contracts/math/Math.sol

```
1. pragma solidity ^0.4.24;
2.
3.
4. /**
5.  * @title Math
6.  * @dev Assorted math operations
7.  */
8. library Math {
9.     function max64(uint64 _a, uint64 _b) internal pure returns (uint64) {
10.        return _a >= _b ? _a : _b;
11.    }
12.
13.    function min64(uint64 _a, uint64 _b) internal pure returns (uint64) {
14.        return _a < _b ? _a : _b;
15.    }
16.
17.    function max256(uint256 _a, uint256 _b) internal pure returns (uint256) {
18.        return _a >= _b ? _a : _b;
19.    }
20.
21.    function min256(uint256 _a, uint256 _b) internal pure returns (uint256) {
22.        return _a < _b ? _a : _b;
23.    }
24. }
```

这是一个实现了64位整数、256位整数的大小比较的库合约。4个函数都被声明为internal pure，没有太多需要解释的地方。

9.2.2 安全算术（SafeMath.sol）

这是一个包含了对uint256类型进行算术四则运算的库合约。

代码清单9-7 openzeppelin-solidity/contracts/math/SafeMath.sol

```
1. pragma solidity ^0.4.24;
2.
3.
4. /**
5.  * @title SafeMath
6.  * @dev 带有安全检查且会抛出错误的算术操作
7.  */
8. library SafeMath {
9.
10.   /**
11.    * @dev 乘法运算，溢出时抛出错误
12.    */
13.    function mul(uint256 _a, uint256 _b) internal pure returns (uint256 c) {
14.        // gas 优化：这比检查 'a' 不为零便宜，但如果也检查 'b' 就没区别了
15.        // 参考： https://github.com/OpenZeppelin/openzeppelin-solidity/pull/522
```

```
16.         if (_a == 0) {
17.             return 0;
18.         }
19. 
20.         c = _a * _b;
21.         assert(c / _a == _b);
22.         return c;
23.     }
24. 
25.     /**
26.      * @dev 整数除法，舍弃余数
27.      */
28.     function div(uint256 _a, uint256 _b) internal pure returns (uint256) {
29.         // assert(_b > 0); // Solidity automatically throws when dividing by 0
30.         // uint256 c = a / b;
31.         // assert(a == b * c + a % b); // There is no case in which this doesn't hold
32.         return _a / _b;
33.     }
34. 
35.     /**
36.      * @dev 减法，溢出时抛出错误（也就是减数大于被减数时）
37.      */
38.     function sub(uint256 _a, uint256 _b) internal pure returns (uint256) {
39.         assert(_b <= _a);
40.         return _a - _b;
41.     }
42. 
43.     /**
44.      * @dev 加法，溢出时抛出错误
45.      */
46.     function add(uint256 _a, uint256 _b) internal pure returns (uint256 c) {
47.         c = _a + _b;
48.         assert(c >= _a);
49.         return c;
50.     }
51. }
```

这是一个实现了针对 256 位的整数进行加、减、乘、除安全算术运算的库合约。这是一个非常实用，也是非常重要的库合约，所有在自己的合约中需要使用这些算术运算的开发者都应该使用它。当然，如果合约里要处理的数值范围较小，那就可以用这个合约代码作为模板来编写自己的算术运算库合约。

在乘法函数 mul 中，第 14、第 15 行的注释中提到了判断 a == 0 的处理比判断 a != 0 “便宜”。这是因为：“等于”的判断只需要执行一个 EVM 基础操作，即 EQ；而“不等于”的判断则需要执行两个 EVM 基础操作，即 EQ 和 NOT。所以本书的写法更节省 gas。但如果还加入了对 b 的判断，那这种对 gas 的节省就不存在了。此外，第 21 行代码还做了一个断言：assert(c /_a == _b)。这是必要的！因为 _a 和 _b 的类型都是 unit256，所以 _a *_b 的结果很可能会超过 uint256 的最大值 2 ^ 256 – 1；这个时候，由于 c 的类型为 uint256，c 的

值就会发生上溢（overflow），其值会变为 (_a * _b) mod 2^256，所以需要由第 21 行代码的断言来确认没有发生溢出。

因为库函数的主要作用是提供高效的可复用代码，它们是可以被其他合约引用且可能会被反复多次使用的，所以在写库函数的时候，通常都应该认真考虑对 gas 消耗量的优化，仅做那些最必要的处理。对于低概率会发生的情况可以酌情简化处理，以降低平均的库函数使用成本。

在除法函数 div 中，Solidity 中已经默认处理了所有可能的情况，所以不需要额外检查处理，直接返回 _a / _b 的结果即可。但需要注意的是，如果实际的结果不是整数，那么小数部分会被舍去。也就是说，如果 _a < _b，div 的结果永远是 0；如果 _a > _b，则结果为 _a / _b 的商的整数部分（即 div(2, 3) = 0；div(3, 2) = 1）。

在减法函数 sub 中，第 40 行的断言也是必要的！因为 _a 和 _b 的类型都是 uint256，所以当 _b > _a 时，_a – _b 的结果在转换为 uint256 类型时会发生下溢（underflow），其值会变为 2^256 + _a – _b。

最后，与乘法类似，加法函数 add 中第 48 行的断言同样是必要的。因为当 _a + _b 的数值超出 uint256 的最大值 2^256 – 1 时，其数值会变为 (a + b) mod 2^256，所以需要判断加法的结果是否正常。

9.3 自省（introspection）

9.3.1 ERC165（ERC165.sol）

这是一个用于向外界提供一个特定函数的基础合约，这个函数可以用来查询合约支持的接口（函数）。

代码清单9-8 openzeppelin-solidity/contracts/introspection/ERC165.sol

```
 1. pragma solidity ^0.4.24;
 2.
 3.
 4. /**
 5.  * @title ERC165
 6.  * @dev https://github.com/ethereum/EIPs/blob/master/EIPS/eip-165.md
 7.  */
 8. interface ERC165 {
 9.
10.   /**
11.    * @notice 查询一个合约是否实现了一个接口
12.    * @param _interfaceId 符合 ERC 165 标准的接口标识数据
13.    * @dev ERC 165 标准定义的接口标识，这个函数的 gas 消耗应该在 30 000 以内
14.    */
```

```
15.     function supportsInterface(bytes4 _interfaceId)
16.         external
17.         view
18.         returns (bool);
19. }
```

ERC165（EIP165）是一个针对标准合约接口发现（侦测）方式的方案。它定义了一个用来“判断一个给定接口是否属于某个合约”的接口。其中的接口函数 supportsInterface 被定义为 external view（即一个外部函数，且不会修改状态），返回布尔值。这个函数的输入参数是一个 4 字节的数据 _interfaceId，它其实就是我们已经在第 8 章中介绍过的所谓的函数选择器，是合约中某个具体函数的标识（合约函数调用数据的前 4 字节）。此外要注意的是，这个函数的执行所消耗的 gas 需要被控制在 30 000 以内（基于 ERC165 的标准说明）。

9.3.2 接口查找基础合约（SupportsInterfaceWithLookup.sol）

这是一个 ERC165 接口的基础实现合约。

代码清单9-9 openzeppelin-solidity/contracts/introspection/SupportsInterfaceWithLookup.sol

```
1. pragma solidity ^0.4.24;
2.
3. import "./ERC165.sol";
4.
5.
6. /**
7.  * @title SupportsInterfaceWithLookup
8.  * @author Matt Condon (@shrugs)
9.  * @dev 用一个 mapping 实现了 ERC165 标准
10.  */
11. contract SupportsInterfaceWithLookup is ERC165 {
12.   bytes4 public constant InterfaceId_ERC165 = 0x01ffc9a7;
13.   /**
14.    * 0x01ffc9a7 ===
15.    * bytes4(keccak256('supportsInterface(bytes4)'))
16.    */
17.
18.   /**
19.    * @dev 保存是否支持某个 interface id 信息的 mapping
20.    */
21.   mapping(bytes4 => bool) internal supportedInterfaces;
22.
23.   /**
24.    * @dev A contract implementing SupportsInterfaceWithLookup
25.    * @dev  implement ERC165 itself
26.    */
27.   constructor()
28.       public
29.   {
```

```
30.     _registerInterface(InterfaceId_ERC165);
31.     }
32.
33.    /**
34.     * @dev 用一个简单的查找实现 supportsInterface(bytes4)
35.     */
36.     function supportsInterface(bytes4 _interfaceId)
37.         external
38.         view
39.         returns (bool)
40.     {
41.         return supportedInterfaces[_interfaceId];
42.     }
43.
44.    /**
45.     * @dev 用来注册接口的 private 函数
46.     */
47.     function _registerInterface(bytes4 _interfaceId)
48.         internal
49.     {
50.         require(interfaceId != 0xffffffff);
51.         supportedInterfaces[_interfaceId] = true;
52.     }
53. }
```

这是一个实现了ERC165的基础合约。用一个mapping类型的状态变量持久化地保存了一个由函数接口（函数选择器）到布尔值的映射集合。它提供了一个internal函数来注册合约自身的接口函数，并在合约构造函数中直接注册了ERC165接口函数supportsInterface。注意 _registerInterface 函数中第50行的断言也是基于ERC165的标准说明的。

9.4 归属权（用户权限）

9.4.1 归属权（Ownable.sol）

这是一个用来给合约提供所属权特性的基础合约，这是一个非常重要的，大概也是最经常使用的基础合约。

代码清单9-10 openzeppelin-solidity/contracts/ownership/Ownable.sol

```
1. pragma solidity ^0.4.24;
2.
3.
4. /**
5.  * @title Ownable
6.  * @dev 这个合约包含一个所有人（主人）地址，并提供了基础的授权管理功能
7.  * 这简单地实现了“用户许可”功能
```

```
8.  */
9. contract Ownable {
10.     address public owner;
11.
12.
13.     event OwnershipRenounced(address indexed previousOwner);
14.     event OwnershipTransferred(
15.         address indexed previousOwner,
16.         address indexed newOwner
17.     );
18.
19.
20.    /**
21.     * @dev 通过构造函数将创建合约的消息发送者设置为合约的所有者（主人）
22.     */
23.     constructor() public {
24.         owner = msg.sender;
25.     }
26.
27.    /**
28.     * @dev 当调用者不是合约所有者时抛出错误
29.     */
30.     modifier onlyOwner() {
31.         require(msg.sender == owner);
32.         _;
33.     }
34.
35.    /**
36.     * @dev 允许当前所有者放弃合约的控制权
37.     * @notice 放弃合约会使合约没有所有者（主人），所以放弃之后就不可能再调用声明为
       "onlyOwner"的函数
38.     */
39.     function renounceOwnership() public onlyOwner {
40.         emit OwnershipRenounced(owner);
41.         owner = address(0);
42.     }
43.
44.    /**
45.     * @dev 允许当前所有者将合约控制权转移给新的所有者
46.     * @param _newOwner 新的合约所有者地址
47.     */
48.     function transferOwnership(address _newOwner) public onlyOwner {
49.         _transferOwnership(_newOwner);
50.     }
51.
52.    /**
53.     * @dev 将合约控制权转移给新的所有者
54.     * @param _newOwner 新的合约所有者地址
55.     */
56.     function _transferOwnership(address _newOwner) internal {
```

```
57.         require(_newOwner != address(0));
58.         emit OwnershipTransferred(owner, _newOwner);
59.         owner = _newOwner;
60.     }
61. }
```

这是一个非常通用的归属权基础合约。由一个状态变量来保存它的所有者地址，并在构造函数中将合约创建人设置为合约所有者。它定义了两个事件：OwnershipRenounced 用来通知外部世界所有者放弃对合约的所有权；而 OwnershipTransferred 则用来通知外部世界合约归属权发生了转移。

这个合约的逻辑比较简单，它定义了一个修改器来修饰那些只能由合约所有者进行调用的函数。合约所有权转移的实际操作由一个 internal 函数实现，然后用一个 public onlyOwner 函数开放给外部。而放弃合约所有权的函数 renounceOwnership 会将合约的所有人设置为 0 地址，也就是会导致没有人能再调用声明为 onlyOwner 的函数。

此外，我们会注意到，在此合约中两个事件的声明里都把 address 类型的参数（实际上就是 log topic）声明为 indexed，这是为了方便外部程序可以直接判断给定地址是否满足特定条件（在这个合约的日志里就是“是否是前拥有者或现拥有者”）。就像我们在第 11 章中介绍的那样，声明为 indexed 的 log topic 会用来构成交易收据（receipt）的 logBloom，以方便外部程序的过滤 / 查询判断。

9.4.2 用户角色（Roles.sol）

这又是一个非常重要的基础库合约，它提供了对所谓角色（role）的管理和基础控制，同样是经常使用的一个基础合约。

代码清单9-11 openzeppelin-solidity/contracts/ownership/rbac/Roles.sol

```
 1. pragma solidity ^0.4.24;
 2.
 3.
 4. /**
 5.  * @title Roles
 6.  * @author Francisco Giordano (@frangio)
 7.  * @dev 用于管理分配到特定角色的地址的库合约
 8.  * 参考 RBAC.sol 来学习如何具体使用
 9.  */
10. library Roles {
11.     struct Role {
12.         mapping (address => bool) bearer;
13.     }
14.
15.     /**
16.      * @dev 给这个角色添加一个地址
17.      */
18.     function add(Role storage role, address addr)
```

```
19.         internal
20.     {
21.         role.bearer[addr] = true;
22.     }
23.
24.    /**
25.     * @dev 从这个角色中移除一个地址
26.     */
27.     function remove(Role storage role, address addr)
28.         internal
29.     {
30.         role.bearer[addr] = false;
31.     }
32.
33.    /**
34.     * @dev 检查某个地址是否有这个角色
35.     * 不具有这个角色时 revert
36.     */
37.     function check(Role storage role, address addr)
38.         view
39.         internal
40.     {
41.         require(has(role, addr));
42.     }
43.
44.    /**
45.     * @dev 检查某个地址是否有这个角色
46.     * @return bool
47.     */
48.     function has(Role storage role, address addr)
49.         view
50.         internal
51.         returns (bool)
52.     {
53.         return role.bearer[addr];
54.     }
55. }
```

这是一个简单的库函数合约。它定义了一个结构体（struct）Role，其中保存了一组地址到布尔值的映射，也就是保存了“某个地址是否是当前的 Role”这样的信息。该合约的 add、remove、check 和 has 函数的第一个参数都是结构体 Role 的实例，这是为了方便在其他合约中通过 using … for …语法来使用这个库合约。这也是我们在设计库合约时的一个常用技巧。

9.4.3　基于角色的访问控制（RBAC.sol）

这是一个基于角色的设定来控制访问权限的基础合约，同样是非常常用的一个合约模板。

代码清单9-12 openzeppelin-solidity/contracts/ownership/rbac/RBAC.sol

```
1. pragma solidity ^0.4.24;
2.
3. import "./Roles.sol";
4.
5.
6. /**
7.  * @title RBAC (Role-Based Access Control)
8.  * @author Matt Condon (@Shrugs)
9.  * @dev 存储角色和地址数据，并为它们提供 setters 和 getters 函数
10.  * 理论上支持无限数量的角色和地址
11.  * 参考 //contracts/mocks/RBACMock.sol 学习使用实例
12.  * 这个 RBAC 实现并使用了由字符串到角色的映射
13.  * 用户自己用 Enums 或者类似的东西来实现这些接口是很有益的
14.  * 这里也同样建议用户定义常量来避免打字错误，比如下面使用的 ROLE_ADMIN
15. */
16. contract RBAC {
17.     using Roles for Roles.Role;
18.
19.     mapping (string => Roles.Role) private roles;
20.
21.     event RoleAdded(address indexed operator, string role);
22.     event RoleRemoved(address indexed operator, string role);
23.
24.    /**
25.     * @dev 如果地址不具有角色，则 revert
26.     * @param _operator 地址
27.     * @param _role 角色名称
28.     * // reverts
29.     */
30.     function checkRole(address _operator, string _role)
31.         view
32.         public
33.     {
34.         roles[_role].check(_operator);
35.     }
36.
37.    /**
38.     * @dev 判断是否一个地址具有某个角色
39.     * @param _operator 地址
40.     * @param _role 角色名称
41.     * @return bool
42.     */
43.     function hasRole(address _operator, string _role)
44.         view
45.         public
46.         returns (bool)
47.     {
48.         return roles[_role].has(_operator);
49.     }
```

```
50.
51.    /**
52.     * @dev 给地址增加一个角色
53.     * @param _operator 地址
54.     * @param _role 角色名称
55.     */
56.     function addRole(address _operator, string _role)
57.         internal
58.     {
59.         roles[_role].add(_operator);
60.         emit RoleAdded(_operator, _role);
61.     }
62.
63.    /**
64.     * @dev 给地址移除一个角色
65.     * @param _operator 地址
66.     * @param _role 角色名称
67.     */
68.     function removeRole(address _operator, string _role)
69.         internal
70.     {
71.         roles[_role].remove(_operator);
72.         emit RoleRemoved(_operator, _role);
73.     }
74.
75.    /**
76.     * @dev 用来圈定可访问角色的 modifier(用 msg.sender 作为地址)
77.     * @param _role 角色名称
78.     * // reverts
79.     */
80.     modifier onlyRole(string _role)
81.     {
82.         checkRole(msg.sender, _role);
83.         _;
84.     }
85.
86.    /**
87.     * @dev 用来圈定可访问的多个角色的 modifier(用 msg.sender 作为地址)
88.     * @param _roles 角色名称数组
89.     * // reverts
90.     *
91.     * @TODO——当 Solidity 支持用动态数组作为 modifier 的参数时提供这个函数
92.     * 参考: https://github.com/ethereum/solidity/issues/2467
93.     */
94.    // modifier onlyRoles(string[] _roles) {
95.    //     bool hasAnyRole = false;
96.    //     for (uint8 i = 0; i < _roles.length; i++) {
97.    //         if (hasRole(msg.sender, _roles[i])) {
98.    //             hasAnyRole = true;
99.    //             break;
```

```
100.    //          }
101.    //      }
102.
103.    //      require(hasAnyRole);
104.
105.    //      _;
106.    // }
107. }
```

这又是一个非常重要的基础合约，可以用来基于用户角色进行相应的访问控制。合约中定义了一个 string 到 Roles.Role（参考上一个合约 Roles.sol）的 private 映射，也就是角色名称到与角色相关联的所有地址信息映射的对应关系。此外还定义了两个事件来将角色中的地址添加和移除通知外部世界。该合约提供了几个关于角色的基础操作 checkRole、hasRole、addRole、removeRole，提供了一个仅允许特定角色进行函数调用的修改器 onlyRole。

合约代码的最后（第 86 行到第 106 行）提供了一个被注释掉的、能允许多个特定角色进行函数调用的修改器 onlyRoles，这是因为目前 Solidity 还不支持以动态数组（即数组元素的个数在编译时未知）作为 modifier 的参数。

此外，合约开头的注释中提到建议我们使用常量来定义相应的角色名称，以避免手误等问题，这也是一个软件工程方面的经验提示。

9.4.4 超级用户（Superuser.sol）

这是一个提供了所谓“超级用户”功能的基础合约。

代码清单9-13 openzeppelin-solidity/contracts/ownership/Superuser.sol

```
 1. pragma solidity ^0.4.24;
 2.
 3.
 4. import "./Ownable.sol";
 5. import "./rbac/RBAC.sol";
 6.
 7.
 8. /**
 9.  * @title Superuser
10.  * @dev 这个合约定义了一个单独的超级用户，他可以将合约的所有者转移给其他地址，即使他不是合
     约的所有者（主人）
11. * 超级用户也可以将其角色转移给新的地址
12. */
13. contract Superuser is Ownable, RBAC {
14.     string public constant ROLE_SUPERUSER = "superuser";
15.
16.     constructor () public {
17.         addRole(msg.sender, ROLE_SUPERUSER);
18.     }
```

```
19.
20.     /**
21.      * @dev 如果调用者不具有超级用户角色，则抛出错误
22.      */
23.     modifier onlySuperuser() {
24.         checkRole(msg.sender, ROLE_SUPERUSER);
25.         _;
26.     }
27.
28.     modifier onlyOwnerOrSuperuser() {
29.         require(msg.sender == owner || isSuperuser(msg.sender));
30.         _;
31.     }
32.
33.     /**
34.      * @dev 判断一个地址是否具有超级用户角色
35.      */
36.     function isSuperuser(address _addr)
37.         public
38.         view
39.         returns (bool)
40.     {
41.         return hasRole(_addr, ROLE_SUPERUSER);
42.     }
43.
44.     /**
45.      * @dev 允许当前超级用户将他的角色转移给新的超级用户
46.      * @param _newSuperuser 新的超级用户地址
47.      */
48.     function transferSuperuser(address _newSuperuser) public onlySuperuser {
49.         require(_newSuperuser != address(0));
50.         removeRole(msg.sender, ROLE_SUPERUSER);
51.         addRole(_newSuperuser, ROLE_SUPERUSER);
52.     }
53.
54.     /**
55.      * @dev 允许当前超级用户将合约的所有者（主人）转移给新的地址
56.      * @param _newOwner 新的合约所有者地址
57.      */
58.     function transferOwnership(address _newOwner) public onlyOwnerOrSuperuser {
59.         _transferOwnership(_newOwner);
60.     }
61. }
```

这是一个继承了Ownable和RBAC的合约，实现了将创建者设置为超级用户（superuser）的功能。超级用户可以直接更改合约的归属权，即使他不是合约的owner。

这个合约还提供了两个修改器onlySuperuser和onlyOwnerOrSuperuser，以及转移超级用户权限的函数transferSuperuser和转移合约归属权的函数transferOwnership。

9.4.5 联系方式（Contactable.sol）

这是一个简单地给 Ownable 合约添加了字符串附加信息（联系方式）的基础合约。

代码清单9-14 openzeppelin-solidity/contracts/ownership/Contactable.sol

```
1. pragma solidity ^0.4.24;
2.
3. import "./Ownable.sol";
4.
5.
6. /**
7.  * @title Contactable token
8.  * @dev Contactable 合约的基础版本，允许合约所有者提供他们的额外信息（联系方式）
9.  */
10. contract Contactable is Ownable {
11.
12.    string public contactInformation;
13.
14.   /**
15.     * @dev 允许合约所有者设置一个字符串（联系方式信息）
16.     * @param info 与此合约关联的额外信息（联系方式）
17.     */
18.    function setContactInformation(string info) onlyOwner public {
19.        contactInformation = info;
20.    }
21. }
```

这是一个对 Ownable 合约的简单扩展，增加了联系方式信息的设置函数。

9.4.6 归属权转移请求（Claimable.sol）

这是一个对 Ownable 合约的扩展，提供了一种需要确认的合约归属权转移的功能。

代码清单9-15 openzeppelin-solidity/contracts/ownership/Claimable.sol

```
1. pragma solidity ^0.4.24;
2.
3.
4. import "./Ownable.sol";
5.
6.
7. /**
8.  * @title Claimable
9.  * @dev 对 Ownable 合约的扩展，但归属权需要接收人确认
10.  */
11. contract Claimable is Ownable {
12.    address public pendingOwner;
13.
14.   /**
15.     * @dev 如果调用者不是正在等待确认的新所有者，则抛出异常
```

```
16.     */
17.     modifier onlyPendingOwner() {
18.         require(msg.sender == pendingOwner);
19.         _;
20.     }
21.
22.    /**
23.     * @dev 允许当前合约所有者设置要转移的所有者地址
24.     * @param newOwner 新的合约所有者地址
25.     */
26.     function transferOwnership(address newOwner) onlyOwner public {
27.         pendingOwner = newOwner;
28.     }
29.
30.    /**
31.     * @dev 允许等待确认的新合约所有者确认合约归属权的转移
32.     */
33.     function claimOwnership() onlyPendingOwner public {
34.         emit OwnershipTransferred(owner, pendingOwner);
35.         owner = pendingOwner;
36.         pendingOwner = address(0);
37.     }
38. }
```

这是一个Ownable合约的扩展，允许在做归属权转移时，由新的合约拥有者“声明接受归属权”。代码实现很简单，只是把OwnershipTransferred事件产生的时机改为新的合约拥有者调用claimOwnership函数时；否则，转移过程将处于“pending”状态。

9.4.7 有时限的归属权转移请求（DelayedClaimable.sol）

这是一个对Claimable合约的扩展，增加了对合约的新主人确认归属权转移的时间限制。

代码清单9-16 openzeppelin-solidity/contracts/ownership/DelayedClaimable.sol

```
 1. pragma solidity ^0.4.24;
 2.
 3. import "./Claimable.sol";
 4.
 5.
 6. /**
 7.  * @title DelayedClaimable
 8.  * @dev 对 Claimable 合约的扩展，限定了归属权需要在特定的区块号之前/之后被新所有者确认
 9. */
10. contract DelayedClaimable is Claimable {
11.
12.     uint256 public end;
13.     uint256 public start;
14.
```

```
15.    /**
16.     * @dev 用来指定新的所有者可以确认归属权的时间范围
17.     * @param _start 可以确认归属权的最早时间
18.     * @param _end 可以确认归属权的最晚时间
19.     */
20.     function setLimits(uint256 _start, uint256 _end) onlyOwner public {
21.         require(_start <= _end);
22.         end = _end;
23.         start = _start;
24.     }
25.
26.    /**
27.     * @dev 允许新的合约所有者确认合约归属权，需要在给定的开始和结束时间范围内调用
28.     */
29.     function claimOwnership() onlyPendingOwner public {
30.         require((block.number <= end) && (block.number >= start));
31.         emit OwnershipTransferred(owner, pendingOwner);
32.         owner = pendingOwner;
33.         pendingOwner = address(0);
34.         end = 0;
35.     }
36.
37. }
```

这是一个对Claimable合约的简单扩展，由当前的合约所有者指定了一个接受归属权转移的时间期限，新的owner只有在时间期限内调用claimOwnership函数才能获得合约的归属权。需要注意的是这里的时间条件是一个区块号（blockNumber）的范围，并不是真实时间。这是由于区块链系统基于分布式对等网络，各个节点（客户端）的本地时间未必会与UTC时间一致，且合约在各个节点上的执行也不是按照统一时间进行的，所以合约中无法使用确定的物理时间作为判定条件；而通常会使用区块号这个全网共识的时间标志来作为判定条件。

9.4.8 归属权继承（Heritable.sol）

这是一个对Ownable合约的扩展，增加了一种对合约归属权的所谓“继承”的特性。

代码清单9-17 openzeppelin-solidity/contracts/ownership/Heritable.sol

```
 1. pragma solidity ^0.4.24;
 2.
 3.
 4. import "./Ownable.sol";
 5.
 6.
 7. /**
 8.  * @title Heritable
 9.  * @dev Heritable 合约提供了一种当合约所有者停止“心跳”时能够自动转移合约归属权的能力
10.  * 只有继承人能宣布前主人（当前所有者）的“死亡”
```

```
11. */
12. contract Heritable is Ownable {
13.     address private heir_;
14.
15.     // 当前所有者公告他仍然“活着”的时间窗口
16.     uint256 private heartbeatTimeout_;
17.
18.     // 由继承人公布的前主人（当前所有者）的“死亡”时间
19.     uint256 private timeOfDeath_;
20.
21.     event HeirChanged(address indexed owner, address indexed newHeir);
22.     event OwnerHeartbeated(address indexed owner);
23.     event OwnerProclaimedDead(
24.         address indexed owner,
25.         address indexed heir,
26.         uint256 timeOfDeath
27.     );
28.     event HeirOwnershipClaimed(
29.         address indexed previousOwner,
30.         address indexed newOwner
31.     );
32.
33.
34.     /**
35.      * @dev 调用者不是继承人时抛出异常
36.      */
37.     modifier onlyHeir() {
38.         require(msg.sender == heir_);
39.         _;
40.     }
41.
42.
43.     /**
44.      * @notice 用零地址继承人创建一个 Heritable 合约
45.      * @param _heartbeatTimeout  继承人可以获得合约归属权的超时时间，即当前所有者的最迟
          公告自己仍然“活着”的时间间隔
46.      */
47.     constructor(uint256 _heartbeatTimeout) public {
48.         setHeartbeatTimeout(_heartbeatTimeout);
49.     }
50.
51.     function setHeir(address newHeir) public onlyOwner {
52.         require(newHeir != owner);
53.         heartbeat();
54.         emit HeirChanged(owner, newHeir);
55.         heir_ = newHeir;
56.     }
57.
58.     /**
59.      * @dev 返回继承人地址的 getter 函数
```

```
60.       */
61.      function heir() public view returns(address) {
62.          return heir_;
63.      }
64.
65.      function heartbeatTimeout() public view returns(uint256) {
66.          return heartbeatTimeout_;
67.      }
68.
69.      function timeOfDeath() public view returns(uint256) {
70.          return timeOfDeath_;
71.      }
72.
73.      /**
74.       * @dev 将继承人设定为零地址
75.       */
76.      function removeHeir() public onlyOwner {
77.          heartbeat();
78.          heir_ = address(0);
79.      }
80.
81.      /**
82.       * @dev 继承人宣布前主人（当前所有者）的“死亡”，但他们必须等待“heartbeatTimeout”
          秒才能确认获得合约归属权
83.       */
84.      function proclaimDeath() public onlyHeir {
85.          require(ownerLives());
86.          emit OwnerProclaimedDead(owner, heir_, timeOfDeath_);
87.          // solium-disable-next-line security/no-block-members
88.          timeOfDeath_ = block.timestamp;
89.      }
90.
91.      /**
92.       * @dev 当前所有者发出一个“心跳”，如果他们被错误地声明为“死亡”
93.       */
94.      function heartbeat() public onlyOwner {
95.          emit OwnerHeartbeated(owner);
96.          timeOfDeath_ = 0;
97.      }
98.
99.      /**
100.      * @dev 仅在“心跳”超时的情况下，允许继承人确认获得合约归属权
101.      */
102.     function claimHeirOwnership() public onlyHeir {
103.         require(!ownerLives());
104.         // solium-disable-next-line security/no-block-members
105.         require(block.timestamp >= timeOfDeath_ + heartbeatTimeout_);
106.         emit OwnershipTransferred(owner, heir_);
107.         emit HeirOwnershipClaimed(owner, heir_);
108.         owner = heir_;
109.         timeOfDeath_ = 0;
```

```
110.     }
111.
112.     function setHeartbeatTimeout(uint256 newHeartbeatTimeout)
113.         internal onlyOwner
114.     {
115.         require(ownerLives());
116.         heartbeatTimeout_ = newHeartbeatTimeout;
117.     }
118.
119.     function ownerLives() internal view returns (bool) {
120.         return timeOfDeath_ == 0;
121.     }
122. }
```

这是一个稍显复杂的Ownable合约扩展，实现了对归属权继承的模拟。合约中用一个状态变量heir_来保存继承人地址，声明了4个事件来通知外部世界：继承人的变动（HeirChanged）、当前所有者心跳（OwnerHeartbeated）、继承人宣布当前所有者死亡（OwnerProclaimedDead）和继承人获得归属权（HeirOwnershipClaimed）。

合约所有者可以通过setHeir和removeHeir函数来指定、移除继承人，而后需要定期（从逻辑上说只需要在由heartbeatTimeout_所保存的超时时间内）调用heartbeat函数来通知外部世界合约所有者仍然“活着”。外部的合约继承人可以通过getter函数heartbeatTimeout获得超时时间，并检查最新一次的OwnerHeartbeated事件的产生时间；如果当前时间已超过最新的“心跳”时间加上heartbeatTimeout时间，继承人就可以调用proclaimDeath来声明合约所有者的“死亡”时间，即设置timeOfDeath_，以声明他将获得继承权。但这里会有一个“宽限期”，也就是第109行程序的逻辑，即合约的所有者只要在timeOfDeath_加上heartbeatTimeout_的时间内调用heartbeat函数，就可以使继承人的声明作废。在宽限期过后，继承人就可以调用claimHeirOwnership函数来声明获得合约的归属权。

此外，因为区块链本身的机制问题，合约内是不能判断实际时间的，因为具体的合约代码的执行是在所有矿工和全节点本地进行的，大家所能达成一致的时间只能是当前区块的时间戳，所以通常在合约中判断时间会使用block.timestamp。在本合约的场景中，使用block.timestamp，即触发当前这次合约代码执行的交易所被包含进的区块时间来判断已经足够。

注意　在大多数情况下，并不需要准确地判断代码实际执行的时间；如果一定要判断，则通常需要使用本书前边介绍过的所谓“预言机（Oracle）”服务来实现。

这个合约的代码并不复杂，但其运作方式是通过事件来与外部世界交互而实现的，需要我们仔细理解。

9.4.9　合约不归属于合约（HasNoContracts.sol）

这是一个对Ownable合约的简单扩展，提供了一个可以将当前合约控制的其他合约的控制权转移给当前合约的所有者的函数。

代码清单9-18 openzeppelin-solidity/contracts/ownership/HasNoContracts.sol

```
1. pragma solidity ^0.4.24;
2.
3. import "./Ownable.sol";
4.
5.
6. /**
7.  * @title 合约不应该“拥有”合约
8.  * @author Remco Bloemen <remco@2π.com>
9.  * @dev 拥有其他合约的特性应该到这个合约为止，它允许当前合约的所有者将此合约所拥有的其他合
    约的归属权转移给自己
10.  */
11. contract HasNoContracts is Ownable {
12.
13.   /**
14.    * @dev 取回此合约拥有的合约的归属权
15.    * @param contractAddr address 要取回归属权的合约地址
16.    */
17.   function reclaimContract(address contractAddr) external onlyOwner {
18.       Ownable contractInst = Ownable(contractAddr);
19.       contractInst.transferOwnership(owner);
20.   }
21. }
```

当某个继承自 Ownable 合约的合约，其所有者地址被设置为一个合约地址的时候，可以使用这个 HasNoContracts 合约定义的 reclaimContract 方法将其所有者地址转移到当前合约的所有者。

这里需要注意第 18、第 19 行程序的效果。第 18 行程序是将变量 contractAddr 的类型由 address 转换为 Ownable。而第 19 行程序则是向地址 contractAddr 发出了一个函数调用（消息调用），它会被转换为一个 ABI 编码，其中的函数选择器将是基于 Ownable 合约的定义来计算的 sha3('transferOwnership(address)') 结果的前 4 字节，参数为当前合约的状态变量 owner 的值。所以，如果地址 contractAddr 所关联的合约代码是继承自 Ownable 合约的，这个调用就会运行其 transferOwnership 函数；如果地址 contractAddr 所关联的合约代码不是继承自 Ownable 合约的，也就是目标合约中不存在 transferOwnership 函数，那么这个调用会执行目标合约的 fallback 函数。

9.4.10 合约不持有以太币（HasNoEther.sol）

这是对 Ownable 合约的简单扩展，来确保合约中不持有以太币。

代码清单9-19 openzeppelin-solidity/contracts/ownership/HasNoEther.sol

```
1. pragma solidity ^0.4.24;
```

```
2.
3. import "./Ownable.sol";
4.
5.
6. /**
7.  * @title 合约不应该持有以太币
8.  * @author Remco Bloemen <remco@2π.com>
9.  * @dev 这里会尝试拒绝以太币的转入，以避免潜在的资金损失，并且允许合约的所有者取回合约中的
    以太币
10.  * @notice 以太币仍然可以通过以下方式发送到这个合约：
11.  * 调用被声明为 payable 的函数
12.  * selfdestruct(contract_address)
13.  * 将这个合约地址设定为挖矿收入接收地址
14.  */
15. contract HasNoEther is Ownable {
16.
17.   /**
18.    * @dev 拒绝转入以太币的构造函数
19.    * 增加了 payable 声明是为了在代码中使用 msg.value 而不会产生编译器警告
20.    * 如果不这么做，那么子合约就可以实现一个 payable 的构造函数来接收以太币
21.    * 这样的写法就能避免一个 payable 的构造函数
22.    * 当然，我们也可以通过内联汇编使用 msg.value
23.    */
24.   constructor() public payable {
25.       require(msg.value == 0);
26.   }
27.
28.   /**
29.    * @dev 声明一个缺省的 fallback 函数，并不添加 payable 声明，这可以拒绝向此合约地址
      发起的简单转账交易
30.    */
31.   function() external {
32.   }
33.
34.   /**
35.    * @dev 将合约持有的所有以太币转移给当前合约的所有者
36.    */
37.   function reclaimEther() external onlyOwner {
38.       owner.transfer(address(this).balance);
39.   }
40. }
```

构造函数声明为 payable 是为了可以在其中获得 msg.value 的值，且可以避免子合约在构造函数中接受转账的问题。合约 fallback 函数没有声明为 payable，所以向此合约发起的 transfer 或者 send 会失败。但就像我们在前面介绍的“分割付款”合约中提到的那样，如果这个合约的地址被作为区块奖励的地址，那么目前是无法拒绝这种情况所导致的余额增加的。所以这个合约还定义了一个 reclaimEther 函数，来将所有的 balance 转账给合约的所有者。

9.4.11 合约可找回 token (CanClaimToken.sol)

这也是一个 Ownable 合约的简单扩展，可以将合约持有的 ERC20 token 取回到合约所有者地址。

代码清单9-20 openzeppelin-solidity/contracts/ownership/CanReclaimToken.sol

```
1. pragma solidity ^0.4.24;
2.
3. import "./Ownable.sol";
4. import "../token/ERC20/ERC20Basic.sol";
5. import "../token/ERC20/SafeERC20.sol";
6.
7.
8. /**
9.  * @title 合约应该可以取回其持有的 token
10.  * @author SylTi
11.  * @dev 这允许合约将自己持有的 ERC20 token 转移到合约所有者地址，这将可以避免 token 的
     意外丢失
12. */
13. contract CanReclaimToken is Ownable {
14.     using SafeERC20 for ERC20Basic;
15.
16.    /**
17.     * @dev 取回与 ERC20Basic 兼容的 token
18.     * @param token ERC20Basic token 合约地址
19.     */
20.     function reclaimToken(ERC20Basic token) external onlyOwner {
21.         uint256 balance = token.balanceOf(this);
22.         token.safeTransfer(owner, balance);
23.     }
24.
25. }
```

虽然这个合约使用了两个我们还没介绍到的 token 合约，但它的逻辑非常简单，我们目前只要知道 SafeERC20 是一个库函数合约，ERC20Basic 是一个 token 基础合约接口即可。

合约的实际处理只有第 21、第 22 行两行代码。第 21 行中使用了 this，这是一个 Solidity 关键字，其类型为当前合约（即 CanReclaimToken），可以直接作为 address 类型使用，所以这行代码的含义就是取得当前合约地址所关联的账户余额。第 22 行则执行了输入参数 token 的 safeTransfer 函数，它会将当前合约地址所持有的 Token 转账给当前合约的 owner，转账数量为当前合约地址所持有的所有 token 的数量。

9.4.12 合约不持有 token (HasNoTokens.sol)

这是一个对 CanClaimToken 合约的扩展，用来退回所有 ERC223 代币的转账。

代码清单9-21 openzeppelin-solidity/contracts/ownership/HasNoTokens.sol

```
1. pragma solidity ^0.4.24;
2.
3. import "./CanReclaimToken.sol";
4.
5.
6. /**
7.  * @title 合约不应该持有 token
8.  * @author Remco Bloemen <remco@2π.com>
9.  * @dev 这将阻止 ERC223 token 转入这个合约，以避免意外的 token 丢失
10.  * 对（任何兼容 ERC20Basic 的）token 的持有都应该到此合约为止，它还允许合约的所有者取回
    相应的 token
11. */
12. contract HasNoTokens is CanReclaimToken {
13.
14.   /**
15.    * @dev 拒绝所有兼容 ERC223 的 token
16.    * @param _from address 转移 token 的地址
17.    * @param _value uint256 给定的 token 数量
18.    * @param _data Bytes 从调用者传入的数据
19.    */
20.    function tokenFallback(address _from, uint256 _value, bytes _data) external {
21.        _from;
22.        _value;
23.        _data;
24.        revert();
25.    }
26.
27. }
```

这里的tokenFallback函数就是ERC223标准中要求接收者合约实现的一个函数，实现了这个函数的合约会被认为是可以持有ERC223 token的合约，它的作用类似于合约的fallback函数在处理transfer或者send操作时的作用；但在这个基础合约中，因为要做到的是“不持有”token，所以在这个函数中调用了revert全局函数。Solidity中的revert函数会导致EVM的异常终止，回退所有先前对状态的修改，并向交易发送者退还所有未使用的gas；实质上也就是会使ERC223 token的转账处理失败。

此外，代码中第21到第23行语句不会产生任何具体的EVM操作码，这个写法仅仅是为了去除编译器警告（如果不加这3个语句，编译器会产生“局部变量未被使用”的警告）。

9.4.13 合约什么都不持有（NoOwner.sol）

这是一个简单的继承了HasNoEther、HasNoTokens、HasNoContracts合约的基础合约，也就是说这个合约既不持有以太币或token，也不是任何其他合约的所有者。

代码清单9-22 openzeppelin-solidity/contracts/ownership/NoOwner.sol

```
 1. pragma solidity ^0.4.24;
 2.
 3. import "./HasNoEther.sol";
 4. import "./HasNoTokens.sol";
 5. import "./HasNoContracts.sol";
 6.
 7.
 8. /**
 9.  * @title 应该什么都不持有的基础合约
10.  * @author Remco Bloemen <remco@2π.com>
11.  * @dev 解决一个合约意外地持有以太币或 token，或者意外地成为其他合约的所有者的这些问题。
     参考相关的基础合约可以了解更多详情
12. */
13. contract NoOwner is HasNoEther, HasNoTokens, HasNoContracts {
14. }
```

9.5 访问控制

9.5.1 签名保镖（SignatureBouncer.sol）

这个基础合约提供了一种通过用户签名来获得特定处理的操作权限的特性。

代码清单9-23 openzeppelin-solidity/contracts/access/SignatureBouncer.sol

```
 1. pragma solidity ^0.4.24;
 2.
 3. import "../ownership/Ownable.sol";
 4. import "../ownership/rbac/RBAC.sol";
 5. import "../ECRecovery.sol";
 6.
 7.
 8. /**
 9.  * @title SignatureBouncer
10.  * @author PhABC, Shrugs and aflesher
11.  * @dev Bouncer 允许用户提交一个签名来获得某个操作的权限
12.  * 如果签名来自某个授权的保镖（bouncer）地址，它就是有效的
13.  * 合约的所有者可以添加/移除保镖
14.  * bouncer 的地址可以是某个独立的授权服务器，也可以是一个由不同用户构成的能够邀请其他用户
     加入的所谓“去中心化俱乐部”
15.  * 这种特性对于白名单或者空投功能是有用的，这可以避免把所有有效地址都保存到链上，而只通过一
     个有效的保镖地址签发一个格式为
16.  * keccak256(abi.encodePacked(':contractAddress' + ':granteeAddress'))
17.  * 的数据来实现授权
18.  * 然后使用 onlyValidSignature 修改器或者用 isValidSignature 函数实现自己的修改器来
     限制对自己的 crowdsale/whitelist/airdrop 的访问
19.  * 作为对 onlyValidSignature 的补充，onlyValidSignatureAndMethod 和
20.  * onlyValidSignatureAndData 可以分别用来限制一个给定的函数或者一个具有给定参数表的函数
```

```
21.  * 具体的使用实例可以参考 tests Bouncer.test.js
22.  * @notice 使用 onlyValidSignatureAndData 修改器的函数必须将 _sig 作为“最后”一个参数
23.  * 不能对一个已经有签名数据的消息进行签名，因为这会使 msg.data 的最后 128 字节（代表了 _
     sig 数据的长度和 _sig 数据本身）在验证时被忽略
24.  * 另外，非定长参数会使签名数据的构造变得更加复杂，更多细节请参考 https://ethereum.stacke-
     xchange.com/a/50616
25.  */
26. contract SignatureBouncer is Ownable, RBAC {
27.    using ECRecovery for bytes32;
28.
29.    string public constant ROLE_BOUNCER = "bouncer";
30.    uint constant METHOD_ID_SIZE = 4;
31.    // （签名数据长度）32 字节 + （65 字节签名的整字长度）96 字节
32.    uint constant SIGNATURE_SIZE = 128;
33.
34.    /**
35.     * @dev 需要提供保镖的有效签名
36.     */
37.    modifier onlyValidSignature(bytes _sig)
38.    {
39.        require(isValidSignature(msg.sender, _sig));
40.        _;
41.    }
42.
43.   /**
44.    * @dev 需要提供保镖对某个特定函数的有效签名
45.    */
46.    modifier onlyValidSignatureAndMethod(bytes _sig)
47.    {
48.        require(isValidSignatureAndMethod(msg.sender, _sig));
49.        _;
50.    }
51.
52.   /**
53.    * @dev 需要提供保镖对某个特定参数表的函数的有效签名
54.    */
55.    modifier onlyValidSignatureAndData(bytes _sig)
56.    {
57.        require(isValidSignatureAndData(msg.sender, _sig));
58.        _;
59.    }
60.
61.   /**
62.    * @dev 允许合约所有者添加保镖的地址
63.    */
64.    function addBouncer(address _bouncer)
65.        onlyOwner
66.        public
67.    {
68.        require(_bouncer != address(0));
69.        addRole(_bouncer, ROLE_BOUNCER);
```

```
70.     }
71.
72.     /**
73.      * @dev 允许合约所有者移除保镖的地址
74.      */
75.     function removeBouncer(address _bouncer)
76.         onlyOwner
77.         public
78.     {
79.         require(_bouncer != address(0));
80.         removeRole(_bouncer, ROLE_BOUNCER);
81.     }
82.
83.     /**
84.      * @dev 判断签名是否是某个保镖对 “this + sender” 的签名
85.      * @return bool
86.      */
87.     function isValidSignature(address _address, bytes _sig)
88.         internal
89.         view
90.         returns (bool)
91.     {
92.         return isValidDataHash(
93.             keccak256(abi.encodePacked(address(this), _address)),
94.             _sig
95.         );
96.     }
97.
98.     /**
99.      * @dev 判断签名是否是某个保镖对 “this + sender + methodId” 的签名
100.     * @return bool
101.     */
102.    function isValidSignatureAndMethod(address _address, bytes _sig)
103.        internal
104.        view
105.        returns (bool)
106.    {
107.        bytes memory data = new bytes(METHOD_ID_SIZE);
108.        for (uint i = 0; i < data.length; i++) {
109.            data[i] = msg.data[i];
110.        }
111.        return isValidDataHash(
112.            keccak256(abi.encodePacked(address(this), _address, data)),
113.            _sig
114.        );
115.    }
116.
117.    /**
118.     * @dev 判断签名是否是某个保镖对 “this + sender + methodId + params(s)” 的签名
119.     * @notice 要验证的这个函数中的 _sig 参数必须是“最后”一个参数
120.     * @return bool
```

```
121.     */
122.     function isValidSignatureAndData(address _address, bytes _sig)
123.         internal
124.         view
125.         returns (bool)
126.     {
127.         require(msg.data.length > SIGNATURE_SIZE);
128.         bytes memory data = new bytes(msg.data.length - SIGNATURE_SIZE);
129.         for (uint i = 0; i < data.length; i++) {
130.             data[i] = msg.data[i];
131.         }
132.         return isValidDataHash(
133.             keccak256(abi.encodePacked(address(this), _address, data)),
134.             _sig
135.         );
136.     }
137. 
138.    /**
139.     * @dev 一个 internal 函数，将哈希值转换为客户端签发的消息数据，而后恢复签名公钥（签
         名人地址）来验证签名是否来自一个具有保镖角色的地址
140.     * @return bool
141.     */
142.     function isValidDataHash(bytes32 hash, bytes _sig)
143.         internal
144.         view
145.         returns (bool)
146.     {
147.         address signer = hash
148.             .toEthSignedMessageHash()
149.             .recover(_sig);
150.         return hasRole(signer, ROLE_BOUNCER);
151.     }
152. }
```

这个合约继承了Ownable和RBAC，也就是说，它有一个所有者，且有一个保存了角色和相应地址的映射；此外，合约中将ECRecovery库函数合约绑定到bytes32类型上。就像在合约开头的英文注释中解释的那样，这个合约是实现了一种可以通过拥有BOUNCER角色的地址提供的签名，来对特定的合约函数进行“调用授权”的模板。这可以认为是一种授权签名或者代理签名的模式，比如，我们可以把某个函数的调用权限开放给某个特定的地址（由个人或企业控制），并授权他可以再帮助其他（他信任的）用户来使用某个合约函数，只要函数调用中包含了我们直接授权的这个地址的签名，即认为是可信的调用。

我们可以通过合约的addBouncer()和removeBouncer()函数来设定/移除属于BOUNCER角色的地址。而后我们就可以通过3个修改器onlyValidSignature、onlyValidSignatureAndMethod和onlyValidSignatureAndData来控制对合约函数的访问权限。这3个修改器会分别检查“合约地址加发送者地址”签名、“合约地址加发送者地址加函数选择器”签名、“合约地址

加发送者地址加函数选择器加调用参数”签名的地址是否具有 BOUNCER 角色。

需要注意的是，使用 onlyValidSignatureAndMethod 和 onlyValidSignatureAndData 时传入的参数 bytes_sig 中，需要把实际的签名数据放在 msg.data（也就是这个原始的消息调用交易所附带的字节数据）的尾部。代码中第 107 行到第 110 行，以及第 127 行到第 131 行的处理，就是根据这个逻辑，把函数选择器（4 字节）数据和函数选择器加调用参数数据（msg.data.length-128 字节）从 callData（即合约函数调用的 ABI 编码数据）中复制到内存变量中。

9.5.2 白名单（Whitelist.sol）

这是一个简单地实现了所谓“白名单”功能的基础合约。

代码清单9-24 openzeppelin-solidity/contracts/access/Whitelist.sol

```
 1. pragma solidity ^0.4.24;
 2.
 3.
 4. import "../ownership/Ownable.sol";
 5. import "../ownership/rbac/RBAC.sol";
 6.
 7.
 8. /**
 9.  * @title Whitelist
10.  * @dev 这个白名单合约具有一个由若干地址构成的白名单，并提供了一些基础鉴权功能
11.  * 这是一个对“用户权限”的简化实现
12.  */
13. contract Whitelist is Ownable, RBAC {
14.     string public constant ROLE_WHITELISTED = "whitelist";
15.
16.    /**
17.     * @dev 如果给定地址不在白名单内，抛出错误
18.     * @param _operator address
19.     */
20.     modifier onlyIfWhitelisted(address _operator) {
21.         checkRole(_operator, ROLE_WHITELISTED);
22.         _;
23.     }
24.
25.    /**
26.     * @dev 向白名单中添加一个地址
27.     * @param _operator address
28.     */
29.     function addAddressToWhitelist(address _operator)
30.         onlyOwner
31.         public
32.     {
33.         addRole(_operator, ROLE_WHITELISTED);
34.     }
```

```
35.
36.     /**
37.      * @dev 判断一个地址是否在白名单中
38.      */
39.     function whitelist(address _operator)
40.         public
41.         view
42.         returns (bool)
43.     {
44.         return hasRole(_operator, ROLE_WHITELISTED);
45.     }
46.
47.    /**
48.     * @dev 将一组地址添加到白名单中
49.     * @param _operators addresses
50.     */
51.     function addAddressesToWhitelist(address[] _operators)
52.         onlyOwner
53.         public
54.     {
55.         for (uint256 i = 0; i < _operators.length; i++) {
56.             addAddressToWhitelist(_operators[i]);
57.         }
58.     }
59.
60.    /**
61.     * @dev 从白名单中移除一个地址
62.     * @param _operator address
63.     */
64.     function removeAddressFromWhitelist(address _operator)
65.         onlyOwner
66.         public
67.     {
68.         removeRole(_operator, ROLE_WHITELISTED);
69.     }
70.
71.    /**
72.     * @dev 从白名单中移除一组地址
73.     * @param _operators addresses
74.     */
75.     function removeAddressesFromWhitelist(address[] _operators)
76.         onlyOwner
77.         public
78.     {
79.         for (uint256 i = 0; i < _operators.length; i++) {
80.             removeAddressFromWhitelist(_operators[i]);
81.         }
82.     }
83.
84. }
```

这个合约继承自两个基础合约 Ownable 和 RBAC，可以由合约的 owner 将特定地址或者地址数组加入“白名单”或从“白名单”中移除。它还提供了一个修改器 onlyIfWhitelisted，可以用来限制那些仅允许被加入“白名单”的地址所调用的函数。

合约的程序逻辑很简单，唯一需要说明的是其中定义了两个叫作 addAddressToWhitelist()、addAddressesToWhitelist() 的函数和两个叫作 removeAddressFromWhiteList()、removeAddressesFromWhiteList() 的函数，它们之间的区别在于参数表（即参数的类型和数量）。这也是在其他面向对象开发语言中常用的所谓“参数多态”的一种语言特性。由于 Solidity 中的函数选择器是以函数名和参数表（类型和数量）来区分的，所以这一特性也得到了支持。

9.6 生命周期

9.6.1 可自毁(Destructible.sol)

这是一个简单地提供了所谓“自毁”操作的基础合约。

代码清单9-25 openzeppelin-solidity/contracts/lifecycle/Destructible.sol

```
1. pragma solidity ^0.4.24;
2.
3.
4. import "../ownership/Ownable.sol";
5.
6.
7. /**
8.  * @title Destructible
9.  * @dev 可以由合约所有者进行销毁的基础合约，所有资金会被发送给合约所有者
10.  */
11. contract Destructible is Ownable {
12.
13.    constructor() public payable { }
14.
15.   /**
16.     * @dev 销毁合约，并将余额发送给合约所有者
17.     */
18.    function destroy() onlyOwner public {
19.        selfdestruct(owner);
20.    }
21.
22.   /**
23.     * @dev 销毁合约，并将余额发送到给定地址
24.     */
25.    function destroyAndSend(address _recipient) onlyOwner public {
26.        selfdestruct(_recipient);
27.    }
28. }
```

这个合约提供了仅供合约 owner 使用的 destroy 函数和 destroyAndSend 函数，通过使用 Solidity 全局函数 selfdestruct 来实现自毁，并将账户余额转移给 owner 或者特定的接收地址。

这也是一种对可以持有以太币的合约的通用的处理方式，可以保证合约所有者的资金安全。

9.6.2 可暂停运作（Pausable.sol）

这是一个所谓的“合约应急机制”，通常使用在合约与外部世界有很多相互影响的交互的情况下。

代码清单9-26 openzeppelin-solidity/contracts/lifecycle/Pausable.sol

```
 1. pragma solidity ^0.4.24;
 2.
 3.
 4. import "../ownership/Ownable.sol";
 5.
 6.
 7. /**
 8.  * @title Pausable
 9.  * @dev 允许子合约实现一些应急停止方案的基础合约
10.  */
11. contract Pausable is Ownable {
12.    event Pause();
13.    event Unpause();
14.
15.    bool public paused = false;
16.
17.
18.   /**
19.    * @dev 仅在合约未暂停的状态下允许函数调用
20.    */
21.    modifier whenNotPaused() {
22.        require(!paused);
23.        _;
24.    }
25.
26.   /**
27.    * @dev 仅在合约暂停的状态下允许函数调用
28.    */
29.    modifier whenPaused() {
30.        require(paused);
31.        _;
32.    }
33.
34.   /**
35.    * @dev 由合约所有者调用来暂停合约，使合约变为停止状态
```

```
36.     */
37.     function pause() onlyOwner whenNotPaused public {
38.         paused = true;
39.         emit Pause();
40.     }
41.
42.   /**
43.     * @dev 由合约所有者调用来恢复运作，使合约变为正常状态
44.     */
45.     function unpause() onlyOwner whenPaused public {
46.         paused = false;
47.         emit Unpause();
48.     }
49. }
```

智能合约本质上可以看作是一个状态机，如果这个状态机的运作需要依赖于一些外部数据或者状态，那就需要一种机制，可以让状态机受控地被“暂停运作”，以允许外部数据或状态的改动来影响状态机的后续行为。这就是这个基础合约的目的。

它定义了两个事件 Pause 和 Unpause 来通知外部世界合约变为了“暂停”或“非暂停”状态。它还提供了两个修改器 whenPaused 和 whenNotPaused 来限制那些只允许在合约“暂停”状态使用的函数和那些只允许在合约“非暂停”状态使用的函数。

9.6.3 token 可自毁（TokenDestructible.sol）

这是一个可以将特定的若干 ERC20 合约中当前合约地址所持有的 token 转移到当前合约的 owner 地址并销毁当前合约（且将当前合约持有的以太币转移给 owner）的基础合约。

注意 关于 ERC20 和 token 的概念，我们将在“9.8 ERC20”一节具体介绍。这里我们可以把它简单理解为一个虚拟代币（token）合约标准。

代码清单9-27 openzeppelin-solidity/contracts/lifecycle/TokenDestructible.sol

```
1. pragma solidity ^0.4.24;
2.
3. import "../ownership/Ownable.sol";
4. import "../token/ERC20/ERC20Basic.sol";
5.
6.
7. /**
8.  * @title TokenDestructible:
9.  * @author Remco Bloemen <remco@2π.com>
10.  * @dev 可以由合约所有者销毁的基础合约，所有该合约持有的 token 都会被发送到合约所有者地址
11.  */
12. contract TokenDestructible is Ownable {
```

```
13.
14.     constructor() public payable { }
15.
16.    /**
17.     * @notice 终止合约并取回所有资金
18.     * @param tokens 要取回的 ERC20 或 ERC20Basic token 合约地址数组
19.     * @notice 这里调用的 token 合约是可以“重入”当前合约的，所以只提供那些用户信任的
       token 合约地址
20.     */
21.     function destroy(address[] tokens) onlyOwner public {
22.
23.      // 将 token 转给合约所有者
24.         for (uint256 i = 0; i < tokens.length; i++) {
25.             ERC20Basic token = ERC20Basic(tokens[i]);
26.             uint256 balance = token.balanceOf(this);
27.             token.transfer(owner, balance);
28.         }
29.
30.      // 将合约持有的以太币转给合约所有者并销毁合约
31.         selfdestruct(owner);
32.     }
33. }
```

合约的destroy函数的输入参数是一个地址数组，函数体中用循环来对这些地址进行类型转换，并执行这些地址上的transfer函数。这在实际使用上其实是非常危险的。除了在英文注释中提示的需要注意的重入（re-enter）问题以外，还要注意的是，如果这个循环中的某个token合约的balanceOf或transfer函数处理失败，或者传入的地址没有关联代码（不是合约地址），那么整个destroy函数就会失败，先前做的所有更改都会被撤销。这将会浪费大量的gas。

此外，第25行程序只是将输入参数中的地址类型转换为ERC20Basic类型，所以如果实际传入的地址上的合约并不是ERC20Basic合约或它的子合约，也就是目标地址上不存在balanceOf(address)这样的函数，那么第26行代码就会触发目标地址上合约的fallback函数；但因为fallback函数是没有返回值的，所以用它来进行赋值会导致一个异常终止，整个destroy函数也会失败，先前所做的所有更改也会被撤销。

因此，在调用destroy函数时，我们需要确保所传入的地址数组中的所有元素都是有效的ERC20Basic合约或其子合约的地址，并且需要明确地知道所有传入地址上的合约代码的详情，或者确定我们可以“信任”这些token合约。

如果用户需要调用其他的合约，那么用户就要明确地知道其调用的合约的实现，或者可以“信任”它。因为消息调用（函数调用）会将执行权限交给目标合约，这是非常危险的。

9.7 支付和悬赏

9.7.1 托管（Escrow.sol）

这是一个实现了资金的“托管”功能的基础合约，为合约所有者提供了充值（deposit）/ 取回（withdraw）函数来对特定地址进行付款（转账）。

代码清单9-28 openzeppelin-solidity/contracts/payment/Escrow.sol

```
1. pragma solidity ^0.4.23;
2.
3. import "../math/SafeMath.sol";
4. import "../ownership/Ownable.sol";
5.
6.
7. /**
8.  * @title Escrow
9.  * @dev 基础的托管合约，保存向特定收款人支付的资金，直到他们取回这些款项
10.  * 使用托管模式的合约应该是这个托管合约的所有者，并提供一些 public 函数来间接使用托管合约
     的充值和取回功能
11.  */
12. contract Escrow is Ownable {
13.     using SafeMath for uint256;
14.
15.     event Deposited(address indexed payee, uint256 weiAmount);
16.     event Withdrawn(address indexed payee, uint256 weiAmount);
17.
18.     mapping(address => uint256) private deposits;
19.
20.     function depositsOf(address _payee) public view returns (uint256) {
21.         return deposits[_payee];
22.     }
23.
24.     /**
25.      * @dev 接受转账并保存要取回的数额
26.      * @param _payee 要取回资金的地址
27.      */
28.     function deposit(address _payee) public onlyOwner payable {
29.         uint256 amount = msg.value;
30.         deposits[_payee] = deposits[_payee].add(amount);
31.
32.         emit Deposited(_payee, amount);
33.     }
34.
35.     /**
36.      * @dev 向取款人地址转出其应得的资金
37.      * @param _payee 取款人地址
38.      */
39.     function withdraw(address _payee) public onlyOwner {
40.         uint256 payment = deposits[_payee];
```

```
41.         assert(address(this).balance >= payment);
42.
43.         deposits[_payee] = 0;
44.
45.         _payee.transfer(payment);
46.
47.         emit Withdrawn(_payee, payment);
48.     }
49. }
```

显然，这是个给合约所有者“专用的”合约，其中保存了一个取款人地址到其可取款金额的映射（mapping），定义了充值（deposit）和取回（withdraw）函数以及相应的事件，也是一个很实用的基础合约。注意这个合约的 deposit 函数和 withdraw 函数都是仅允许合约所有者调用的。

后文中的费用支付（PullPayment）合约就是对这个合约的一个具体应用。

9.7.2 条件托管（ConditionalEscrow.sol）

这是一个对托管（Escrow）合约的简单扩展，增加了可以给取款设定约束条件的特性。

代码清单9-29 openzeppelin-solidity/contracts/payment/ConditionalEscrow.sol

```
1. pragma solidity ^0.4.23;
2.
3. import "./Escrow.sol";
4.
5.
6. /**
7.  * @title ConditionalEscrow
8.  * @dev 仅当特定条件满足时才允许取回的基础托管合约
9.  */
10. contract ConditionalEscrow is Escrow {
11.   /**
12.    * @dev 返回一个地址是否被允许取回其款项，由子合约来具体实现
13.    * @param _payee 取回款项的目标地址
14.    */
15.     function withdrawalAllowed(address _payee) public view returns (bool);
16.
17.     function withdraw(address _payee) public {
18.         require(withdrawalAllowed(_payee));
19.         super.withdraw(_payee);
20.     }
21. }
```

这个合约对托管合约的取回函数做了一个简单的扩展，在调用基础合约（Escrow.sol）的 withdraw 函数前增加了一个限定条件的检查，也就是 withdrawalAllowed 函数，这是一个需要具体的子合约去实现的业务逻辑限定条件函数。

9.7.3 退还托管（RefundEscrow.sol）

这是一个托管合约的扩展，提供了为特定受益人筹款的功能，并允许捐款人（充值地址）取回资金（也就是将捐款退还给捐款人）。

代码清单9-30 openzeppelin-solidity/contracts/payment/RefundEscrow.sol

```
1. pragma solidity ^0.4.23;
2.
3. import "./ConditionalEscrow.sol";
4. import "../ownership/Ownable.sol";
5.
6.
7. /**
8.  * @title RefundEscrow
9.  * @dev 为指定受益人托管资金，可以从不同的地址进行充值
10.  * 合约所有者可以关闭充值期，允许受益人取回资金或者向充值地址退还资金
11.  */
12. contract RefundEscrow is Ownable, ConditionalEscrow {
13.     enum State { Active, Refunding, Closed }
14.
15.     event Closed();
16.     event RefundsEnabled();

17.     State public state;
18.     address public beneficiary;
19.
20.    /**
21.     * @dev Constructor.
22.     * @param _beneficiary 筹款受益人地址
23.     */
24.     constructor(address _beneficiary) public {
25.         require(_beneficiary != address(0));
26.         beneficiary = _beneficiary;
27.         state = State.Active;
28.     }
29.
30.     /**
31.      * @dev 为未来可能的退还处理保存相应的资金
32.      * @param _refundee 由捐款人（充值者）指定的退还款项的接收地址
33.      */
34.     function deposit(address _refundee) public payable {
35.         require(state == State.Active);
36.         super.deposit(_refundee);
37.     }
38.
39.     /**
40.      * @dev 允许受益人取回所有资金，并拒绝后续的捐款（充值）
41.      */
42.     function close() public onlyOwner {
43.         require(state == State.Active);
```

```
44.         state = State.Closed;
45.         emit Closed();
46.     }
47.
48.     /**
49.      * @dev 允许款项退还，并拒绝后续的捐款（充值）
50.      */
51.     function enableRefunds() public onlyOwner {
52.         require(state == State.Active);
53.         state = State.Refunding;
54.         emit RefundsEnabled();
55.     }
56.
57.     /**
58.      * @dev 将合约余额转给受益人
59.      */
60.     function beneficiaryWithdraw() public {
61.         require(state == State.Closed);
62.         beneficiary.transfer(address(this).balance);
63.     }
64.
65.     /**
66.      * @dev 返回是否正在进行退还捐款（捐赠人指定的退款地址能否取回捐款）
67.      */
68.     function withdrawalAllowed(address _payee) public view returns (bool) {
69.         return state == State.Refunding;
70.     }
71. }
```

这个合约定义了3个状态：Active、Refunding、Closed，分别对应捐款中、退款中、捐款完成状态。合约的构造函数指定了唯一的受益人地址，即捐款完成之后可以取走所有款项的地址。这个合约的deposit函数把Escrow合约中的onlyOwner的限制去掉了，也就是任何地址都可以调用这个函数来向这个合约捐款（充值），并指定退款时可以取走款项的地址。合约中定义了用来供合约所有者修改合约状态的函数，还实现了用ConditionalEscrow合约里定义的withdrawalAllowed函数来判断退款接收地址能否“取回”其捐赠（充值）的款项。

这也是一个很有实用价值的基础合约，可以提供为特定目的进行（给特定受益人）的众筹、公开募捐或类似的功能，且允许在筹款未达目标或其他意外情况（不在合约内反映的人为控制的条件）发生时将捐款“退还”给捐赠人指定的接收地址。

9.7.4 费用支付（PullPayment.sol）

这是一个实现了Solidity中所推荐的“取回”模式支付的基础合约。通过这个合约，付款方可以向收款方提供“异步（async）”的付款服务。

代码清单9-31 openzeppelin-solidity/contracts/payment/PullPayment.sol

```
1. pragma solidity ^0.4.24;
2.
3. import "./Escrow.sol";
4.
5.
6. /**
7.  * @title PullPayment
8.  * @dev 支持取回式异步支付的基础合约。可以通过继承这个合约来使用 asyncTransfer 函数替代
    send 或 transfer 函数
9.  */
10. contract PullPayment {
11.     Escrow private escrow;
12.
13.     constructor() public {
14.         escrow = new Escrow();
15.     }
16.
17.     /**
18.      * @dev 由取款人调用的取回函数，可以取回累积的可提取余额
19.      */
20.     function withdrawPayments() public {
21.         address payee = msg.sender;
22.         escrow.withdraw(payee);
23.     }
24.
25.     /**
26.      * @dev 返回某个地址可取回的金额
27.      * @param _dest 收款人地址
28.      */
29.     function payments(address _dest) public view returns (uint256) {
30.         return escrow.depositsOf(_dest);
31.     }
32.
33.     /**
34.      * @dev 付款人调用此函数将应付金额保存到托管合约，以供取款人取回
35.      * @param _dest 应付金额的收款人地址
36.      * @param _amount 应付金额
37.      */
38.     function asyncTransfer(address _dest, uint256 _amount) internal {
39.         escrow.deposit.value(_amount)(_dest);
40.     }
41. }
```

这个合约使用前文介绍的 Escrow 合约，很简单地实现了向多方（多个收款人）发起“异步付款”的功能。合约的构造函数中创建（new）了一个新的 Escrow 合约实例，从而使当前合约成为这个 Escrow 合约的所有者，而后简单地使用 Escrow 合约的 deposit 和 withdraw 函数就可以实现所谓的“异步付款（asyncTransfer）”，即先由付款人将应付金额充值到托管

合约（对同一个收款人的付款可以多次进行），而后收款人可以随时调用 withdrawPayments 函数来获得其可取回的所有资金。

这是一个很简洁的对托管合约的应用，有很重大的实践意义。不过在实际应用中使用这种设计时，建议对 Escrow 合约进行必要的扩展，增加可销毁合约并取回资金的功能；在类似于 PullPayment 合约的应用合约中，也同样建议增加销毁并取回资金的功能。

9.7.5　分割付款（SplitPayment.sol）

这是一个可以将账户余额按照收款人份额（股份）比例进行分割支付的基础合约。

代码清单9-32　openzeppelin-solidity/contracts/payment/SplitPayment.sol

```
1. pragma solidity ^0.4.24;
2.
3. import "../math/SafeMath.sol";
4.
5.
6. /**
7.  * @title SplitPayment
8.  * @dev 多个收款人可以基于他们各自持有的股份从合约中取回款项
9.  */
10. contract SplitPayment {
11.    using SafeMath for uint256;
12.
13.    uint256 public totalShares = 0;
14.    uint256 public totalReleased = 0;
15.
16.    mapping(address => uint256) public shares;
17.    mapping(address => uint256) public released;
18.    address[] public payees;
19.
20.    /**
21.     * @dev Constructor
22.     */
23.    constructor(address[] _payees, uint256[] _shares) public payable {
24.        require(payees.length == _shares.length);
25.
26.        for (uint256 i = 0; i < _payees.length; i++) {
27.            addPayee(_payees[i], _shares[i]);
28.        }
29.    }
30.
31.    /**
32.     * @dev payable fallback
33.     */
34.    function () public payable {}
35.
36.    /**
37.     * @dev 索取调用者在合约余额中所占的比例份额
```

```
38.     */
39.    function claim() public {
40.        address payee = msg.sender;
41.
42.        require(shares[payee] > 0);
43.
44.        uint256 totalReceived = address(this).balance.add(totalReleased);
45.        uint256 payment = totalReceived.mul(
46.            shares[payee]).div(
47.                totalShares).sub(
48.                    released[payee]
49.        );
50.
51.        require(payment != 0);
52.        require(address(this).balance >= payment);
53.
54.        released[payee] = released[payee].add(payment);
55.        totalReleased = totalReleased.add(payment);
56.
57.        payee.transfer(payment);
58.    }
59.
60.    /**
61.     * @dev 增加一个收款人（股东）到合约里
62.     * @param _payee 要添加的收款人地址
63.     * @param _shares 收款人（股东）的股份数量
64.     */
65.    function addPayee(address _payee, uint256 _shares) internal {
66.        require(payee != address(0));
67.        require(shares > 0);
68.        require(shares[_payee] == 0);
69.
70.        payees.push(_payee);
71.        shares[_payee] = _shares;
72.        totalShares = totalShares.add(_shares);
73.    }
74. }
```

这个合约用两个 mapping 类型的状态变量 shares 和 released 保存了所有收款方的份额和各自的已支取金额。

这里需要注意的是 totalReleased 这个变量，它的意义在于：在 claim 函数中计算当前应付金额（第 44 行）时，需要使用原始的待支付总金额，而这需要用这个会根据实际情况变化的变量加上账户当前余额来获得。那为什么不用一个变量来记录应支付总金额，而是记录已支取总金额呢？这是因为账户余额的变化可能由多种方式导致，包括初始转账、后续转账、用 transfer 或 send 函数直接触发 fallback 函数而进行的转账以及销毁合约和挖矿收益导致的余额增加。而销毁合约和挖矿收益对余额的增加，基于目前的协议设计，不会触发任何合约代码的执行，所以合约是无从得知的；也就是说如果用一个状态变量保存原始待支付总额，那么这个变量的值有可能无法被自动更新。此外，如果用这种方式，那么所有影响余额的处理都要去更新这个原始待支付金额，包括在子合约中的所有接受转账的处理，这会额外增加很多合约代码。目前的实现显然是更好的设计，简洁清晰，子合约中不再需要任何关于余额变动的逻辑。所以这种算法的设计也是我们编写智能合约时需要仔细考虑的一个方面，也大概是静态代码分析工具在短时间内无法帮我们做的事情。

最后，基于目前的优秀设计，这个合约是可以反复使用的！因为 addPayee 函数被声明为 internal，所以我们可以在子合约中调用这个函数来增加收款方，并且用户还可以在子合约中随意增加向合约"充值"的逻辑，而每次收款方调用 claim 函数时，合约都可以根据状态数据计算出应该付给收款方的金额（请读者仔细理解第 45 行程序的逻辑）。这使这个合约可以用在比如股东分红（红利分割）这样的场景中，且可以长期使用。

9.7.6　悬赏（Bounty.sol）

这是一个经典的"悬赏"合约模板。这份源码中定义了两个合约，Target 就是实际的悬赏目标，理论上讲，任意可量化的目标，甚至"可信任的"基于预言机的目标都可以作为悬赏目标。

代码清单9-33　openzeppelin-solidity/contracts/Bounty.sol

```
1. pragma solidity ^0.4.24;
2.
3.
4. import "./payment/PullPayment.sol";
5. import "./lifecycle/Destructible.sol";
6.
7.
8.   /**
9.    * @title Bounty
10.    * @dev 如果研究者攻破了目标合约的恒等逻辑，则将悬赏资金支付给研究者
11.    */
12.     contract Bounty is PullPayment, Destructible {
13.         bool public claimed;
14.         mapping(address => address) public researchers;
15.
16.         event TargetCreated(address createdAddress);
17.
18.   /**
19.    * @dev 允许合约接受转账的 fallback 函数，前提是合约中的资金还没有被索取
20.    */
21.     function() external payable {
22.         require(!claimed);
23.     }
24.
25.   /**
26.    * @dev 创建并部署一个目标合约（对 Target 合约的扩展），并将 msg.sender 设定为一个研究者
27.    * @return 目标合约（Target 类型的合约）
```

```
28.     */
29.     function createTarget() public returns(Target) {
30.         Target target = Target(deployContract());
31.         researchers[target] = msg.sender;
32.         emit TargetCreated(target);
33.         return target;
34.     }
35.
36.     /**
37.      * @dev 将资金发送给证明已攻破目标合约的研究者
38.      * @param target 目标合约
39.      */
40.     function claim(Target target) public {
41.         address researcher = researchers[target];
42.         require(researcher != address(0));
43.         // Check Target contract invariants
44.         require(!target.checkInvariant());
45.         asyncSend(researcher, address(this).balance);
46.         claimed = true;
47.     }
48.
49.     /**
50.      * @dev 用来部署目标合约的内部函数
51.      * @return 目标合约地址
52.      */
53.     function deployContract() internal returns(address);
54.
55. }
56.
57.
58. /**
59.  * @title Target
60.  * @dev 用户的主合约应该继承这个合约并实现 checkInvariant 函数
61.  */
62. contract Target {
63.
64.   /**
65.     * @dev 检查所有假定一直都应该为 true 的状态(数值),如果这个函数返回 false,则表示
      合约处于某个反常状态,也就是被攻破了
66.     * 为了获得悬赏资金,研究者会尝试使合约变为反常状态
67.     * @return 所有状态数据均正常时返回 true,否则返回 false
68.     */
69.     function checkInvariant() public returns(bool);
70. }
```

这个合约继承了 PullPayment 和 Destructible 合约，所以它是有所有者的，且所有者可以进行自毁（无论目标是否完成；当然，我们可以在子合约中通过重写 destroy 和 destroyAndSend 函数来判断，如果目标已完成，则不允许自毁），且可以使用 PullPayment 合约的异步发送款项函数 asyncSend 和取回（实际转账）函数 withdrawPayments。

因为实际使用这份模板时肯定需要根据具体的需求定制 Target 合约和 deployContract 函数，所以当合约开始运作之后，悬赏目标就已经是确定的了。因此这个合约的逻辑是这样的：有工作任务或者特定目标的人，通过 Target 合约把悬赏目标设定好，然后发布这两个合约（也就是公布悬赏目标）；然后有兴趣解题或者想完成具体工作的人发送交易调用 createTarget 函数，创建一个具体的合约来记录和验证解题或完成工作的过程，这个函数会把发起这个调用的地址和新生成的 Target 合约地址进行绑定；当接领悬赏的人将与自己绑定的 Target 合约解决（就是使 checkInvariant 函数返回 false）之后，他就可以再发送一个交易调用 claim 函数，这个函数会判断交易发送者地址对应的 Target 合约地址的 checkInvariant 函数是否返回 false，如果是，则将所有赏金用 asyncSend 函数发出；最后，解决了悬赏目标的人就可以调用 withdrawPayments 函数来获得赏金。

这里有几处需要注意的地方。第一，任何人都可以调用 createTarget 函数来生成一个自己认领的 Target 合约的实例，并在这个实例中求解，或者证明完成过程；这个函数也会用一个事件 TargetCreated 来通知外部世界已经有人认领了任务；所以实际上如果有很多人认领，就会创建很多 Target 合约的实例，在我们实现 Target 合约时也应该考虑自毁的问题。第二，只有最先求解完成（也就是使与自己绑定的 Target 合约的 checkInvariant 函数返回 false）的人可以获得赏金，且是所有赏金；因为在以太坊中所有交易都是顺序执行的，所以这个逻辑是成立的，但由于区块链末端的不稳定性，在极端的情况下，如果有多个人在接近的时间（通常大概是几十秒）内发送了可以成功的 claim 调用，最终确定的悬赏获得者可能会是“随机选择的”。第三，Bounty 合约中有一个声明为 payable 的 fallback 函数，这就意味着除了在合约的所有者创建合约时可以转入初始的赏金以外，在求解过程中（即 claimed 变量为 false 时），任何人都可以通过向这个合约发起转账来提升赏金。

这个代码样例提供了一种全自动化的悬赏模式，但前提是这个 Target 是可以由一些特定的恒等式（状态）量化的，且是可以由合约自我证明的，所以实际使用中如何设计这样可以进行严格验证的 Target 依然不是一件简单的事情。

9.8　ERC20

ERC20 就是目前最著名的、应用最多的 token 合约规范，它定义了一种类似于现实中法定货币的 token（token 的中文译法很多，有“代币”“权证”“通证”等，本书中力求准确，将统一使用英文 token）。这个标准最初是在 2015 年年底由 Fabian Vogelsteller 和 Vitalik Buterin 提出的，它最终在 2017 年引领了一个基于以太坊的 ICO（Initial Coin Offering）风潮，已经在区块链发展史上留下了值得大书特书的光辉一笔（对 ERC20 token 的应用是一个独立的经济话题，本书中就不再展开介绍了）。但这个标准只是定义了若干接口，在具体的合约实现和使用上也还有很多需要注意的问题。有兴趣的读者可以从以太坊社区的 EIP（Ethereum Improvement Proposal）项目中找到相关资料（https://github.com/ethereum/EIPs/

blob/master/EIPS/eip-20.md)。

本节中我们将介绍一些与ERC20标准相关的、经过了社区的反复讨论和审计的基础合约，它们也可以作为我们自己发行普通流通token的一套范例模板，有很高的实用价值。

9.8.1 ERC20Basic（ERC20Basic.sol）

这是遵循ERC20标准接口的一个基础接口声明合约。

代码清单9-34 openzeppelin-solidity/contracts/token/ERC20/ERC20Basic.sol

```
 1. pragma solidity ^0.4.24;
 2.
 3.
 4. /**
 5.  * @title ERC20Basic
 6.  * @dev ERC20 接口的简化版本
 7.  * 参见 https://github.com/ethereum/EIPs/issues/179
 8.  */
 9. contract ERC20Basic {
10.     function totalSupply() public view returns (uint256);
11.     function balanceOf(address who) public view returns (uint256);
12.     function transfer(address to, uint256 value) public returns (bool);
13.     event Transfer(address indexed from, address indexed to, uint256 value);
14. }
```

这个基础合约中定义了两个被声明为public view的函数totalSupply和balanceOf来获取token的总发行量和某个地址所持有的token数量；还定义了一个transfer函数来进行token的转账以及与之相对应的Transfer事件来通知外部世界转账的具体信息。

9.8.2 BasicToken（BasicToken.sol）

这是一个对ERC20Basic接口合约的简单实现。

代码清单9-35 openzeppelin-solidity/contracts/token/ERC20/BasicToken.sol

```
 1. pragma solidity ^0.4.24;
 2.
 3.
 4. import "./ERC20Basic.sol";
 5. import "../../math/SafeMath.sol";
 6.
 7.
 8. /**
 9.  * @title Basic token
10.  * @dev 没有授权数据的 StandardToken 的基础版本
11.  */
12. contract BasicToken is ERC20Basic {
13.     using SafeMath for uint256;
14.
```

```
15.     mapping(address => uint256) balances;
16.
17.     uint256 totalSupply_;
18.
19.     /**
20.      * @dev token 的总供应量
21.      */
22.     function totalSupply() public view returns (uint256) {
23.         return totalSupply_;
24.     }
25.
26.     /**
27.      * @dev 向指定地址转账
28.      * @param _to 转账目标地址
29.      * @param _value 转账数量
30.      */
31.     function transfer(address _to, uint256 _value) public returns (bool) {
32.         require(_to != address(0));
33.         require(_value <= balances[msg.sender]);
34.
35.         balances[msg.sender] = balances[msg.sender].sub(_value);
36.         balances[_to] = balances[_to].add(_value);
37.         emit Transfer(msg.sender, _to, _value);
38.         return true;
39.     }
40.
41.     /**
42.      * @dev 获取指定地址的 token 余额
43.      * @param _owner 持有 token 的地址
44.      * @return 指定地址所持有的 token 数量
45.      */
46.     function balanceOf(address _owner) public view returns (uint256) {
47.         return balances[_owner];
48.     }
49.
50. }
```

这个基础合约用一个 mapping 保存了 token 持有人和其持有的 token 余额的对应关系。代码很简单，没有太多需要解释的地方。

9.8.3 ERC20 (ERC20.sol)

这是一个对 ERC20Basic 的扩展，增加了两个函数，仍然是一个接口声明合约。

代码清单9-36　openzeppelin-solidity/contracts/token/ERC20/ERC20.sol

```
1. pragma solidity ^0.4.24;
2.
3. import "./ERC20Basic.sol";
4.
```

```
5.
6. /**
7.  * @title ERC20 interface
8.  * @dev see https://github.com/ethereum/EIPs/issues/20
9.  */
10. contract ERC20 is ERC20Basic {
11.    function allowance(address owner, address spender)
12.        public view returns (uint256);
13.
14.    function transferFrom(address from, address to, uint256 value)
15.        public returns (bool);
16.
17.    function approve(address spender, uint256 value) public returns (bool);
18.    event Approval(
19.        address indexed owner,
20.        address indexed spender,
21.        uint256 value
22.    );
23. }
```

合约中的approve函数允许发送者授权给spender一个可转出的token数量（即由第二个参数value所指定的最大可转账额度），这个函数应该产生一个Approval事件以通知外部世界具体的授权额度信息。授权之后，spender可以多次调用transferFrom来进行转账，直到累计转账金额达到授权额度。

transferFrom函数允许合约程序通过它来进行token的转移，但这个转移的数量必须在已经由from调用了approve函数对to进行了授权的额度范围之内，否则应该产生一个错误（未授权或者额度超限）；基于EIP-20的说明（即对ERC20标准的规定），这个函数应该产生一个Tranfer事件，即使是转账金额为0的情况。

最后，allowance函数会返回通过approve授权的转账额度中的剩余token数量。

在我们使用基于ERC20标准实现的token合约时，有一个必须要注意的问题。例如，A调用approve函数对B授权了100的额度，然后B调用transferFrom转走了60。这时，我们调用allowance函数会得到剩余的额度40。如果A想把授权额度降为70（基于初始的授权，实际上是减少了30），那么A应该调用approve函数，将value设置为10〔因为B已经转走了60，而这是可以用log监测到的，如果将value设置为70，则等于是总共授权了60 + 70 = 130的额度；另一种算法就是比较初始设置的额度和当前额度，用差额去计算应该将approve的value设置为多少，也就是value = 70 – (100 – 40) = 10〕。但因为与用户交互的需要（我们需要先告知用户目前的剩余额度）调用allowance函数和approve函数更改授权额度会由两个交易T1、T2来执行。这样，如果B调用transferFrom把剩余的40转走的交易T3在T1之后T2之前被确认，那么当T2执行的时候，实际的授权额度已经变为0，将其设置为10就相当于对A总共授权了110的额度。这个问题的根源是approve函数本身没有要求判断当前的剩余额度。那么为了规避这个问题，社区的建议是：当我们决定

要修改授权额度时，首先用一个交易调用approve函数将授权额度设置为0，而后再发送设置新的额度的交易，实际的累计已转账金额通过Transfer事件去监控，以确保新设定的额度符合用户的预期。

9.8.4 SafeERC20（SafeERC20.sol）

这是一个对ERC20接口进行了简单包装的库函数合约。

代码清单9-37 openzeppelin-solidity/contracts/token/ERC20/SafeERC20.sol

```
1. pragma solidity ^0.4.24;
2.
3. import "./ERC20Basic.sol";
4. import "./ERC20.sol";
5.
6.
7. /**
8.  * @title SafeERC20
9.  * @dev 对 ERC20 操作的包装，在失败时抛出异常
10.  * 要使用这个合约，用户可以给自己的合约添加 "using SafeERC20 for ERC20;" 语句，这将
    允许用户直接像 "token.safeTransfer(...)" 这样使用安全的函数
11.  */
12. library SafeERC20 {
13.     function safeTransfer(ERC20Basic token, address to, uint256 value) internal {
14.         require(token.transfer(to, value));
15.     }
16.
17.     function safeTransferFrom(
18.         ERC20 token,
19.         address from,
20.         address to,
21.         uint256 value
22.     )
23.         internal
24.     {
25.         require(token.transferFrom(from, to, value));
26.     }
27.
28.     function safeApprove(ERC20 token, address spender, uint256 value) internal {
29.         require(token.approve(spender, value));
30.     }
31. }
```

尽管这个合约只是用require函数对transfer、transferFrom和approve函数的返回值做了有效性检查，但这实际上是很重要的一个包装；因为require的条件不满足时会导致一个异常终止，会撤销本交易中先前所有对状态的修改，保证了合约状态的合法性和一致性。

9.8.5 ERC20 详情（DetailedERC20.sol）

这是一个简单地给 ERC20 合约增加了 3 个描述信息的基础合约。

代码清单9-38 openzeppelin-solidity/contracts/token/ERC20/DetailedERC20.sol

```
1. pragma solidity ^0.4.24;
2.
3. import "./ERC20.sol";
4.
5.
6. /**
7.  * @title DetailedERC20 token
8.  * @dev decimals 仅出于虚拟化目的，所有的操作都应该以最小的 token 单位来进行，就像我们
    处理以太币数量时应该统一使用单位wei
9. */
10. contract DetailedERC20 is ERC20 {
11.     string public name;
12.     string public symbol;
13.     uint8 public decimals;
14.
15.     constructor(string _name, string _symbol, uint8 _decimals) public {
16.         name = _name;
17.         symbol = _symbol;
18.         decimals = _decimals;
19.     }
20. }
```

这 3 个描述信息就是 EIP-20 规范里要求的 token 名称（name）、token 符号（symbol）和计量 token 小数位数（decimals）。

9.8.6 标准 token（StandardToken.sol）

这是一个对 BasicToken 合约的扩展，增加了对 ERC20 的接口实现，基本上可以算是一个标准的 ERC20 Token 的完整实现。

代码清单9-39 openzeppelin-solidity/contracts/token/ERC20/StandardToken.sol

```
1. pragma solidity ^0.4.24;
2.
3. import "./BasicToken.sol";
4. import "./ERC20.sol";
5.
6.
7. /**
8.  * @title Standard ERC20 token
9.  *
10.  * @dev 对基础的标准 token 的实现
11.  * https://github.com/ethereum/EIPs/issues/20
12.  * 基于 FirstBlood 的代码：https://github.com/Firstbloodio/token/blob/master/
```

```
    smart_contract/FirstBloodToken.sol
13.  */
14. contract StandardToken is ERC20, BasicToken {
15.
16.     mapping (address => mapping (address => uint256)) internal allowed;
17.
18.
19.     /**
20.      * @dev 从一个地址向另一个地址转账
21.      * @param _from address 转出地址
22.      * @param _to address 转入地址
23.      * @param _value uint256 转账数量
24.      */
25.     function transferFrom(
26.         address _from,
27.         address _to,
28.         uint256 _value
29.     )
30.         public
31.         returns (bool)
32.     {
33.         require(_to != address(0));
34.         require(_value <= balances[_from]);
35.         require(_value <= allowed[_from][msg.sender]);
36.
37.         balances[_from] = balances[_from].sub(_value);
38.         balances[_to] = balances[_to].add(_value);
39.         allowed[_from][msg.sender] = allowed[_from][msg.sender].sub(_value);
40.         emit Transfer(_from, _to, _value);
41.         return true;
42.     }
43.
44.     /**
45.        * @dev 对指定地址进行授权，使其可以使用 msg.sender 所持有的一定数量的 token
46.      * 请注意，使用这个函数将可能带来使某人利用不走运的交易顺序而获利的风险
47.      * 一种可行的避免这种“竞争条件”风险的解决方案是先将额度设置为 0，而后再将其设置为实
        际希望设置的数值
48.      * 请参考：https://github.com/ethereum/EIPs/issues/20#issuecomment-263524729
49.      * @param _spender 有权使用 token 的地址
50.      * @param _value 授权可使用的数量
51.      */
52.     function approve(address _spender, uint256 _value) public returns (bool) {
53.         allowed[msg.sender][_spender] = _value;
54.         emit Approval(msg.sender, _spender, _value);
55.         return true;
56.     }
57.
58.     /**
59.      * @dev 获取 token 持有人对被授权人的授权数量
60.      * @param _owner address 持有 token 的地址
61.      * @param _spender address 被授权地址
```

```
62.        * @return token 持有人对被授权人的授权数量
63.        */
64.       function allowance(
65.           address _owner,
66.           address _spender
67.       )
68.           public
69.           view
70.           returns (uint256)
71.       {
72.           return allowed[_owner][_spender];
73.       }
74.
75.       /**
76.        * @dev 增加授权数量
77.        * 当 allowed[_spender] == 0 时应该使用 approve
78.        * 要增加授权数量，使用这个函数更好，因为它可以避免两次调用 approve（并且要等待第一
            次调用被确认）
79.        * From MonolithDAO Token.sol
80.        * @param _spender 被授权人地址
81.        * @param _addedValue 要增加的授权数量
82.        */
83.       function increaseApproval(
84.           address _spender,
85.           uint256 _addedValue
86.       )
87.           public
88.           returns (bool)
89.       {
90.           allowed[msg.sender][_spender] = (
91.           allowed[msg.sender][_spender].add(_addedValue));
92.           emit Approval(msg.sender, _spender, allowed[msg.sender][_spender]);
93.           return true;
94.       }
95.
96.       /**
97.        * @dev 减少授权数量
98.        * 当 allowed[_spender] == 0 时应该使用 approve
99.        * 要减少授权数量，使用这个函数更好，因为它可以避免两次调用 approve（并且要等待第一
            次调用被确认）
100.       * From MonolithDAO Token.sol
101.       * @param _spender 被授权人地址
102.       * @param _subtractedValue 要减少的授权数量
103.       */
104.      function decreaseApproval(
105.          address _spender,
106.          uint256 _subtractedValue
107.      )
108.          public
109.          returns (bool)
110.      {
```

```
111.            uint256 oldValue = allowed[msg.sender][_spender];
112.            if (_subtractedValue > oldValue) {
113.                allowed[msg.sender][_spender] = 0;
114.            } else {
115.                allowed[msg.sender][_spender] = oldValue.sub(_subtractedValue);
116.            }
117.            emit Approval(msg.sender, _spender, allowed[msg.sender][_spender]);
118.            return true;
119.        }
120.
121. }
```

该合约用一个mapping的mapping保存了“授权人地址→取款人地址→授权额度”的对应关系。

除了ERC20接口里规定的transferFrom、approve和allowance函数以外，这个合约还实现了increaseApproval和decreaseApproval函数，用来增加和减少当前的剩余授权额度。可以看到，在decreaseApproval函数中已经做了必要的容错处理（判断了当前的授权额度）。而且从合约的使用角度，有了这两个函数，对授权的修改变得更加直观和清晰，并且可以避免会导致逻辑错误的对授权额度的修改方式（比如我们在前文介绍ERC20合约时提到的那种极端的情况）。

9.8.7　可销毁的token（BurnableToken.sol）

这是一个对BasicToken合约的扩展，可以烧掉（销毁）token。

代码清单9-40　openzeppelin-solidity/contracts/token/ERC20/BurnableToken.sol

```
 1. pragma solidity ^0.4.24;
 2.
 3. import "./BasicToken.sol";
 4.
 5.
 6. /**
 7.  * @title Burnable token
 8.  * @dev token 可以被不可逆转地烧掉（销毁）
 9.  */
10. contract BurnableToken is BasicToken {
11.
12.     event Burn(address indexed burner, uint256 value);
13.
14.    /**
15.     * @dev 销毁指定数量的 token
16.     * @param _value 要销毁的 token 数量
17.     */
18.     function burn(uint256 _value) public {
19.         _burn(msg.sender, _value);
20.     }
```

```
21.
22.     function _burn(address _who, uint256 _value) internal {
23.         require(_value <= balances[_who]);
24.         // 这里不需要用 require value <= totalSupply 来做检查，因为那实际上意味着消息
            发送者所持有的 token 大于 totalSupply（总 token 量），这应该是一种不应该存在
            的异常情况
25.
26.         balances[_who] = balances[_who].sub(_value);
27.         totalSupply_ = totalSupply_.sub(_value);
28.         emit Burn(_who, _value);
29.         emit Transfer(_who, address(0), _value);
30.     }
31. }
```

在实际销毁 token 的函数 _burn 里用 Burn 事件来通知外部世界销毁了多少 token（同时降低了总发行量），并产生了一个记录了向“零地址”转账的 Transfer 事件。

9.8.8 可销毁的标准 token（StandardBurnableToken.sol）

这是一个继承了 StandardToken 和 BurnableToken 的基础合约，增加了一个 burnForm 函数。

代码清单9-41 openzeppelin-solidity/contracts/token/ERC20/StandardBurnableToken.sol

```
 1. pragma solidity ^0.4.24;
 2.
 3. import "./BurnableToken.sol";
 4. import "./StandardToken.sol";
 5.
 6.
 7. /**
 8.  * @title Standard Burnable Token
 9.  * @dev 为 ERC20 的实现增加了 burnFrom 函数
10.  */
11. contract StandardBurnableToken is BurnableToken, StandardToken {
12.
13.   /**
14.     * @dev 从目标地址持有的 token 中销毁指定数量的 token，并相应降低授权数量
15.     * @param _from address 持有 token 的目标地址
16.     * @param _value uint256 要销毁的 token 数量
17.     */
18.     function burnFrom(address _from, uint256 _value) public {
19.         require(_value <= allowed[_from][msg.sender]);
20.         // Should https://github.com/OpenZeppelin/zeppelin-solidity/issues/707
               be accepted,
21.         // this function needs to emit an event with the updated approval.
22.         allowed[_from][msg.sender] = allowed[_from][msg.sender].sub(_value);
23.         _burn(_from, _value);
24.     }
25. }
```

通过 burnForm 函数，可以从给当前消息发送者授权的地址所持有的 token 中烧掉（销毁）指定数量的 token，并相应降低消息发送者从 _from 地址所获得的可用额度。此外，就像代码注释中提到的那样，这个函数当然也应该产生一个 Approval 事件来通知外部世界授权额度的变动。

9.8.9 可暂停的标准 token（PauseableToken.sol）

代码清单9-42　openzeppelin-solidity/contracts/token/ERC20/PausableToken.sol

```
1. pragma solidity ^0.4.24;
2.
3. import "./StandardToken.sol";
4. import "../../lifecycle/Pausable.sol";
5.
6.
7. /**
8.  * @title Pausable token
9.  * @dev StandardToken modified with pausable transfers.
10.  **/
11. contract PausableToken is StandardToken, Pausable {
12.
13.   function transfer(
14.       address _to,
15.       uint256 _value
16.   )
17.       public
18.       whenNotPaused
19.       returns (bool)
20.   {
21.       return super.transfer(_to, _value);
22.   }
23.
24.   function transferFrom(
25.       address _from,
26.       address _to,
27.       uint256 _value
28.   )
29.       public
30.       whenNotPaused
31.       returns (bool)
32.   {
33.       return super.transferFrom(_from, _to, _value);
34.   }
35.
36.   function approve(
37.       address _spender,
38.       uint256 _value
39.   )
40.       public
```

```
41.         whenNotPaused
42.         returns (bool)
43.     {
44.         return super.approve(_spender, _value);
45.     }
46.
47.     function increaseApproval(
48.         address _spender,
49.         uint _addedValue
50.     )
51.         public
52.         whenNotPaused
53.         returns (bool success)
54.     {
55.         return super.increaseApproval(_spender, _addedValue);
56.     }
57.
58.     function decreaseApproval(
59.         address _spender,
60.         uint _subtractedValue
61.     )
62.         public
63.         whenNotPaused
64.         returns (bool success)
65.     {
66.         return super.decreaseApproval(_spender, _subtractedValue);
67.     }
68. }
```

这是一个对标准 token 合约的简单扩展，给标准 Token 合约的所有函数都加上了 whenNotPaused 修改器的修饰，这是一种简单的应急锁定操作的方式。

9.8.10 可增发的标准 token（MintableToken.sol）

这是一个对标准 token 的扩展，允许合约的所有者增加总发行量 totalSupply_，并定义了 Mint 和 MintFinished 事件来通知外部世界每次增发的数量和增发已经完成。

代码清单9-43 openzeppelin-solidity/contracts/token/ERC20/MintableToken.sol

```
1. pragma solidity ^0.4.24;
2.
3. import "./StandardToken.sol";
4. import "../../ownership/Ownable.sol";
5.
6.
7. /**
8.  * @title Mintable token
9.  * @dev 简单的 ERC20 token 样例，可以进行增发
10.  * 基于 TokenMarketNet 的代码：https://github.com/TokenMarketNet/ico/blob/master/
    contracts/MintableToken.sol
```

```
11.  */
12. contract MintableToken is StandardToken, Ownable {
13.     event Mint(address indexed to, uint256 amount);
14.     event MintFinished();
15.
16.     bool public mintingFinished = false;
17.
18.
19.     modifier canMint() {
20.         require(!mintingFinished);
21.         _;
22.     }
23.
24.     modifier hasMintPermission() {
25.         require(msg.sender == owner);
26.         _;
27.     }
28.
29.     /**
30.      * @dev 增发 token 的函数
31.      * @param _to 接收增发的 token 的地址
32.      * @param _amount 增发的 token 数量
33.      * @return 指明操作是否成功的布尔值
34.      */
35.     function mint(
36.         address _to,
37.         uint256 _amount
38.     )
39.         hasMintPermission
40.         canMint
41.         public
42.         returns (bool)
43.     {
44.         totalSupply_ = totalSupply_.add(_amount);
45.         balances[_to] = balances[_to].add(_amount);
46.         emit Mint(_to, _amount);
47.         emit Transfer(address(0), _to, _amount);
48.         return true;
49.     }
50.
51.     /**
52.      * @dev 停止增发新 token
53.      * @return 成功时返回 true
54.      */
55.     function finishMinting() onlyOwner canMint public returns (bool) {
56.         mintingFinished = true;
57.         emit MintFinished();
58.         return true;
59.     }
60. }
```

合约中定义的修改器 hasMintPermission 的实现，和 Ownable 合约的修改器 onlyOwner 是一样的。

9.8.11 有增发上限的标准 token（CappedToken.sol）

这是一个对可增发标准 token 合约的简单扩展，增加了总发行量的上限。

代码清单9-44 openzeppelin-solidity/contracts/token/ERC20/CappedToken.sol

```
1. pragma solidity ^0.4.24;
2.
3. import "./MintableToken.sol";
4.
5.
6. /**
7.  * @title 有上限的 token
8.  * @dev 带有上限的可增发 token
9.  */
10. contract CappedToken is MintableToken {
11.
12.    uint256 public cap;
13.
14.    constructor(uint256 _cap) public {
15.        require(_cap > 0);
16.        cap = _cap;
17.    }
18.
19.    /**
20.     * @dev 增发 token 的函数
21.     * @param _to 接收新增发 token 的地址
22.     * @param _amount 增发的 token 数量
23.     * @return 指明操作是否成功的布尔值
24.     */
25.    function mint(
26.        address _to,
27.        uint256 _amount
28.    )
29.        public
30.        returns (bool)
31.    {
32.        require(totalSupply_.add(_amount) <= cap);
33.
34.        return super.mint(_to, _amount);
35.    }
36.
37. }
```

9.8.12 可授权增发的标准 token（RBACMintableToken.sol）

这也是一个对可增发标准 token 合约的扩展，增加了对可以调用增发函数 mint 的角色授权逻辑，也就是合约的所有者可以授权其他地址调用mint函数（通过将特定地址的角色设定为ROLE_MINTER）。

代码清单9-45　openzeppelin-solidity/contracts/token/ERC20/RBACMintableToken.sol

```
1. pragma solidity ^0.4.24;
2.
3. import "./MintableToken.sol";
4. import "../../ownership/rbac/RBAC.sol";
5.
6.
7. /**
8.  * @title RBACMintableToken
9.  * @author Vittorio Minacori (@vittominacori)
10.  * @dev 带有 RBAC 权限管理的可增发 Token
11.  */
12. contract RBACMintableToken is MintableToken, RBAC {
13.   /**
14.    * 增发操作者角色常量
15.    */
16.    string public constant ROLE_MINTER = "minter";
17.
18.    /**
19.     * @dev 重写 Mintable token 的修改器来增加角色控制逻辑
20.     */
21.    modifier hasMintPermission() {
22.        checkRole(msg.sender, ROLE_MINTER);
23.        _;
24.    }
25.
26.    /**
27.     * @dev 增加一个地址为增发操作者
28.     * @param minter 要增加的增发操作者地址
29.     */
30.    function addMinter(address minter) onlyOwner public {
31.        addRole(minter, ROLE_MINTER);
32.    }
33.
34.    /**
35.     * @dev 移除一个增发操作者地址
36.     * @param minter 要移除的地址
37.    */
38.    function removeMinter(address minter) onlyOwner public {
39.        removeRole(minter, ROLE_MINTER);
40.    }
41. }
```

这里需要注意的就是，这个合约定义了一个与MintableToken合约中名称和参数表都一样的修改器hasMintPermission，这就是所谓的“重写/覆盖（override）”。

9.8.13 锁定 token 的提取（TokenTimelock.sol）

这是一个可以给 ERC20 token 的提取设置锁定期的基础合约。

代码清单9-46 openzeppelin-solidity/contracts/token/ERC20/TokenTimelock.sol

```
1. pragma solidity ^0.4.24;
2.
3. import "./SafeERC20.sol";
4.
5.
6. /**
7.  * @title TokenTimelock
8.  * @dev TokenTimelock 是一个为受益人锁定 token 的合约，允许受益人在指定的发放时间过后提取token
9.  */
10. contract TokenTimelock {
11.     using SafeERC20 for ERC20Basic;
12.
13.     // 要锁定的 ERC20 token 基础合约
14.     ERC20Basic public token;
15.
16.     // 可以提取 token 的受益人
17.     address public beneficiary;
18.
19.     // 可以提取 token 的时间戳
20.     uint256 public releaseTime;
21.
22.     constructor(
23.         ERC20Basic _token,
24.         address _beneficiary,
25.         uint256 _releaseTime
26.     )
27.         public
28.     {
29.         // solium-disable-next-line security/no-block-members
30.         require(_releaseTime > block.timestamp);
31.         token = _token;
32.         beneficiary = _beneficiary;
33.         releaseTime = _releaseTime;
34.     }
35.
36.     /**
37.      * @notice 在锁定时间过后，可以将 token 转账给预设的受益人
38.      */
39.     function release() public {
40.         // solium-disable-next-line security/no-block-members
41.         require(block.timestamp >= releaseTime);
42.
43.         uint256 amount = token.balanceOf(this);
44.         require(amount > 0);
45.
```

```
46.         token.safeTransfer(beneficiary, amount);
47.     }
48. }
```

这个合约中使用了库函数合约SafeERC20，并在构造函数中指定了到期可提取本账户持有的token的受益人地址以及可释放锁定的时间（这个时间需要大于当前区块时间）。在锁定到期之后，任何人都可以调用release函数，将当前账户在相应的token合约中持有的token，转移给构造函数中指定的受益人。

此外，就像我们在“归属权继承”合约提到的那样，因为区块链本身的机制问题，在合约中判断时间会使用block.timestamp；但考虑实际的业务功能，对于锁定期这种相对要求比较严格的时间点，我们可以通过将releaseTime设置为实际时间延后1到2分钟的方式来允许一些“压哨”的交易。

9.8.14 定期发放token（TokenVesting.sol）

这是一个可以定期给指定的受益人发放token的合约。

代码清单9-47 openzeppelin-solidity/contracts/token/ERC20/TokenVesting.sol

```
1. /* solium-disable security/no-block-members */
2.
3. pragma solidity ^0.4.24;
4.
5. import "./ERC20Basic.sol";
6. import "./SafeERC20.sol";
7. import "../../ownership/Ownable.sol";
8. import "../../math/SafeMath.sol";
9.
10.
11. /**
12.  * @title TokenVesting
13.  * @dev 这是一个可以持有 token 的合约，可以从某个时间开始定期按比例发放 token 给指定的
      受益人，持续一段时间。该合约可以允许合约的所有者撤回所有资金
14.  */
15. contract TokenVesting is Ownable {
16.     using SafeMath for uint256;
17.     using SafeERC20 for ERC20Basic;
18.
19.     event Released(uint256 amount);
20.     event Revoked();
21.
22.     // 受益人地址
23.     address public beneficiary;
24.
25.     uint256 public cliff;
26.     uint256 public start;
27.     uint256 public duration;
```

```
28.
29.     bool public revocable;
30.
31.     mapping (address => uint256) public released;
32.     mapping (address => bool) public revoked;
33.
34.     /**
35.      * @dev 创建一个资助合约，可以将其持有的 ERC20 token 定期发放给受益人，发放的数量随
         时间推移线性增长
36.      * @param _beneficiary 接收 token 的受益人地址
37.      * @param _cliff 从合约生效时间算起的开始发放 token 的时间长度（锁定期）
38.      * @param _start 合约生效的时间
39.      * @param _duration 发放 token 的持续时间（从 _start + _cliff 开始）
40.      * @param _revocable 合约的所有者（资助者）能否撤回资金
41.      */
42.     constructor(
43.         address _beneficiary,
44.         uint256 _start,
45.         uint256 _cliff,
46.         uint256 _duration,
47.         bool _revocable
48.     )
49.         public
50.     {
51.         require(_beneficiary != address(0));
52.         require(_cliff <= _duration);
53.
54.         beneficiary = _beneficiary;
55.         revocable = _revocable;
56.         duration = _duration;
57.         cliff = _start.add(_cliff);
58.         start = _start;
59.     }
60.
61.     /**
62.      * @notice 向受益人地址发放 token
63.      * @param token 要发放 token 的 ERC20 合约
64.      */
65.     function release(ERC20Basic token) public {
66.         uint256 unreleased = releasableAmount(token);
67.
68.         require(unreleased > 0);
69.
70.         released[token] = released[token].add(unreleased);
71.
72.         token.safeTransfer(beneficiary, unreleased);
73.
74.         emit Released(unreleased);
75.     }
76.
77.     /**
```

```
78.      * @notice 允许合约所有者撤回资金。也就是除了已经发放的数量，合约所有者可以取回所有剩
          余的 token
79.      * @param token 发放的 token 所在的 ERC20合约
80.      */
81.     function revoke(ERC20Basic token) public onlyOwner {
82.         require(revocable);
83.         require(!revoked[token]);
84.
85.         uint256 balance = token.balanceOf(this);
86.
87.         uint256 unreleased = releasableAmount(token);
88.         uint256 refund = balance.sub(unreleased);
89.
90.         revoked[token] = true;
91.
92.         token.safeTransfer(owner, refund);
93.
94.         emit Revoked();
95.     }
96.
97.     /**
98.      * @dev 计算应该发放的、还没有取走的 token 数量
99.      * @param token 发放的 token 所在的 ERC20 合约
100.     */
101.    function releasableAmount(ERC20Basic token) public view returns (uint256) {
102.        return vestedAmount(token).sub(released[token]);
103.    }
104.
105.    /**
106.     * @dev 计算应该发放的 token 数量
107.     * @param token 发放的 token 所在的 ERC20 合约
108.     */
109.    function vestedAmount(ERC20Basic token) public view returns (uint256) {
110.        uint256 currentBalance = token.balanceOf(this);
111.        uint256 totalBalance = currentBalance.add(released[token]);
112.
113.        if (block.timestamp < cliff) {
114.            return 0;
115.        } else if (block.timestamp >= start.add(duration) || revoked[token]) {
116.            return totalBalance;
117.        } else {
118.            return totalBalance.mul(block.timestamp.sub(start)).div(duration);
119.        }
120.    }
121. }
```

在创建合约时，需要指定受益人地址（beneficiary）、开始时间（start）、锁定期（cliff）、持续时间（duration），以及是否允许本合约的所有者取回待发放额度以外的剩余 token 的标志（revocable）。合约中保存了本合约所持有的所有 ERC20 token 的合约地址与相应的已发

放 token 数量的映射 released，以及“本合约的所有者是否已经从对应的 token 合约地址取回了还未释放的 token 余额”的布尔值映射 revoked。此外合约还定义了两个事件 Released 和 Revoked 来通知外部世界已发放金额和合约所有者已取回余额（这两个事件中大概还应该加上关于具体 token 的信息）。

任何人都可以发起交易来调用合约的 release 函数，该函数会计算当前合约在由输入参数指定的 token 中可以发放的数量，如果可发放数量大于 0，则直接给受益人转账。如果在构造合约时指定合约所有者可以取回未到发放期的剩余 token，那么合约所有者就可以调用 revoke 函数来取回参数指定的 token 中的对应余额。

在计算应发放金额的函数 vestedAmount 中，采用了与前文介绍过的分割付款合约类似的算法，用当前余额加上已发放金额来作为总金额进行计算。如果还未超过锁定期，发放金额应该为 0；如果已经超过持续时间，则应发放所有余额；如果未超过持续时间，但已过锁定期，则按当前时间与在合约有效持续时间内所占的比例折算应该发放的金额（第 118 行）。这里需要注意的就是从 cliff 到 start + duration 期间内，任何人都可以随时调用 release 函数（可以反复调用）。

这个合约实际上就是一个类似于养老金发放或者养老保险的合约，cliff 可以认为是退休年龄，start + duration 可以认为是终止养老金发放的年龄，所以受益人应该可以在 cliff 到 start + duration 期间内根据时间的比例获得相应的 token 发放。

9.9 Crowdsale

Crowdsale 在中文中大概可以译为“公开销售”（“公募”），就是允许公共的投资者（持有以太币的任意账户）通过以太币购买特定的 token（本节中介绍的售卖合约所使用的都是 ERC20 token）。本节中将介绍与此业务功能相关的若干合约实例。

9.9.1 Crowdsale（Crowdsale.sol）

这是一个实现了 Crowdsale 基本功能的基础合约，也是本节后续合约示例的一个基础，整个合约的结构和函数已经经过了社区的反复审查，不建议在子合约中进行修改。

代码清单9-48 openzeppelin-solidity/contracts/crowdsale/Crowdsale.sol

```
1. pragma solidity ^0.4.24;
2.
3. import "../token/ERC20/ERC20.sol";
4. import "../math/SafeMath.sol";
5. import "../token/ERC20/SafeERC20.sol";
6.
7.
8. /**
9.  * @title Crowdsale
```

```
10.  * @dev 这是一个可以用来管理 token 公开售卖的基础合约，它允许投资者用以太币来直接购买 token
11.  * 这个合约实现了大部分重要的步骤，并可以用来扩展出额外的或者定制化的功能
12.  * 合约中定义的外部接口（external 函数）定义了用来购买 token 的基础接口，它们构成了
       token 的公开售卖功能的基本结构。它们的设计是“不希望”被修改/重写的
13.  * 内部接口（internal 函数）提供了可供修改的公开售卖流程，可以通过重写这些函数来增加特定的
       功能。interface conforms the extensible and modifiable surface of crowdsales.
       Override
14.  * 想要使用基础合约逻辑来串联相关逻辑，可以使用 'super' 关键字
15.  */
16. contract Crowdsale {
17.     using SafeMath for uint256;
18.     using SafeERC20 for ERC20;
19.
20.     // 要售卖的 token 合约
21.     ERC20 public token;
22.
23.     // 售卖收入的接收地址
24.     address public wallet;
25.
26.     // 每 wei 以太币可以兑换的 token 单位数量
27.     // 这个比率应该是 wei 到 token 的最小可分单位之间的比率
28.     // 如果对于 decimals 为 3 的 DetailedERC20 token TOK 的兑换比率为 1，1 wei 会
          获得 1 个最小单位的 token，即 0.001 TOK
29.     uint256 public rate;
30.
31.     // 售卖收入总量（以 wei 为单位）
32.     uint256 public weiRaised;
33.
34.     /**
35.      * 记录对 token 的购买事件
36.      * @param purchaser 购买人的地址
37.      * @param beneficiary 获得 token 的地址
38.      * @param value 购买所花费的 wei 的数量
39.      * @param amount 获得的 token 的数量
40.      */
41.     event TokenPurchase(
42.         address indexed purchaser,
43.         address indexed beneficiary,
44.         uint256 value,
45.         uint256 amount
46.     );
47.
48.     /**
49.      * @param _rate 每 wei 兑换的比率
50.      * @param _wallet 接收售卖收入的地址
51.      * @param _token ERC20 token 合约地址
52.      */
53.     constructor(uint256 _rate, address _wallet, ERC20 _token) public {
54.         require(_rate > 0);
55.         require(_wallet != address(0));
56.         require(_token != address(0));
```

```
57.
58.         rate = _rate;
59.         wallet = _wallet;
60.         token = _token;
61.     }
62.
63.     // -----------------------------------------
64.     // Crowdsale 外部接口
65.     // -----------------------------------------
66.
67.     /**
68.      * @dev fallback 函数 ***不要重写***
69.      */
70.     function () external payable {
71.         buyTokens(msg.sender);
72.     }
73.
74.     /**
75.      * @dev token 购买 ***不要重写***
76.      * @param _beneficiary 获得 token 的地址
77.      */
78.     function buyTokens(address _beneficiary) public payable {
79.
80.         uint256 weiAmount = msg.value;
81.         _preValidatePurchase(_beneficiary, weiAmount);
82.
83.         // 计算应购得的 token 数量
84.         uint256 tokens = _getTokenAmount(weiAmount);
85.
86.         // 更新售卖总收入
87.         weiRaised = weiRaised.add(weiAmount);
88.
89.         _processPurchase(_beneficiary, tokens);
90.         emit TokenPurchase(
91.             msg.sender,
92.             _beneficiary,
93.             weiAmount,
94.             tokens
95.         );
96.
97.         _updatePurchasingState(_beneficiary, weiAmount);
98.
99.         _forwardFunds();
100.        _postValidatePurchase(_beneficiary, weiAmount);
101.    }
102.
103.    // -----------------------------------------
104.    // 内部接口（可扩展）
105.    // -----------------------------------------
106.
107.    /**
```

```
108.     * @dev 验证到来的购买。用 require 语句来验证具体条件，可以撤销所有状态修改。在子合
       约中考虑用 super 关键字来使用它
109.     * @param _beneficiary 获得 token 的地址
110.     * @param _weiAmount 购买所支付的 wei
111.     */
112.    function _preValidatePurchase(
113.        address _beneficiary,
114.        uint256 _weiAmount
115.    )
116.        internal
117.    {
118.        require(_beneficiary != address(0));
119.        require(_weiAmount != 0);
120.    }
121.
122.    /**
123.     * @dev 验证已执行的购买。检查必要的状态，如果发现不满足特定条件，可以将所有状态修改撤销
124.     * @param _beneficiary 获得 token 的地址
125.     * @param _weiAmount 购买所支付的 wei
126.     */
127.    function _postValidatePurchase(
128.        address _beneficiary,
129.        uint256 _weiAmount
130.    )
131.        internal
132.    {
133.        // 可以选择重写具体逻辑
134.    }
135.
136.    /**
137.     * @dev 发放 token 的源头。重写这个函数来修改合约发放 token 的方式
138.     * @param _beneficiary 获得 token 的地址
139.     * @param _tokenAmount 购得的 token 数量
140.     */
141.    function _deliverTokens(
142.        address _beneficiary,
143.        uint256 _tokenAmount
144.    )
145.        internal
146.    {
147.        token.safeTransfer(_beneficiary, _tokenAmount);
148.    }
149.
150.    /**
151.     * @dev 当购买已经验证之后准备执行时运行。不可避免地需要发放 token
152.     * @param _beneficiary 获得 token 的地址
153.     * @param _tokenAmount 购得的 token 数量
154.     */
155.    function _processPurchase(
156.        address _beneficiary,
```

```
157.            uint256 _tokenAmount
158.        )
159.            internal
160.        {
161.            _deliverTokens(_beneficiary, _tokenAmount);
162.        }
163.
164.        /**
165.         * @dev 当需要做内部状态检查（如当前用户的某种贡献等）时，重写这个函数
166.         * @param _beneficiary 获得 token 的地址
167.         * @param _weiAmount 购买所支付的 wei
168.         */
169.        function _updatePurchasingState(
170.            address _beneficiary,
171.            uint256 _weiAmount
172.        )
173.            internal
174.        {
175.            // 可以选择重写具体逻辑
176.        }
177.
178.        /**
179.         * @dev 当需要更改以太币到 token 数量的换算逻辑时，重写这个函数
180.         * @param _weiAmount 需要折算成 token 的 wei 的数量
181.         * @return 应该获得的 token 的数量
182.         */
183.        function _getTokenAmount(uint256 _weiAmount)
184.            internal view returns (uint256)
185.        {
186.            return _weiAmount.mul(rate);
187.        }
188.
189.        /**
190.         * @dev 用来确定购买的收入如何保存或转出
191.         */
192.        function _forwardFunds() internal {
193.            wallet.transfer(msg.value);
194.        }
195. }
```

这个合约中定义了 4 个状态变量：公共销售的 token 合约 token；保存募集资金的账户地址 wallet；以太币（以 wei 为单位）与 token 的兑换比率 rate 和总共接收到的以太币（以 wei 为单位）weiRaised。此外还定义了一个事件 TokenPurchase 来通知外部世界每笔购买的具体信息。

合约定义了一个 payable 的 fallback 函数，用于接收最终用户的转账，它会直接调用 buyTokens 函数将用户转入的以太币兑换为 token。这里有两点需要特别注意。第一，从一个合约地址通过 transfer 函数或者 send 函数向 Crowdsale 合约发起的转账会失败，因为

在这种情况下，只会有 2 300gas 可以在 fallback 函数中使用，这是不足以执行 buyTokens 函数的。而通过 EOA（External Owned Account，也就是一个由外部用户通过私钥控制的地址）所发出的交易，通常都会有很高的 gasLimit，是可以允许 fallback 函数去执行 buyTokens 函数的。第二，第 71 行的代码必须写为 buyTokens(msg.sender)，而不能写为 this.buyTokens(msg.sender)。因为 buyTokens 函数是 public 类型的，第一种写法会被编译器作为合约内部调用来处理（会被编译为 CALLCODE 操作，不会切换执行环境），buyTokens 函数中的 msg.sender 和 msg.value 会与触发 fallback 函数的原始交易的 sender 和 value 相同；而第二种写法会使编译器将其作为外部调用来处理（会被编译为 CALL 操作，并切换执行环境），也就是说 buyTokens 函数中的 msg.sender 会变为当前合约的地址，而 msg.value 则会变为 0。

这个合约的 buyTokens 函数定义了一个基本处理流程，包括购买前的验证（_preValidatePurchase）、处理购买（_processPurchase）、产生购买事件（emit TokenPurchase）、更新购买状态（_updatePurchasingState）、转移资金（_forwardFunds）和购买后的验证（_postValidatePurchase）。就像英文注释中标明的那样，这个函数也不推荐重写 / 修改。请注意，这里提到的这几个函数都是 internal 类型的（可以在子合约中重写 / 覆盖），在合约内直接调用时会保持执行环境（即这些函数中使用的 msg.sender 和 msg.value 都与触发 fallback 函数或者 buyTokens 函数的原始交易的 sender 和 value 相同）。

合约中的其他处理逻辑都很简单，意义也很明确，这里不做过多解释了。

9.9.2 有上限的 Crowdsale（CappedCrowdsale.sol）

这是一个对 Crowdsale 合约的简单扩展。在构造函数中增加了对销售上限的设定，增加了一个检查销售额度是否已达到上限的函数 capReached，并在购买前验证（_preValidatePurchase）中增加了对购买金额加上已销售额度是否超过上限的检查。

代码清单9-49 openzeppelin-solidity/contracts/crowdsale/validation/CappedCrowdsale.sol

```
 1. pragma solidity ^0.4.24;
 2.
 3. import "../../math/SafeMath.sol";
 4. import "../Crowdsale.sol";
 5.
 6.
 7. /**
 8.  * @title CappedCrowdsale
 9.  * @dev 带有总销售额限制的 Crowdsale
10.  */
11. contract CappedCrowdsale is Crowdsale {
12.    using SafeMath for uint256;
13.
14.    uint256 public cap;
15.
```

```
16.     /**
17.      * @dev 接受最大可销售额度限制的构造函数
18.      * @param _cap 可接受的最大销售收入(以 wei 为单位)
19.      */
20.     constructor(uint256 _cap) public {
21.         require(_cap > 0);
22.         cap = _cap;
23.     }
24.
25.     /**
26.      * @dev 检查销售收入是否已达到限额
27.      * @return 是否已达到限额
28.      */
29.     function capReached() public view returns (bool) {
30.         return weiRaised >= cap;
31.     }
32.
33.     /**
34.      * @dev 对基础合约的处理进行扩展，检查已销售的收入是否已达限额
35.      * @param _beneficiary Token 的购买人
36.      * @param _weiAmount 购买 token 所支付的以太币数量(以 wei 为单位)
37.      */
38.     function _preValidatePurchase(
39.         address _beneficiary,
40.         uint256 _weiAmount
41.     )
42.         internal
43.     {
44.         super._preValidatePurchase(_beneficiary, _weiAmount);
45.         require(weiRaised.add(_weiAmount) <= cap);
46.     }
47.
48. }
```

9.9.3 有独立上限的 Crowdsale (IndividuallyCappedCrowdsale.sol)

这是一个可以对购买人单独设置购买上限的 Crowdsale 合约。

代码清单9-50 openzeppelin-solidity/contracts/crowdsale/validation/IndividuallyCappedCrowdsale.sol

```
1. pragma solidity ^0.4.24;
2.
3. import "../../math/SafeMath.sol";
4. import "../Crowdsale.sol";
5. import "../../ownership/Ownable.sol";
6.
7.
8. /**
9.  * @title IndividuallyCappedCrowdsale
```

```
10.  * @dev 可以对单个用户设置销售上限的 Crowdsale
11.  */
12. contract IndividuallyCappedCrowdsale is Crowdsale, Ownable {
13.    using SafeMath for uint256;
14.
15.    mapping(address => uint256) public contributions;
16.    mapping(address => uint256) public caps;
17.
18.    /**
19.     * @dev 设置一个用户的参与限额（即某个用户最多可以花多少以太币来购买 token）
20.     * @param _beneficiary 要设置限额的用户地址
21.     * @param _cap 用户的参与限额（以 wei 为单位）
22.     */
23.    function setUserCap(address _beneficiary, uint256 _cap) external onlyOwner {
24.        caps[_beneficiary] = _cap;
25.    }
26.
27.    /**
28.     * @dev 设置一组用户的参与限额（即这组用户最多可以花多少以太币来购买 token）
29.     * @param _beneficiaries 要设置限额的用户地址数组
30.     * @param _cap 用户的参与限额（以 wei 为单位）
31.     */
32.    function setGroupCap(
33.        address[] _beneficiaries,
34.        uint256 _cap
35.    )
36.        external
37.        onlyOwner
38.    {
39.        for (uint256 i = 0; i < _beneficiaries.length; i++) {
40.          caps[_beneficiaries[i]] = _cap;
41.        }
42.    }
43.
44.    /**
45.     * @dev 返回指定用户的可参与限额
46.     * @param _beneficiary 要检查限额的用户地址
47.     * @return 该用户的可参与限额
48.     */
49.    function getUserCap(address _beneficiary) public view returns (uint256) {
50.        return caps[_beneficiary];
51.    }
52.
53.    /**
54.     * @dev 返回指定用户目前的已参与数额（已花多少以太币购买 token）
55.     * @param _beneficiary 已参与的用户地址
56.     * @return 该用户目前的已参与数额
57.     */
58.    function getUserContribution(address _beneficiary)
59.        public view returns (uint256)
60.    {
```

```
61.         return contributions[_beneficiary];
62.     }
63.
64.     /**
65.      * @dev 扩展基础合约的实现，增加对用户可参与限额的检查
66.      * @param _beneficiary Token 购买者地址
67.      * @param _weiAmount 购买所花费的以太币数量（以 wei 为单位）
68.      */
69.     function _preValidatePurchase(
70.         address _beneficiary,
71.         uint256 _weiAmount
72.     )
73.         internal
74.     {
75.         super._preValidatePurchase(_beneficiary, _weiAmount);
76.         require(contributions[_beneficiary].add(_weiAmount) <= caps[_
            beneficiary]);
77.     }
78.
79.     /**
80.      * @dev 扩展基础合约的实现，对用户已参与数额进行累加
81.      * @param _beneficiary Token 购买者地址
82.      * @param _weiAmount 购买所花费的以太币数量（以 wei 为单位）
83.      */
84.     function _updatePurchasingState(
85.         address _beneficiary,
86.         uint256 _weiAmount
87.     )
88.         internal
89.     {
90.         super._updatePurchasingState(_beneficiary, _weiAmount);
91.         contributions[_beneficiary] = contributions[_beneficiary].add(_weiAmount);
92.     }
93.
94. }
```

这个合约中用两个状态变量 contributions 和 caps 来保存购买人的已购金额和购买上限，增加了可以对单个地址或者地址数组设置购买上限的两个函数 setUserCap 和 setGroupCap 以及取得用户已购金额和购买上限的函数 getUserContribution 和 getUserCap。此外在购买前检查（_preValidatePurchase）中增加了对实际购买金额是否超过购买上限的判断，在更新购买状态（_updatePurchasingState）中增加了对已购金额的累计处理。

9.9.4 有时限的 Crowdsale（TimedCrowdsale.sol）

这是一个可以设置开始和结束时间的对 Crowdsale 合约的扩展，增加了一个判断是否在售卖时限内的修改器 onlyWhileOpen，并用它对购买前检查（_preValidatePurchase）做了限制，此外还增加了一个判断当前区块时间是否超过终止时间的函数 hasClosed。

代码清单9-51 openzeppelin-solidity/contracts/crowdsale/validation/TimedCrowdsale.sol

```
1. pragma solidity ^0.4.24;
2.
3. import "../../math/SafeMath.sol";
4. import "../Crowdsale.sol";
5.
6.
7. /**
8.  * @title TimedCrowdsale
9.  * @dev 仅在一个时间段内接受购买的 Crowdsale
10.  */
11. contract TimedCrowdsale is Crowdsale {
12.     using SafeMath for uint256;
13.
14.     uint256 public openingTime;
15.     uint256 public closingTime;
16.
17.     /**
18.      * @dev 如果不在指定时间段内则 Revert
19.      */
20.     modifier onlyWhileOpen {
21.         // solium-disable-next-line security/no-block-members
22.         require(block.timestamp >= openingTime && block.timestamp <= closingTime);
23.         _;
24.     }
25.
26.     /**
27.      * @dev 接受 crowdsale 开始和结束时间的构造函数
28.      * @param _openingTime Crowdsale 的开始时间
29.      * @param _closingTime Crowdsale 的结束时间
30.      */
31.     constructor(uint256 _openingTime, uint256 _closingTime) public {
32.         // solium-disable-next-line security/no-block-members
33.         require(_openingTime >= block.timestamp);
34.         require(_closingTime >= _openingTime);
35.
36.         openingTime = _openingTime;
37.         closingTime = _closingTime;
38.     }
39.
40.     /**
41.      * @dev 检查是否已过 crowdsale 的结束时间
42.      * @return 是否已过 crowdsale 的结束时间
43.      */
44.     function hasClosed() public view returns (bool) {
45.         // solium-disable-next-line security/no-block-members
46.         return block.timestamp > closingTime;
47.     }
48.
49.     /**
```

```
50.      * @dev 扩展基础合约的处理，检查是否处于可购买期间
51.      * @param _beneficiary Token 购买者地址
52.      * @param _weiAmount 购买所花费的以太币数量（以 wei 为单位）
53.      */
54.     function _preValidatePurchase(
55.         address _beneficiary,
56.         uint256 _weiAmount
57.     )
58.         internal
59.         onlyWhileOpen
60.     {
61.         super._preValidatePurchase(_beneficiary, _weiAmount);
62.     }
63.
64. }
```

因为区块链本身的机制问题，合约内是不能判断实际时间的，因为具体的合约代码的执行是在所有矿工和全节点本地执行的，大家所能达成一致的时间只能是当前区块的时间戳，所以通常在合约中判断时间会使用 block.timestamp。也就是说一个购买交易是否能成功，是看这个交易被打包进入的那个区块的时间戳是否在设置的时限之内，而不是看交易的实际发出时间。所以通常在合约中设定时间限制时，会增加一定的延后量（一般可以增加1～2 分钟），以允许那些“压哨”交易。

9.9.5 有白名单的 Crowdsale（WhitedlistedCrowdsale.sol）

这是一个简单地继承了 Whilelist 和 Crowdsale 合约的基础合约，给购买前检查（_preValidatePurchase）增加了白名单修改器 onlyIfWhitelisted 的限制。

代码清单9-52　openzeppelin-solidity/contracts/crowdsale/validation/WhitelistedCrowdsale.sol

```
1. pragma solidity ^0.4.24;
2.
3. import "../Crowdsale.sol";
4. import "../../access/Whitelist.sol";
5.
6.
7. /**
8.  * @title WhitelistedCrowdsale
9.  * @dev 仅有白名单内的用户可以参与的 Crowdsale
10.  */
11. contract WhitelistedCrowdsale is Whitelist, Crowdsale {
12.   /**
13.    * @dev 扩展基础合约的处理，增加了 token 持有人必须在白名单的限制
14.    * @param _beneficiary Token 持有人（接受人）地址
15.    * @param _weiAmount 购买所花费的以太币（以 wei 为单位）
16.    */
17.    function _preValidatePurchase(
18.        address _beneficiary,
```

```
19.         uint256 _weiAmount
20.     )
21.         onlyIfWhitelisted(_beneficiary)
22.         internal
23.     {
24.         super._preValidatePurchase(_beneficiary, _weiAmount);
25.     }
26.
27. }
```

9.9.6 自动涨价的 Crowdsale（IncreasingPriceCrowdsale.sol）

这是一个对有时限的 Crowdsale 合约的扩展，在合约构造函数中指定了初始价位和最终价位，而后按照当前时间计算在售卖期间内的对应价格（按时间比例线性变化），重写了 Crowdsale 合约的兑换计算函数 _getTokenAmout。

代码清单9-53 openzeppelin-solidity/contracts/crowdsale/price/IncreasingPriceCrowdsale.sol

```
 1. pragma solidity ^0.4.24;
 2.
 3. import "../validation/TimedCrowdsale.sol";
 4. import "../../math/SafeMath.sol";
 5.
 6.
 7. /**
 8.  * @title IncreasingPriceCrowdsale
 9.  * @dev 对基础合约进行扩展，使价格随时间线性增长
10.  * 注意，构造函数中应该指定初始和最终的 _rates_ ，也就是说每 wei 以太币可以兑换的 token
       数量，所以初始值应该大于最终值
11.  */
12. contract IncreasingPriceCrowdsale is TimedCrowdsale {
13.   using SafeMath for uint256;
14.
15.   uint256 public initialRate;
16.   uint256 public finalRate;
17.
18.   /**
19.    * @dev 接收初始和最终兑换比率设定的构造函数
20.    * @param _initialRate 在 crowdsale 开始时的兑换比率
21.    * @param _finalRate 在 crowdsale 结束时的兑换比率
22.    */
23.   constructor(uint256 _initialRate, uint256 _finalRate) public {
24.       require(_initialRate >= _finalRate);
25.       require(_finalRate > 0);
26.       initialRate = _initialRate;
27.       finalRate = _finalRate;
28.   }
29.
30.   /**
31.    * @dev 返回当前的兑换比率
```

```
32.      * 这里要注意的就是因为价格会随时间推移而提高，所以相应的兑换比率会降低
33.      * @return 当前的兑换比率（每 wei 能购得的 token 数量）
34.      */
35.     function getCurrentRate() public view returns (uint256) {
36.         // solium-disable-next-line security/no-block-members
37.         uint256 elapsedTime = block.timestamp.sub(openingTime);
38.         uint256 timeRange = closingTime.sub(openingTime);
39.         uint256 rateRange = initialRate.sub(finalRate);
40.         return initialRate.sub(elapsedTime.mul(rateRange).div(timeRange));
41.     }
42.
43.     /**
44.      * @dev 重写基础合约的这个函数来按照当前的兑换比率进行销售
45.      * @param _weiAmount 购买所花费的以太币数量（以 wei 为单位）
46.      * @return 基于当前兑换比率折算的 token 数量
47.      */
48.     function _getTokenAmount(uint256 _weiAmount)
49.         internal view returns (uint256)
50.     {
51.         uint256 currentRate = getCurrentRate();
52.         return currentRate.mul(_weiAmount);
53.     }
54.
55. }
```

不过实际场景中大概不会这样操作，一般会采取分时段更改兑换率的方式，比如将整个售卖周期分为多个阶段，每个阶段设置固定的兑换率，或者根据项目方的具体要求来设计。有兴趣的读者可以自行对 TimedCrowdsale 进行扩展。

9.9.7 可增发的 Crowdsale（MintedCrowdsale.sol）

这是一个简单的对 Crowdsale 合约的扩展，如果 Crowdsale 合约售卖的对象是一个可增发的 token（MintableToken），那么就可以在 Crowdsale 合约的给付 token 函数（_deliverToken）中直接调用 MintableToken 的 mint 函数进行增发（需要调用者地址在对应的 MintableToken 合约中有进行增发的权限，请一并参考前文介绍过的“可增发的标准 token”合约）。

代码清单9-54 openzeppelin-solidity/contracts/crowdsale/emission/MintedCrowdsale.sol

```
 1. pragma solidity ^0.4.24;
 2.
 3. import "../Crowdsale.sol";
 4. import "../../token/ERC20/MintableToken.sol";
 5.
 6.
 7. /**
 8.  * @title MintedCrowdsale
 9.  * @dev 对 Crowdsale 合约的扩展，可以在每次购买时进行增发
10.  * MintedCrowdsale 合约应该有对相应 ERC20 token 进行增发的权限
```

```
11.  */
12. contract MintedCrowdsale is Crowdsale {
13.
14.   /**
15.    * @dev 重写基础合约的函数，在每次给付 token 时进行增发
16.    * @param _beneficiary Token 购买人地址
17.    * @param _tokenAmount 增发的 token 数量
18.    */
19.    function _deliverTokens(
20.        address _beneficiary,
21.        uint256 _tokenAmount
22.    )
23.        internal
24.    {
25.        require(MintableToken(token).mint(_beneficiary, _tokenAmount));
26.    }
27. }
```

9.9.8 有额度的Crowdsale（AllowanceCrowdsale.sol）

这是一个简单的Crowdsale合约的扩展，它在构造函数中接收一个持有在售卖的token的账户地址_tokenWallet，并通过这个账户地址对当前合约地址的授权（approve）来确定这个合约可以售卖的token总量。

代码清单9-55　openzeppelin-solidity/contracts/crowdsale/emission/AllowanceCrowdsale.sol

```
1. pragma solidity ^0.4.24;
2.
3. import "../Crowdsale.sol";
4. import "../../token/ERC20/ERC20.sol";
5. import "../../token/ERC20/ERC20Basic.sol";
6. import "../../token/ERC20/SafeERC20.sol";
7. import "../../math/SafeMath.sol";
8. /**
9.  * @title AllowanceCrowdsale
10.  * @dev 对 Crowdsale 的扩展，通过一个持有 token 的钱包地址来向当前合约进行授权，以确定
    Crowdsale 中可售卖的 token 数量上限
11.  */
12. contract AllowanceCrowdsale is Crowdsale {
13.   using SafeMath for uint256;
14.   using SafeERC20 for ERC20;
15.
16.   address public tokenWallet;
17.
18.   /**
19.    * @dev 接收钱包地址的构造函数
20.    * @param _tokenWallet 持有要售卖 token 的钱包地址，该地址应该向当前合约地址进行授
     权，以允许该合约对 token 进行售卖
21.    */
22.   constructor(address _tokenWallet) public {
```

```
23.         require(_tokenWallet != address(0));
24.         tokenWallet = _tokenWallet;
25.     }
26.
27.     /**
28.      * @dev 检查剩余的授权额度
29.      * @return 剩余的授权额度（可售卖的 token 数量）
30.      */
31.     function remainingTokens() public view returns (uint256) {
32.         return token.allowance(tokenWallet, this);
33.     }
34.
35.     /**
36.      * @dev 重写基础合约的函数，从授权的钱包地址转出 token
37.      * @param _beneficiary Token 购买人地址
38.      * @param _tokenAmount 购买人购得的 token 数量
39.      */
40.     function _deliverTokens(
41.         address _beneficiary,
42.         uint256 _tokenAmount
43.     )
44.         internal
45.     {
46.         token.safeTransferFrom(tokenWallet, _beneficiary, _tokenAmount);
47.     }
48. }
```

该合约增加了一个获取剩余可售卖额度的函数 remainingTokens，并重写了 _deliverTokens，与额度相关的检查都是在 SafeERC20 合约中实现的。

9.9.9 有完结处理的 Crowdsale（FinalizableCrowdsale.sol）

这是一个允许合约的所有者在完成有时限的 Crowdsale（TimedCrowdsale）之后来做一些完结处理的基础合约。

代码清单9-56 openzeppelin-solidity/contracts/crowdsale/distribution/FinalizableCrowdsale.sol

```
1. pragma solidity ^0.4.24;
2.
3. import "../../math/SafeMath.sol";
4. import "../../ownership/Ownable.sol";
5. import "../validation/TimedCrowdsale.sol";
6.
7.
8. /**
9.  * @title FinalizableCrowdsale
10.  * @dev 对 Crowdsale 合约的扩展，允许在售卖完结之后进行一些额外的处理
11.  */
12. contract FinalizableCrowdsale is TimedCrowdsale, Ownable {
13.     using SafeMath for uint256;
```

```
14.
15.     bool public isFinalized = false;
16.
17.     event Finalized();
18.
19.     /**
20.      * @dev在Crowdsale 结束之后，由owner调用，来进行一些额外的处理，实际处理在 finalization
        函数中实现
21.      */
22.     function finalize() onlyOwner public {
23.         require(!isFinalized);
24.         require(hasClosed());
25.
26.         finalization();
27.         emit Finalized();
28.
29.         isFinalized = true;
30.     }
31.
32.     /**
33.      * @dev 可以用来重写以实现特定的完结处理逻辑。子合约应该调用 super.finalization() 来
        确保所有继承链上的完结处理都执行了
34.      */
35.     function finalization() internal {
36.     }
37.
38. }
```

这个合约定义了一个事件Finalized来通知外部世界完结处理已经完成。这个实际的完结处理可以在子合约中通过重写finalization函数实现。

9.9.10　后发送token的Crowdsale（PostDeliveryCrowdsale.sol）

这是一个对有时限的Crowdsale（TimedCrowdsale）合约的扩展。

代码清单9-57　openzeppelin-solidity/contracts/crowdsale/distribution/PostDeliveryCrowdsale.sol

```
1. pragma solidity ^0.4.24;
2.
3. import "../validation/TimedCrowdsale.sol";
4. import "../../token/ERC20/ERC20.sol";
5. import "../../math/SafeMath.sol";
6.
7.
8. /**
9.  * @title PostDeliveryCrowdsale
10.  * @dev 在 Crowdsale 结束之前锁定 token 提取的 Crowdsale 合约的扩展
11.  */
12. contract PostDeliveryCrowdsale is TimedCrowdsale {
13.   using SafeMath for uint256;
```

```
14.
15.     mapping(address => uint256) public balances;
16.
17.     /**
18.      * @dev 仅在 Crowdsale 结束之后允许取走 token
19.      */
20.     function withdrawTokens() public {
21.         require(hasClosed());
22.         uint256 amount = balances[msg.sender];
23.         require(amount > 0);
24.         balances[msg.sender] = 0;
25.         _deliverTokens(msg.sender, amount);
26.     }
27.
28.     /**
29.      * @dev 重写基础合约的函数来保存 token 的余额，而不是直接将 token 转出
30.      * @param _beneficiary Token 购买人地址
31.      * @param _tokenAmount 购买人购得的 token 数量
32.      */
33.     function _processPurchase(
34.         address _beneficiary,
35.         uint256 _tokenAmount
36.     )
37.         internal
38.     {
39.         balances[_beneficiary] = balances[_beneficiary].add(_tokenAmount);
40.     }
41.
42. }
```

在 Crowdsale 合约中，每次购买的 token 都是在处理购买（_processPurchase）函数中直接通过 token 合约发送的；这个合约重写了这个函数，仅增加当前消息发送者地址购得的 token 数量，而把实际发送 token 的处理延后到售卖时限结束之后，需要由购得了 token 的用户主动调用 withdrawTokens 函数来将其购得的所有 token 一次性发送。

9.9.11 退款库（RefundVault.sol）

这是一个可以用来管理退款逻辑的工具合约。它具有内部状态：有效（Active）、退款中（Refunding）和关闭（Closed）。它用一个映射（mapping）保存了投资者与其投资额的对应关系，并定义了 3 个事件：已关闭（Closed）、可以退款（RefundsEnabled）和退款完成（Refunded）。

代码清单9-58 openzeppelin-solidity/contracts/crowdsale/distribution/utils/RefundVault.sol

```
1. pragma solidity ^0.4.24;
2.
3. import "../../../math/SafeMath.sol";
4. import "../../../ownership/Ownable.sol";
```

```
5.
6.
7. /**
8.  * @title RefundVault
9.  * @dev 这个合约可以用来在 Crowdsale 进行时保存售卖所得以太币资金，支持在售卖失败时返还
    资金，在售卖成功时取走资金
10.  */
11. contract RefundVault is Ownable {
12.   using SafeMath for uint256;
13.
14.   enum State { Active, Refunding, Closed }
15.
16.   mapping (address => uint256) public deposited;
17.   address public wallet;
18.   State public state;
19.
20.   event Closed();
21.   event RefundsEnabled();
22.   event Refunded(address indexed beneficiary, uint256 weiAmount);
23.
24.   /**
25.    * @param _wallet 钱包地址
26.    */
27.   constructor(address _wallet) public {
28.       require(_wallet != address(0));
29.       wallet = _wallet;
30.       state = State.Active;
31.   }
32.
33.   /**
34.    * @param investor 投资人（购买人）地址
35.    */
36.   function deposit(address investor) onlyOwner public payable {
37.       require(state == State.Active);
38.       deposited[investor] = deposited[investor].add(msg.value);
39.   }
40.
41.   function close() onlyOwner public {
42.       require(state == State.Active);
43.       state = State.Closed;
44.       emit Closed();
45.       wallet.transfer(address(this).balance);
46.   }
47.
48.   function enableRefunds() onlyOwner public {
49.       require(state == State.Active);
50.       state = State.Refunding;
51.       emit RefundsEnabled();
52.   }
53.
54.   /**
```

```
55.      * @param investor 投资人（购买人）地址
56.      */
57.     function refund(address investor) public {
58.         require(state == State.Refunding);
59.         uint256 depositedValue = deposited[investor];
60.         deposited[investor] = 0;
61.         investor.transfer(depositedValue);
62.         emit Refunded(investor, depositedValue);
63.     }
64. }
```

在构造函数中，合约接受了一个用于最终接收所有投资款项的地址，并将自己的状态设置为“有效”。合约的所有者可以调用deposit函数将投资者的地址和其实际投资金额发送到这个合约（可以在合约“有效”状态反复调用），合约会对投资者和其投资金额做累加记录。合约所有者可以在必要的时候（比如投资处理流程失败或者其他需要进行退款的情况）调用enableRefunds函数将合约的状态改变为“退款中”，并产生RefundsEnabled事件。而后，投资者就可以主动调用refund函数来取回自己的投资资金，处理成功之后，合约会产生Refunded事件来通知外部世界已成功对某个投资人进行了退款。此外，合约所有者可以在合约处于“有效”状态时调用close函数，来将合约状态改为“关闭”，产生Closed事件，并将合约中的余额发送到由构造函数指定的接收所有投资款项的地址。

需要注意的是，因为这个合约没有提供一个可以把合约状态从“关闭”修改为其他状态的函数，所以实际上这是个一次性使用的合约。合约的所有者调用close函数之后，合约的功能就全部无效了。所以实际上我们可以在close函数中直接调用selfdestruct来获得合约的所有余额并销毁合约。

9.9.12 可退款的Crowdsale（RefundableCrowdsale.sol）

这是一个利用“退款库”合约对有完结处理的Crowdsale合约的扩展，也是非常有实际价值的一个基础合约。合约通过构造函数设定了一个售卖金额目标，并基于接收售卖款项的地址创建了一个“退款库”合约实例。

代码清单9-59 openzeppelin-solidity/contracts/crowdsale/distribution/RefundableCrowdsale.sol

```
1. pragma solidity ^0.4.24;
2.
3.
4. import "../../math/SafeMath.sol";
5. import "./FinalizableCrowdsale.sol";
6. import "./utils/RefundVault.sol";
7.
8.
9. /**
10.  * @title RefundableCrowdsale
11.  * @dev 对 Crowdsale 合约的扩展，增加了售卖目标，并允许在目标未达成时将用户的购买资金返
       还。它使用了 RefundVault 合约作为保管资金的“退款库”
```

```
12.  */
13. contract RefundableCrowdsale is FinalizableCrowdsale {
14.     using SafeMath for uint256;
15.
16.     // 售卖所得的以太币目标(最少应该获得多少以太币收入，以 wei 为单位)
17.     uint256 public goal;
18.
19.     // 当前 Crowdsale 的退款库合约
20.     RefundVault public vault;
21.
22.     /**
23.      * @dev 创建退款库合约实例的构造函数
24.      * @param _goal 售卖目标
25.      */
26.     constructor(uint256 _goal) public {
27.         require(_goal > 0);
28.         vault = new RefundVault(wallet);
29.         goal = _goal;
30.     }
31.
32.     /**
33.      * @dev 投资人(购买人)可以在 Crowdsale 未成功时调用此函数取回购买资金
34.      */
35.     function claimRefund() public {
36.         require(isFinalized);
37.         require(!goalReached());
38.
39.         vault.refund(msg.sender);
40.     }
41.
42.     /**
43.      * @dev 检查是否达到售卖目标
44.      * @return 是否达到售卖目标
45.      */
46.     function goalReached() public view returns (bool) {
47.         return weiRaised >= goal;
48.     }
49.
50.     /**
51.      * @dev 退款库的完结处理，当合约的所有人调用 finalize 函数时执行
52.      */
53.     function finalization() internal {
54.         if (goalReached()) {
55.             vault.close();
56.         } else {
57.             vault.enableRefunds();
58.         }
59.
60.         super.finalization();
61.     }
62.
```

```
63.     /**
64.      * @dev 重写基础合约的函数，将资金保存到退款库合约
65.      */
66.     function _forwardFunds() internal {
67.         vault.deposit.value(msg.value)(msg.sender);
68.     }
69.
70. }
```

这个合约重写了 Crowdsale 流程中的转移资金（_forwardFunds）函数，将投资者发送的以太币通过退款库合约的 deposit 函数存入退款库。在售卖时限超过之后，合约的所有者可以调用 finalize 函数从而执行本合约的 finalization 函数。这个函数会判断售卖金额目标是否达成，如果达成，则调用“退款库”合约的 close 函数，将所有款项转移到接收售卖款的地址；如果未达成，则调用“退款库”合约的 enableRefunds 函数，允许投资者取回各自的投资额，然后，投资者就可以调用本合约的 claimRefund 函数来获得退款。

9.10 ERC721

ERC721 是目前以太坊上仅次于 ERC20 的另一个热门 token 标准，它定义了所谓的 Non-Fungible Token（NFT）。我们已经在 ERC20 中看到，ERC20 的 token 是可以指定小数位数的，也就是 token 是可以随意分割的，token 与 token 之间是等价的；而 ERC721 则定义了一种不可分割的 token，每个 token 都是独一无二的，这个标准就是用来追踪每个 token 的转移和其价值的变动的。这种 Non-Fungible Token 可以理解为我们现实世界中的某种有权属的固定资产，比如房产、汽车、艺术品、收藏品、宠物、收集的卡牌，乃至某些带有负面因素的资产，比如要偿还的借款、某些所谓的“负担”等。

ERC721 标准创造出了一种新的虚拟资产形态，其灵感来自于 2017 年出现的那个基于以太坊的游戏 CryptoKitties（一个虚拟宠物游戏，每个宠物都是有自己的“基因”的独一无二的虚拟资产），最初于 2018 年 1 月底由 William Entriken、Dieter Shirley、Jacob Evans 和 Nastassia Sachs 提出，具体的标准介绍、细节描述和相关资料可以参考 EIP 项目中的文档（https://github.com/ethereum/EIPs/blob/master/EIPS/eip-721.md）以及其中所列出的参考资源。

本节中，我们将给大家介绍 OpenZeppelin 项目中对 ERC721 标准的合约实现模板。

9.10.1 ERC721Basic（ERC721Basic.sol）

这就是基于 EIP721（https://github.com/ethereum/EIPs/blob/master/EIPS/eip-721.md）所定义的的一个 ERC721 标准合约接口。首先，它是一个前文介绍过的 ERC165 的子合约，它有一个 supportsInterface 函数，可以让外部合约判断此合约是否实现了某个接口。以下是其标准接口的定义：

代码清单9-60　openzeppelin-solidity/contracts/token/ERC721/ERC721Basic.sol

```
1. pragma solidity ^0.4.24;
2.
3. import "../../introspection/ERC165.sol";
4.
5.
6. /**
7.  * @title ERC721 Non-Fungible Token Standard basic interface
8.  * @dev see https://github.com/ethereum/EIPs/blob/master/EIPS/eip-721.md
9.  */
10. contract ERC721Basic is ERC165 {
11.     event Transfer(
12.         address indexed _from,
13.         address indexed _to,
14.         uint256 indexed _tokenId
15.     );
16.     event Approval(
17.         address indexed _owner,
18.         address indexed _approved,
19.         uint256 indexed _tokenId
20.     );
21.     event ApprovalForAll(
22.         address indexed _owner,
23.         address indexed _operator,
24.         bool _approved
25.     );
26.
27.     function balanceOf(address _owner) public view returns (uint256 _balance);
28.     function ownerOf(uint256 _tokenId) public view returns (address _owner);
29.     function exists(uint256 _tokenId) public view returns (bool _exists);
30.
31.     function approve(address _to, uint256 _tokenId) public;
32.     function getApproved(uint256 _tokenId)
33.         public view returns (address _operator);
34.
35.     function setApprovalForAll(address _operator, bool _approved) public;
36.     function isApprovedForAll(address _owner, address _operator)
37.         public view returns (bool);
38.
39.     function transferFrom(address _from, address _to, uint256 _tokenId) public;
40.     function safeTransferFrom(address _from, address _to, uint256 _tokenId)
41.         public;
42.
43.     function safeTransferFrom(
44.         address _from,
45.         address _to,
46.         uint256 _tokenId,
47.         bytes _data
48.     )
49.         public;
50. }
```

下面我们用表 9-1 来对合约中出现的所有接口做一简单介绍。

表 9-1 ERC721 接口简介

函数 / 事件名称	类 型	描 述
Transfer	event	通知外部世界某个 ERC721 token 的转移，即 token（_tokenId）的权属从 _from 转移到了 _to
Approval	event	通知外部世界 token（_tokenId）的主人（_owner）将 token（_tokenId）的转移权交给了某个代理人（_approved）
ApprovalForAll	event	通知外部世界某人（_owner）将属于自己的所有 NFT 的转移权交给了某个代理人（_operator），或将转移权从某个代理人（_operator）处全部收回（取决于参数 _approved 的值）
balanceOf	function public view	返回指定地址（_owner）所持有的 NFT 数量
ownerOf	function public view	返回指定 token（_tokenId）的持有者地址
exists	function public view	返回指定 token（_tokenId）是否存在布尔值，这个函数并不是 ERC721 标准接口
approve	function public	允许某个代理人（_to）来转移 token（_tokenId）的权属
getApproved	function public view	取得某个 token（_tokenId）当前的授权代理人地址
setApproveForAll	function public	将所有 NFT 的权属转移授权给某个代理人（_operator）或者将转移权从某个代理人（_operator）处全部收回（取决于参数 _approved 的值）
isApprovedForAll	function public view	返回某人（_owner）对代理人（_operator）的全部授权状态布尔值
transferFrom	function public	将 token（_tokenId）的权属由 _from 转移到 _to，调用者需要确保接收地址可以拥有 NFT，否则该 token 将会永久丢失
safeTransferFrom	function public	将 token（_tokenId）的权属由 _from 转移到 _to，并会进行必要的条件检查处理，并调用目标地址（_to）上的特定函数，该函数在本合约中有两个参数表

这里需要特别说明的就是 safeTransferFrom 函数，根据 ERC721 标准说明的要求，这个函数需要进行如下操作：

（1）检查 _tokenId 是否有效的 NFT，如不是，产生异常终止；

（2）检查 msg.sender 是否是 _tokenId 的 owner 或者授权的代理人，如不是，产生异常终止；

（3）检查 _from 是否是 _tokenId 的 owner，如不是，产生异常终止；

（4）检查 _to 是否是零地址，如不是，产生异常终止；

（5）将 _tokenId 的权属从 _from 转移到 _to；

（6）如果 _to 地址有关联代码（即其关联 codesize > 0），则以此函数的输入参数 _data 作为第四个调用参数（如果参数表中没有 _data，则用空字符串作为第四个调用参数），对目标合约地址的 onERC721Received 函数发起调用，并检查其返回值，如果其返回值不是 bytes4(keccak256("onERC721Received(address,address,uint256,bytes)"))，则产生异常终止。

9.10.2 ERC721 (ERC721.sol)

完整的 ERC721 合约是由 ERC721Basic、ERC721Enumerable 和 ERC721Metadata 3 个合约所组成的。接口定义如下：

代码清单9-61 openzeppelin-solidity/contracts/token/ERC721/ERC721.sol

```
1. pragma solidity ^0.4.24;
2.
3. import "./ERC721Basic.sol";
4.
5.
6. /**
7.  * @title ERC-721 Non-Fungible Token Standard, optional enumeration extension
8.  * @dev See https://github.com/ethereum/EIPs/blob/master/EIPS/eip-721.md
9.  */
10. contract ERC721Enumerable is ERC721Basic {
11.    function totalSupply() public view returns (uint256);
12.    function tokenOfOwnerByIndex(
13.        address _owner,
14.        uint256 _index
15.    )
16.        public
17.        view
18.        returns (uint256 _tokenId);
19.
20.    function tokenByIndex(uint256 _index) public view returns (uint256);
21. }
22.
23.
24. /**
25.  * @title ERC-721 Non-Fungible Token Standard, optional metadata extension
26.  * @dev See https://github.com/ethereum/EIPs/blob/master/EIPS/eip-721.md
27.  */
28. contract ERC721Metadata is ERC721Basic {
29.    function name() external view returns (string _name);
30.    function symbol() external view returns (string _symbol);
31.    function tokenURI(uint256 _tokenId) public view returns (string);
32. }
33.
34.
35. /**
36.  * @title ERC-721 Non-Fungible Token Standard, full implementation interface
37.  * @dev See https://github.com/ethereum/EIPs/blob/master/EIPS/eip-721.md
38.  */
39. contract ERC721 is ERC721Basic, ERC721Enumerable, ERC721Metadata {
40. }
```

ERC721Enumerable 是 ERC721 标准中的一个可选扩展，它提供了 3 个函数，如表 9-2 所示。

表 9-2 ERC721Enumerable 接口简介

函数 / 事件名称	类型	描 述
totalSupply	function public view	返回当前 NFT 合约的 token 总数量
tokenOfOwnerByIndex	function public view	返回第 _index 个拥有者为 _owner 的 token 的 _tokenId
tokenByIndex	function public view	返回第 _index 个 token 的 _tokenId

而 ERC721Metadata 也是 ERC721 标准中的一个可选扩展，它提供了合约的名称（name）、符号（symbol）和通过 tokenId 取得 tokenURI 的函数。这里的 tokenURI 应该指向一个特定的“ERC721 Metadata JSON Schema”文件。该文件用来说明 tokenId 所对应的 token 的一些额外信息，其结构如下：

```
{
    "title": "Asset Metadata",
    "type": "object",
    "properties": {
        "name": {
            "type": "string",
            "description": "Identifies the asset to which this NFT represents",
        },
        "description": {
            "type": "string",
            "description": "Describes the asset to which this NFT represents",
        },
        "image": {
            "type": "string",
            "description": "A URI pointing to a resource with mime type image/*
                representing the asset to which this NFT represents. Consider
                making any images at a width between 320 and 1080 pixels and aspect
                ratio between 1.91:1 and 4:5 inclusive.",
        }
    }
}
```

9.10.3 ERC721Receiver（ERC721Receiver.sol）

这是一个根据 ERC721 标准要求书写的“可以持有 ERC721 token 的合约”模板。

根据 ERC721 标准的要求，“可以持有 ERC721 token 的合约”需要实现一个函数 onERC721Received(address,uint256,bytes)，并在其中返回固定的值 bytes4(keccak256("onERC721Received(address,uint256,bytes)"))。这个基础合约就提供了一个这样的模板。

代码清单9-62 openzeppelin-solidity/contracts/token/ERC721/ERC721Receiver.sol

```
1. pragma solidity ^0.4.24;
2.
3.
4. /**
```

```
5.  * @title ERC721 token 接收人接口
6.  * @dev 为任意希望支持 ERC721 数字资产的 safeTransfers 功能的基础接口合约
7.  */
8. contract ERC721Receiver {
9.   /**
10.    * @dev 等价于 bytes4(keccak256("onERC721Received(address,uint256,bytes)"))
       的函数选择器常量值，应该由 ERC721Receiver(0).onERC721Received.selector 所包含
11.    */
12.    bytes4 internal constant ERC721_RECEIVED = 0xf0b9e5ba;
13.
14.   /**
15.    * @notice 处理一个 NFT 的收据
16.    * @dev ERC721 合约会在调用 safetransfer 函数之后调用这个函数来获得收据
17.    * 这个函数应该在拒绝接收这次 transfer 时抛出异常来撤销所有的状态改动
18.    * 这个函数只能使用最多 50000 gas
19.    * 返回除固定常量值以外的数据，必须最终导致撤销交易中的所有状态修改
20.    * 注意：参数中的合约地址应该总是与 msg.sender 相同
21.    * @param _from 发送 NFT 的地址
22.    * @param _tokenId 发送的 NFT 标识符(identifier)
23.    * @param _data 处理要附带的额外数据，没有特定格式
24.    * @return `bytes4(keccak256("onERC721Received(address,uint256,bytes)"))`
25.    */
26.    function onERC721Received(
27.        address _from,
28.        uint256 _tokenId,
29.        bytes _data
30.    )
31.        public
32.        returns(bytes4);
33. }
```

9.10.4 ERC721Holder (ERC721Holder.sol)

这是一个对 ERC721Receiver 的简单包装。

代码清单9-63　openzeppelin-solidity/contracts/token/ERC721/ERC721Holder.sol

```
1. pragma solidity ^0.4.24;
2.
3. import "./ERC721Receiver.sol";
4.
5.
6. contract ERC721Holder is ERC721Receiver {
7.   function onERC721Received(address, uint256, bytes) public returns(bytes4) {
8.       return ERC721_RECEIVED;
9.   }
10. }
```

9.10.5 ERC721BasicToken（ERC721BasicToken.sol）

这是一个对 ERC721 基础接口的简单实现，提供了最基础的功能。

代码清单9-64 openzeppelin-solidity/contracts/token/ERC721/ERC721BasicToken.sol

```
1. pragma solidity ^0.4.24;
2.
3. import "./ERC721Basic.sol";
4. import "./ERC721Receiver.sol";
5. import "../../math/SafeMath.sol";
6. import "../../AddressUtils.sol";
7. import "../../introspection/SupportsInterfaceWithLookup.sol";
8.
9.
10. /**
11.  * @title ERC721 Non-Fungible Token 标准基础实现
12.  * @dev see https://github.com/ethereum/EIPs/blob/master/EIPS/eip-721.md
13.  */
14. contract ERC721BasicToken is SupportsInterfaceWithLookup, ERC721Basic {
15.
16.    bytes4 private constant InterfaceId_ERC721 = 0x80ac58cd;
17.   /*
18.    * 0x80ac58cd ===
19.    * bytes4(keccak256('balanceOf(address)')) ^
20.    * bytes4(keccak256('ownerOf(uint256)')) ^
21.    * bytes4(keccak256('approve(address,uint256)')) ^
22.    * bytes4(keccak256('getApproved(uint256)')) ^
23.    * bytes4(keccak256('setApprovalForAll(address,bool)')) ^
24.    * bytes4(keccak256('isApprovedForAll(address,address)')) ^
25.    * bytes4(keccak256('transferFrom(address,address,uint256)')) ^
26.    * bytes4(keccak256('safeTransferFrom(address,address,uint256)')) ^
27.    * bytes4(keccak256('safeTransferFrom(address,address,uint256,bytes)'))
28.    */
29.
30.    bytes4 private constant InterfaceId_ERC721Exists = 0x4f558e79;
31.   /*
32.    * 0x4f558e79 ===
33.    * bytes4(keccak256('exists(uint256)'))
34.    */
35.
36.     using SafeMath for uint256;
37.     using AddressUtils for address;
38.
39.   // 等于 bytes4(keccak256("onERC721Received(address,uint256,bytes)"))
40.   // 应该由 ERC721Receiver(0).onERC721Received.selector 所包含
41.     bytes4 private constant ERC721_RECEIVED = 0xf0b9e5ba;
42.
43.   // 从 token ID 到其所有者的映射
44.    mapping (uint256 => address) internal tokenOwner;
45.
```

```
46.     // 从 token ID 到其授权地址的映射
47.     mapping (uint256 => address) internal tokenApprovals;
48.
49.     // 从 token 所有者到其所持有的 token 数量的映射
50.     mapping (address => uint256) internal ownedTokensCount;
51.
52.     // 从 token 所有者到其授权的操作人的映射
53.     mapping (address => mapping (address => bool)) internal operatorApprovals;
54.
55.     /**
56.      * @dev 确保 msg.sender 是给定 token 的所有者
57.      * @param _tokenId uint256 要检查的 token ID
58.      */
59.     modifier onlyOwnerOf(uint256 _tokenId) {
60.         require(ownerOf(_tokenId) == msg.sender);
61.         _;
62.     }
63.
64.     /**
65.      * @dev 检查 msg.sender 是否有权转移给定的 token
66.      * @param _tokenId uint256 要检查的 token ID
67.      */
68.     modifier canTransfer(uint256 _tokenId) {
69.         require(isApprovedOrOwner(msg.sender, _tokenId));
70.         _;
71.     }
72.
73.     constructor()
74.         public
75.     {
76.         // 通过 ERC165 接口注册该合约所支持的 ERC721 接口
77.         _registerInterface(InterfaceId_ERC721);
78.         _registerInterface(InterfaceId_ERC721Exists);
79.     }
80.
81.     /**
82.      * @dev 取得给定地址所持有的 token 数量
83.      * @param _owner 查询的地址
84.      * @return uint256 给定地址所持有的 token 数量
85.      */
86.     function balanceOf(address _owner) public view returns (uint256) {
87.         require(_owner != address(0));
88.         return ownedTokensCount[_owner];
89.     }
90.
91.     /**
92.      * @dev 取得给定 token ID 的所有者地址
93.      * @param _tokenId uint256 查询的 token ID
94.      * @return 给定 token ID 的所有者地址
95.      */
96.     function ownerOf(uint256 _tokenId) public view returns (address) {
```

```
 97.         address owner = tokenOwner[_tokenId];
 98.         require(owner != address(0));
 99.         return owner;
100.     }
101.
102.     /**
103.      * @dev 返回给定 token ID 是否存在
104.      * @param _tokenId uint256 查询的 token ID
105.      * @return 给定的 token ID 是否存在
106.      */
107.     function exists(uint256 _tokenId) public view returns (bool) {
108.         address owner = tokenOwner[_tokenId];
109.         return owner != address(0);
110.     }
111.
112.     /**
113.      * @dev 授权其他地址转移给定的 token ID
114.      * 如果指定零地址则意味着没有授权地址
115.      * 每个 token 在同一时间只会有一个授权地址可以对其进行转移
116.      * 只能由 token 的所有者或者所有者授权的操作人进行调用
117.      * @param _to 批准可以转移给定 token ID 的地址
118.      * @param _tokenId uint256 要授权的 token ID
119.      */
120.     function approve(address _to, uint256 _tokenId) public {
121.         address owner = ownerOf(_tokenId);
122.         require(_to != owner);
123.         require(msg.sender == owner || isApprovedForAll(owner, msg.sender));
124.
125.         tokenApprovals[_tokenId] = _to;
126.         emit Approval(owner, _to, _tokenId);
127.     }
128.
129.     /**
130.      * @dev 取得被授权可转移 token ID 的地址，没有授权任何地址时返回零
131.      * @param _tokenId uint256 查询的 token ID
132.      * @return 当前被授权可转移 token ID 的地址
133.      */
134.     function getApproved(uint256 _tokenId) public view returns (address) {
135.         return tokenApprovals[_tokenId];
136.     }
137.
138.     /**
139.      * @dev 设置或取消给定地址的操作人权限
140.      * 操作人就是有权转移 token 所有者持有的所有 token 的一个地址
141.      * @param _to 要设置或取消的操作人地址
142.      * @param _approved 代表设置或取消的布尔值
143.      */
144.     function setApprovalForAll(address _to, bool _approved) public {
145.         require(_to != msg.sender);
146.         operatorApprovals[msg.sender][_to] = _approved;
147.         emit ApprovalForAll(msg.sender, _to, _approved);
```

```
148.    }
149.
150.    /**
151.     * @dev 返回一个操作人是否已被一个 token 所有者授权
152.     * @param _owner token 所有者地址
153.     * @param _operator 操作人地址
154.     * @return bool 给定的操作人是否已被给定的 token 所有者授权
155.     */
156.    function isApprovedForAll(
157.        address _owner,
158.        address _operator
159.    )
160.        public
161.        view
162.        returns (bool)
163.    {
164.        return operatorApprovals[_owner][_operator];
165.    }
166.
167.    /**
168.     * @dev 将给定 token ID 的归属权转移到另一个地址
169.     * 这个函数并不鼓励使用，尽可能使用safeTransferFrom 函数
170.     * 需要 msg.sender 是 token 的所有者、操作人或者授权的可进行转移操作的地址
171.     * @param _from token 的当前持有人地址
172.     * @param _to token 的接收人地址
173.     * @param _tokenId uint256 要转移的 token ID
174.     */
175.    function transferFrom(
176.        address _from,
177.        address _to,
178.        uint256 _tokenId
179.    )
180.        public
181.        canTransfer(_tokenId)
182.    {
183.        require(_from != address(0));
184.        require(_to != address(0));
185.
186.        clearApproval(_from, _tokenId);
187.        removeTokenFrom(_from, _tokenId);
188.        addTokenTo(_to, _tokenId);
189.
190.        emit Transfer(_from, _to, _tokenId);
191.    }
192.
193.    /**
194.     * @dev 安全地将 token ID 的所有权转移到另一个地址
195.     * 如果目标地址是一个合约，那么它必须实现 onERC721Received，它会被这个函数调用，并
       应该返回一个固定值bytes4(keccak256("onERC721Received(address,uint256,byt
       es)"))，否则转移应该被撤销
```

```
196.    * 需要 msg.sender 是 token 的所有者、操作人或者授权的可进行转移操作的地址
197.    * @param _from token 的当前持有人地址
198.    * @param _to token 的接收人地址
199.    * @param _tokenId uint256 要转移的 token ID
200.    */
201.    function safeTransferFrom(
202.        address _from,
203.        address _to,
204.        uint256 _tokenId
205.    )
206.        public
207.        canTransfer(_tokenId)
208.    {
209.        // solium-disable-next-line arg-overflow
210.        safeTransferFrom(_from, _to, _tokenId, "");
211.    }
212.
213.    /**
214.     * @dev 安全地将 token ID 的所有权转移到另一个地址
215.     * 如果目标地址是一个合约，那么它必须实现 onERC721Received，它会被这个函数调用，并应该
         返回一个固定值bytes4(keccak256("onERC721Received(address,uint256,bytes)"))，否
         则转移应该被撤销
216.     * 需要 msg.sender 是 token 的所有者、操作人或者授权的可进行转移操作的地址
217.     * @param _from token 的当前持有人地址
218.     * @param _to token 的接收人地址
219.     * @param _tokenId uint256 要转移的 token ID
220.     * @param _data 供这次转移处理检查的字节数组数据
221.     */
222.    function safeTransferFrom(
223.        address _from,
224.        address _to,
225.        uint256 _tokenId,
226.        bytes _data
227.    )
228.        public
229.        canTransfer(_tokenId)
230.    {
231.        transferFrom(_from, _to, _tokenId);
232.        // solium-disable-next-line arg-overflow
233.        require(checkAndCallSafeTransfer(_from, _to, _tokenId, _data));
234.    }
235.
236.    /**
237.     * @dev 返回 msg.sender 是否有权转移给定的 token ID
238.     * @param _spender 希望转移 token 的地址
239.     * @param _tokenId uint256 希望转移的 token ID
240.     * @return bool msg.sender 是否有权转移给定的 token ID，即 msg.sender 是否是
         给定 token 的所有者、所有者授权的操作人或者已授权的可进行 token 转移的地址
241.     */
242.    function isApprovedOrOwner(
243.        address _spender,
```

```
244.         uint256 _tokenId
245.     )
246.         internal
247.         view
248.         returns (bool)
249.     {
250.         address owner = ownerOf(_tokenId);
251.         // Disable solium check because of
252.         // https://github.com/duaraghav8/Solium/issues/175
253.         // solium-disable-next-line operator-whitespace
254.         return (
255.             _spender == owner ||
256.             getApproved(_tokenId) == _spender ||
257.             isApprovedForAll(owner, _spender)
258.         );
259.     }
260.
261.     /**
262.      * @dev 增发一个新 token 的内部函数
263.      * 如果给定的 token ID 已经存在，则撤销所有更改
264.      * @param _to 要持有新增发的 token 的地址
265.      * @param _tokenId uint256 由 msg.sender 增发的 token ID
266.      */
267.     function _mint(address _to, uint256 _tokenId) internal {
268.         require(_to != address(0));
269.         addTokenTo(_to, _tokenId);
270.         emit Transfer(address(0), _to, _tokenId);
271.     }
272.
273.     /**
274.      * @dev 销毁一个给定 token 的内部函数
275.      * 如果 token 不存在则撤销所有更改
276.      * @param _tokenId uint256 由 msg.sender 销毁的 token ID
277.      */
278.     function _burn(address _owner, uint256 _tokenId) internal {
279.         clearApproval(_owner, _tokenId);
280.         removeTokenFrom(_owner, _tokenId);
281.         emit Transfer(_owner, address(0), _tokenId);
282.     }
283.
284.     /**
285.      * @dev 用来清除对给定 token ID 的授权的内部函数
286.      * 如果给定的地址不是给定的 token ID 的所有者，则撤销所有更改
287.      * @param _owner token 的所有者地址
288.      * @param _tokenId uint256 要清除授权的 token ID
289.      */
290.     function clearApproval(address _owner, uint256 _tokenId) internal {
291.         require(ownerOf(_tokenId) == _owner);
292.         if (tokenApprovals[_tokenId] != address(0)) {
293.             tokenApprovals[_tokenId] = address(0);
294.         }
```

```
295.     }
296.
297.    /**
298.     * @dev 用来将给定 token 增加到给定地址所持有的 token 列表的内部函数
299.     * @param _to address 给定 token ID 的新的所有者地址
300.     * @param _tokenId uint256 要添加的 token ID
301.     */
302.     function addTokenTo(address _to, uint256 _tokenId) internal {
303.         require(tokenOwner[_tokenId] == address(0));
304.         tokenOwner[_tokenId] = _to;
305.         ownedTokensCount[_to] = ownedTokensCount[_to].add(1);
306.     }
307.
308.    /**
309.     * @dev 用来将给定 token 从给定地址所持有的 token 列表中移除的内部函数
310.     * @param _from address 给定 token ID 的当前所有者地址
311.     * @param _tokenId uint256 要移除的 token ID
312.     */
313.     function removeTokenFrom(address _from, uint256 _tokenId) internal {
314.         require(ownerOf(_tokenId) == _from);
315.         ownedTokensCount[_from] = ownedTokensCount[_from].sub(1);
316.         tokenOwner[_tokenId] = address(0);
317.     }
318.
319.    /**
320.     * @dev 用来向目标地址调用 onERC721Received 函数的内部函数
321.     * 如果目标地址不是一个合约，则不会发起调用
322.     * @param _from 给定 token ID 先前的所有者地址
323.     * @param _to 接收 token 的目标地址
324.     * @param _tokenId uint256 转移的 token ID
325.     * @param _data bytes 随调用附带的可选的字节数组数据
326.     * @return 向目标合约的调用是否获得了正常的固定返回值
327.     */
328.     function checkAndCallSafeTransfer(
329.         address _from,
330.         address _to,
331.         uint256 _tokenId,
332.         bytes _data
333.     )
334.         internal
335.         returns (bool)
336.     {
337.         if (!_to.isContract()) {
338.             return true;
339.     }
340.         bytes4 retval = ERC721Receiver(_to).onERC721Received(
341.             _from, _tokenId, _data);
342.         return (retval == ERC721_RECEIVED);
343.     }
344. }
```

我们首先来看看所有的合约级变量，如表 9-3 所示。

表 9-3 ERC721BasicToken 合约级变量

变量名称	类　型	描　述
InterfaceId_ERC721	byte4 private constant	由所有 ERC721 标准接口函数的函数选择器进行按位与运算得到的“函数选择器”
InterfaceId_ERC721Exists	byte4 private constant	exists 函数的函数选择器
ERC721_RECEIVED	byte4 private constant	onERC721Received 函数的函数选择器
tokenOwner	mapping(uint256 => address) internal	tokenID 到其拥有者地址的映射
tokenApprovals	mapping(uint256 => address) internal	tokenID 到其代理人地址的映射
ownedTokensCount	mapping(address => uint256) internal	token 持有人地址到其持有的 token 数量的映射
operatorApprovals	mapping(address => mapping (address => bool)) internal	token 持有人地址到对其代理人的授权与否数据的映射

然后我们再看看合约中的所有非 ERC721 标准接口的函数，如表 9-4 所示。

表 9-4 非 ERC721 标准接口函数一览

函数名称	类　型	描　述
onlyOwnerOf	modifier	检查 msg.sender 是否与 tokenId 的所有者地址相同
canTransfer	modifier	检查 msg.sender 是否是 tokenId 的所有者地址或者授权代理人地址
exists	function public view	检查给定的 tokenId 是否被某人所持有
isApprovedOrOwner	function internal view	检查给定的地址是否是给定的 tokenId 的所有者地址或者授权代理人地址
_mint	function internal	调用 addTokenTo 函数，并产生 Transfer 事件，这个函数在本合约中并未使用
_burn	function internal	调用 removeTokenFrom 函数，并产生 Transfer 事件，这个函数在本合约中并未使用
clearApproval	function internal	将给定的所有者地址所持有的 tokenId 的授权代理人设置为零地址（即清除给定 token 的授权代理人设置）
addTokenTo	function internal	将给定的 tokenId 的所有者设置为给定的地址 to
removeTokenFrom	function internal	将给定的 tokenId 的所有者设置为零地址（即销毁给定的 token）
checkAndCallSafeTransfer	function internal	检查给定的地址 to 是否是一个合约地址，如果不是，直接返回 true；如果是，调用其上的 onERC721Received 函数，并判断返回值是否为常量 ERC721_RECEIVED，如果是，返回 true，否则返回 false

这个合约代码虽然很长，函数很多，但每个函数的处理逻辑都很简单，这里不做过多解释了。唯一需要注意的就是最后一个函数 checkAndCallSafeTransfer，它的逻辑是：如果目标地址 to 没有关联代码，则直接返回 true，表示 token 所有权转移成功；如果目标地址 to 有关联代码，则其关联代码中必须实现了 onERC721Received 函数，且此函数的返回值必须是一个固定值。但就像我们先前介绍过的那样，由于第 340 行程序只是一个将 address 类型的变量 _to 直接转换为 ERC721Receiver 类型的操作，并不能确保目标地址上有某个确定的函数，所以如果这个地址 _to 上没有一个 onERC721Received(address,uint256,bytes) 这样的函数，这个调用则会触发 fallback 函数，而 fallback 函数是没有返回值的，因而在这种情况下第 340 行的赋值操作会导致异常终止，之前做的所有状态改动都会被撤销，最终效果就是这样的目标合约不能持有 ERC721 token。

此外，_mint 和 _burn 函数并未在此合约中使用，这个合约中也没有包含生成 tokenId 的逻辑。

9.10.6 ERC721Token (ERC721Token.sol)

这是一个对 ERC721 完整接口的简单实现。

代码清单9-65 openzeppelin-solidity/contracts/token/ERC721/ERC721Token.sol

```
1. pragma solidity ^0.4.24;
2.
3. import "./ERC721.sol";
4. import "./ERC721BasicToken.sol";
5. import "../../introspection/SupportsInterfaceWithLookup.sol";
6.
7.
8. /**
9.  * @title Full ERC721 Token
10.  * 这个实现包含了所有 ERC721 标准所必须的和可选的功能接口，此外，它还包含了将所有功能授
     权给所谓的“操作人(operator)”的特性
11.  * @dev see https://github.com/ethereum/EIPs/blob/master/EIPS/eip-721.md
12.  */
13. contract ERC721Token is SupportsInterfaceWithLookup, ERC721BasicToken, ERC721 {
14.
15.    bytes4 private constant InterfaceId_ERC721Enumerable = 0x780e9d63;
16.   /**
17.    * 0x780e9d63 ===
18.    * bytes4(keccak256('totalSupply()')) ^
19.    * bytes4(keccak256('tokenOfOwnerByIndex(address,uint256)')) ^
20.    * bytes4(keccak256('tokenByIndex(uint256)'))
21.    */
22.
23.    bytes4 private constant InterfaceId_ERC721Metadata = 0x5b5e139f;
24.   /**
25.    * 0x5b5e139f ===
26.    * bytes4(keccak256('name()')) ^
```

```
27.     * bytes4(keccak256('symbol()')) ^
28.     * bytes4(keccak256('tokenURI(uint256)'))
29.     */
30.
31.    // Token name
32.    string internal name_;
33.
34.    // Token symbol
35.    string internal symbol_;
36.
37.    // 从所有者地址到其持有的所有 token ID 数组的映射
38.    mapping(address => uint256[]) internal ownedTokens;
39.
40.    // token ID 到其在其所有者持有的 token 数组中的索引的映射
41.    mapping(uint256 => uint256) internal ownedTokensIndex;
42.
43.    // 保存所有 token id 的数组
44.    uint256[] internal allTokens;
45.
46.    // token id 到其在所有 token id 数组中的索引的映射
47.    mapping(uint256 => uint256) internal allTokensIndex;
48.
49.    // token id 到其 token URI 的映射
50.    mapping(uint256 => string) internal tokenURIs;
51.
52.   /**
53.    * @dev 构造函数
54.    */
55.    constructor(string _name, string _symbol) public {
56.        name_ = _name;
57.        symbol_ = _symbol;
58.
59.        // 通过 ERC165 接口注册 ERC721 应该支持的接口
60.        _registerInterface(InterfaceId_ERC721Enumerable);
61.        _registerInterface(InterfaceId_ERC721Metadata);
62.    }
63.
64.   /**
65.    * @dev 获取 token 的名称
66.    * @return string 代表 token 名称的字符串
67.    */
68.    function name() external view returns (string) {
69.        return name_;
70.    }
71.
72.   /**
73.    * @dev 获取 token 的符号(简称)
74.    * @return string 代表 token 符号(简称)的字符串
75.    */
76.    function symbol() external view returns (string) {
77.        return symbol_;
```

```
78.     }
79.
80.    /**
81.     * @dev 返回给定 token ID 的 URI
82.     * 如果 token ID 不存在则抛出异常。可能返回空字符串
83.     * @param _tokenId uint256 要查询的 token ID
84.     */
85.     function tokenURI(uint256 _tokenId) public view returns (string) {
86.         require(exists(_tokenId));
87.         return tokenURIs[_tokenId];
88.     }
89.
90.    /**
91.     * @dev 返回给定的 token 所有者所持有的给定索引对应的 token ID
92.     * @param _owner token 所有者的地址
93.     * @param _index uint256 token 所有者所持有的 token 数组中元素的索引
94.     * @return uint256 给定 token 所有者所持有的 token 数组中给定索引对应的 token ID
95.     */
96.     function tokenOfOwnerByIndex(
97.         address _owner,
98.         uint256 _index
99.     )
100.        public
101.        view
102.        returns (uint256)
103.    {
104.        require(_index < balanceOf(_owner));
105.        return ownedTokens[_owner][_index];
106.    }
107.
108.   /**
109.    * @dev 取得这个合约所保存的 token 总数量
110.    * @return uint256 合约中保存的 token 总数量
111.    */
112.    function totalSupply() public view returns (uint256) {
113.        return allTokens.length;
114.    }
115.
116.   /**
117.    * @dev 返回这个合约中保存的给定索引所对应的 token ID
118.    * 如果给定的索引大于等于合约中保存的 token 总数量，则抛出异常，撤销所有更改
119.    * @param _index uint256 合约中保存的所有 token 数组元素的索引
120.    * @return uint256 给定索引所对应的 token ID
121.    */
122.    function tokenByIndex(uint256 _index) public view returns (uint256) {
123.        require(_index < totalSupply());
124.        return allTokens[_index];
125.    }
126.
127.   /**
128.    * @dev 设置给定 token 的 URI 的内部函数
```

```
129.      * 如果 token ID 不存在则撤销所有更改
130.      * @param _tokenId uint256 要设置 URI 的 token ID
131.      * @param _uri 要设置的 URI 字符串
132.      */
133.     function _setTokenURI(uint256 _tokenId, string _uri) internal {
134.         require(exists(_tokenId));
135.         tokenURIs[_tokenId] = _uri;
136.     }
137.
138.     /**
139.      * @dev 添加一个 token ID 到给定地址的内部函数
140.      * @param _to 要设定为给定 token ID 的新所有者的地址
141.      * @param _tokenId uint256 要添加的 token ID
142.      */
143.     function addTokenTo(address _to, uint256 _tokenId) internal {
144.         super.addTokenTo(_to, _tokenId);
145.         uint256 length = ownedTokens[_to].length;
146.         ownedTokens[_to].push(_tokenId);
147.         ownedTokensIndex[_tokenId] = length;
148.     }
149.
150.     /**
151.      * @dev 从给定地址移除一个 token ID 的内部函数
152.      * @param _from 给定 token ID 当前的所有者地址
153.      * @param _tokenId uint256 要移除的 token ID
154.      */
155.     function removeTokenFrom(address _from, uint256 _tokenId) internal {
156.         super.removeTokenFrom(_from, _tokenId);
157.
158.         uint256 tokenIndex = ownedTokensIndex[_tokenId];
159.         uint256 lastTokenIndex = ownedTokens[_from].length.sub(1);
160.         uint256 lastToken = ownedTokens[_from][lastTokenIndex];
161.
162.         ownedTokens[_from][tokenIndex] = lastToken;
163.         ownedTokens[_from][lastTokenIndex] = 0;
164.         // 注意，这里可以处理数组只有一个元素的情况。在这种情况下 tokenIndex 和 lastToken-
               Index 都将为 0。因为我们会首先将 lastToken 交换到数组索引 0 的位置，而后将数组最后
               一个元素移除，所以在 tokenIndex 和 lastTokenIndex 都为 0 时是可以正常清空数组的
165.
166.         ownedTokens[_from].length--;
167.         ownedTokensIndex[_tokenId] = 0;
168.         ownedTokensIndex[lastToken] = tokenIndex;
169.     }
170.
171.     /**
172.      * @dev 用来增发一个新 token 的内部函数
173.      * 如果 token ID 已经存在，则撤销所有更改
174.      * @param _to 将要持有新增发的 token 的地址
175.      * @param _tokenId uint256 由 msg.sender 所增发的 token ID
176.      */
177.     function _mint(address _to, uint256 _tokenId) internal {
```

```
178.         super._mint(_to, _tokenId);
179.
180.         allTokensIndex[_tokenId] = allTokens.length;
181.         allTokens.push(_tokenId);
182.     }
183.
184.    /**
185.     * @dev 用来销毁给定 token 的内部函数
186.     * 如果 token 不存在，则撤销所有更改
187.     * @param _owner 持有要销毁的 token 的所有者地址
188.     * @param _tokenId uint256 要由 msg.sender 销毁的 token ID
189.     */
190.     function _burn(address _owner, uint256 _tokenId) internal {
191.         super._burn(_owner, _tokenId);
192.
193.         // 清除元数据（如果有）
194.         if (bytes(tokenURIs[_tokenId]).length != 0) {
195.             delete tokenURIs[_tokenId];
196.         }
197.
198.         // 更新保存了所有 token 的数组
199.         uint256 tokenIndex = allTokensIndex[_tokenId];
200.         uint256 lastTokenIndex = allTokens.length.sub(1);
201.         uint256 lastToken = allTokens[lastTokenIndex];
202.
203.         allTokens[tokenIndex] = lastToken;
204.         allTokens[lastTokenIndex] = 0;
205.
206.         allTokens.length--;
207.         allTokensIndex[_tokenId] = 0;
208.         allTokensIndex[lastToken] = tokenIndex;
209.     }
210.
211. }
```

我们先来看看合约里都使用了哪些合约级的变量，如表 9-5 所示。

表 9-5 ERC721Token 合约级变量

变量名称	类 型	描 述
InterfaceId_ERC721Enumerable	byte4 private constant	由所有 ERC721Enumerable 标准接口函数的函数选择器进行按位与运算得到的“函数选择器”
InterfaceId_ERC721Metadata	byte4 private constant	由所有 ERC721Metadata 标准接口函数的函数选择器进行按位与运算得到的“函数选择器”
name_	string internal	token 名称
symbol_	string internal	token 符号
ownedTokens	mapping(address => unit256[]) internal	token 持有者地址到其所持有的所有 tokenID 的数组的映射

（续）

变量名称	类　型	描　述
ownedTokensIndex	mapping(uint256 => uint256) internal	tokenId 到它在其持有者持有的 token 数组中索引的映射
allTokens	uint256[] internal	所有的 tokenId 组成的动态数组
allTokensIndex	mapping(uint256 => uint256) internal	tokenId 到它在 allTokens 数组中索引的映射
tokenURIs	mapping(uint256 => string) internal	tokenId 到其 tokenURI 的映射

此合约中实现了 ERC721Enumerable 接口和 ERC721Metadata 接口所规定的函数，逻辑都很简单，不做过多解释了。

合约中的最后4个函数 addTokenTo、removeTokenForm、_mint 和 _burn 是对 ERC721-BasicToken 中相应函数的重写（重载），且都首先用 super 关键字调用了 ERC721BasicToken 中的对应函数。

这里需要解释的是 removeTokenFrom 函数和 _burn 函数。

首先是 removeTokenFrom 函数，它的处理实际上就是从 token 持有人持有的 token 数组 ownedToken[_from] 中移除某个 _tokenId。因为 Solidity 中没有可以直接删除数组元素的方法，所以这里用了一个小技巧：用数组中的最后一个元素的值，覆盖到要移除的元素的索引位置，然后将数组的最后一个元素重置为 0，再把数组长度减 1。在对数组中元素的顺序没有要求的情况下，这显然是效率最高的方法（与挨个移动 tokenIndex 之后的所有数组元素相比，gas 的消耗也会低非常多）。

注意　这里在把数组长度减 1 之前，先将数组的最后一个元素重置为 0 的处理是必要的！而且是一个很好的习惯！这可以释放一些对“存储”的占用，且经编译器优化之后，还可以返还一些 gas，因为这会最终反映为用 SSTORE 操作码重置若干“字”的存储。

并且如函数中的注释所说，这个函数的处理是可以正常地将仅有一个元素的数组清空的（即 tokenIndex 和 lastTokenIndex 都为 0 时，程序逻辑也是成立的），只是在这种情况下函数的最后两个语句（第 167 行和第 168 行）的效果实际上是一样的。

然后是 _burn 函数，这个函数中采用了与 _removeTokenFrom 函数类似的方法，从 allTokens 数组中移除了 _tokenId。此外，在移除 _tokenId 之前也删除了 tokenURIs 中的数据。这里需要注意的是第 195 行程序使用的 delete 操作符，这个操作符实际上执行的是一个赋值操作，并不是把变量删除。Solidity 中的 delete 操作会根据后边操作数变量的类型，将其值设为语言规定的“初始值”：比如对于整数，delete 操作会将其重置为 0；对于数组，delete 操作会将其长度改为 0。在这里 delete 操作的是一个 string 类型，string 类型是一个动态类型，可以认为是元素为 byte 的动态数组，所以第 195 行程序的作用是将 tokenURIs 映射中的 tokenURIs[_tokenId] 的值重置为空字符串。

9.11 本章小结

在本章中，我们介绍了 OpenZeppelin 项目中的所有基础合约和库函数合约，并对必要的细节和注意点进行了补充说明。这个项目提供了数十个经过了社区反复审计论证的合约模板，与 Solidity 本身提供的全局函数 / 变量一样，应该称为智能合约开发者在编写自己的合约时首先要想到、要查阅的基础资源。“不要重复制造轮子”！使用健壮、精简的代码框架可以提高我们开发智能合约的效率，并提供很多基础的安全特性。

智能合约的本质是一个定制的状态机，它的运行会依赖于特定的“执行环境”（包括合约本身的状态数据、基础区块链数据、调用数据和执行上下文等），我们在编写自己的合约的时候仍然要尽量去考虑实际运行中可能发生的各种情况、各种调用顺序，一定要在发布合约之前进行算法优化、审计和完整与严谨的测试。像 OpenZeppelin 这样的可复用的代码库当然很重要，但更重要的是我们开发者应该明确地了解它们的功能、限制和潜在问题，并在自己的合约中用好它们。

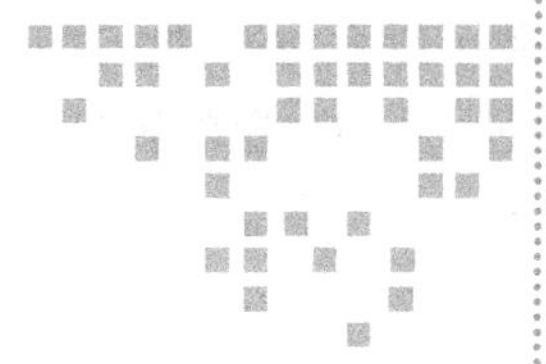

第 10 章 Chapter 10

智能合约安全编码指南

我们在第 9 章对一些经过社区反复审计的、可复用的智能合约模板进行了介绍，但实际上智能合约的应用场景肯定会更复杂，外界与智能合约的交互也会更多。考虑智能合约本身的特殊性，编写智能合约、审计、测试所花费的时间和精力要远高于目前主流的中心化技术；对已上线支持具体业务功能的智能合约，我们也没有办法使用成熟的、基于中心化技术的工程管理方式来对它们进行管理（比如高频度的修改、迭代升级、软件补丁等），所以这就要求我们在把智能合约部署到主网之前做更多的工作。

此外，对于软件安全方面的话题来讲，最大的难题一直是如何“防患于未然”，在智能合约开发领域也是一样的。我们所能介绍的，都是我们已经知道或者已经发生过的攻击方式或者安全漏洞。除了要在实际编码时考虑这些已知的情况外，一些原则性的东西同样需要开发者时刻牢记，尽可能使我们开发的智能合约更加“健壮”且“抗攻击”。

在本章中，我们会首先介绍目前已知的所有攻击方式或者安全漏洞；然后介绍一些原则性的开发最佳实践和从软件工程角度的安全考量；最后会对相关的安全工具和安全信息、通知渠道做简单的介绍。

10.1 已知的攻击

10.1.1 重入

重入（re-entrancy）是以太坊早期最著名，也是最危险的攻击方式。2016 年的 DAO 事件（这里的 DAO 是一个早期的以太坊项目，并不是广义的去中心化自治组织，即 Decentralized Autonomous Organization，具体的事件经过不再详述）导致了当时价值 150 万美元的资产损失，也直接导致了以太坊的硬分叉，产生了 ETC（Ethereum Classic）网络。虽然在目前的版本中，通过使用新的内置的转账函数 transfer 已经可以避免大部分重入攻击，但分析和理解这种攻击方式有助于我们对以太坊智能合约的运行机制有更本质的认识，对我们实际开发智能合约也有很重要的参考意义。

在第 7 章的介绍中，我们已经知道，一个消息调用的目标，可以再进行智能合约创建或者消息调用。所以，如果消息调用的目标智能合约函数中又调用了发起消息调用的智能合约的函数，这就构成了所谓的“重入”。要注意的是，这种对“发起消息调用的智能合约”的“再次调用”，其调用目标有可能是发起消息调用的函数，也有可能是“发起消息调用的智能合约”中的其他函数（即原始调用发起方合约地址上的其他函数）；因为消息调用的目标智能合约并不是由消息调用发起方所控制的，所以没办法预测它们的行为。

我们假设智能合约 A 是某业务功能的智能合约，有函数 F1；智能合约 B 是恶意智能合约，有函数 F2。如果 F1 的功能是向消息发送者转账，或者调用消息发送者的特定函数（比如 F2），那么智能合约 B 就有可能利用“重入”进行攻击。

下面我们来看一个示例：

```
 1. contract EtherStore {
 2.
 3.     uint256 public withdrawalLimit = 1 ether;
 4.     mapping(address => uint256) public lastWithdrawTime;
 5.     mapping(address => uint256) public balances;
 6.
 7.     function depositFunds() public payable {
 8.         balances[msg.sender] += msg.value;
 9.     }
10.
11.     function withdrawFunds (uint256 _weiToWithdraw) public {
12.         require(balances[msg.sender] >= _weiToWithdraw);
13.         // 限制取回金额不能超过 1 Ether
14.         require(_weiToWithdraw <= withdrawalLimit);
15.         // 限制每周只能取一次款
16.         require(now >= lastWithdrawTime[msg.sender] + 1 weeks);
17.         require(msg.sender.call.value(_weiToWithdraw)());
18.         balances[msg.sender] -= _weiToWithdraw;
19.         lastWithdrawTime[msg.sender] = now;
20.     }
21. }
```

这是一个简单的、具有“充值 + 提款”功能的智能合约。任何人都可以调用 depositFunds 函数来向智能合约转账，智能合约会记录这个转账金额。智能合约还允许转账人每周从智能合约中取回（withdraw）1Ether 的资金，当然，取回的累计金额不能超过充值的总金额（第 12 行的逻辑）。程序逻辑很简单，看起来也很正常，是不是？

下面我们就来看看如何利用“重入”攻击这个智能合约：

```
1. import "EtherStore.sol";
2.
3. contract Attack {
4.     EtherStore public etherStore;
5.
6.     // 用 EtherStore 智能合约的地址作为构造参数来创建该攻击智能合约
7.     constructor(address _etherStoreAddress) {
8.         etherStore = EtherStore(_etherStoreAddress);
9.     }
10.
11.     function pwnEtherStore() public payable {
12.         // 为了发起攻击，需要启动资金
13.         require(msg.value >= 1 ether);
14.         // 调用 depositFunds 函数来充值
15.         etherStore.depositFunds.value(1 ether)();
16.         // 启动攻击
17.         etherStore.withdrawFunds(1 ether);
18.     }
19.
20.     function collectEther() public {
21.         msg.sender.transfer(this.balance);
22.     }
23.
24.     // fallback 函数，这就是戏法的秘密所在
25.     function () payable {
26.         if (etherStore.balance > 1 ether) {
27.             etherStore.withdrawFunds(1 ether);
28.         }
29.     }
30. }
```

实际执行攻击的函数就是 pwnEtherStore，让我们具体看看这个函数执行时会发生什么。

- Attack 智能合约第 13 行：检查调用该函数所附带的 value 是否大于等于 1 Ether。
- Attack 智能合约第 15 行：调用 EtherStore 智能合约的 depositFunds 函数，充值 1 Ether。
- EtherStore 智能合约第 8 行：EtherStore 智能合约将 Attack 智能合约的地址对应的余额修改为 1 Ether（我们假设这是 Attack 智能合约第一次调用 depositFunds 函数），随后返回。
- Attack 智能合约第 17 行：调用 EtherStore 智能合约的 withdrawFunds 函数，取款 1 Ether。
- EtherStore 智能合约第 12 行到第 17 行：基于当前的执行状态，第 12 行到第 16 行的检查都会通过，之后会执行第 17 行的转账；因为这里使用的是低级函数 call 来进行转账，所以这个调用会附加“所有可用 gas”，并触发 msg.sender 的 fallback 函数，即 Attack 智能合约的 fallback 函数。

注意 这里的“所有可用 gas”：在第 7 章中我们已经介绍了以太坊的工作原理，任何消息调用都是由一个初始的交易触发的；在这个例子里，“所有可用 gas”指的就是，初始触发 Attack 智能合约的 pwnEtherStore 函数执行的那个交易中附加的所有 gas，减去当前执行中已经消耗的 gas 的剩余 gas 数量。而一个交易所附加的 gas，是由发起交易的用户指定的，所以这里攻击者一定会附加一个很高的 gas（即将交易数据的 gasLimit 设定为一个很大的数值，足够支撑多次函数调用）。

- Attack 智能合约第 26 行到第 28 行：这就是实际的攻击，判断 EtherStore 智能合约的余额，如果大于等于 1 Ether，就会再次调用 withdrawFunds 函数；否则，正常返回。
- 重复上边第 5、第 6 两个步骤，直到 EtherStore 智能合约的余额小于 1 Ether。
- EtherStore 智能合约第 18、19 行：将智能合约中记录的 msg.sender 对应的余额减去 1 Ether，并记录取款时间。（这就是问题所在，从第二次执行第 5 步处理开始，因为 msg.sender 的余额计数还没有减去 1 Ether，导致每次递归调用 withdrawFunds 时第 12 行到第 16 行的检查都能通过。）
- 最终结果就是 EtherStore 智能合约的所有余额都会被取走，直到余额小于 1 Ether。

不过，严格地说，Attack 智能合约本身也有漏洞。因为 collectEther 函数并没有限定调用者，所以理论上说，如果攻击者执行 pwnEtherStore 函数窃取了资金之后，在他自己调用 collectEther 函数之前，任何其他人都可以调用 collectEther 函数来“偷走”他窃取的资金。当然，这要求这个“其他人”知道这个 Attack 智能合约的地址，并监视了这个 Attack 智能合约余额的变动。但区块链是公开透明的，所有账户的余额都是可以明确查到的，所以这种情况并不是不会发生，用一个第 9 章中介绍的归属权模板智能合约对 Attack 智能合约进行改造想必也是必要的。

那么，如何避免“重入”攻击呢？

（1）确保在一个外部函数调用之前修改相应的智能合约状态变量（并且要在修改状态变量之前做严格的检查），而不要在外部函数调用之后再修改，因为用户无法控制外部函数的行为。

（2）如果用户的目的只是向目标地址转账，那么一定要使用 tranfer 函数，而不是用来执行消息调用（函数调用）的 call 函数。

（3）使用基础智能合约模板（比如第 9 章中介绍的 ReentrancyGuard 智能合约）来阻止“重入”。

把这 3 点应用到 EtherStore 智能合约中，我们可以得到如下这个更健壮的 EtherStore：

```
1. import "ReentrancyGuard.sol";
2.
3. contract EtherStore is ReentrancyGuard{
4.
5.     uint256 public withdrawalLimit = 1 ether;
```

```
6.     mapping(address => uint256) public lastWithdrawTime;
7.     mapping(address => uint256) public balances;
8.
9.     function depositFunds() public payable {
10.        balances[msg.sender] += msg.value;
11.    }
12.
13.    function withdrawFunds (uint256 _weiToWithdraw) public nonReentrant{
14.        require(!reEntrancyMutex);
15.        require(balances[msg.sender] >= _weiToWithdraw);
16.        // limit the withdrawal
17.        require(_weiToWithdraw <= withdrawalLimit);
18.        // limit the time allowed to withdraw
19.        require(now >= lastWithdrawTime[msg.sender] + 1 weeks);
20.        balances[msg.sender] -= _weiToWithdraw;
21.        lastWithdrawTime[msg.sender] = now;
22.        msg.sender.transfer(_weiToWithdraw);
23.    }
24. }
```

我们可以看到，第 13 行将 withdrawFunds 函数声明为 nonReentrant，来阻止在此函数没有执行完之前再次调用该函数；第 22 行的转账使用了 transfer 函数，并且这个处理是在修改了 msg.sender 的余额状态和取款时间之后才进行的。

10.1.2　算术溢出

算术溢出（arithmetic over/under flows）指的是对于无符号整数类型的变量，如果某个算术计算的结果超出其所能表示的数值范围，会发生所谓的上溢（overflow）和下溢（underflow）的现象。

下边我们以最简单的 uint8 类型来说明这两种溢出现象。

首先是上溢，因为 uint8 类型所能保存的数值是从 0 到 255（二进制的 1111 1111），所以，如果将某个大于 255 的计算结果 n 赋值给一个 uint8 类型的变量 v，则有 $v = n - 256$。例如：

```
(uint8 result1, uint8 result2) = (255, 255);
result1 = result1 + 1;
result2 = result2 + 128;
```

得到的结果 result1 将为 0，result2 将为 127。

这是因为计算机做算术运算都是以二进制方式进行的：第一个计算将是 1111 1111 + 0000 0001 = 1 0000 0000，因为 uint8 只能保存 8 位二进制数值，所以高于 8 位的“1”就被舍去了，计算结果就变为了 0000 0000，即 0；同理，第二个计算将是 1111 1111 + 1000 0000 = 1 0111 1111，同样仅保留低 8 位二进制数值，所以结果就变为了 0111 1111，即 127。

下溢与上述情况相反，如果将某个小于0的计算结果 m 赋值给一个uint8类型的变量 v，则有 $v = 256 + m$。例如：

```
uint8 result1;
uint8 result2;
result1 = result1 - 1;
result2 = result2 - result1;
```

得到的结果result1为255，result2为1。

与上溢类似，变换为二进制数值来看就容易理解了：

第一个计算将是0000 0000 – 0000 0001 = 1111 1111，因为多于8位的“1”都被舍去了；

第二个计算将是0000 0000 – 1111 1111 = 0000 0001，同样，多于8位的“1”都被舍去了。

注意，下列情况会产生编译错误，而不会发生溢出问题：

- 用一个比取值范围更大的整数变量（比如uint16、uint256等）直接作为操作数的表达式来赋值给一个uint8类型的变量；
- 将某个用超出uint8取值范围的常数（比如负数或者大于255的常数）直接作为操作数的表达式赋值给一个uint8类型的变量。

其他uint类型的变量也同样遵从以上原则。

下面我们来看一个示例：

```
 1. pragma solidity ^0.4.18;
 2.
 3. contract Token {
 4.
 5.     mapping(address => uint) balances;
 6.     uint public totalSupply;
 7.
 8.     function Token(uint _initialSupply) {
 9.         balances[msg.sender] = totalSupply = _initialSupply;
10.     }
11.
12.     function transfer(address _to, uint _value) public returns (bool) {
13.         require(balances[msg.sender] - _value >= 0);
14.         balances[msg.sender] -= _value;
15.         balances[_to] += _value;
16.         return true;
17.     }
18.
19.     function balanceOf(address _owner) public constant returns (uint balance) {
20.         return balances[_owner];
21.     }
22. }
```

这个例子里的第13、第14行代码就是明显的会导致下溢的情况。注意tranfer函数的_value参数被声明为uint，其实不推荐这样做，绝大多数情况下我们都应该严格定义变量的类型（也就是确定其取值范围）；在这里，uint 会被编译器翻译为 uint256。如果某个地址第一次调用 tranfer 函数，因为第一次调用时其 balances[msg.sender] 必然是 0，如果这次调用传入一个正整数 _value，则第 13 行处理 balances[msg.sender] - _value 的结果将出现下溢，即实际数值将等于 2^256 - _value，将是一个非常大的正整数，且会通过这个检查，并在第 14 行，将其余额修改为 2^256 - _value。

在现实中，2018 年 4 月底发生的美链（BeautyChain）的 ERC20 智能合约漏洞事件，就是因为本节介绍的这种溢出问题造成的。这里我们就来看看这个智能合约中的罪魁祸首 batch-Tranfer 函数：

```
 1. BeautyChain contract batchTransfer overflow
 2.
 3. function batchTransfer(address[] _receivers, uint256 _value) public whenNotPaused
        returns (bool) {
 4.     uint cnt = _receivers.length;
 5.     uint256 amount = uint256(cnt) * _value;
 6.     require(cnt > 0 && cnt <= 20);
 7.     require(_value > 0 && balances[msg.sender] >= amount);
 8.
 9.     balances[msg.sender] = balances[msg.sender].sub(amount);
10.     for (uint i = 0; i < cnt; i++) {
11.         balances[_receivers[i]] = balances[_receivers[i]].add(_value);
12.         Transfer(msg.sender, _receivers[i], _value);
13.     }
14.     return true;
15. }
```

这不是一个 ERC20 标准中的函数，它可以向给定的地址数组中分别转入 _value 数量的 BEC Token。攻击者发送了一个交易，调用了这个 batchTransfer 函数，在第一个参数 _receivers 处传入了两个地址，然后将第二个参数 _value 设置为了 2^255。这样，第 4 行程序会取得数组 _receivers 的长度 2，即 cnt 为 2。这时，执行第 5 行程序，2* 2^255 = 2^256，也就是 uint256 类型的最大值 2^256 -1 加上 1，产生了上溢，计算结果在被赋值给 amount 时，变为 0。于是，第 7 行的检查通过了，程序执行了后续的转账操作。传入的两个地址都获得了 2^255 数量的 BEC Token。

那么如何规避这种算术溢出的攻击呢？其实很简单，就是在所有算术运算时，都使用我们第 9 章介绍的算术运算库智能合约——SafeMath。

10.1.3　意外之财

对于一个智能合约账户来说，当有其他交易或者其他智能合约向这个智能合约进行转账的时候，当前智能合约账户的余额（balance）就会增加，同时会触发特定的智能合约代码的执行（比如 payable 的 fallback 函数，或者其他 payable 的函数）。但还有 3 种方式可以增加一个账户的余额，且不会触发任何智能合约代码的执行：

（1）挖矿收益，就像我们在第7章中介绍的那样，某个区块的区块头中指定的beneficiary地址以及某个区块的ommerHeader中指定的beneficiary地址都会获得挖矿收益；

（2）使用EVM指令selfdestruct(address)销毁某个智能合约，其参数中指定的地址会获得销毁的智能合约的余额；

（3）预先向智能合约地址转账，基于以太坊协议，某个智能合约的地址是基于其创建者地址和创建者账户的nonce计算出来的，也就是sha3(rlp.encode([account_address, account_nonce]))结果的第96位到第255位（共160位，20字节）数据，所以如果我们知道某个账户要创建智能合约，那我们就可以事先向这个地址转账，从而使在这个地址上创建的智能合约余额不是初始值0。

当然，对于上述3种方式从攻击的角度来讲，第一种经济性太差，也就是成本太高；第三种要求条件太苛刻，因为用户需要事先知道某个地址要创建智能合约，并且要在它实际创建之前转账；所以，通常会使用第二种方式进行此种攻击。但无论用哪种方式，造成的结果就是，在某个智能合约的代码中使用this.balance所获得的余额数值，有可能与经过智能合约代码处理的所有操作所转入的金额不同（会大于所有转入操作的金额之和）。

这在特定的程序逻辑下才会产生问题，例如下面这个智能合约：

```
 1. contract EtherGame {
 2.
 3.    uint public payoutMileStone1 = 3 ether;
 4.    uint public mileStone1Reward = 2 ether;
 5.    uint public payoutMileStone2 = 5 ether;
 6.    uint public mileStone2Reward = 3 ether;
 7.    uint public finalMileStone = 10 ether;
 8.    uint public finalReward = 5 ether;
 9.
10.    mapping(address => uint) redeemableEther;
11.    // 每次调用 play 函数都要支付 0.5 Ether，使总余额达到某个里程碑数值的人可以得到相应的奖金
12.    function play() public payable {
13.        require(msg.value == 0.5 ether); // 调用 play 函数必须附加 0.5 Ether
14.        uint currentBalance = this.balance + msg.value;
15.        // 确保游戏可以继续进行
16.        require(currentBalance <= finalMileStone);
17.        // 如果总余额达到某个里程碑，则按约定给予这个人相应的奖金
18.        if (currentBalance == payoutMileStone1) {
19.            redeemableEther[msg.sender] += mileStone1Reward;
20.        }
21.        else if (currentBalance == payoutMileStone2) {
22.            redeemableEther[msg.sender] += mileStone2Reward;
23.        }
24.        else if (currentBalance == finalMileStone ) {
25.           redeemableEther[msg.sender] += finalReward;
26.        }
27.        return;
```

```
28.     }
29.
30.     function claimReward() public {
31.         // 确保游戏已达到结束条件
32.         require(this.balance == finalMileStone);
33.         // 确保有要发放的奖金
34.         require(redeemableEther[msg.sender] > 0);
35.         redeemableEther[msg.sender] = 0;
36.         msg.sender.transfer(redeemableEther[msg.sender]);
37.     }
38. }
```

这是一个所谓的“条件竞赛（race-conditions）”智能合约。参加的玩家每次需要向智能合约里转入 0.5 Ether，第一个使智能合约余额达到 3 Ether 的人会获得 2 Ether 的奖金；第一个使智能合约余额达到 5 Ether 的人会获得 3 Ether 的奖金；第一个使智能合约余额达到 10 Ether 的人可以获得 5 Ether 的奖金。当智能合约余额达到 10 Ether 时，游戏结束。获得了奖金的人可以调用 claimReward 函数获得相应的奖金。

但这个智能合约显然是有漏洞的，就在第 14 行。这里判断智能合约余额的方式是用 this.balance + msg.value，所以如果账户的初始 balance 不为 0，或者在游戏过程中攻击者通过 selfdestruct 命令向这个智能合约地址进行了转账，且这个转账金额不等于 0.5 Ether，则第 18、第 21、第 24 行的条件判断以及第 32 行的条件判断就永远无法满足了，这会使智能合约无法结束（没有人能获得奖金），所有转入智能合约的资金将无法再提取出来。

解决的办法其实很简单，就是第 14 行和第 32 行不要使用 this.balance 来获得总游戏金额，而应该增加一个状态变量来记录每次调用函数进行转账的累计。所以这个智能合约的代码可以改为：

```
1. contract EtherGame {
2.
3.    uint public payoutMileStone1 = 3 ether;
4.    uint public mileStone1Reward = 2 ether;
5.    uint public payoutMileStone2 = 5 ether;
6.    uint public mileStone2Reward = 3 ether;
7.    uint public finalMileStone = 10 ether;
8.    uint public finalReward = 5 ether;
9.    uint public depositedWei;
10.
11.    mapping(address => uint) redeemableEther;
12.    // 每次调用 play 函数都要支付 0.5 Ether，使总余额达到某个里程碑数值的人可以得到相应的奖金
13.    function play() public payable {
14.        require(msg.value == 0.5 ether); // 调用 play 函数必须附加 0.5 Ether
15.        uint currentBalance = depositedWei + msg.value;
16.        // 确保游戏可以继续进行
17.        require(currentBalance <= finalMileStone);
18.        // 如果总余额达到某个里程碑，则按约定给予这个人相应的奖金
19.        if (currentBalance == payoutMileStone1) {
20.            redeemableEther[msg.sender] += mileStone1Reward;
```

```
21.         }
22.         else if (currentBalance == payoutMileStone2) {
23.             redeemableEther[msg.sender] += mileStone2Reward;
24.         }
25.         else if (currentBalance == finalMileStone ) {
26.             redeemableEther[msg.sender] += finalReward;
27.         }
28.         depositedWei += msg.value;
29.         return;
30.     }
31.
32.     function claimReward() public {
33.         // 确保游戏已达到结束条件
34.         require(depositedWei == finalMileStone);
35.         // 确保有要发放的奖金
36.         require(redeemableEther[msg.sender] > 0);
37.         redeemableEther[msg.sender] = 0;
38.         msg.sender.transfer(redeemableEther[msg.sender]);
39.     }
40. }
```

所以，在我们编写智能合约时，如果在业务逻辑判断中需要准确判断由合约程序账户余额所带来的影响，则不使用 this.balance，而应该用单独的状态变量来明确记录所有 payable 函数（包括 payable fallback 函数）所接收的转账金额。

10.1.4 delegatecall

我们在第 7 章中曾介绍过所谓的 delegatecall 操作。从智能合约开发的角度来看，这种调用与 call 操作所产生的普通智能合约函数调用的最大区别就在于“执行环境不会切换”：也就是账户状态、存储状态都保留当前的调用者智能合约所对应的状态，并且 msg.sender 和 msg.value 也会保持不变；仅仅是把目标地址上的代码，拿到智能合约的当前执行环境中来执行。所以这实际上是提供了一种用所谓的“库智能合约函数”来实现代码复用的特性。在工程上，这当然很重要，但这种特性也存在一些技术陷阱。比如对于那些“有状态”的库智能合约而言，因为只是把它们的代码拿到当前环境中执行，所以如果它们自己是“有状态”的，那么它们的代码在其他环境中就会影响其他环境的状态；也就是说，“有状态”的库智能合约的代码是会影响当前智能合约（调用者智能合约）的状态！

> 注意 通常来讲，原则上不建议库智能合约本身“有状态”(也就是需要维护状态变量)；绝大部分库智能合约的函数都应该设计为只对输入参数进行相应的处理，其行为应该是确定的、可预知的，应该与智能合约本身的“状态”、执行环境无关。下面将要介绍的这个问题，就解释了为什么不推荐库智能合约“有状态”。

下面我们来看一个具体的例子。我们假设有一个可以生成斐波那契数列（fibonacci sequences）的库智能合约：

```
1. // 计算类似于斐波那契数列的库智能合约
2. contract FibonacciLib {
3.     // 数列的开始数字
4.     uint public start;
5.     uint public calculatedFibNumber;
6.
7.     // 修改数列的开始数字
8.     function setStart(uint _start) public {
9.         start = _start;
10.    }
11.
12.    function setFibonacci(uint n) public {
13.        calculatedFibNumber = fibonacci(n);
14.    }
15.
16.    function fibonacci(uint n) internal returns (uint) {
17.        if (n == 0) return start;
18.        else if (n == 1) return start + 1;
19.        else return fibonacci(n - 1) + fibonacci(n - 2);
20.    }
21. }
```

用户可以调用 setStart 函数修改要生成数列的起始数字，然后调用 setFibonacci 函数来生成斐波那契数列中的第 *n* 个数字，把结果保存到 calculatedFibNumber 变量中。

这个智能合约定义了两个状态变量：start 和 calculatedFibNumber。它们会被保存到这个智能合约自己的存储签的两个槽（slot）中，即 start 保存在这个智能合约存储的 slot0 中，calculatedFibNumber 保存在这个智能合约存储的 slot1 中。（我们在第 7 章中曾介绍过，智能合约的存储区域，被按照“字”（即 32 字节）为单位划分为若干“槽”，智能合约的状态变量会按照它们在代码中定义的顺序，保存到这些“槽”中。）单独来运行这个智能合约，显然是没有问题的。

但是，如果有另外一个智能合约用 DELEGATECALL 的方式来调用这个智能合约的代码，就将发生一些“奇妙”的事情。比如有这么一个智能合约：

```
1. contract FibonacciBalance {
2.
3.     address public fibonacciLibrary;
4.     // 当前要提取的斐波那契数额
5.     uint public calculatedFibNumber;
6.     // 斐波那契数列的开始数字
7.     uint public start = 3;
8.     uint public withdrawalCounter;
9.     // 斐波那契数列发生器函数的函数选择器
10.    bytes4 constant fibSig = bytes4(sha3("setFibonacci(uint256)"));
11.
12.    // 可以转账的构造函数
13.    constructor(address _fibonacciLibrary) public payable {
14.        fibonacciLibrary = _fibonacciLibrary;
```

```
15.     }
16.
17.     function withdraw() {
18.         withdrawalCounter += 1;
19.         // 这个函数是按照用户调用 withdraw 提款的顺序生成其提款金额的
20.         // 用 delegatecall 的方式调用库函数来生成斐波那契数值
21.         require(fibonacciLibrary.delegatecall(fibSig, withdrawalCounter));
22.         msg.sender.transfer(calculatedFibNumber * 1 ether);
23.     }
24.
25.     // 这是一个允许外部用户直接调用库函数的 fallback 函数
26.     function() public {
27.         require(fibonacciLibrary.delegatecall(msg.data));
28.     }
29. }
```

这个智能合约的意图是允许用户按照他们调用withdraw函数的顺序获得资金，按照斐波那契数列的规则，第一个人会获得1Ether，第二个人会获得1Ether，第三个人会获得2Ether，第四个人会获得3Ether，第五个人会获得5Ether，以此类推（也就是FibonacciLib智能合约的internal函数fibonacci的逻辑）。

但实际上当第一个人调用withdraw函数的时候会发生什么呢？让我们对照代码具体看一看。

1）FibonacciBalance的withdraw函数

第18行，“withdrawalCounter += 1;”将使withdrawalCounter变为1。

第21行，就是用delegatecall的方式调用了fibonacciLibrary的函数选择器为figSig bytes4(sha3("setFibonacci(uint256)"))的函数（也就是setFibonacci函数），用withdrawalCounter作为输入参数，也就是1。如果构造函数中传入的_fibonacciLibrary是正确的库智能合约地址，这个调用是会成功执行的。因为这里用的是delegatecall，所以实际上是把FibonacciLib智能合约的代码拿到当前智能合约的执行上下文中来执行的，也就是在FibonacciBalance智能合约的当前状态下执行FibonacciLib智能合约的setFibonacci函数。所以下边的程序会转到这个函数。

2）FibonacciLib的setFibonacci函数

第13行，调用internal函数fibonacci计算相应的数值，这里的n值为刚刚的delegatecall中的第二个参数，其值为1。

3）FibonacciLib的fibonacci函数

第18行，*n*等于1时，会对状态变量start加1。这就是问题所在！请注意，这是在FibonacciBalance智能合约的当前状态下来执行start + 1：在FibonacciBalance智能合约中，按顺序第一个声明的状态变量是“address public fibonacciLibrary”，所以，这个操作实际上是对状态变量fibonacciLibrary + 1！这是因为，这个语句实际上是对存储槽slot0上保存的状态变量加1，Solidity中并不会以变量的名字来访问状态变量，而是以它们在存储槽中的顺序号来访问它们的！在这里，因为这个变量实际上是一个智能合约地址，也就是一个 160 位的二进制数据，所以这个操作将会得到一个非预期的很大的数值。当然，当 *n* 大于 2 的时候，这个函数会递归执行，直到 *n* 被减到 2 以下。由于第 1 步中调用 fibonacci 函数的实际参数是 1，所以这里不会有递归过程，而是直接返回一个很大的非预期整数。

4）FibonacciLib 的 setFibonacci 函数

在第 2 步中 FibonacciLib 的第 13 行的 fibonacci(n) 程序会回到 setFibonacci 函数，也就是 FibonacciLib 合约的第 13 行继续执行。这里会将 fibonacci 函数返回的结果赋值给 calculatedFibNumber，也就是存储槽 slot1 中的状态变量，在 FibonacciBalance 智能合约中，存储槽 slot1 中保存的也是 calculatedFibNumber，所以这个处理会把刚刚这个很大的非预期数值赋给 FibonacciBalance 智能合约的 calculatedFibNumber。在这个处理结束之后，这个函数就结束了，并且是正常结束，所以代码执行会回到 FibonacciBalance 的 withdraw 函数，且其第 21 行的 require 检查会通过。

5）FibonacciBalance 的 withdraw 函数

第 22 行，向 msg.sender 转账，转账金额为 calculatedFibNumber。因为这个状态变量已经在库函数智能合约的代码中被修改为一个非预期的很大的数值，所以这个转账会失败（因为余额不足）。

这确实是一个很“奇妙”的事情，但这个智能合约的隐患还不止如此。更危险的是第 26 行声明发起了 delegatecall 的 fallback 函数！由于它的存在，任何人都可以使用 FibonacciLib 的 setStart 函数的 ABI 编码来调用 FibonacciBalance 智能合约，因为 FibonacciBalance 智能合约不存在 setStart 函数，所以这样的调用会触发这个 fallback 函数，将调用“转发”到 FibonacciLib 智能合约。而由于这里使用的是 delegatecall，所以在 setStart 函数中对状态变量 start 的修改，实际上修改的是 FibonacciBalance 智能合约的存储槽 slot0 上保存的变量，即 FibonacciLib 智能合约的地址 fibonacciLibrary；也就是说，这将允许任何人将 FibonacciBalance 智能合约保存的库智能合约引用 fibonacciLibrary 修改为他们随意指定的值！

如果一个攻击者通过这种方式，将这个库智能合约地址修改为一个恶意智能合约地址，如下所示：

```
1. contract Attack {
2.     uint storageSlot0; // 实际上指向 fibonacciLibrary 变量
3.     uint storageSlot1; // 实际上指向 calculatedFibNumber 变量
4.
5.     function() public {
6.         storageSlot1 = 0; // 将转账金额设置为 0
7.         <attacker_address>.transfer(this.balance); // 转走目前所有的余额
8.     }
9. }
```

那么之后任何人调用 FibonacciBalance 智能合约的 withdraw 函数时，因为库智能合约地址已经指向了 Attack 智能合约，所以第 21 行的 delegatecall 会触发 Attack 智能合约的 fallback 函数，它会将 slot1 的变量值设置为 0，使 FibonacciBalance 智能合约的第 22 行没有实际效果，而后将当前账户的所有余额转到自己的地址。

通过这个例子我们可以看出，在使用 delegatecall 的时候，一定要清楚地意识到所调用的库智能合约函数使用的是当前智能合约的存储，所以相应的状态变量的定义顺序必须一致！此外，在实际编写智能合约时，一定要避免类似于 FibonacciBalance 智能合约的 fallback 函数这样的代码，因为这是非常危险的！

最后，像 FibonacciBalance 智能合约这样，在智能合约中保存对另一个智能合约的引用也是非常危险的。这里我们必须再介绍一个真实案例。就是 2017 年发生的 Parity 多重签名钱包漏洞。我们先看一下产生漏洞的代码片段。首先是库智能合约：

```
 1. contract WalletLibrary is WalletEvents {
 2.
 3. ...
 4.
 5.     // 仅在智能合约还未被初始化时可以调用
 6.     modifier only_uninitialized { if (m_numOwners > 0) throw; _; }
 7.
 8.     // 构造函数，仅构造传入钱包所有者的数组和时间限制
 9.     function initWallet(address[] _owners, uint _required, uint _daylimit) only_
            uninitialized {
10.         initDaylimit(_daylimit);
11.         initMultiowned(_owners, _required);
12.     }
13.
14.     // 销毁智能合约，并把所有余额转给 _to
15.     function kill(address _to) onlymanyowners(sha3(msg.data)) external {
16.         suicide(_to);
17.     }
18.
19. ...
20.
21. }
```

然后是钱包智能合约：

```
 1. contract Wallet is WalletEvents {
 2.
 3. ...
 4.
 5.     // 函数
 6.
 7.     // 没有函数能匹配时默认会执行的 fallback 函数
 8.     function() payable {
 9.         // just being sent some cash?
10.         if (msg.value > 0)
```

```
11.             Deposit(msg.sender, msg.value);
12.         else if (msg.data.length > 0)
13.             _walletLibrary.delegatecall(msg.data);
14.     }
15.
16. ...
17.
18.     // 智能合约变量
19.     address constant _walletLibrary = 0xcafecafecafecafecafecafecafecafecafecafe;
20. }
```

我们看到，钱包智能合约中也有一个 fallback 函数，其中当 msg.data.length > 0 时会使用 delegatecall 将调用“转发”给库智能合约（第 12、13 行）。但是，库智能合约是可以“自杀”的（也就是“自毁”）：库智能合约的第 16 行的 kill 函数，使用了 suicide 函数（等价于 selfdestruct，已不推荐使用）将智能合约“自毁”。2017 年发生的多重签名智能合约漏洞，就是某个使用库智能合约的用户，“意外地”调用了 kill 函数，销毁了钱包智能合约引用的库智能合约，导致钱包智能合约的 fallback 函数在转发函数调用时永久地返回 0（因为目标地址没有关联代码），而使其中的余额被永久锁定，无法再进行任何操作。（这里会导致无法再进行任何操作的另一个原因是钱包智能合约的第 19 行，使用状态常量记录库智能合约地址，但没有考虑库智能合约会“自毁”的情况，所以没有提供修改库智能合约地址的函数。）

所以，我们在编写智能合约时，如果必须要依赖其他智能合约的引用，那么就要考虑当其他智能合约“自毁”或者不存在时，我们的智能合约是否能正常运作，这是非常重要的。

10.1.5　默认的可见性

默认的可见性是个显而易见的“初学者错误”。Solidity 语言对函数有 4 种可见性修饰：private、internal、public、external。如果我们编写智能合约函数时没有给它们指定可见性修饰，那么编译器会“默认”将它们设定为 public。这显然是很危险的，因为一些应该仅供智能合约自己使用（private）或者智能合约与其子智能合约内部使用（internal）的函数，将变为任何人都可以调用。

所以，在我们编写智能合约时，请务必为每个函数明确指定可见性修饰！这也使得程序在可读性上变得更好。

10.1.6　随机错觉

随机错觉其实就是以太坊中不存在“不确定”因素，也就是我们通常所说的“随机”因素。因为以太坊是一个通过交易触发状态变动的状态机，从协议上说，所有的状态变动都是通过确定的算法（即所谓的“状态转换函数”）计算出来的。这包括所有我们意识中认为可能是随机的一些数据，比如各种哈希值、区块的难度值，甚至是工作量证明算法 Ethhash 得出的 nonce 和区块的时间戳等，其实这些全都是根据协议明确地“确定”下来的。所以在以太坊中，无法产生“随机数”，在 Solidity 语言中也没有类似其他高级语言的所谓随机数发生器（比如 rnd 或者 rand 这种函数）。

在以太坊早期的智能合约中，有很多类似于赌场程序的智能合约，它们会模拟产生一个“随机”的结果来模拟“赌博”的效果。但因为刚刚解释的这种以太坊区块链数据的“可预测性”，很多这些赌博智能合约都存在着被矿工所欺骗的漏洞。这是因为矿工本身是可以选择是否把交易打包进区块的，因为区块数据、交易数据本身所变化的结果是可以依据协议计算出来的，那么这个交易数据是否能赢得某个“赌博”就是确定的；矿工可以等到他们自己的交易“可以赢”的时候，再打包这个交易，这就是所谓的“矿工作弊”。虽然在实操上需要达成一些条件，比如矿工需要明确知道某个赌博智能合约的地址和具体的逻辑，并且大概需要联合起来一起“作弊”，但从技术上说，矿工要“作弊”其实并不困难。所以我们通常不推荐使用区块信息或者交易信息作为随机数或用它们来产生随机数。（当然，对于一些不重要的处理或者业务，使用区块时间戳或者交易哈希等作为随机数勉强可以接受。）

在以太坊早期，曾经有一个叫作 randao 的项目来利用智能合约在链上产生随机数，但因为其实际操作较为复杂，且有些“理想化”，并没有被广泛应用（有兴趣的读者可以参考 https://github.com/randao/randao 了解更多细节，这里不再详细解释了）。目前，在以太坊中产生随机数的方式，主要是借助我们在以太坊生态中介绍过的所谓“预言机（Oracle）”服务来达成。这通常是一种第三方的、无利益关系的“链外”服务，比如 Oraclize 项目（http://www.oraclize.it）。这种服务的技术方案大致如下：

（1）链外服务在链上会有一个用于注册服务请求的智能合约，我们称之为智能合约 S；

（2）当某个智能合约 A 希望获取随机数时，它可以向智能合约 S 的特定函数 F 发起一个消息调用，F 的参数会规定一些必要的输入，比如请求服务的类型，要求的返回格式或者数据范围、条件等；

（3）智能合约 S 的函数 F 会产生一个特定的事件（event），其中将注册者的服务请求参数通过日志数据输出，提供这种链外服务的程序会监视（watch）这个事件，从事件参数中获得具体的请求数据；

（4）链外服务程序根据请求数据的要求生成或者获取必要的返回结果，然后将返回结果作为参数来调用智能合约 S 的请求结果处理函数 R；

（5）函数 R 会调用智能合约 A 的特定函数 B，将某个具体请求的结果数据返回给智能合约 A。

通过这种方式，我们就可以使用这种第三方数据服务来获取包括随机数在内的链外数据（更多的例子还有公共服务类数据，比如天气、股票指数等）。

10.1.7　外部智能合约引用

在智能合约中保留其他智能合约实例的引用，也就是声明一个其他智能合约（接口）类型的变量，是一种很常见的在智能合约间进行交互的方式。我们先来看一个简单的例子：

```
 1. import "SomeEncryption.sol";
 2.
 3. contract EncryptionContract {
 4.     // 库智能合约的引用
 5.     SomeEncryption encryptionLibrary;
 6.
 7.     // 初始化库智能合约引用的构造函数
 8.     constructor(SomeEncryption _encryptionLibrary) {
 9.         encryptionLibrary = _encryptionLibrary;
10.     }
11.
12.     function changeLibrary(SomeEncryption _encryptionLibrary) {
13.         encryptionLibrary = _encryptionLibrary;
14.     }
15.     …
16. }
```

这大概是一个“很自然”的想法，在构造函数中传入所依赖的库智能合约地址，然后保存到智能合约状态变量中，而且还有一个函数可以用来修改这个引用。但这明显是有风险和漏洞的。

比如，构造函数传入的地址，并不能确定其是我们想要的那个库智能合约地址，虽然构造函数只能由智能合约创建者给出，但其实这里还是有人为错误（比如手误）的可能性，并不能确保这个地址的调用就是我们预期的。如果引用的智能合约本身是可以被“销毁的”，那么这种智能合约引用就可能会永久地调用失败，这是非常危险的。曾经出现的 Parity 多重签名钱包漏洞，就是因为在其智能合约中引用的库智能合约，被用户“意外地”销毁了，而钱包智能合约没有考虑到这种情况，没有预留修复智能合约引用的机制，导致钱包智能合约的逻辑永久性地失败，而使整个智能合约不再可用（其中的资金也被永久锁定）。

changeLibrary 函数也是非常危险的。首先，它没有明确指明可见性，所以它将是默认的 public，也就是说，谁都可以调用这个函数来修改库智能合约的地址，这当然是非常危险的，当然也不应该这样设计。不过即使我们限制这个函数仅能由智能合约创建者调用，它同样存在人为错误（比如手误）的可能。

除此之外，还有一些情况可能会导致智能合约代码在一个 public/external 函数中直接执行由参数传入的智能合约类型变量的某个函数，这是更加危险的，因为我们无法确定外部函数调用所传入的地址是否是我们需要的智能合约类型。如果一定要这么做，那就一定要做好相应的错误处理，确保在调用出错或者结果不符合预期时用户的智能合约仍然可以正常运作。

针对这里的代码实例，更好的处理方式是在明确知道 SomeEncryption 代码的情况下，在构造函数中直接 new 一个新智能合约，而不是传入一个智能合约地址。这样，即使库智能合约有可以被创建者销毁，它也将是完全可控的，我们可以通过当前智能合约的代码避免这里提到的人为意外或者误操作。

10.1.8 短地址 / 参数攻击

从严格意义上说，短地址 / 参数攻击并不算是智能合约的漏洞，这是一个应用上的接口数据处理问题。在第 9 章已经介绍过了 ERC20 的模板智能合约，其中有个 tranfer 函数，其定义如下：

```
function transfer(address to, uint tokens) public returns (bool success);
```

实际进行调用的时候，客户端（DApp）需要发起一个交易，交易中附带对于这个智能合约函数的调用，也就是交易的 data 字段，它是一个字节数组。其中前个 4 字节是函数选择器，其后应该是这两个参数的 ABI 编码的数值。假设有这样一个具体的转账，转账地址为 0xdeaddeaddeaddeaddeaddeaddeaddeaddeaddead，转账金额为 100（智能合约中指定 decimals 为 18），则这个调用交易的 data 字段的值如下所示：

```
a9059cbb
000000000000000000000000deaddeaddeaddeaddeaddeaddeaddeaddeaddead
0000000000000000000000000000000000000000000000056bc75e2d63100000
```

为了方便查看，这里对数据做了换行，实际上这个数据是一个连续的字节数组；第二个参数的数值为 1020，因为智能合约中的 decimals 为 18。

针对这个接口，如果攻击者告诉转账人的地址为 0xdeaddeaddeaddeaddeaddeaddeaddeaddeadde（这个地址比刚刚的正常地址少了 1 字节，共 19 字节），转账金额仍为 100，在通过客户端发起调用时，如果客户端没有对地址数据做检查，而直接拼接成调用字节数组，就会构造出如下数据：

```
a9059cbb
000000000000000000000000deaddeaddeaddeaddeaddeaddeaddeaddeadde00
00000000000000000000000000000000000000000000056bc75e2d63100000
```

可以看到，地址参数少了 1 字节，但因为这是个连续的字节数组，这个数据由 EVM 处理的时候就会被按照如下数值进行处理：

```
a9059cbb
000000000000000000000000deaddeaddeaddeaddeaddeaddeaddeaddeadde00
00000000000000000000000000000000000000000000056bc75e2d6310000000
```

即第二个字的第一字节补到了地址数据所对应的字的最后一字节，第二个参数的最后一字节被补为零值字节，所以，在 EVM 看来，这个智能合约的调用参数就变为 000000000000000000000000deaddeaddeaddeaddeaddeaddeaddeaddeadde00 和 25600。如果这个地址是攻击者所控制的地址，且转账人余额充足，那么这就相当于在转账人看来，他只转了 100，而实际上转出了 25600 到攻击者地址。而智能合约本身是无法判断这个数据是否是出于交易发起人的正确意愿的。

这个问题其实很容易避免，我们在做客户端开发时，确保对用户输入的数据进行必要的有效性检查即可。

10.1.9 未检查的返回值

在 Solidity 中，某些低级函数 / 全局函数会产生返回值来作为执行结果，而不是像我们直接使用智能合约类型的变量进行函数调用那样，在调用的函数执行失败时会使当前执行直接失败；对于这些低级函数，如果没有对其返回值进行判断，则很容易出现逻辑错误。需要注意的低级函数有：send、call、callcode、delegatecall 和 staticcall。

比如在下例中：

```
 1. contract Lotto {
 2.     bool public payedOut = false;
 3.     address public winner;
 4.     uint public winAmount;
 5.     // 其他功能函数
 6.     …
 7.     function sendToWinner() public {
 8.         require(!payedOut);
 9.         winner.send(winAmount);
10.         payedOut = true;
11.     }
12.     function withdrawLeftOver() public {
13.         require(payedOut);
14.         msg.sender.send(this.balance);
15.     }
16. }
```

在第 9 行中使用了转账函数 send，但没有判断其返回值，这样即使 send 函数失败，第 10 行的状态修改依然会执行，这显然是错误的。

10.1.10 竞争条件 / 预先交易

这个攻击主要是出于所谓的“矿工作恶”。比如有如下的智能合约：

```
1. contract FindThisHash {
2.     bytes32 constant public hash = 0xb5b5b97fafd9855eec9b41f74dfb6c38f5951141f9
           a3ecd7f44d5479b630ee0a;
3.
4.     constructor() public payable {} // 允许接受转账的构造函数
5.
6.     function solve(string solution) public {
7.         // 如果用户能找到给定哈希值的原始输入数据，将获得 1000 Ether
```

```
 8.         require(hash == sha3(solution));
 9.         msg.sender.transfer(1000 ether);
10.     }
11. }
```

智能合约逻辑很简单，找到了给定哈希值的原始输入数据的人就能获得1000Ether的奖金。

我们知道，以太坊矿工节点都是有“交易池（transaction pool）”的，即矿工会把其他节点广播的交易先暂存到一个“池”中，而后根据当前区块的打包情况和具体交易的“经济性（主要因素是交易的gasPrice，即实际手续费收入的高低）”来决定挑选哪些交易到当前区块。

如果矿工发现了这个智能合约，那么他就可以增加一个特殊的处理：当有一个交易调用solve函数时，预先检查这个结果是否能获得奖金；如果能获得，则不把这个交易打包，而是自己构造一个交易，使用这个现成的答案来调用solve函数，并设定更高的gasPrice以获得优先打包权，同时自己把这个交易打包。这是只有矿工才能做到的，也就是所谓的“矿工作恶”。当然，这要求“作恶”的矿工预先知道这样的智能合约，增加了必要的处理逻辑，且发出的交易或者打包的区块能够最终得到确认。虽然这种攻击并不能保证一定会成功，但通常来讲，成功的概率很高。

10.1.11 拒绝服务

拒绝服务攻击，也就是大家耳熟能详的DoS（Denial of Service）攻击，这也是一种很常见的攻击方式。在智能合约层面，这样的漏洞大概有以下几种可能的情况。

（1）智能合约中基于一个可以被外部调用来控制的数据来执行循环，比如：

```
 1. contract DistributeTokens {
 2.     address public owner;
 3 .    address[] investors; // 投资人数组
 4.     uint[] investorTokens; // 每个投资人持有的 token 数额
 5.     // ... 其他功能函数，包含 transfertoken
 6.     function invest() public payable {
 7.         investors.push(msg.sender);
 8.         investorTokens.push(msg.value * 5); // 发送 5 倍的 wei
 9.     }
10.     function distribute() public {
11.         require(msg.sender == owner);
12.         for(uint i = 0; i < investors.length; i++) {
13.             // 这里的transferToken(to,amount) 函数将进行实际的 token 转账
14.             transferToken(investors[i],investorTokens[i]);
15.         }
16.     }
17. }
```

可以看到，在上述智能合约中，虽然distribute函数仅允许owner调用，但其中的循环

次数是由 investors 数组的大小决定的。如果攻击者恶意地大量调用 invest 函数，使这个数组变得非常大，distribute 函数的执行将会消耗大量的 gas，很有可能超过交易的 gasLimit，乃至区块的 gasLimit，而导致其无法被打包确认，或者因为高昂的 gas 消耗，而导致发起交易的账户余额不足以支付交易费，使得交易失败，从而使智能合约无法正常运作。

（2）智能合约中基于一个可以被外部影响的调用来修改智能合约状态，比如：

```
 1. contract DistributeTokens {
 2.     address public owner;
 3.     address[] investors;
 4.     uint[] investorBalances;
 5.     bool public isFinalized = false;
 6.     // ...
 7.     function invest() public payable {
 8.         investors.push(msg.sender);
 9.         investorBalances.push(msg.value * 5);
10.     }
11.     function distribute() public {
12.         require(msg.sender == owner);
13.         for(uint i = 0; i < investors.length; i++) {
14.             investors[i].transfer(investorBalances[i]);
15.         }
16.         isFinalized = true;
17.     }
18. }
```

与上一个智能合约类似，这个智能合约同样在 distribute 函数中发起了批量转账，只不过这个智能合约中是直接用以太币进行转账的。

在第 14 行，程序在循环中对每个投资人地址发起转账（使用的是 tranfer 函数），在循环结束之后才设置状态变量表示智能合约状态的变动，这显然是有漏洞的。这样做的结果就是：如果向任意一个投资人地址的转账失败（比如投资人地址是个智能合约地址，且没有声明 payable 的 fallback 函数；或者攻击者故意使投资人智能合约地址的 fallback 函数失败，例如在其中包含过多处理），则 distribute 函数永远无法成功完成！这个智能合约就无法正常运作了。

> 注意　在这个智能合约的场景中，使用刚刚讲解过的 send 函数反而是正确的选择。因为它不会直接导致整个函数失败，其只影响对应的地址转账失败，distribute 函数是可以正常执行完成的。

（3）对智能合约流程的关键步骤的状态修改无法完成，比如：

```
1. bool public isFinalized = false;
2. address public owner;
3. function finalize() public {
4.     require(msg.sender == owner);
5.     isFinalized == true;
```

```
 6. }
 7. // ... 其他 ICO 功能函数
 8. // 重写的 transfer 函数
 9. function transfer(address _to, uint _value) returns (bool) {
10.     require(isFinalized);
11.     super.transfer(_to,_value)
12. }
13. ...
```

这是某个带有结束处理的ICO智能合约，其中的finalize函数仅允许owner调用，这也是通常的设计方式，但其实这也是有风险的。比如owner的私钥丢失的极端情况，这个智能合约就无法正常进入结束处理和后续状态了。更稳妥的方式是使用类似于在第9章中介绍的“归属权继承（heritable）”那样的设计来应对owner私钥丢失这种极端情况。

10.1.12 时间戳操纵

时间戳操纵是另一种“矿工作恶”。我们先来看一个简单的智能合约实例：

```
 1. contract Roulette {
 2.     uint public pastBlockTime; // 上一个区块的时间戳
 3.     constructor() public payable {} // 可接受转账的构造函数
 4.     // 接受赌注的 fallback 函数
 5.     function () public payable {
 6.         require(msg.value == 10 ether); // 赌注需要 10 Ether
 7.         require(now != pastBlockTime); // 每个区块只能赌一次
 8.         pastBlockTime = now;
 9.         if (now % 15 == 0) { // 获胜条件
10.             msg.sender.transfer(this.balance);
11.         }
12.     }
13. }
```

智能合约的逻辑很简单，如果某人在区块时间戳正好能被15整除的那个区块中第一个向智能合约转了10Ether，那么他将获得先前所有已经转入智能合约的赌注。

因为区块是矿工生成的，所以矿工可以事先知道下一个区块的时间戳是否能被15整除，所以当矿工构造了一个新的区块，且其时间戳正好能被15整除时，他可以在区块中最先包含由自己控制的地址向这个智能合约发起转账交易，以保证自己控制的这个地址赢得所有奖金。与先前介绍的竞争条件/预先交易类似，这种“矿工作恶”并不一定能成功，但通常来讲，矿工获胜的概率相对于普通客户端而言会更高，因为他们有生成区块的特权。

10.1.13 未初始化的存储指针

在Solidity语言中，像动态数组、struct、mapping这样的复杂数据结构是不能直接在“栈”里保存的，因为“栈”里只能保存单独的“字”，也就是只能直接保存实际数据长度小于等于 32 字节的简单数据类型。所以在 Solidity 智能合约函数中声明动态数组和 struct 时，必须明确指明其位置在 storage 还是在 memory 中。而在函数内部，mapping 类型则不能作为临时变量使用，只能作为某个状态变量的“存储指针”，也就是说 mapping 类型必须在编译时进行预先初始化，而不能作为运行时产生的数据。如果在智能合约函数中声明了临时的动态数组或者 struct，而没有指定“位置”，且没有进行初始化，那么这些变量将默认成为“存储指针”。比如有下面这样的一个智能合约：

```
 1. contract NameRegistrar {
 2.    bool public unlocked = false; // 用来锁定注册状态
 3.    struct NameRecord {
 4.        bytes32 name;
 5.        address mappedAddress;
 6.    }
 7.    mapping(address => NameRecord) public registeredNameRecord;
 8.    mapping(bytes32 => address) public resolve; // 哈希值到地址的映射
 9.    function register(bytes32 _name, address _mappedAddress) public {
10.        // 构造一个新的 NameRecord
11.        NameRecord newRecord;
12.        newRecord.name = _name;
13.        newRecord.mappedAddress = _mappedAddress;
14.        resolve[_name] = _mappedAddress;
15.        registeredNameRecord[msg.sender] = newRecord;
16.        require(unlocked); // 仅在智能合约处于 unlocked 状态时允许注册
17.    }
18. }
```

这个智能合约声明了 3 个状态变量：unlocked、registeredNameRecord 和 resolve，它们会分别保存在存储槽 0 到 2 的位置。register 函数中的处理第 11 行声明了一个 struct 类型的变量，但没有指明“位置”，所以它会默认作为“存储指针”。程序中还没有对其进行初始化，所以它将指向存储槽 0，即状态变量 unlocked 的位置。这样当第 12 行语句对 newRecord.name 进行赋值时，修改的实际上就是 unlocked 状态变量的值。所以，如果传入的参数 _name 的字节数据最低位为 1，那么第 16 行的检查就能通过。

当然上面这个程序本身的逻辑设计并不好，而且目前的编译器已经能够检测到这种未初始化的“存储指针”，并会给出编译器警告，所以这个问题实际上并不会造成很大困扰。即使这样，我们还是应该记住对复杂数据类型初始化的问题以及应该明确指定它们的“位置”。

10.1.14 浮点和数据精度

因为 Solidity 语言中没有浮点类型，所以我们在处理数值类型时应该注意，Solidity 中只有整数除法，而整数除法会损失精度！小于除数的精度都会被舍弃！这也是为什么我们在处理以太币的时候应该使用其最小单位 wei，而不是 Ether。同理，在 ERC20 智能合约中指定了 decimals 的情况下，同样应该以其最小单位来处理具体的数值。比如在这个例子中：

```
 1. contract FunWithNumbers {
 2.    uint constant public tokensPerEth = 10;
 3.    uint constant public weiPerEth = 1e18;
 4.    mapping(address => uint) public balances;
 5.    function buyTokens() public payable {
 6.        uint tokens = msg.value/weiPerEth*tokensPerEth;
 7.        balances[msg.sender] += tokens;
 8.    }
 9.    function sellTokens(uint tokens) public {
10.        require(balances[msg.sender] >= tokens);
11.        uint eth = tokens/tokensPerEth;
12.        balances[msg.sender] -= tokens;
13.        msg.sender.transfer(eth*weiPerEth);
14.    }
15. }
```

第 6 行的处理用 msg.value 先除以 10^{18}，这会导致小于 1 Ether 的所有精度都被舍弃。这显然是错误的，也是不可接受的。后边的 sellTokens 中的处理也是类似的错误。请注意，在智能合约里一定要以最小计量单位来处理数据。如果除法无法避免，一定要在最后再做除法。

在这个智能合约的例子里，不应该以 Ether 为单位来记录余额，而应该以最小计量单位 wei 来记录。这个换算为 Ether 的处理，应该在应用层（也就是可以支持浮点数的前端程序）中进行。

10.1.15 tx.origin 判定

还记得全局函数 tx.origin 和 msg.sender 的区别吗？tx.origin 表示的是触发当前函数执行的原始的交易发送者，msg.sender 表示的是调用当前函数执行的直接消息发送者，在智能合约函数调用其他智能合约函数时，这两个发送者是不同的！

我们来看如下这个有漏洞的智能合约：

```
 1. contract Phishable {
 2.    address public owner;
 3.    constructor (address _owner) {
 4.        owner = _owner;
 5.    }
 6.    function () public payable {}
 7.    function withdrawAll(address _recipient) public {
 8.        require(tx.origin == owner);
 9.        _recipient.transfer(this.balance);
10.    }
11. }
```

这个智能合约的意图是判断仅允许智能合约创建者调用 withdrawAll 函数来取回所有智能合约余额，但这个函数内的判定条件用的是 tx.origin==owner，这是非常危险的。比如有人发布了如下所示的智能合约：

```
1. import "Phishable.sol";
2.
3. contract AttackContract {
4.     Phishable phishableContract;
5.     address attacker; // 攻击者收取资金的地址
6.     constructor (Phishable _phishableContract, address _attackerAddress) {
7.         phishableContract = _phishableContract;
8.         attacker = _attackerAddress;
9.     }
10.    function () payable {
11.        phishableContract.withdrawAll(attacker);
12.    }
13. }
```

然后通过社交媒体、短信息等渠道欺骗前一个智能合约（Phishable）的 owner 向这个攻击智能合约（AttackContract）发起转账或者任意的函数调用，这样就会触发 AttackContract 的 fallback 函数（因为这个智能合约中没有其他函数），这个函数中会调用 Phishable 智能合约的 withdrawAll 函数。因为 withdrawAll 函数中是用 tx.origin 来进行判断的，所以 Phishable 智能合约第 8 行那个检查就顺理成章地通过了（因为对于这个调用来讲，tx.origin 将是 Phishable 智能合约 owner 的地址，而 msg.sender 才是 AttackContract 智能合约的地址）。

所以在通常情况下，我们应该在智能合约中避免使用 tx.origin，这也是当前的编译器会给出一个警告的原因。不过 tx.origin 在某些具体的判定里仍然是有价值的，前提是用户要明确地知晓他在做什么判断。

10.2 智能合约开发最佳实践

以太坊目前还处在早期的发展阶段，包括开发环境、编译在内的支持环境还在频繁地进行版本升级，这其中自然也会产生一些开发者难以预期的问题，所以遵循一些概念性、经验性的所谓“最佳实践”将有助于我们提高编码质量，降低相应的工程风险。而且结合区块链给智能合约带来的“不可更改”的特性，对我们在实际工程中如何做好包括设计、测试以及意外处理和代码升级（后文会介绍一些可行方法）等具体工作提出了更高的要求。目前的成熟软件技术、工程中的很多经验都不再适用，这也要求我们要能更主动地去分析可能的风险，并加以计划和采取一些特定的技术实践。

10.2.1 智能合约安全开发的基本理念

第一，要为错误或者故障做好准备。任何有业务功能的智能合约都会或多或少地存在错误，所以智能合约一定要能处理“出错”的情况。比如，当发现智能合约运作与设计相悖或者与业务规则不符时，可以有办法“暂停服务”，甚至“停止服务”，做好善后。或者为处理资金的智能合约设定一定的可操作额度，设计“缓释”机制（比如，不一次性释放大量款项，而是随时间或按预设规则进行成比例发放），来降低被恶意攻击时可能的损失。尽可能地提供技术途径来支持修复智能合约的bug或者进行智能合约代码升级。

第二，要谨慎发布智能合约代码到主网。在发布智能合约之前做尽量多的测试，发现并修复bug。设计完整的测试程序，争取覆盖智能合约中的所有代码和逻辑分支。在发现新的攻击方法或者漏洞之后，及时确认已发布的智能合约是否会受影响。测试过程应该从私有网络到测试网络，并在主网上发布有限制的测试版本，启动bug bounty（悬赏计划），借助社区的力量完善智能合约代码，并在发布过程中尽量减小迭代内容，阶段性地测试并逐步更新智能合约代码。

第三，要保持智能合约代码的简洁。很明显，代码越多，出错的概率也就越大，所以我们要尽量用最少的代码，最简洁地实现必要的逻辑。要对智能合约代码结构进行必要的设计，尽量对函数的功能做出必要的解耦。使用那些已经被证明是正确的，或者经过社区审计过的可复用的智能合约模板，来减少需要增加的代码量。从维护和更新的角度，使用更清晰明了的处理，哪怕性能并不是最佳的。另外，在应用设计上，仅把那些需要“去中心化”存储的数据或者必要的过程状态数据放到智能合约中。

第四，保持信息的更新。了解最新的漏洞，尝试最新的安全技术，关注编译器和相关工具的更新。

第五，要清晰地了解区块链带来的一些特性。比如，对外部智能合约的引用通常是很危险的，因为用户无法控制其他智能合约的行为，仅在确定知道它们的逻辑时才去“信任”它们。一定要理解智能合约的所有public和external函数都是能被任何人调用的，而智能合约的所有“状态变量”都是公开可见的，即使它们被声明为private或者internal；另外要记得gas的费用以及交易和区块的gas限制问题。

10.2.2 智能合约设计开发中的基本权衡

从传统软件工程的角度考虑，一个软件的构造需要解耦、模块化，甚至可插拔的特性。在智能合约的设计开发中，这些已知的、经验性的最佳实践仍然需要结合区块链的一些特性进行相应权衡。当然，从总体上讲，模块化设计和尽量重复使用那些经过证明是安全可靠的智能合约模板或者经过了社区反复审计的智能合约模板都是没有问题的。

在智能合约的设计实现中，以下几个问题都是值得我们结合具体的功能需求进行排序或者权衡的。

固化逻辑还是支持可升级特性？我们可以在很多文章、技术指南或者智能合约模板中看到给智能合约添加伸缩性的例子，比如可暂定、可终止、可继承、可升级等。但对于一个要实现具体业务功能的智能合约来讲，是否要为了添加这些特性而增加过多代码逻辑，从而增加安全风险，是我们需要认真权衡的问题。对一些短期使用的或者仅需实现有限功能、控制有限资源的智能合约来讲，保持智能合约的简单性也许更加重要，也更加经济。

巨大的单个智能合约还是一组模块化拆分的小智能合约？这个问题在传统软件工程中早已没有争议，因为中心化的巨石应用（monolithic application）已经被证明在很多方面都已落后于时代，基于解耦的模块化微服务架构已经成为大部分业务应用系统的首选。但这个问题在智能合约设计中依然是非常值得思考和权衡的。虽然模块化的设计能减少单个智能合约的安全风险，降低单个智能合约的复杂程度，但这同样引入了一些其他的安全问题或者运作上的风险，比如智能合约间的引用本身是有风险的，某个智能合约模块如果出现问题，很可能会导致所有关联智能合约都无法运作；而单个智能合约的设计，虽然会提高智能合约的代码量，增加公开的可操作函数，但其可控性显然更好，也不需要在智能合约间传递过多的业务数据，况且也未必就比拆分成小智能合约复杂很多。考虑目前的智能合约总体代码量依然不高，所以单体智能合约的开发和执行效率、一致性和完整测试之后的安全性并不比模块化拆分的小智能合约群差。

重复类似的逻辑还是使用可复用的智能合约代码？通常来讲，使用那些经过验证的、可信的安全智能合约代码都是第一选择，比如使用本书中介绍的 Openzeppelin-solidity 工程中的经过社区反复审计优化的智能合约模板。对于某些看起来类似，但实际用一些基础智能合约实现可能会增加很多额外逻辑的功能来讲，也许还不如有选择地重新实现一遍基础功能来得简洁。通常我们应该在智能合约代码中明确标明哪些代码是设计为可复用的。

10.2.3　使用 Solidity 进行智能合约开发的部分最佳实践

除了以上介绍的这些基本原则、基本理念和基本权衡之外，具体到用 Solidity 语言进行智能合约开发，也自然地会有一些与语言特性相关的细节和所谓的“最佳实践”可以作为我们实际编码的重要参考。下面我们就来看看在用 Solidity 开发智能合约时有哪些已知的最佳实践可以借鉴。

1. 谨慎处理外部智能合约引用

通常，我们不建议在智能合约中使用其他“外部智能合约”的引用：因为从技术上说，外部智能合约是“不可控的”，我们无法预期外部智能合约的行为，除非我们明确知道外部智能合约的代码。

如果无法避免对“未知的 / 不确定可信的”外部智能合约的调用，那么应该尝试从代码上给予提示（比如在代码变量名中明确体现 untrusted/uncertain）。一般来讲，直接使用由参数传入的一个地址 / 智能合约的引用来对其发起函数调用是非常危险的，我们应该做好相应的错误处理。因为如果传入的地址 / 智能合约引用的实际智能合约代码没有我们调用的函数（我们指定的函数选择器不匹配），则会触发其 fallback 函数，fallback 函数是没有返回值的（除非其中使用了内联汇编来修改 returndata），而如果我们的代码使用了这个调用的返回值，则必然会触发异常停止（这一点需要考虑，尤其是还需要后续处理的时候）。这也是为什么我们需要避免在外部智能合约调用处理之后修改状态变量的原因（这里也请回顾 10.1 节介绍的实例，比如“重入”）。

在智能合约中进行简单以太币转账时（无论是其他智能合约地址，还是 EOA 地址），请一定要使用 tranfer 或 send 函数，不要使用 call.value()()。因为 transfer 和 send 函数只会附带 2300 gas，这仅支持目标智能合约的 fallback 函数进行一些很简单的处理，比如生成日志；而用 call 函数，则默认会附带所有可用 gas（当然，我们可以用 .gas 选项设置要附带的 gas)，这是非常危险的。此外，如果业务允许，尽量使用 withdraw 模式来处理支付 / 取款功能，即不直接由智能合约主动发起转账，而是由取款人自己主动调用类似 withdraw 这样的函数来取回他们赢得的款项。

在使用低级函数 call/callcode/delegatecall/staticcall 发起函数时，尽可能使用 .gas(g) 选项来控制由调用所附带的 gas，以避免给那些“未知的 / 不确定可信的”智能合约过多的 gas。此外还需要注意：通过低级函数 call/callcode/delegatecall/staticcall 发起的外部调用，不会直接产生一个导致自动 revert 的“异常停止”，而是会返回一个布尔值，一定要先判断这个返回值，再来做后续处理；与此相对应，直接用智能合约类型的变量对特定明确写在代码中的函数发起的调用，会在失败的时候自动触发 revert，请牢记这个区别。（另外也请注意在 Openzeppelin 源代码分析中介绍过的关于 fallback 函数的特性，比如，fallback 没有参数，也没有返回值，除非用内联汇编进行了特殊处理。）

2. 智能合约状态变量的可见性问题

请牢记，智能合约中的所有状态变量都是“公开可见的”，即使用户把它们声明为 private/internal 也是一样。把状态变量声明为 private/internal，只能保证它们不会被其他智能合约所直接访问（不会默认生成 getter 函数），但不代表这些数据真的是“对外隐藏的”。

那有没有可能不让其他人看到智能合约中状态变量的实际值呢？在某些游戏或暗拍卖（需要隐藏出价）这样的场景中，通常会使用一种所谓的 hash-commit 方式来隐藏实际的数据：用户初始提交数据（接受投注 / 竞标）时，需要提交实际数据的哈希值，而不是实际的数据本身；当全部用户提交结束或者达到规定时间之后，智能合约状态锁定为验证结果状态；这时再由用户提交实际的数据，智能合约用实际数据与先前提交的哈希值进行比对，来确定最终结果。因为到这个阶段，智能合约已经不再接受新的输入 / 出价等业务数据，所以这些数据成为公开的数据也就没有关系了。

3. 考虑一些极端情况

在一些需要多方参与更改智能合约状态的情况下，比如多重签名钱包智能合约，在设计的时候有必要考虑在某个参与方故意不响应或者类似于私钥丢失这样的极端情况下，如何避免智能合约无法运作的问题。这通常可以对于设计得好的一些动作，比如需要多方确认才能进行的取款处理，设计“响应时限”的相关逻辑；即在一个请求发起之后，如果某个参与方在“响应时限”之内没有做出回应，则“默认”进行某种处理。显然，这种逻辑也可以处理因为“私钥”丢失而导致的无法做出响应的情况。

4. 稳妥地处理智能合约的余额

就像我们在 10.1.3 节中介绍的那样，智能合约的余额是可以被其他人或智能合约增加的，这种增加不会触发任何智能合约代码的执行，所以我们要注意：不要假设新创建的智能合约余额一定是 0，也不要认为只有明确的转账交易或者智能合约中的 tranfer/send/call.value()() 会触发 fallback 函数的处理并改变我们智能合约的余额。

5. 用好 require、revert 和 assert

从语言特性上讲，require 和 revert 本质上是一样的，最终都会反映为 EVM 的“revert”指令，这会产生一个“异常停止”，先前程序做的所有对状态的修改都会被撤销，但会给调用者返还先前代码执行消耗的 gas 以外的剩余可用 gas。require 和 revert 的区别仅在于：require 先判断一个表达式的值是否为 true，如果不为 true，则进行 revert 处理。它们目前都可以额外添加一个参数来给出一个提示消息。与它们不同，assert 最终会反映为 EVM 的“无效指令”，这同样会产生一个“异常停止”，会撤销先前做的所有的状态修改，但会消耗调用者传入的所有可用 gas，并且这个指令无法附加额外的提示消息。

通常，我们应该在执行实际的业务处理之前，对函数调用的参数或者智能合约状态进行检查时使用 require 或 revert（revert 通常用在嵌套多层的条件判断中的某个分支需要无条件撤销状态修改时）；而在业务数据处理结束，需要对计算结果进行有效性检查时，或者检查那些正常情况下不会出现的“非预期”错误状态时，使用 assert（assert 从某种程度上也可以认为是对调用者的“惩罚”，因为它使智能合约状态或者计算结果变成了“非预期”的错误）。

6. 注意 Solidity 中除法的“精度损失”

Solidity 中没有浮点数的概念，所有数值都是作为整数来处理的，所以以太币才有了多种计量单位，而智能合约程序中处理以太币时使用的都是最小单位 wei（10^{-18} Ether）。这也是我们在 Solidity 中处理数值时需要注意的问题。而最大的问题就是整数除法的“精度损失”问题，也就是说，在 Solidity 中，小于除数的所有精度都会被舍弃。如果我们要在智能合约中把 wei 转换为 Ether，用 wei 的数值去除 10^{18}，我们会损失掉 1 Ether 以下的所有精度，这显然是不可接受的。这个问题在有 decimals 设定的 ERC20 智能合约中也同样存在。

所以在 Solidity 中进行算术处理时，如果除法无法避免，那么就要在最后再进行除法，以最大限度地降低精度的损失。另外在智能合约中处理各种业务数据的数值时，一定要使用最小计量单位，就像我们处理以太币时应该使用 wei 为单位一样。

7. 仔细地处理 fallback 函数

如果希望我们的智能合约可以接受由其他智能合约发起的转账，那么我们应该声明一个 payable 的 fallback 函数。因为用 transfer/send 发起的转账只会附加 2300 gas，所以我们用于接受转账的 fallback 函数中指令的 gas 消耗应该控制在 2300 以下，来避免出现 out of gas 错误而导致转账失败。此外，如果我们希望 fallback 函数仅用于处理简单转账，那么我们可以在 fallback 函数中检查 msg.data 的长度；虽然 fallback 函数不能指定输入参数，但“require(msg.data.length == 0);”这样的语句依然是成立的。

8. 理解 abstract contract 和 interface 的区别

abstract contract 和 interface 都可以用来声明“接口”或者智能合约原型 / 基础智能合约的框架。它们的区别在于：abstract contract 可以包含具体的函数实现、状态变量，虽然它必须由具体的智能合约继承之后才可以使用，但它更适合用来做智能合约的“原型”；而 interface 只是用来声明那些供外部调用的接口，它不能包含任何具体的函数代码实现或者状态变量，且其中的函数只能是 external 类型。

9. 注意多重继承时的构造函数执行顺序和函数覆盖顺序

当一个智能合约继承了多个智能合约的时候，其继承的所有智能合约的构造函数都是会执行的，执行的顺序就是我们书写它们的顺序。比如在 contract S is A, B, C 中，构造函数是按照 A、B、C、S 的顺序执行的。而如果它们中有同名、同参数表（即函数选择器相同）的函数，其覆盖顺序也是按照书写顺序进行的。即如果 S 中有与任何基础智能合约的函数选择器相同的函数，则 S 中的函数会被最终使用；如果 A、B、C 中有与函数选择器相同的函数，则 C 中的函数会被最终使用，以此类推。

10. 谨慎使用区块中的时间信息

请牢记以太坊这样的区块链中无法产生“随机数”（请回顾 10.1.6 节）。此外，区块信息中虽然有可以用来判断时间推移的信息，但因为基于 PoW 算法产生的区块链末端是“不稳定”的，所以在智能合约中使用区块中的“时间信息”也会有误差。

30 秒规则：如果我们在智能合约中使用 block.timestamp 来判断时间，通常需要允许这个判定与实际时间存在 30s 的误差，这在一些对时间精度要求不严格的场景中是可行的，比如拍卖、注册、审批等。这是一个基于过往区块历史得出的经验数据。

12 分钟规则：如果我们要在智能合约中使用 block.number 来判断时间间隔，这个应该容忍的误差则会增大为 12 分 / 天，这同样是基于区块历史得出的经验数据。它取决于区块链末端的“抖动”所带来的区块树分支的切换，以及因为难度变化导致的区块时间的波动。

11. 其他一些具体的最佳实践

- 明确标识智能合约中所有函数和状态变量的可见性，避免默认的可见性带来的问题。
- 锁定 pragma 版本以避免编译器升级带来的相关风险。

- 通过名称明确区分 event（比如给所有 event 名字增加 Log 前缀）。
- 尽量使用 Solidity 的新特性。〔比如，使用 selfdestruct 而不是 suicide，使用 keccak256 而不是 sha3，使用 msg.sender.transfer 而不是 require(msg.sender.send())。〕
- 全局函数是可以被“覆盖”的！（比如，在智能合约中写了一个 revert 函数，那么在本智能合约其他处理中调用 revert，则只会执行本智能合约中写的 revert 函数的逻辑！要尽量避免这种会造成混淆的用法。）
- 避免使用 tx.origin，除非用户明确知道自己在做什么。（就像我们在 10.1 节中介绍的那样。）

10.2.4　软件工程上的考量

除了上文介绍的这些编码上的最佳实践以外，从软件工程的角度，还有一些需要我们注意的细节。智能合约大概可以想象为我们传统应用程序的“后端”，用来提供一些业务数据的存储和运算。

在开发一个应用程序（在智能合约场景下大概指的就是所谓的“DApp”）时，通常都是出于某个业务目的；这也就自然地要求我们要从工程 / 项目的角度来考虑一些传统软件工程中的重要实践，比如异常的处理、发布 / 维护以及相关文档、流程的整理和完善。

下面我们就来简单介绍一下在软件工程方面需要考虑的部分细节。

1. 为意外做好准备

从工程上说，既然智能合约发布之后就不能更改了，那么首先要做的就是针对具体的业务场景来设计如何处理一些“意外情况”，比如实操上的失误、代码的 bug 等。我们可以按需设计如下一些具体的特性。

- 为智能合约设计“暂停机制”：在出现意外的时候，先暂定智能合约的正常运作，等我们找到可行的解决方法或者过渡方案之后再“恢复运作”。这种设计的实现方法可以参考我们先前介绍过的 Openzeppelin-solidity 项目中的可暂停运作（Pausable）、可暂停的标准 Token（PausableToken）等基础智能合约。
- 为关键处理设计“延时机制”：对于某些关键、重要、影响巨大的处理，设计一个异步的“延时机制”有时是个很好的方式，比如转移智能合约的归属、审批大量的资金转移等，这可以在一定程度上避免或者降低因为人为的“误操作”或者意外情况造成的权属丢失这种非常严重的风险。这种设计的实现方法可以参考我们先前介绍过的 Openzeppelin-solidity 项目中的有时限的归属权转移请求（Delayedclaimable）这样的基础智能合约。
- 为处理资金的智能合约添加必要的“限制”或者设计“缓释机制”：也就是要控制在短时间内可以操作 / 转移的资金总量，这主要是为了降低出现意外情况时的最大经济损失。这种设计的实现方法可以参考我们先前介绍过的 Openzeppelin-solidity

项目中的限制智能合约余额（LimitBalance）、有增发上限的标准Token（Capped-Token）、有上限的Crowdsale（CappedCrowdsale）、定期发放的Token（TokenVesting）等基础智能合约。

- 为智能合约设计“升级机制”：这是解决智能合约bug的终极技术方案，也就是让智能合约支持“代码升级”。这通常需要利用一些设计模式来达成。目前在GitHub上的zeppelinos/labs项目中已经有了几种可选的proxy模式来实现智能合约代码的升级（其思路是利用内联汇编来编写所谓的proxy智能合约对智能合约函数调用进行“转发”，通过代码来返回实际接收调用处理的目标智能合约地址，以此来达到“升级”智能合约处理模块的效果）。更简单的方案则是通过受控的调度智能合约来更改实际执行业务处理的智能合约的实例，如下所示：

```
1. contract SomeRegister {
2.     address backendContract;
3.     address[] previousBackends;
4.     address owner;
5.
6.     function SomeRegister() {
7.         owner = msg.sender;
8.     }
9.
10.     modifier onlyOwner() {
11.         require(msg.sender == owner)
12.         _;
13.     }
14.
15.     function changeBackend(address newBackend) public
16.         onlyOwner()
17.         returns (bool)
18.     {
19.         if(newBackend != backendContract) {
20.             previousBackends.push(backendContract);
21.             backendContract = newBackend;
22.             return true;
23.         }
24.
25.         return false;
26.     }
27. }
```

这是一个简单的可以由智能合约的owner来更换实际的“后端智能合约（backend-Contract）”实例的代码示例。这可以在一定程度上达到“代码升级”的效果。

2. 谨慎地进行发布

因为智能合约难维护、难升级，所以就很自然地要求我们在实际发布智能合约之前要尽可能地提高代码质量，做好计划和准备工作。

- 开发过程要“迭代地”进行：开发中不要一次性引入太多功能 / 特性，应该小步地逐步添加业务功能；每次迭代都要进行完整的测试，尽量保证代码覆盖率和分支覆盖率以及 public/external 函数调用时序不同所可能引发的不同状态变动情况。
- 做好测试：首先是开发团队的内部测试，尽量提高覆盖率；然后在测试网络发布智能合约，尽早引入“预览”用户，帮助开发团队进行用户测试，逐步提高实际的智能合约使用量 / 使用频率，并维持一定时间（不应该过短）；有条件的项目应该在这个阶段就开始 bug bounty（bug 悬赏）计划，以鼓励开发者 / 测试用户使用智能合约发现可能存在的问题。
- 充分利用 beta 版本：在正式上线前先在主网发布 beta 版本，进行公开测试，目标群体为有意愿使用的最终客户；在这个阶段进行 bug bounty 已经被证明是最行之有效的方式，可以帮助开发和运营团队发现可能的问题以及用户体验层面的改进点，可以极大地降低实际运行中的风险；这同样应该有一定的时间周期来保障，不应过短。

3. 尽可能地做好文档及流程计划

从软件工程的角度来说，适量的文档和事前计划以及高质量的实施同样是项目成功的必要条件。比如：

- 准备必要的说明文档和发布流程；
- 制作文档状态跟踪，记录测试网络、主网的发布状态、编译器版本 / 编译选项等技术信息；
- 记录已知的问题，建立 bug 追踪机制和 bug 验收 / 收敛方案；
- 记录代码修改和测试的历史信息；
- 针对实际 bug/ 故障的通用行动计划 / 响应计划，针对异常情况的应急方案；
- 设计完善的、具备有效激励的 bug bounty 计划，并一定要让开发团队深度参与，以提高实际效果；
- 建立沟通机制，公开开发者信息、联系方式，建立 bug 报告渠道（甚至是聊天室）等。

10.3 智能合约安全开发辅助工具

目前我们可以使用的智能合约安全编码方向的工具，基本上可以分为以下三大类，但因为工具本身的更新频率较高，这里就不做过多细节介绍了，有兴趣的读者可以关注相应的 GitHub 项目或者官方网站。

- 静态检查工具：
  - Manticore: https://github.com/trailofbits/manticore。
  - Mythril: https://github.com/ConsenSys/mythril。
  - Oyente: https://github.com/melonproject/oyente。
  - Solgraph: https://github.com/raineorshine/solgraph。

- SmartCheck: https://tool.smartdec.net。

这些静态检查工具，可以根据我们书写的智能合约代码进行静态分析，有些工具可以把分析结果进行可视化输出，供开发者参考；大部分工具都可以针对一些最佳实践对代码逻辑、书写风格以及编译警告等问题做出相应的分析提示。

- 测试覆盖率工具：Solidity-coverage: https://github.com/sc-forks/solidity-coverage。

这个工具可以帮助我们进行代码覆盖率的统计，尽量提高代码覆盖率和分支覆盖率，对确认代码逻辑符合设计同样至关重要。

- 代码书写风格工具（linter）：
  - Solium: https://github.com/duaraghav8/Solium。
  - Solhint: https://github.com/protofire/solhint。

最后这类工具可以帮助我们统一代码书写风格，避免很多基本的书写问题，提高代码的可读性。

10.4 安全信息 / 安全通知渠道

作为一个合格的智能合约开发者，我们当然也应该关注社区重要的公开渠道，及时了解最新的软件 bug、编译器特性变动等信息。以下就是一些主要的消息来源渠道。

- Ethereum Blog：https://blog.ethereum.org。
- Ethereum Gitter。
  - Home: https://gitter.im/ethereum/home。
  - Solidity: https://gitter.im/ethereum/solidity。
  - Go-ethereum: https://gitter.im/ethereum/go-ethereum。
  - Cpp-ethereum: https://gitter.im/ethereum/cpp-ethereum?source=orgpage。
  - Research: https://gitter.im/ethereum/research。
- Reddit：https://www.reddit.com/r/ethereum/。
- 社区核心成员，比如 Vitalik Buterin、Christian Reitwiessner（目前负责 Solidity 编译器）等人的个人信息渠道。

10.5 本章小结

本章我们首先介绍了目前所有已知的对 Solidity 智能合约程序的攻击以及技术漏洞；而后详细介绍了智能合约开发中的一系列最佳实践，尤其是针对 Solidity 语言的一些最佳实践，并介绍了在软件工程角度上的一些考量；最后简单了解了一下智能合约安全开发中的一些辅助工具和安全信息 / 安全通知的主要渠道。

本章中的内容绝大部分属于经验总结性质，可能对于初学者来讲不容易学习和记忆，也需要很多具体的工程实践才可能有比较深入的认识。但其中大部分的技术细节都是非常有价值的，值得开发者认真理解和消化。同时，本章作为本书理论介绍部分的一个结尾和总结，也是值得反复阅读参考的，相信随着开发者实际开发经验的增加，会对其中介绍的种种“原则性”内容有更深的体会。此外，本章也可以作为智能合约开发的思路性指导来单独学习，尤其是可以作为第 9 章中介绍的 Openzeppelin-solidity 项目的基础智能合约代码里边所体现的一些设计思想的提炼和总结。希望不同程度的智能合约开发者都能从本章中获得一些有用的信息和原则性的参考。

第四部分 Part 4

实 战 篇

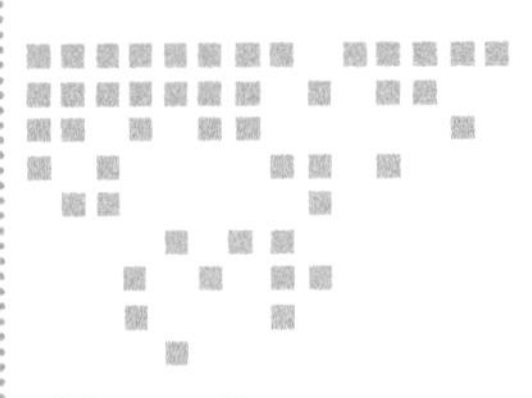

Chapter 11 第 11 章

Java 版本 DApp 完整示例

在前面的章节中我们已经学习了智能合约的基本语法和发布工具的使用，本章以 Java 编程语言为基础开发一个简单的 DApp。本章的重点在于如何通过现有的工具和开源项目来快速实现通过 Java 语言调用智能合约，至于 DApp 的页面呈现或操作交互不会过多涉及，读者可根据自身需要通过不同的方式封装，呈现出可操作界面（比如 Web 页面、App 或对外接口等形式）。为了节省篇幅、抽取重点，本篇示例中均采用单元测试方式来验证相应的功能调用。

11.1 DApp 智能合约的编写及发布

在第 2 章中我们已经安装配置好 Geth 的基本环境，也学习了如何使用 Remix 发布一套简单的智能合约，本节依旧采用同样的方式来编写一套针对 DApp 的智能合约，并将其发布到测试链上。

11.1.1 DApp 智能合约

我们来编写一个简单的智能合约，该智能合约的功能类似一个简单的网站访问量统计和查询功能。首先，提供一个访问方法，一旦用户调用此方法，访问总量便会加 1。然后再提供一个查询当前总访问量的方法。下面看一下具体智能合约的代码：

```
pragma solidity ^0.4.18;

contract PageView{

    uint256 public totalViews;
```

```
    function visit() public {
        totalViews ++;
    }

    function getViews() public view returns (uint256){
        return totalViews;
    }
}
```

智能合约的内容很简单，首先声明一个总访问量 totalViews，然后提供一个 visit 方法，只要调用此方法就会让访问量加 1。同时，提供一个 getViews 方法，可以通过此方法查询当前的访问量。

11.1.2 智能合约发布

针对上面的智能合约，依旧采用 Remix 进行发布，具体步骤参考第 2 章的操作。在编译和发布过程中需要记录以下数据内容。

（1）在 Remix 中的编译菜单 detail 中找到智能合约对应的 ABI 编码，并保存在一个文本文件内，这里命名为 PageView.abi。内容如下：


```
[{"constant": false,"inputs": [],"name": "visit","outputs": [],"payable": false,
    "stateMutability": "nonpayable","type": "function"},{"constant": true,"inputs": [],
"name": "getViews","outputs": [{"name": "","type": "uint256"}],"payable":
    false,"stateMutability": "view","type": "function"},{"constant": true,"inputs":
    [],"name": "totalViews","outputs": [{"name": "","type": "uint256"}],"payable":
    false,"stateMutability": "view","type": "function"}]
```


（2）同样在编译菜单 detail 中找到 BYTECODE 下面的 object 中的内容，保存在另外一个文本文件内，这里命名为 PageView.bin。内容如下：


```
6060604052341561000f57600080fd5b60de8061001d6000396000f3006060604052600436106O
    525763ffffffff7c01000000000000000000000000000000000000000000000000000000-
    006000350416630cc4330c81146057578063615298731460695780663aead592e14608b575b6
    00080fd5b3415606157600080fd5b6067609b565b005b3415607357600080fd5b607960a656-
    5b60405190815260200160405180910390f35b3415609557600080fd5b607960ac565b60008
    0546001019055565b60005490565b600054815600a165627a7a72305820fb4ae1df09802933-
    17ba04694a040acfc9511a3171674fb103ff14cb5b1556cb0029
```


（3）保存并发布智能合约之后获得的合约地址：

```
0x58b7ce68bb8cc47841d1ff9646b994e5fa250b02
```

11.2 环境配置

本节介绍一下使用 Java 版本的 Web3j 所依赖的环境和相关的开源工具。当然，Java 的 JDK 是必须要安装的，具体安装步骤不再赘述。另外，需要下载一个开源的框架 Web3j，官方地址：https://github.com/web3j/web3j。此开源框架不仅可以通过上一节的 abi 和 bin 内容逆向生成 Java 代码，同时还提供丰富的基础操作类和功能，能够让我们方便地使用。

在此开源框架的官方文档中介绍了相关的使用方法，但并没有介绍 Web3j 的安装操作，下面带大家从头到尾实践一下。

11.2.1 逆向生成代码

官方文档介绍的逆向生成代码方法为：

```
web3j solidity generate /path/to/<smart-contract>.bin /path/to/<smart-contract>.
    abi -o /path/to/src/main/java -p com.your.organisation.name
```

也就是在安装 Web3j 后，将上面保存的 abi 和 bin 文件对应路径和生成 java 类的包名进行替换即可逆向生成代码。但在使用此命令之前，需要在操作系统中安装对应的 Web3j 命令工具，下面以 mac 为例进行 Web3j 工具的安装。具体安装命令如下：

```
brew tap web3j/web3j
brew install web3j
```

通过上面的命令即可安装 Web3j 工具，可通过 version 参数来查看是否安装成功。

```
$ web3j version
Version: 3.1.1
Build timestamp: 2017-11-15 16:14:19.530 UTC
```

当安装成功之后，就替换对应的参数值和文件名称（包括路径），以进行代码逆向生成。

针对逆向生成，在 Web3j 中提供了一个专门生成 Java 代码的 Java 包（codegen.jar）。codegen 中生成了代码的核心类 org.web3j.codegen.SolidityFunctionWrapperGenerator，此类中提供了一个 main 方法，此方法的参数和操作与 Web3j 插件效果相同，如果想下载完整的 Web3j 源代码则可以直接通过执行其中的 main 方法来逆向生成代码。相关的源代码可访问该地址进行详细查看：https://github.com/web3j/web3j/blob/master/codegen/src/main/java/org/web3j/codegen/SolidityFunctionWrapperGenerator.java。

无论通过上面哪种方式执行，都会生成针对该智能合约的如下 Java 代码：

```
// 省略包名和类引入
public final class PageViews extends Contract {
    private static final String BINARY = "60606040523415610 00f57600080fd
        5b60de8061001d6000396000f300606060405260043610605257 63ffffffff
        7c010000000000000000000000000000000000000000000000000000000060003504 16630cc
        4330c8114605757806361529873146069578063aead592e14608b575b600080fd5b34156061
        57600080fd5b6067609b565b005b3415607357600080fd5b607960a6565b604051908152602
        0016040518091039 0f35b3415609557600080fd5b607960ac565b60008054600101905 5565b
        60005490565b600054815600a165627a7a72305820fb4ae1df0980293317ba04694a040acfc
        9511a3171674fb103ff14cb5b1556cb0029";

    private PageViews(String contractAddress, Web3j web3j, Credentials credentials,
        BigInteger gasPrice, BigInteger gasLimit) {
```

```
        super(BINARY, contractAddress, web3j, credentials, gasPrice, gasLimit);
    }

    private PageViews(String contractAddress, Web3j web3j, TransactionManager
        transactionManager, BigInteger gasPrice, BigInteger gasLimit) {
        super(BINARY, contractAddress, web3j, transactionManager, gasPrice, gasLimit);
    }

    public RemoteCall<TransactionReceipt> visit() {
        Function function = new Function(
            "visit",
            Arrays.<Type>asList(),
            Collections.<TypeReference<?>>emptyList());
        return executeRemoteCallTransaction(function);
    }

    public RemoteCall<BigInteger> getViews() {
        Function function = new Function("getViews",
            Arrays.<Type>asList(),
            Arrays.<TypeReference<?>>asList(new TypeReference<Uint256>() {}));
        return executeRemoteCallSingleValueReturn(function, BigInteger.class);
    }

    public RemoteCall<BigInteger> totalViews() {
        Function function = new Function("totalViews",
            Arrays.<Type>asList(),
            Arrays.<TypeReference<?>>asList(new TypeReference<Uint256>() {}));
        return executeRemoteCallSingleValueReturn(function, BigInteger.class);
    }

    public static RemoteCall<PageViews> deploy(Web3j web3j, Credentials credentials,
        BigInteger gasPrice, BigInteger gasLimit) {
        return deployRemoteCall(PageViews.class, web3j, credentials, gasPrice,
            gasLimit, BINARY, "");
    }
// 省略deploy的重载方法
```

简单了解一下生成类的内容结构，其中成员变量 BINARY 就是智能合约对应的 bin 文件内容，visit 方法和 getViews 方法分别是对应智能合约中对应函数的 Java 调用方法。由于在智能合约中 totalViews 是一个成员变量，这里生成了一个 totalViews 方法，该方法在该智能合约中调用结果与 getViews 结果一致。

至此，我们所需的内容全部准备完毕，下面开始进行具体功能的验证。

11.2.2　创建 Java 项目与功能验证

第一步，创建一个 Maven 管理的 Java 项目，在 pom.xml 文件内引入 Web3j 依赖和单元测试依赖。

```
<dependency>
    <groupId>org.web3j</groupId>
    <artifactId>core</artifactId>
    <version>3.5.0</version>
</dependency>
<dependency>
    <groupId>org.web3j</groupId>
    <artifactId>geth</artifactId>
    <version>3.2.0</version>
</dependency>
<dependency>
    <groupId>junit</groupId>
    <artifactId>junit</artifactId>
    <version>4.12</version>
</dependency>
```

第二步，将上面逆向生成的 Java 代码放入 Java 项目中。

第三步，编写单元测试类 PageViewsTest。单元测试类详情代码如下：

```
import org.junit.Test;
import org.web3j.crypto.Credentials;
import org.web3j.crypto.WalletUtils;
import org.web3j.protocol.admin.Admin;
import org.web3j.protocol.core.RemoteCall;
import org.web3j.protocol.core.methods.response.TransactionReceipt;
import org.web3j.protocol.http.HttpService;

import java.math.BigInteger;

/**
 * @author zzs
 */
public class PageViewsTest {

    /**
     * 智能合约地址
     */
    private static final String CONTRACT_ADDRESS = "0x58b7ce68bb8cc47841d1ff9646b994e5fa250b02";

    /**
     * 调用geth节点地址
     */
    private static final String URL = "http://localhost:8545";

    @Test
    public void testContract() throws Exception {
          // 构请求geth节点的链接，由于要操作交易记录，因此需要使用admin对象，如果仅仅查询则
             使用Web3j或Geth对象即可
        Admin admin = Admin.build(new HttpService(URL, false));
        Credentials credentials = null;
        try {
```

```
            // 加载私钥等相关信息，其中第一个参数为私钥密码，第二个参数为私钥存储的文件路径
            credentials = WalletUtils.loadCredentials("",
"/Users/zzs/my/book/geth1.8/geth/data/keystore/UTC--2018-06-11T15-00-05.188042543Z-
    -da652ca84f531deb3c2baeacfda3a2b00aa01c23");
        } catch (Exception e) {
            e.printStackTrace();
        }

        // 初始化智能合约对象，其中后两个参数分别为发起交易对应的gasPrice和gasLimit
        PageViews pageViews = PageViews.load(CONTRACT_ADDRESS, admin, credentials,
            new BigInteger("21000"), new BigInteger("90000"));

        // 获得访问请求方法
        RemoteCall<TransactionReceipt> call = pageViews.visit();
        // 发送请求到智能合约，并获得结果
        TransactionReceipt receipt = call.send();
        // 打印交易结果对应的hash值
        System.out.println(receipt.getBlockHash());

        // 获得智能合约中对应获取访问量的方法
        RemoteCall<BigInteger> viewsCall = pageViews.getViews();
        // 发送请求到智能合约，并获得结果
        BigInteger result = viewsCall.send();
        // 打印目前访问量
        System.out.println(result);
    }
}
```

关于单元测试类中调用智能合约的相关方法已经添加注释说明，大家可以详细阅读并实践。更进一步地，可以了解一下在 Web3j 开源框架中 Admin、Geth、Web3j 3 个对象分别对应可操作的 JSON-RPC 操作命令。

11.3 本章小结

本章详细介绍了从一套智能合约的发布、Web3j 开源框架的使用、Java 逆向代码的生成到最终通过 Java 程序调用智能合约的各个方法，让大家领略了一个简单的 DApp 的开发使用过程。在此套 Java 代码上还可以扩充出对智能合约 event 事件的监听和处理、普通的 ETH 转账交易等功能（几乎涵盖 JSON-RPC 的所有接口），大家可以参考 Web3j 的官方文档并和 JSON-RPC 的官方文档对照来学习其他功能。

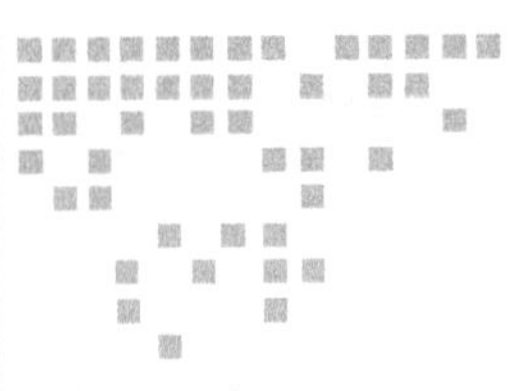

Chapter 12 第 12 章

DApp 示例——宠物店

本章的目的是构建一个 DApp——一个宠物领养的跟踪系统。该宠物领养跟踪系统中一共有 16 只宠物，初始所有的宠物都是待领养的状态。一旦一只宠物被领养，领养者的以太坊地址将和宠物进行绑定。部署后的前端界面如图 12-1 所示。

Pete's Pet Shop

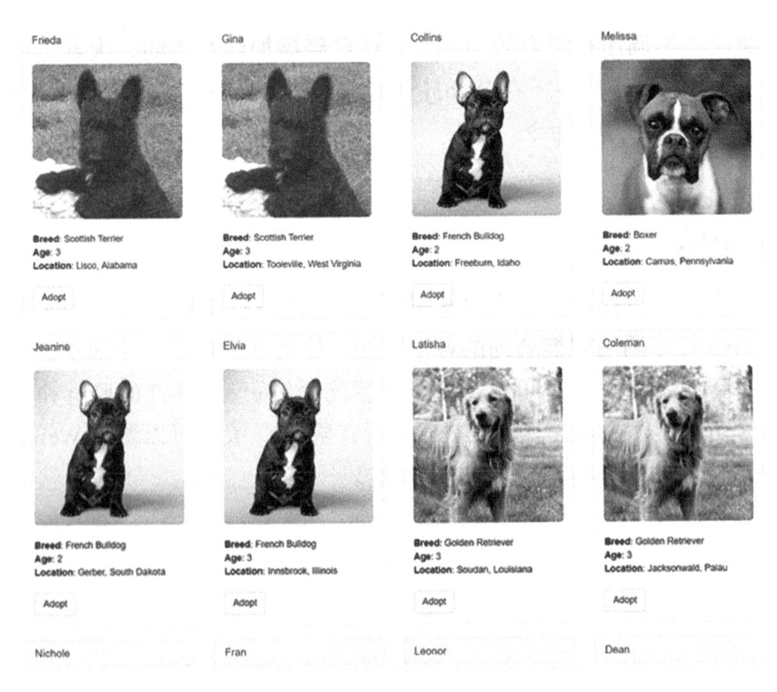

图 12-1　部署后的前端界面

本章需要具备以太坊和智能合约的基础知识，以及 HTML 和 JavaScript 的一些基础知识。

本章将包括以下内容：

- 环境准备；
- 创建项目；
- 编写智能合约；
- 编译部署合约；
- 智能合约测试；
- 前端代码编写；
- 浏览器中与 DApp 交互。

12.1　环境准备

首先我们需要准备 Truffle 环境。安装 Truffle 需要：

- Node.js V6+ LTS and npm；
- Git。

上述环境准备好后，可以用如下命令安装 Truffle：

```
npm install -g truffle
```

安装完成后，可以用命令 `truffle version` 验证 Truffle 是否安装成功。本章我们会使用 Ganache 作为以太坊开发的本地测试链。因此需要下载 Ganache，下载链接为 http://truffleframework.com/ganache。我们还可以使用 truffle develop 进行本地测试。

12.2　创建项目

Truffle 可以用 truffle unbox 命令创建项目，本章的例子就可以用如下命令创建：

```
mkdir pet-shop
cd pet-shop
truffle unbox pet-shop
```

创建项目可以从 truffle 中的 box 解开，如上所示；也可以用 truffle init 创建一个全新的项目。

创建好的项目目录结构请参考 6.1 节。

12.3　编写智能合约

下面开始编写智能合约，在 DApp 中的合约就像传统互联网中的后台逻辑和存储。

12.3.1 创建智能合约文件

在 contracts/ 目录中创建合约文件 Adoption.sol，文件内容如下：

```
pragma solidity ^0.4.17;
contract Adoption {
}
```

这里有两点需要注意：

- pragma 语法的含义是，Solidity 支持的编译版本是 0.4.17 及以上的新版本（^ 代表向上兼容）；
- 和 JavaScript 及 PHP 一样，声明的结束用分号表示。

12.3.2 定义变量

合约文件内第一行增加如下变量：

```
address[16] public adopters;
```

这里有两点需要注意：

- adopters 是一个数组，存放着 16 个 address 类型的变量，address 是以太坊的变量类型；
- adopters 是公开类型的变量，意味着默认会有一个 getter 方法，下面我们会写一个方法返回整个数组。

12.3.3 领养方法

变量定义完成后，我们可以编写领养方法，如下：

```
// 领养一个宠物
function adopt(uint petId) public returns (uint) {
    require(petId >= 0 && petId <= 15);
    adopters[petId] = msg.sender;
    return petId;
}
```

注意：

- Solidity 中方法的参数和返回值的类型都需要指定，如上述代码需要返回 petId；
- 需要检查 petId 在 0 到 15 之间，因此可以使用 require() 声明来进行检查；
- 如果 petId 在范围内，就把方法的调用者地址（即 msg.sender）存在数组中对应的宠物上。

12.3.4 查询领养者的方法

由于默认的 getter 方法只能返回数组中的一个值，而无法返回整个数组。因此我们需要编写如下返回整个数组的方法：

```
// 查询所有的领养者
function getAdopters() public view returns (address[16]) {
    return adopters;
}
```

由于 adopters 已经声明，这里直接返回即可，注意指定方法的返回类型（address[16]）。

12.4　编译部署合约

12.4.1　编译合约

合约编写完成后，下一步需要进行编译。这里我们使用 Truffle 提供的编译功能（在 Truffle 配置文件中可以指定使用的编译器及对应的版本），编译命令如下：

```
$ truffle compile
Compiling ./contracts/Adoption.sol...
Compiling ./contracts/Migrations.sol...
Writing artifacts to ./build/contracts
```

编译完成后，可以检查 build/contracts 目录，会生成编译后的文件。

12.4.2　部署合约

合约编译完成后，就可以进行部署。在部署前需要准备两件事：

- 下载并启动 Ganache（一个用于本地测试的以太坊节点工具）；
- 编写部署脚本。

1. 下载并启动 Ganache

访问 https://truffleframework.com/ganache，下载安装 Ganache 后启动。默认启动后的界面如图 12-2 所示。

Ganache 默认提供了 10 个测试账号，每个账号中有 100 个 Ether 用于测试。测试账号可以通过助记词（MNEMONIC）导入，也可以直接点击后侧的钥匙，用私钥导入。

2. 编写部署脚本

migrations/ 目录中默认已经存在一个部署脚本，即 1_initial_migration.js，该脚本会部署 Migrations.sol 合约，这个合约可以帮助我们监控后续的部署，确保我们不会部署没有任何变更的合约。接下来编写我们自己的部署脚本如下，名为 2_deploy_adoption.js。

```
var Adoption = artifacts.require("Adoption");
module.exports = function(deployer) {
    deployer.deploy(Adoption);
};
```

关于 Truffle 部署合约的更多信息，可以参考 https://truffleframework.com/docs/getting_started/migrations。

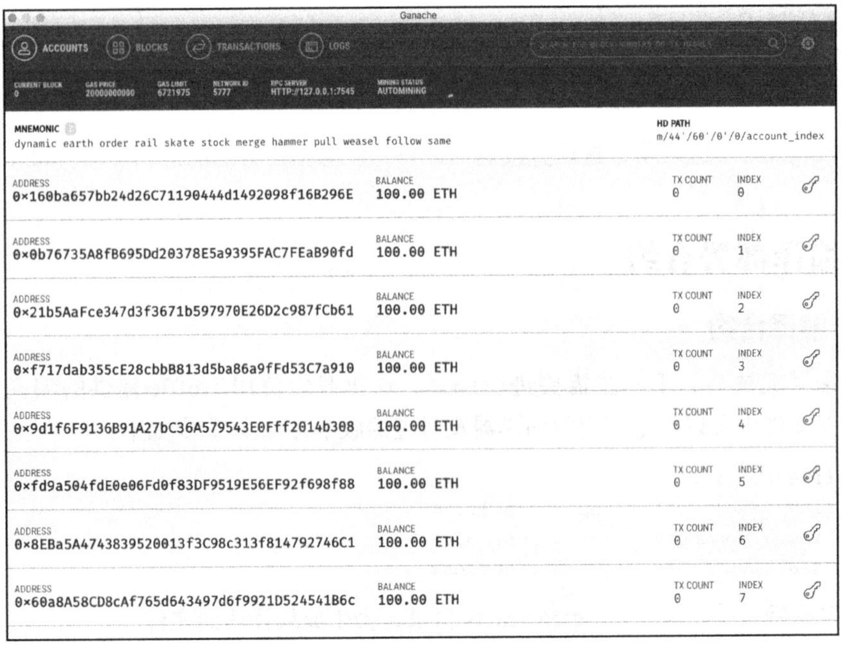

图 12-2 Ganache 启动后的界面

3. 部署合约

现在可以进行部署，命令如下：

```
truffle migrate
```

命令执行结果，可以参考：

```
Using network 'development'.
Running migration: 1_initial_migration.js
    Deploying Migrations...
    ... 0x65d56bd5e23de6db41d824568cfa68a04d63f92833fc061b6f24e861d2d31ef8
    Migrations: 0x651ee6754b509e0f3413fcb6c88c6c20dc8c9d28
Saving successful migration to network...
    ... 0xfafeb069ba502196abeabef2c097bdd9e4db9ab02c98a9b98d8db47f7d205a9b
Saving artifacts...
Running migration: 2_deploy_adoption.js
    Deploying Adoption...
    ... 0x048fae1a23ff84bbc7f84e463959a481d03b15ecfb29459e6f408423bf5019df
    Adoption: 0x104ba492f5d8f4e0df6971ae09ca0c9b496ff15b
Saving successful migration to network...
    ... 0x9219eeba1a1eb945d4fe1fb1bf6cdb2b70218c22b264134cfd97e2f4dfe026ef
Saving artifacts...
```

部署完成后，我们可以看到 Ganache 中区块链的状态发生变化，之前是 0 笔交易，现在有 4 笔交易，如图 12-3 所示。

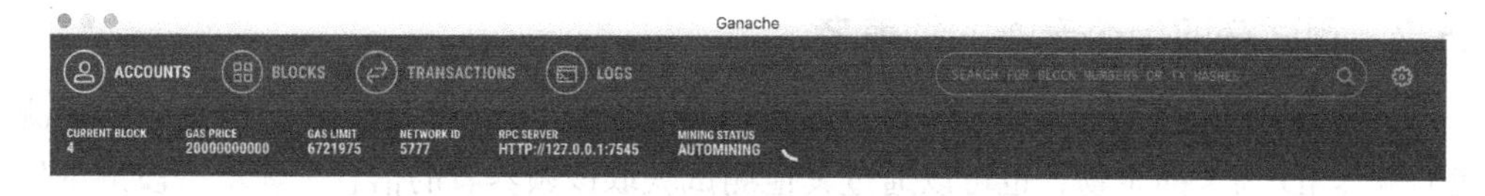

图 12-3　合约部署后 Ganache 上的情况

12.5　智能合约测试

Truffle 中支持智能合约的测试框架，本节我们使用 Solidity 语言编写测试脚本。在 test/ 目录内创建一个名为 TestAdoption.sol 的文件，如下：

```
pragma solidity ^0.4.17;
import "truffle/Assert.sol";
import "truffle/DeployedAddresses.sol";
import "../contracts/Adoption.sol";

contract TestAdoption {
    Adoption adoption = Adoption(DeployedAddresses.Adoption());
}
```

上面的代码中我们导入了如下 3 个文件。

- Assert.sol：测试中我们使用的各种断言，如检查相等、不相等或通过失败等测试条件。这里是完整的断言列表：https://github.com/trufflesuite/truffle-core/blob/master/lib/testing/Assert.sol。
- DeployedAddresses.sol：运行测试的时候，Truffle 会部署一份新的合约实例，用于测试。测试合约中将通过该合约获取部署合约的地址。
- Adoption.sol：将要测试的合约。

12.5.1　测试 adopt() 方法

为了测试 adopt() 方法，我们需要先设定一个 petId，该方法之后会返回这个 petId。TestAdoption.sol 脚本代码如下：

```
// 测试adopt()方法
function testUserCanAdoptPet() public {
    uint returnedId = adoption.adopt(8);
    uint expected = 8;
    Assert.equal(returnedId, expected, "Adoption of pet ID 8 should be recorded.");
}
```

这里我们领养 ID 为 8 的宠物，同时设定期望的返回 ID 是 8。因此最后的 Assert.equal() 应该返回成功。

12.5.2 测试获取单个宠物的领养者

公共变量自动拥有 getter 方法（即可以通过 get 方法获得该变量的值），因此上面的测试中我们领养 ID 为 8 的宠物，也可以通过其他测试获取该领养者的信息。新增一段测试代码如下：

```
// 测试查询单个宠物的所有者
function testGetAdopterAddressByPetId() public {
    // 期望的所有者是该合约
    address expected = this;
    address adopter = adoption.adopters(8);
    Assert.equal(adopter, expected, "Owner of pet ID 8 should be recorded.");
}
```

这个测试会发起交易，所以我们把期望的地址设置为 this，即当前合约的地址。

12.5.3 测试获取所有宠物的领养者

我们还可以获取所有宠物的领养者，测试代码如下：

```
// 测试查询所有宠物的所有者
function testGetAdopterAddressByPetIdInArray() public {
    // 期望的所有者是该合约
    address expected = this;
    // 在内存（memory）中存储领养者，而不是在存储（storage）中
    address[16] memory adopters = adoption.getAdopters();
    Assert.equal(adopters[8], expected, "Owner of pet ID 8 should be recorded.");
}
```

这里设定 adopters 变量为 memory 类型，即暂存在内存中。由于前面我们设定领养了 ID 为 8 的宠物，这里我们会验证 ID 是 8 的宠物是否已经记录了。

12.5.4 运行测试

运行测试的命令如下：

```
truffle test
```

运行的结果如下，如果测试失败，请查询代码：

```
Using network 'development'.
Compiling ./contracts/Adoption.sol...
Compiling ./test/TestAdoption.sol...
Compiling truffle/Assert.sol...
Compiling truffle/DeployedAddresses.sol...
    TestAdoption
        √ testUserCanAdoptPet (119ms)
        √ testGetAdopterAddressByPetId (60ms)
        √ testGetAdopterAddressByPetIdInArray (108ms)

    3 passing (881ms)
```

12.6　前端代码编号

我们已经创建好了合约 Adoption.sol，并且编译部署在本地的以太坊区块链上。我们还可以在命令行与合约进行交互（测试脚本中的实现）。接下来我们可以在用户界面（网页）中与合约进行交互。Truffle 在示例中已经帮我们实现了大部分的前端代码，本例中没有采用构建系统（如 webpack、grunt 等），因此只需要在对应的文件中填入逻辑代码就可以实现功能。

12.6.1　初始化 Web3

用文本编辑器打开 src/js/app.js。文件中 App 对象是一个全局变量，用于管理我们的应用，在 init() 方法中加载宠物数据，然后调用 initWeb3() 方法。Web3 JavaScript 库用于和以太坊区块链进行交互，可以实现查询用户账号、发送交易、与合约交互等功能。

在 initWeb3() 方法中填入如下代码（文件：src/js/app.js）：

```
// 判断是否有已经注入的web3实例
if (typeof web3 !== 'undefined') {
    App.web3Provider = web3.currentProvider;
} else {
    // 如果没有已注入的web3实例，则回调Ganache并创建新的web3实例
    App.web3Provider = new Web3.providers.HttpProvider('http://localhost:7545');
}
web3 = new Web3(App.web3Provider);
```

首先我们检查是否有运行中的 web3 实例，如果没有我们可以通过以太坊浏览器 Mist 或 MetaMask 注入一个新的 web3 实例。

12.6.2　初始化合约

在 src/js/app.js 中找到 initContract() 方法，将原来代码中的注释部分替换为如下代码：

```
$.getJSON('Adoption.json', function(data) {
    // 获得必要的合约构建后的文件，并用truffle-contract初始化
    var AdoptionArtifact = data;
    App.contracts.Adoption = TruffleContract(AdoptionArtifact);
    // 为合约设定web3 provider
    App.contracts.Adoption.setProvider(App.web3Provider);
    // 使用合约来查询及标记已领养的宠物
    return App.markAdopted();
});
```

我们先获取编译后的合约文件 Adoption.json，然后通过 TruffleContract 初始化合约实例。接着我们设定 web3 provider 为上述初始化的 web3 实例。最后调用前端中的 markAdopted() 方法。

12.6.3 获取领养的宠物并更新界面

找到 markAdopted() 方法，将原来代码中的注释部分替换为如下代码：

```
var adoptionInstance;
App.contracts.Adoption.deployed().then(function(instance) {
    adoptionInstance = instance;
    return adoptionInstance.getAdopters.call();
}).then(function(adopters) {
    for (i = 0; i < adopters.length; i++) {
//如果该宠物有领养者，则页面显示“Success”
        if (adopters[i] !== '0x0000000000000000000000000000000000000000') {
            $('.panel-pet').eq(i).find('button').text('Success').attr('disabled', true);
        }
    }
}).catch(function(err) {
    console.log(err.message);
});
```

这里先访问部署的 Adoption 合约，然后调用 getAdopters() 方法获得所有领养者。

12.6.4 处理 adopt() 方法

找到 app.js 中的 handelAdopt 方法，将原来代码中的注释部分替换为如下代码：

```
var adoptionInstance;
web3.eth.getAccounts(function(error, accounts) {
    if (error) {
        console.log(error);
    }
    var account = accounts[0];
    App.contracts.Adoption.deployed().then(function(instance) {
        adoptionInstance = instance;
        // 执行领养操作，指定交易的账号为account
        return adoptionInstance.adopt(petId, {from: account});
    }).then(function(result) {
        return App.markAdopted();
    }).catch(function(err) {
        console.log(err.message);
    });
});
```

这里用 web3 接口获取用户账号，我们使用第一个账号，然后调用 Adoption 合约中的 adopt() 方法，传入 petId 参数，即第一个账号会领养 petId 这只宠物。最后调用 markAdopted() 刷新前端界面。

12.7 浏览器中与 DApp 交互

目前我们已经准备好了合约和前端，是时候领养我们的第一只宠物了。与 DApp 交互最简单的方式是使用 MetaMask——一个 Chrome 浏览器和火狐浏览器的插件。

12.7.1 安装配置 MetaMask

在浏览器中安装 MetaMask 插件，安装成功后会看到图 12-4 所示的界面。

点击“Accept”后，将会看到 MetaMask 的首页面，如图 12-5 所示。

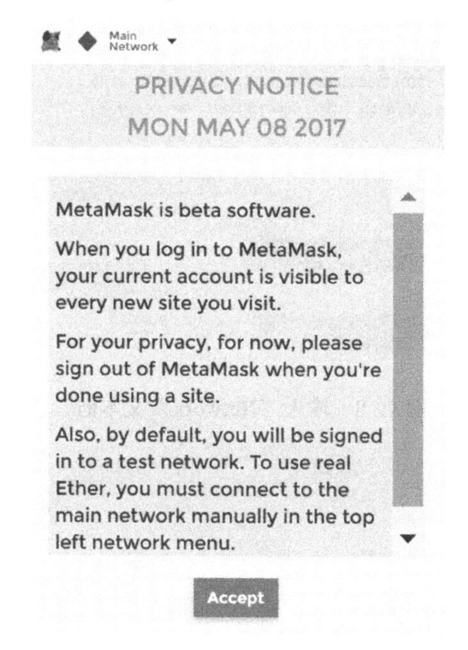

图 12-4 MetaMask 安装成功后的界面

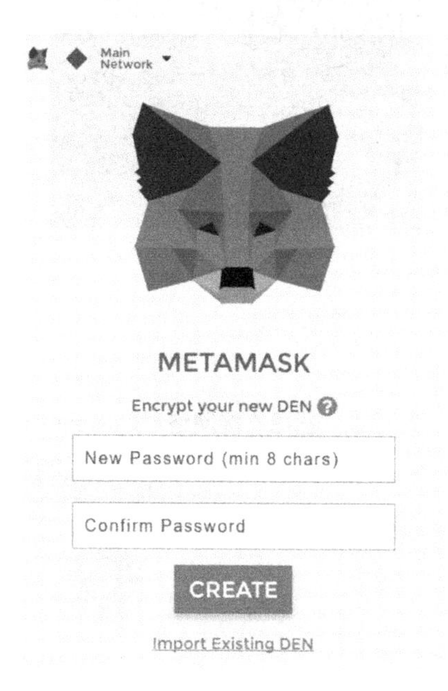

图 12-5 MetaMask 首页登录页

接下来需要导入 Ganache 中的助记词，点击“Import Existing DEN”，输入助记词。注意：请安全保存助记词，丢失助记词将丢失账号内的所有数字资产。导入助记词的界面如图 12-6 所示。

连接的网络选择“Custom RPC”，如图 12-7 所示。

在“Network”文本框中输入 http://127.0.0.1:7545，如图 12-8 所示。

然后就可以看到在 Ganache 中的对应账号信息，如图 12-9 所示。

到此，MetaMask 的配置完成！

图 12-6 MetaMask 中导入助记词

图 12-7 选择连接网络“Custom RPC”

图 12-8 输入“Network”文本框

图 12-9 Ganache 中的对应账号信息

12.7.2 DApp 交互

Truffle 中使用 lite-server 作为开发的 http 服务器，可以用如下命令启动 lite-server：

```
npm run dev
```

运行命令结束后，将启动一个新的网页，默认访问的地址为 http://localhost:3000，缺省界面如图 12-10 所示。

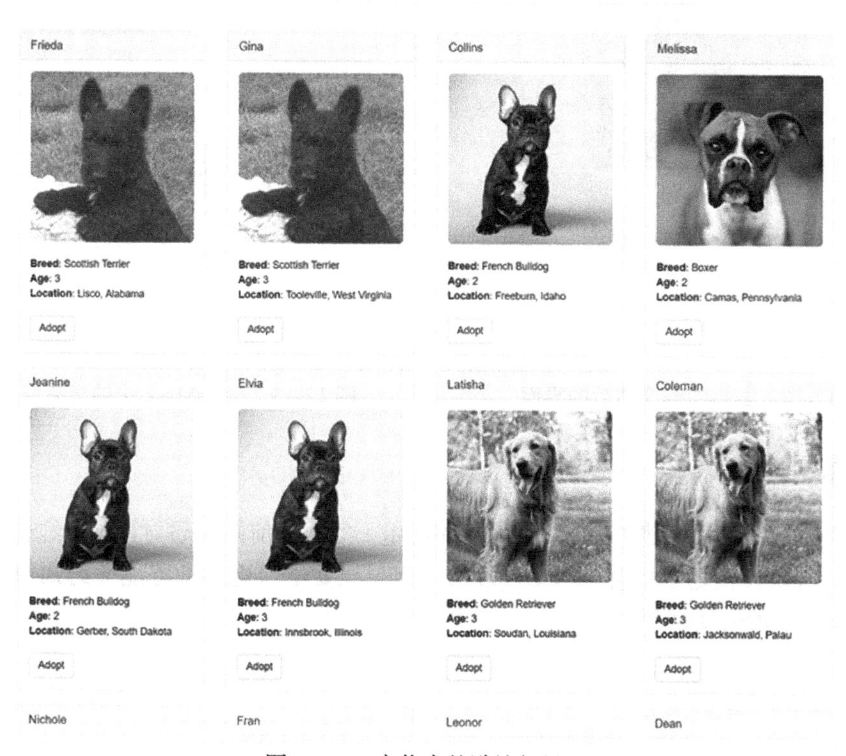

图 12-10 宠物店的默认新界面

选择喜欢的宠物，点击“Adopt”按钮进行领养，然后会弹出 MetaMask 界面，需要确认交易，如图 12-11 所示。

点击“SUBMIT”则该领养的宠物状态修改为“Success”，如图 12-12 所示。

如果宠物的状态没有改变，刷新网页即可看到新的状态变化。在 MetaMask 中也可以看到交易的信息，如图 12-13 所示。

到此已经完成了一个全栈的 DApp 开发，包含了合约的开发、编译、部署、测试，以及前端的开发、合约的 web3 交互等功能。

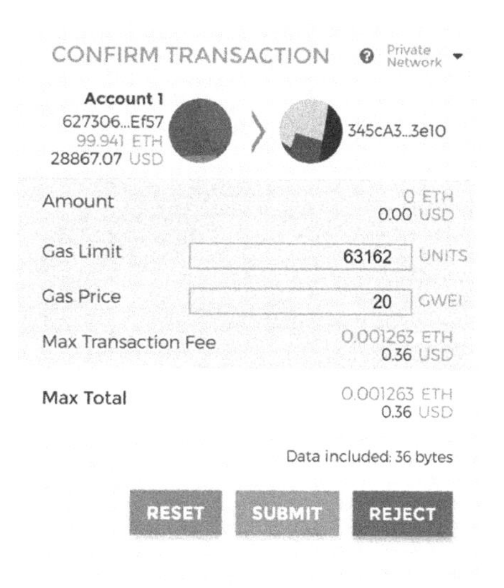

图 12-11 确认交易信息界面

图 12-12 宠物领养成功后的界面

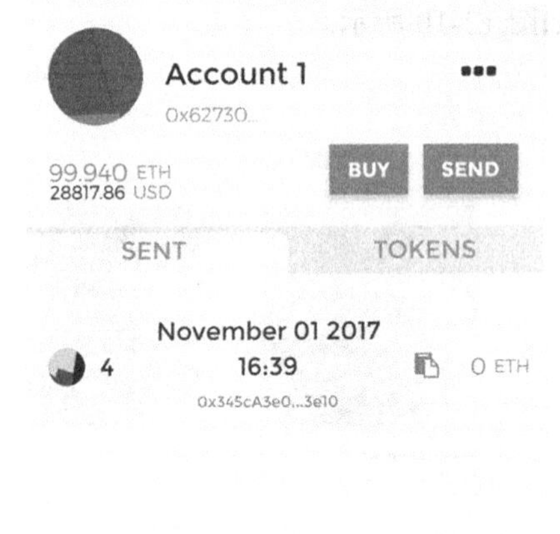

图 12-13 MetaMask 中的交易信息

12.8 本章小结

本章我们从零开始搭建了一个 DApp，并使用了简单的前端代码与智能合约进行了最基本的交互。这里仅仅是智能合约和 DApp 的入门，想要学习更多的智能合约知识，欢迎关注 HiBlock 社区的最新课程。

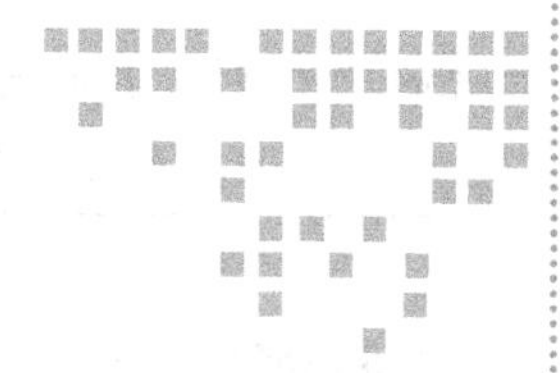

附录 A Appendix A

Merkle Patricia Tree

著名的数据结构 Merkle Patricia Tree（下文中会将其简称为 MPT、“树” 或 “ trie ”）是字典树 Redix tree 的变种，也是以太坊的核心算法之一。

A.1 MPT 中的节点类型

在以太坊中，MPT 是一种通用的、用来存储键值对（key-value）数据的基础数据结构，在很多场景中都会用到。MPT 中的路径数据，是通过所谓的“十六进制前缀编码”变换之后的数值。

MPT 中的节点，一共有 3 种类型，如表 A-1 所示。

表 A-1 MPT 的 3 种节点

节点类型	描　述
branch（分支）	由 17 个元素组成的元组，格式为：(v0, …, v15, vt) 其中，v0, …, v15 为以其索引值（0x0 到 0xf）为路径的子节点数据的 keccak256 哈希值，或者为空（没有数据）(下文的“树”的示例中会有更直观的解释) vt 为由树的根节点遍历到此节点的父节点得到的路径（即原始键值对中的“键”）所对应的原始键值对中的“值”，或者为空（没有数据）
leaf（叶）	两个元素的元组，格式为：(encodedPath, value) 其中，encodedPath 为当前节点的路径的十六进制前缀编码 value 为由树的根节点遍历到此节点得到的路径（即原始键值对中的“键”）所对应的原始键值对中的“值”
extension(扩展)	两个元素的元组，格式为：(encodedPath, key) 其中，encodedPath 为当前节点的路径的十六进制前缀编码 key 为当前节点的子节点数据的 keccak256 哈希值

注意 本章中所说的“元组”，指的是由若干同类型或不同类型的数据元素所组成的抽象的数组，以（元素，…，元素）的形式表示。

A.2 十六进制前缀编码

十六进制前缀编码（Hex-Pretix Encoding，HP 编码）是 Merkle Patricia Tree 上路径数据的基础编码，它是通过计算路径数据的半字节长度，给原始路径增加对应的前缀数据来进行编码。其具体规则如表 A-2 所示。

表 A-2 十六进制前缀编码规则

路径所对应的节点类型	路径长度	二进制数值	十六进制数值	最终前缀
extension	偶数个半字节	0000	0	0x00
extension	奇数个半字节	0001	1	0x1
leaf	偶数个半字节	0010	2	0x20
leaf	奇数个半字节	0011	3	0x3

注意 半字节在英文技术文献中通常使用 nibble 这个词，它指的是 4 位二进制数值，也就是 1 位十六进制数值。

从表 A-2 中可以看到，这种编码的效果就是，对长度为偶数个半字节（即整数字节）的路径数值添加 1 字节的前缀；对长度为奇数个半字节的路径，在 HP 前缀之后添加一个 0 值的半字节数据，使其长度成为整数字节。

表 A-3 是几个 HP 编码的示例。

表 A-3 十六进制前缀编码示例

原始数据	节点类型	HP 前缀	HP 编码结果
(0x12345, key)	extension	0x1 (0001)	(0x112345, key)
(0x012345, key)	extension	0x00 (0000 0000)	(0x00012345, key)
(0x0f1cb8, value)	leaf	0x20 (0010 0000)	(0x200f1cb8, value)
(0xf1cb8, value)	leaf	0x3 (0011)	(0x3f1cb8, value)

A.3 树的示例

下面让我们通过一个具体的示例来看看这种特殊的“树”是如何构造出来的。

我们假设有一组（4 个）键值对数据需要用树来存储：

```
<64 6f> : 'verb'
```

```
<64 6f 67> : 'puppy'
<64 6f 67 65> : 'coin'
<68 6f 72 73 65> : 'stallion'
```

为方便解释说明以及阅读，我们把键值对数据的“键”表示为十六进制字符串，“值”则保留为原始字符串。在实际使用时，它们都需要经过特定的编码变换。

以上这 4 个键值对数据，基于 MPT 算法所组成的树，可以用图 A-1 来表示。

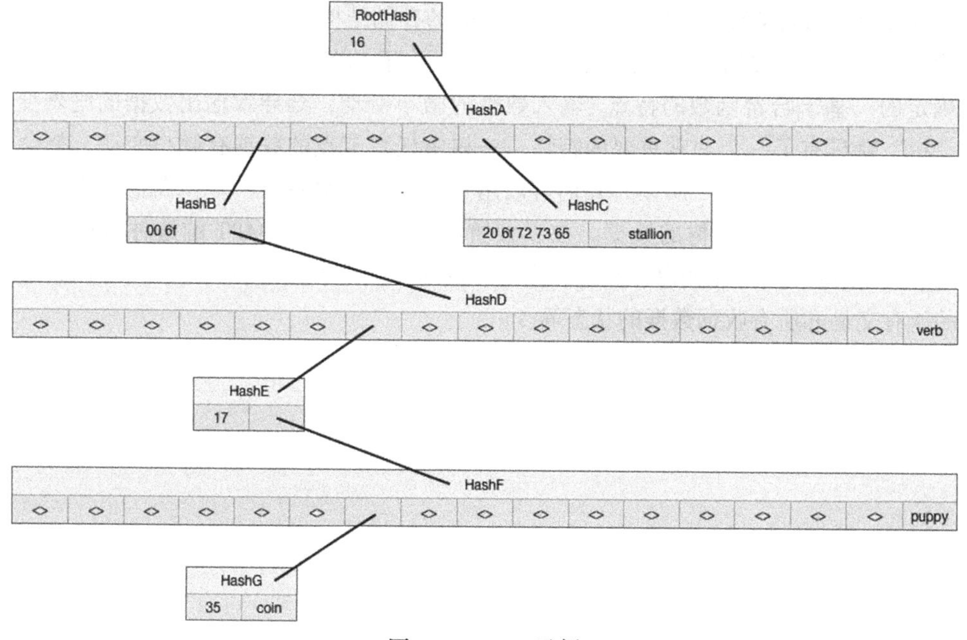

图 A-1　MPT 示例

对于根节点而言，因为原始的 4 个键值对数据，其“键”都是以 0x6 这个半字节开始的，所以根节点的路径就应该是对 0x6 进行 HP 编码，根据上文介绍的规则，编码结果就是 0x16。很明显，根节点应该是一个 extension，那么它的 key 就应该是其子节点数据的哈希值，即 HashA。

因为原始的 4 个“键”，第二个半字节有两个值 0x4 和 0x8，所以第二层节点（HashA 所对应的原始数据）就应该是一个 branch：这个 branch 中的第 5 个元素（即 0x4 对应位置的元素）就应该是后续的 extension（因为以路径 0x646f 开头的“键”有多个，所以这里不能是 leaf，只能是 extension）的哈希值 HashB；第 9 个元素（即 0x8 对应位置的元素）就应该是 4 个“键”里第二个半字节为 0x8 的那唯一一个路径所对应的键值对数据的哈希值，即路径值为 0x6f727365、value 为 stallion 的一个 leaf 节点的哈希值（即图 A-1 中 HashC 所对应的节点，其路径为 0x6f727365 的 HP 编码 0x206f727365）。

再来看 HashB 所对应的原始数据，它是一个 extension，其路径为原始的 4 个“键”中除去到上一层节点的路径 0x64 之后，另 3 个“键”的共同路径 0x6f，将其进行 HP 编码即得 0x006f。这个 extension 的 key，也只能是一个 branch 的哈希值，因为原始的键值对数据中的第一个“键”到这一层节点已经有了一个完整的路径，所以其原始的“值”verb 就应该被放到下一层 branch 节点的第 17 个元素 vt 中。这个 branch 就是图 A-1 中 HashD 所对应的节点。

树中余下的几个节点数据，就是以这样的方式构造出来的，读者可以自行分析理解。

MPT 是一种字典树，对于树中节点的插入、查找、删除操作，这种结构可以提供对数级别的复杂度 $O(\log(N))$，所以它是一种相对高效的存储结构。

除此之外，从上文的介绍中我们还可以看出：由于 MPT 中节点之间的联系是通过哈希值来确定的，基于哈希函数的特点（输入数据的微小变动，会导致输出数据的剧烈变动），这种“树”就具有了一个非常重要的特性——树中任意节点的数据有微小变动，都会导致根节点哈希值的剧烈变动。所以，我们可以用树的根节点哈希值，来代表整个树中数据的状态，而不需要保存整个树的数据。在以太坊协议中，就基于 MPT 的这种特性，对这种“树”做了大量的应用，比如保存和验证系统中的所有账户状态、所有合约的存储状态、区块中的所有交易和所有收据数据的状态等。

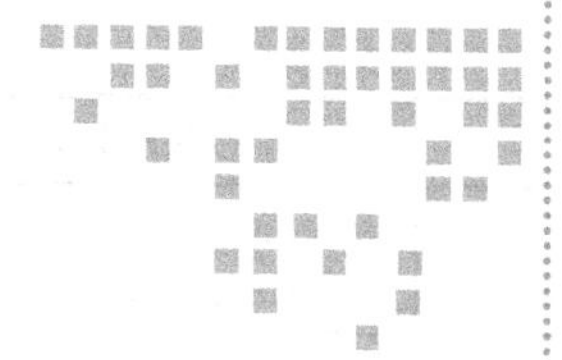

附录 B Appendix B

递归长度前缀编码

在以太坊中，所有要经网络传输的数据（比如后文会介绍的交易数据、区块数据）和需要节点保存到本地文件的数据（比如后文会介绍的状态数据、存储数据等），都是需要经过递归长度前缀（Recursive Length Prefix，RLP）编码后才可以进行传输或文件存储的。所以我们有必要介绍一下这个基础算法。

RLP 编码是一种可以将任意结构的二进制数据（字节数组）进行序列化（也就是转换为一维字节数组）的算法。为了明确算法细节，我们做如下约定：

- 设 x 为字节数组；
- 设 RLP(x) 为 x 的 RLP 编码；
- 设 s(x) 为以 RLP(x) 为元素的元组，即 s(x) = RLP(x0) . RLP(x1) . …（其中“.”为顺序连接符号）；
- 设 len(x) 为 x 的字节数长度，则有 len(s(x)) = len(RLP(x0)) + len(RLP(x1)) + …。

那么 RLP 编码的规则就如表 B-1 所示。

表 B-1　RLP 编码规则

条　　件	RLP 前缀	RLP 编码结果
len(x) == 1 且 x < 128	x 数值范围：[0x00, 0x7f]	RLP(x) = x
len(x) < 56	128 + len(x) 数值范围：[0x80, 0xb7]	RLP(x) = 128 + len(x) . x
len(x) >= 56	183 + len(len(x)) 数值范围：[0xb8, 0xbf]	RLP(x) = 183 + len(len(x)) . len(x) . x

（续）

条　件	RLP 前缀	RLP 编码结果
len(s(x)) < 56	192 + len(s(x)) 数值范围：[0xc0, 0xf7]	RLP(s(x)) = 192 + len(s(x)) . s(x)
len(s(x)) >= 56	248 + len(len(s(x))) 数值范围：[0xf8, 0xff]	RLP(s(x)) = 248 + len(len(s(x))) . len(s(x)) . s(x)

注意 在表 B-1 中，连接符号“.”的运算优先级是最低的，也就是说：第二种情况里的编码结果，相当于在原始字节数组之前增加了一个字节的前缀数据，这个前缀数据的值为 128 + len(x)；第三种情况里的编码结果，相当于在原始字节数组之前增加了一个若干字节的前缀数据，这个前缀数据的第一个字节为 183 + len(len(x))，然后连接上 len(x) 数值对应的字节数组（显然，如果 len(x) 大于 255，则其对应的字节数组长度就将大于一字节，而 RLP 前缀字节中保存的就是由这个 len(x) 变换出来的字节数组的长度）。第四、第五种情况与第二、第三种情况的处理方式是一样的，读者可以自行理解。

很明显，基于以上条件编写的可递归调用的函数，可以将任意结构的字节数组（包括由字节数组所组成的元组，以及由字节数组的元组所组成的元组等）变换为一个一维的字节数组，以便进行网络传输或文件存储。此外，这种编码显然也是很容易进行解码的，解码时只需要首先取得 RLP 编码的第一个字节，就可以根据该字节的值判断出其编码是属于上述 5 种条件的哪一种，从而可以递归地得到原始数据（字节数组、字节数组的元组或者元组的元组）。

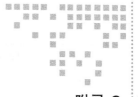

附录 C Appendix C

EVM 中的费用设计和操作码设计

以太坊虚拟机有自己的指令集和相应的费用设计，本章将完整地列出 EVM 的费用设计和指令设计。以下信息均基于拜占庭（Byzantium）版本整理。

首先我们来看看 EVM 中的费用设计，如表 C-1 所示。

表 C-1　EVM 的费用设计

	gas 消耗	EVM 指令 / 处理说明
Gzero	0	STOP, RETURN, REVERT
Gbase	2	ADDRESS, ORIGIN, CALLER, CALLVALUE, CALLDATASIZE, CODESIZE, GASPRICE, COINBASE, TIMESTAMP, NUMBER, DIFFICULTY, GASLIMIT, RETURNDATASIZE, POP, PC, MSIZE, GAS
Gverylow	3	ADD, SUB, NOT, LT, GT, SLT, SGT, EQ, ISZERO, AND, OR, XOR, BYTE, CALLDATALOAD, MLOAD, MSTORE, MSTORE8, PUSH*, DUP*, SWAP*
Glow	5	MUL, DIV, SDIV, MOD, SMOD, SIGNEXTEND
Gmid	8	ADDMOD, MULMOD, JUMP
Ghigh	10	JUMPI
Gjumpdest	1	JUMPDEST
Gextcode	700	EXTCODESIZE
Gbalance	400	BALANCE
Rselfdestruct	24000	使用 SELFDESTRUCT 操作删除账户时的返还（计入返还计数）
Gselfdestruct	5000	SELFDESTRUCT
Gcreate	32000	CREATE

（续）

	gas 消耗	EVM 指令 / 处理说明
Gcodedeposit	200	在 CREATE 操作中成功保存到状态的每字节数据的消耗
Gcall	700	CALL
Gcallvalue	9000	CALL 操作中需要转移以太币（value）时
Gcallstipend	2300	供被调用方合约使用的固定耗费（当 CALL 操作中需要转移以太币时，从 Gcallvalue 中扣除）
Gnewaccount	25000	对由当前原始交易触发的 EVM 执行中新创建的合约进行 CALL 或 SELFD-ESTRUCT 操作时
Gsload	200	SLOAD
Gsset	20000	SSTORE（将零值存储槽修改为非零值时）
Gsreset	5000	SSTORE（将非零值存储槽修改为非零值时，或者向零值存储槽保存零值时）
Rsclear	15000	将非零值存储槽修改为零值时的返还（计入返还计数）
Gmemory	3	对内存的每个字（word）的扩展
Gcopy	3	*COPY 操作中的每个字
Glog	375	LOG
Glogdata	8	LOG 操作中添加的每字节数据
Glogtopic	375	LOG 操作中添加的每个 topic
Gtxcreate	32000	合约创建交易
Gtxdatazero	4	交易中附带的每个零值字节数据
Gtxdatanonzero	68	交易中附带的每个非零值字节数据
Gtransaction	21000	交易的基础消耗
Gexp	10	EXP
Gexpbyte	50	对 EXP 操作的结果计算 $\lceil \log256(\text{exponent}) \rceil$ 后的每单位消耗
Gsha3	30	SHA3
Gsha3word	6	SHA3 操作中操作数的每个字
Gquaddivisor	100	使用预编译合约进行模幂运算时的每字节有效输入数据
Gblockhash	20	BLOCKHASH

表 C-1 中提及的所有 EVM 操作，将在后续表格中根据指令操作码的数值范围完整列出，请一并参考表 C-2 至表 C-12。

表 C-2　EVM 指令设计（停止和算术运算）

操作码	助记符	出栈数	入栈数	gas 消耗	描　述
0x00	STOP	0	0	0	停止执行
0x01	ADD	2	1	3	算数加法
0x02	MUL	2	1	5	算数乘法
0x03	SUB	2	1	3	算数减法
0x04	DIV	2	1	5	算数除法
0x05	SDIV	2	1	5	有符号除法
0x06	MOD	2	1	5	模运算
0x07	SMOD	2	1	5	有符号模运算
0x08	ADDMOD	3	1	8	加法模运算
0x09	MULMOD	3	1	8	乘法模运算
0x0a	EXP	2	1	10*	乘方运算（具体的 gas 消耗还取决于计算结果，参考费用设计表格中的 Gexpbyte）
0x0b	SIGNEXTEND	2	1	5	符号扩展

表 C-3　EVM 指令设计（比较和位运算）

操作码	助记符	出栈数	入栈数	gas 消耗	描　述
0x10	LT	2	1	3	小于
0x11	GT	2	1	3	大于
0x12	SLT	2	1	3	带符号小于
0x13	SGT	2	1	3	带符号大于
0x14	EQ	2	1	3	等于
0x15	ISZERO	1	1	3	算数非
0x16	AND	2	1	3	按位与
0x17	OR	2	1	3	按位或
0x18	XOR	2	1	3	按位异或
0x19	NOT	1	1	3	按位非
0x1a	BYTE	2	1	3	获取一个字中的某个字节

表 C-4　EVM 指令设计（SHA3）

操作码	助记符	出栈数	入栈数	gas 消耗	描述
0x20	SHA3	2	1	30*	计算 keccak256 哈希值（具体的 gas 消耗还取决于计算的输入数据长度，参考费用设计表格中的 Gsha3word）

表C-5 EVM指令设计（环境操作）

操作码	助记符	出栈数	入栈数	gas消耗	描述
0x30	ADDRESS	0	1	2	获取当前账户的地址
0x31	BALANCE	1	1	400	获取制定账户的余额
0x32	ORIGIN	0	1	2	获取触发当前EVM执行的原始交易发起人地址
0x33	CALLER	0	1	2	获取当前调用发起人地址
0x34	CALLVALUE	0	1	2	获取触发当前EVM执行的交易或消息所附带的value
0x35	CALLDATALOAD	1	1	3	获取当前执行环境的调用数据
0x36	CALLDATASIZE	0	1	2	获取当前执行环境的调用数据的字节大小
0x37	CALLDATACOPY	3	0	3*	复制当前执行环境的调用数据（或其部分数据）到内存（每复制一个“字”消耗3 gas）
0x38	CODESIZE	0	1	2	获取当前环境的执行代码字节大小
0x39	CODECOPY	3	0	3*	将当前环境的执行代码复制到内存中（每复制一个“字”消耗3 gas）
0x3a	GASPRICE	0	1	2	获取当前执行环境的gas价格
0x3b	EXTCODESIZE	1	1	700	获取指定账户的关联代码字节大小
0x3c	EXTCODECOPY	4	0	3*	复制指定账户的关联代码到内存中（每复制一个“字”消耗3 gas）
0x3d	RETURNDATASIZE	0	1	2	获取当前环境中前一次调用的返回值数据字节大小
0x3e	RETURNDATACOPY	3	0	3*	将前一次调用的返回值数据复制到内存中（每复制一个“字”消耗3 gas）

表C-6 EVM指令设计（区块信息）

操作码	助记符	出栈数	入栈数	gas消耗	描述
0x40	BLOCKHASH	1	1	20	获取最新的256个区块其中的某个区块的哈希值
0x41	COINBASE	0	1	2	获取当前区块的受益人地址
0x42	TIMESTAMP	0	1	2	获取当前区块的时间戳
0x43	NUMBER	0	1	2	获取当前区块的区块号
0x44	DIFFICULTY	0	1	2	获取当前区块的难度值
0x45	GASLIMIT	0	1	2	获取当前区块的gas上限

表 C-7　EVM 指令设计（栈、内存、存储和控制流）

操作码	助记符	出栈数	入栈数	gas 消耗	描　述
0x50	POP	1	0	2	从栈顶移除一个元素
0x51	MLOAD	1	1	3	从内存中加载一个字
0x52	MSTORE	2	0	3	保存一个字到内存
0x53	MSTORE8	2	0	3	保存一个字节到内存
0x54	SLOAD	1	1	200	从存储加载一个字
0x55	SSTORE	2	0	20000 5000	保存一个字到存储（参考费用设计表格中的 Gsset 和 Gsreset）
0x56	JUMP	1	0	8	修改程序计数器
0x57	JUMPI	2	0	10	根据条件满足与否决定是否修改程序计数器
0x58	PC	0	1	2	获取当前程序计数器的值（执行完这个指令之后的值）
0x59	MSIZE	0	1	2	获取当前已分配内存的字节大小
0x5a	GAS	0	1	2	获取当前可用 gas 数量（执行完这个指令之后的值）
0x5b	JUMPDEST	0	0	1	标记一个有效的跳转目标

表 C-8　EVM 指令设计（PUSH 操作）

操作码	助记符	出栈数	入栈数	gas 消耗	描　述
0x60	PUSH1	0	1	3	向栈顶放入一个 1 字节的元素
0x61	PUSH2	0	1	3	向栈顶放入一个 2 字节的元素
…	…	…	…	3	…
0x7f	PUSH32	0	1	3	向栈顶放入一个 32 字节（一个 word）的元素

表 C-9　EVM 指令设计（复制操作）

操作码	助记符	出栈数	入栈数	gas 消耗	描　述
0x80	DUP1	1	2	3	复制当前栈顶的第 1 个元素到栈顶
0x81	DUP2	2	3	3	复制当前栈顶的第 2 个元素到栈顶
…	…	…	…	3	…
0x8f	DUP16	16	17	3	复制当前栈顶的第 16 个元素到栈顶

表 C-10　EVM 指令设计（交换操作）

操作码	助记符	出栈数	入栈数	gas 消耗	描　述
0x90	SWAP1	2	2	3	交换当前栈顶的第 1 个元素和第 2 个元素
0x91	SWAP2	3	3	3	交换当前栈顶的第 1 个元素和第 3 个元素
…	…	…	…	3	…
0x9f	SWAP16	17	17	3	交换当前栈顶的第 1 个元素和第 17 个元素

表 C-11 EVM 指令设计（日志操作）

操作码	助记符	出栈数	入栈数	gas 消耗	描 述
0xa0	LOG0	2	0	375 + 8*	添加一个没有 topic 的日志项
0xa1	LOG1	3	0	750 + 8*	添加一个有 1 个 topic 的日志项
0xa2	LOG2	4	0	1125 + 8*	添加一个有 2 个 topic 的日志项
0xa3	LOG3	5	0	1500 + 8*	添加一个有 3 个 topic 的日志项
0xa4	LOG4	6	0	1875 + 8*	添加一个有 4 个 topic 的日志项

注：8* 表示需要对实际的日志数据额外收取 gas，每字节需要 8 gas，参考费用设计表格中的 Glogdata。

表 C-12 EVM 指令设计（系统操作）

操作码	助记符	出栈数	入栈数	gas 消耗	描 述
0xf0	CREATE	3	1	32000 + 200*	使用给定的关联代码创建一个合约（每字节代码额外收取 200 gas，参考费用设计表格中的 Gcodedeposit）
0xf1	CALL	7	1	700 + *	发起一个消息调用（如果附带以太币需要额外收取 gas，参考费用设计表格中的 Gcallvalue 和 Gcallstipend）
0xf2	CALLCODE	7	1	700 + *	从指定地址上取得代码，在当前执行环境中执行（如果附带以太币需要额外收取 gas，参考费用设计表格中的 Gcallvalue 和 Gcallstipend）
0xf3	RETURN	2	0	0	停止执行并返回输出数据
0xf4	DELEGATECALL	6	1	700 + *	与 CALLCODE 等价，且保持 caller 和 value 不变（如果附带以太币需要额外收取 gas，参考费用设计表格中的 Gcallvalue 和 Gcallstipend）
0xfa	STATICCALL	6	1	700	与 CALL 等价，但附带的 value 为 0，且不能修改状态
0xfd	REVERT	2	0	0	停止执行
0xfe	INVALID	—	—	—	预设的非法指令
0xff	SELFDESTRUCT	1	0	5000	停止执行并将当前账户添加到自毁列表

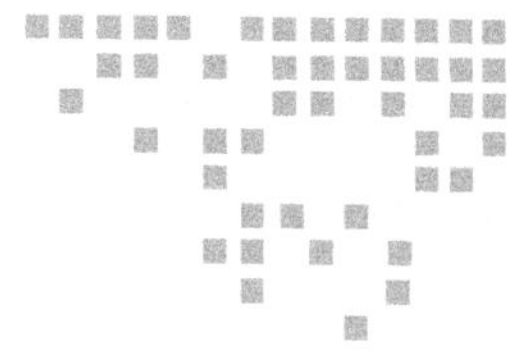

附录 D Appendix D

Solidity 汇编语言

在 Solidity 中我们可以使用一种汇编语言来编写合约逻辑，这种汇编语言是可以单独存在的，在 Solidity 中使用它们，就可以称之为“内联汇编”。为了实现更细粒度的控制，尤其是为了通过编写库合约 / 函数来增强程序功能，我们可以利用接近虚拟机的语言将内联汇编与 Solidity 语句结合在一起使用。由于 EVM 是基于栈的虚拟机，因此通常很难准确地定位栈内插槽（存储位置）的地址，并为操作码提供正确的栈内位置来获取参数。

Solidity 的内联汇编试图通过提供以下特性来解决这个问题以及手工编写汇编代码时可能出现的问题（下列代码示例中涉及的内联汇编函数和相关语法在后文中会有更详细的介绍，这里仅作概念演示）。

- 函数风格操作码：

```
把 (2+3)*1 写作 mul(1, add(2, 3))
而不是 push1 3 push1 2 add push1 1 mul
```

- 汇编局部变量：

```
let x := add(2, 3)         // 声明局部变量 x
let y := mload(0x40)       // 声明局部变量 y
x := add(x, y)
```

- 可以访问外部变量：

```
function f(uint x) public {
    assembly {
        x := sub(x, 1)    // 可以直接使用内联汇编语句块外声明的 Solidity 变量 x
    }
}
```

- 标签：

```
let x := 10
repeat:             // 声明了一个可以用在跳转指令中的标签
    x := sub(x, 1)
jumpi(repeat, eq(x, 0))     //跳转到先前声明的标签位置继续执行
```

- 循环：

```
for { let i := 0 } lt(i, x) { i := add(i, 1) } {
    y := mul(2, y)
}
```

- if 语句：

```
if slt(x, 0) {
    x := sub(0, x)
}
```

- switch 语句：

```
switch x
    case 0 { y := mul(x, 2) }
    default { y := 0 }
```

- 函数调用：

```
function f(x) -> y {     // 这是一个函数，输入参数为 x，返回值为 y
    switch x
        case 0 { y := 1 }
        default { y := mul(x, f(sub(x, 1))) }
}
```

内联汇编是一种低级语言，它直接操作以太坊虚拟机的相关资源，比如内存、存储、calldata 和 returndata，在提供了强大的原始数据操作性的同时，自然地抛弃了 Solidity 提供的相关语言安全特性，这是尤其要注意的。

D.1 内联汇编库合约实例

下面的例子展示了一个库合约的代码，它可以取得另一个合约的代码，并将其加载到一个 bytes 变量中。这对于“常规 Solidity”来说是根本不可能的，汇编库合约则可以通过这种方式来增强语言特性。

```
1. pragma solidity ^0.4.0;
2.
3. library GetCode {
4.     function at(address _addr) public view returns (bytes o_code) {
5.         assembly {
6.             // 获取代码大小，这需要汇编语言
7.             let size := extcodesize(_addr)
8.             // 分配输出字节数组——这也可以不用汇编语言来实现
9.             // 通过使用 o_code = new bytes(size)
```

```
10.             o_code := mload(0x40)
11.             // 包括补位在内新的"memory end"
12.             mstore(0x40, add(o_code, and(add(add(size, 0x20), 0x1f), not(0x1f))))
13.             // 把长度保存到内存中
14.             mstore(o_code, size)
15.             // 实际获取代码，这需要汇编语言
16.             extcodecopy(_addr, add(o_code, 0x20), 0, size)
17.         }
18.     }
19. }
```

在优化器无法生成高效代码的情况下，内联汇编也可能更有好处。请注意，由于编译器无法对汇编语句进行相关的检查，所以编写汇编代码肯定更加困难，因此只有在处理一些相对复杂的问题时才需要使用它，并且用户需要明确知道自己要做什么。下面是另一个库合约的例子：

```
1. pragma solidity ^0.4.16;
2.
3. library VectorSum {
4.     // 因为目前的优化器在访问数组时无法移除边界检查
5.     // 所以这个函数的执行效率比较低
6.     function sumSolidity(uint[] _data) public view returns (uint o_sum) {
7.         for (uint i = 0; i < _data.length; ++i)
8.             o_sum += _data[i];
9.         }
10.
11.     // 我们知道我们只能在数组范围内访问数组元素，所以我们可以在内联汇编中不做边界检查
12.     // 由于 ABI 编码中数组数据的第一个字（32 字节）的位置保存的是数组长度
13.     // 所以我们在访问数组元素时需要加入 0x20 作为偏移量
14.     function sumAsm(uint[] _data) public view returns (uint o_sum) {
15.         for (uint i = 0; i < _data.length; ++i) {
16.             assembly {
17.                 o_sum := add(o_sum, mload(add(add(_data, 0x20), mul(i, 0x20))))
18.             }
19.         }
20.     }
21.
22.     // 和上面一样，但在内联汇编内完成整个代码
23.     function sumPureAsm(uint[] _data) public view returns (uint o_sum) {
24.         assembly {
25.             // 取得数组长度（前 32 字节）
26.             let len := mload(_data)
27.
28.             // 略过长度字段
29.             // 保持临时变量以便它可以在原地增加
30.             // 注意：对 _data 数值的增加将导致 _data 在这个汇编语句块之后不再可用
31.             // 因为无法再基于 _data 来解析后续的数组数据
32.             let data := add(_data, 0x20)
33.
34.             // 迭代到数组数据结束
```

```
35.             for
36.                 { let end := add(data, mul(len, 0x20)) }
37.                 lt(data, end)
38.                 { data := add(data, 0x20) }
39.             {
40.                 o_sum := add(o_sum, mload(data))
41.             }
42.         }
43.     }
44. }
```

D.2 内联汇编语言特性

和 Solidity 一样，内联汇编也会解析注释、文字和标识符，所以可以使用通常的 // 和 /* */ 来进行注释。内联汇编程序由 assembly { ... } 来标记，在大括号内可以使用以下内容（更多详细信息请参阅后面部分）。

- 字面常数，也就是 0x123、42 或 "abc"（不超过 32 个字符的字符串）。
- 指令风格操作码，比如 mload、sload、dup1、sstore。
- 函数风格操作码，比如 add (1，mlod(0))。
- 标签，比如 name。
- 变量声明，比如 let x := 7、let x := add(y, 3) 或者 let x〔初始值将被置为 empty(0)〕。
- 标识符（标签或者汇编局部变量以及用作内联汇编时的外部变量），比如 jump(name)、3 x add。
- 指令风格赋值，比如 3 =: x。
- 函数风格赋值，比如 x := add(y，3)。
- 一些控制局部变量作用域的语句块，比如 {let x := 3 { let y := add(x，1) }}。

1. 字面常数

可以直接键入十进制或十六进制符号来作为整型常量使用，这会自动生成相应的 PUSHi 指令。下面的代码将计算 2 加 3（等于 5），然后计算其与字符串 "abc" 的按位与。字符串在存储时为左对齐，且长度不能超过 32 字节。

```
assembly { 2 3 add "abc" and }
```

2. 书写风格

可以像使用字节码那样在操作码之后键入操作码。例如，把 3 与内存位置 0x80 处的数据相加就是：

```
3 0x80 mload add 0x80 mstore
```

由于通常很难看到某些操作码的实际参数是什么，所以 Solidity 内联汇编还提供了一种“函数风格”表示法，同样功能的代码可以写作：

```
mstore(0x80, add(mload(0x80), 3))
```

函数风格表达式内不能使用指令风格的写法，即 1 2 mstore(0x80, add) 是无效汇编语句，它必须写成 mstore(0x80, add(2, 1)) 这种形式。对于不带参数的操作码，括号可以省略。

注意，在函数风格写法中，参数的顺序与指令风格相反。如果使用函数风格写法，第一个参数将会位于栈顶。

3. 操作码

下面将提供 Solidity 内联汇编中可用的所有操作码列表以供参考。

如果一个操作码需要参数（总是来自堆栈顶部），它们会在括号中给出。请注意：参数顺序可以看作在非函数风格中逆序。

标有“-”的操作码不会向栈中压入数据，标有“*”的操作码有特殊操作，而所有其他操作码都只会将一个数据压入栈中。

操作码列表中会用 F、H、B 或 C 来标记，代表它们从 Frontier、Homestead、Byzantium 或 Constantinople 开始被引入。

Constantinople 目前仍在计划中，所以标记为 C 的指令目前都会导致一个非法指令异常。

在表 D-1 中，mem[a...b) 表示从位置 a 开始至（不包括）位置 b 的内存字节数，storage[p] 表示位置 p 处的存储内容。

pushi 和 jumpdest 这两个操作码不能直接用。

在语法表中，操作码是作为预定义标识符提供的，如表 D-1 所示。

表 D-1 内联汇编操作码列表

指令	入栈	版本	说 明
stop	-	F	停止执行，与 return(0, 0) 等价
add(x, y)		F	x + y
sub(x, y)		F	x – y
mul(x, y)		F	x * y
div(x, y)		F	x / y
sdiv(x, y)		F	x / y，以二进制补码作为符号
mod(x, y)		F	x % y
smod(x, y)		F	x % y，以二进制补码作为符号
exp(x, y)		F	x 的 y 次幂
not(x)		F	x 的按位非
lt(x, y)		F	如果 x < y，则为 1，否则为 0
gt(x, y)		F	如果 x > y，则为 1，否则为 0

（续）

指令	入栈	版本	说　明
slt(x, y)		F	如果 x < y，则为 1，否则为 0，以二进制补码作为符号
sgt(x, y)		F	如果 x > y，则为 1，否则为 0，以二进制补码作为符号
eq(x, y)		F	如果 x == y，则为 1，否则为 0
iszero(x)		F	如果 x == 0，则为 1，否则为 0
and(x, y)		F	x 和 y 的按位与
or(x, y)		F	x 和 y 的按位或
xor(x, y)		F	x 和 y 的按位异或
byte(n, x)		F	x 的第 n 个字节，索引 n 从 0 开始
shl(x, y)		C	将 y 逻辑左移 x 位
shr(x, y)		C	将 y 逻辑右移 x 位
sar(x, y)		C	将 y 算术右移 x 位
addmod(x, y, m)		F	任意精度的 (x + y) % m
mulmod(x, y, m)		F	任意精度的 (x * y) % m
signextend(i, x)		F	对 x 的最低位到第 (i * 8 + 7) 位进行符号扩展
keccak256(p, n)		F	keccak(mem[p...(p + n)))
jump(label)	-	F	跳转到标签 / 代码位置
jumpi(label, cond)	-	F	如果条件为非零，跳转到标签
pc		F	当前代码位置
pop(x)	-	F	删除（弹出）栈顶的 x 个元素
dup1 ... dup16		F	将栈内第 i 个元素（从栈顶算起）复制到栈顶
swap1 ... swap16	*	F	将栈顶元素与其下第 i 个元素互换
mload(p)		F	mem[p...(p + 32))
mstore(p, v)	-	F	mem[p...(p + 32)) := v
mstore8(p, v)	-	F	mem[p] := v & 0xff（仅修改一个字节）
sload(p)		F	storage[p]
sstore(p, v)	-	F	storage[p] := v
msize		F	内存大小，即最大可访问内存索引
gas		F	当前执行可用的 gas
address		F	当前合约 / 执行上下文的地址
balance(a)		F	地址 a 的余额，以 wei 为单位
caller		F	调用发起者（不包括 delegatecall）

（续）

指令	入栈	版本	说　明
callvalue		F	随调用发送的 wei 的数量
calldataload(p)		F	位置 p 的调用数据（32 字节）
calldatasize		F	调用数据的字节数大小
calldatacopy(t, f, s)	-	F	从调用数据的位置 f 复制 s 个字节到内存的位置 t
extcodesize(a)		F	地址 a 的代码大小
extcodecopy(a, t, f, s)	-	F	和 codecopy(t, f, s) 类似，但从地址 a 获取代码
returndatasize		B	最后一个 returndata 的大小
returndatacopy(t, f, s)		B	从 returndata 的位置 f 复制 s 个字节到内存的位置 t
create(v, p, s)		F	用 mem[p...(p + s)) 中的代码创建一个新合约、发送 v wei 并返回新地址
create2(v, n, p, s)		C	用 mem[p...(p + s)) 中的代码，在地址 keccak256(<address> . n . keccak256(mem[p...(p + s))) 上创建新合约、发送 v wei 并返回新地址
call(g, a, v, in, insize, out, outsize)		F	使用 mem[in...(in + insize)) 作为输入数据，提供 g gas 和 v wei 对地址 a 发起消息调用，输出结果数据保存在 mem[out...(out + outsize))，发生错误（比如 gas 不足）时返回 0，正确结束返回 1
callcode(g, a, v, in, insize, out, outsize)		F	与 call 等价，但仅使用地址 a 中的代码，且保持当前合约的执行上下文
delegatecall(g, a, in, insize, out, outsize)		F	与 callcode 等价且保留 caller 和 callvalue
staticecall(g, a, in, insize, out, outsize)		F	与 call(g, a, 0, in, insize, out, outsize) 等价，但不允许修改状态
return(p, s)	-	F	终止运行，返回 mem[p...(p + s)) 的数据
revert(p, s)	-	B	终止运行，撤销状态变化，返回 mem[p...(p + s)) 的数据
selfdestruct(a)	-	F	终止运行，销毁当前合约并且把资金发送到地址 a
invalid	-	F	以无效指令终止运行
log0(p, s)	-	F	以 mem[p...(p + s)) 的数据产生不带 topic 的日志
log1(p, s, t1)	-	F	以 mem[p...(p + s)) 的数据和 topic t1 产生日志
log2(p, s, t1, t2)	-	F	以 mem[p...(p + s)) 的数据和 topic t1、t2 产生日志
log3(p, s, t1, t2, t3)	-	F	以 mem[p...(p + s)) 的数据和 topic t1、t2、t3 产生日志
log4(p, s, t1, t2, t3, t4)	-	F	以 mem[p...(p + s)) 的数据和 topic t1、t2、t3 和 t4 产生日志
origin		F	交易发起者地址
gasprice		F	交易所指定的 gas 价格
blockhash(b)		F	区块号 b 的哈希值——目前仅适用于不包括当前区块的最后 256 个区块
coinbase		F	当前的挖矿受益者地址

（续）

指令	入栈	版本	说明
timestamp		F	从当前 epoch 开始的当前区块时间戳（以秒为单位）
number		F	当前区块号
difficulty		F	当前区块难度
gaslimit		F	当前区块的 gas 上限

4. 标签

EVM 汇编的一个问题是 jump 和 jumpi 函数使用绝对地址，这些绝对地址很容易改变。Solidity 内联汇编提供了标签，以便更容易地使用 jump。注意，标签具有底层特征，使用循环、if 和 switch 指令（参见下文），而不使用标签也能写出高效汇编代码。

以下代码用来计算斐波那契数列中的一个元素。

```
 1. {
 2.     let n := calldataload(4)
 3.     let a := 1
 4.     let b := a
 5. loop:
 6.     jumpi(loopend, eq(n, 0))
 7.     a add swap1
 8.     n := sub(n, 1)
 9.     jump(loop)
10. loopend:
11.     mstore(0, a)
12.     return(0, 0x20)
13. }
```

注意 只有汇编程序知道当前栈的高度时，才能自动访问堆栈变量。如果 jump 源和目标的栈高度不同，访问将失败。虽然我们可以这样使用 jump，但在这种情况下，不应该去访问任何栈里的变量（即使是汇编变量）。

此外，栈高度分析器还可以通过操作码（而不是根据控制流）检查代码操作码，因此对于下面这种情况，汇编程序对标签 two 处的堆栈高度会产生错误的印象：

```
 1. {
 2.     let x := 8
 3.     jump(two)
 4. one:
 5.     // 这里的栈高度是 2（因为我们压入了 x 和 7）
 6.     // 因为汇编程序是按顺序读取代码的
 7.     // 它会认为栈高度是 1
 8.     // 在这里访问栈变量 x 会导致错误
 9.     x := 9
10.     jump(three)
11. two:
```

```
12.     7 // 把某个数据压入栈中
13.     jump(one)
14. three:
15. }
```

5. 局部变量

可以使用 let 关键字来声明只在内联汇编中可见的变量，这种变量实际上只在当前的 {...} 块中可见。下面发生的事情应该是：let 指令将创建一个为变量保留的新数据槽，并在到达块末尾时自动删除。需要为变量提供一个初始值，它可以只是 0，也可以是一个复杂的函数风格表达式。

```
1. pragma solidity ^0.4.16;
2.
3. contract C {
4.     function f(uint x) public view returns (uint b) {
5.         assembly {
6.             let v := add(x, 1)
7.             mstore(0x80, v)
8.             {
9.                 let y := add(sload(v), 1)
10.                b := y
11.            } // y 会在这里被“清除”
12.            b := add(b, v)
13.        } // v 会在这里被“清除”
14.    }
15. }
```

6. 赋值

可以给汇编局部变量和函数局部变量赋值。请注意：当给指向内存或存储的变量赋值时，只是更改指针而不是数据。有两种赋值方式：函数风格和指令风格。对于函数风格赋值（变量 := 值），需要在函数风格表达式中提供一个值，它恰好可以产生一个栈里的值；对于指令风格赋值（=: 变量），则仅从栈顶部获取数据。对于这两种方式，冒号均指向变量名称。赋值则是通过用新值替换栈中的变量值来实现的。指令风格的赋值目前已经不推荐使用。

```
1. {
2.     let v := 0 // 作为变量声明的函数风格赋值
3.     let g := add(v, 2)
4.     sload(10)
5.     =: v // 指令风格的赋值，将 sload(10) 的结果赋给 v
6. }
```

7. if 语句

if 语句可以用于有条件地执行代码，且没有“else”部分；如果需要多种选择，可以考虑使用“switch”（见下文）。if 语句主体的花括号是必需的。

```
1. {
2.   if eq(value, 0) { revert(0, 0) }
3. }
```

8. swtich语句

作为“if/else”的非常初级的版本，可以使用switch语句。它计算表达式的值并与几个常量进行比较，选出与匹配常数对应的分支。与某些编程语言容易出错的情况不同，控制流不会从一种情形继续执行到下一种情形。我们可以设定一个fallback或称为default的默认情况。

```
1. {
2.     let x := 0
3.     switch calldataload(4)
4.     case 0 {
5.         x := calldataload(0x24)
6.     }
7.     default {
8.         x := calldataload(0x44)
9.     }
10.     sstore(0, div(x, 2))
11. }
```

注意 case列表外边不需要大括号，但case主体需要。

9. 循环

汇编语言支持一个简单的for-style循环。for-style循环有一个头，包含初始化部分、条件和迭代后处理部分。条件必须是函数风格表达式，而另外两个部分都是语句块。如果起始部分声明了某个变量，这些变量的作用域将扩展到循环体中（包括条件和迭代后处理部分）。

下例是计算某个内存区域中的数值总和：

```
1. {
2.     let x := 0
3.     for { let i := 0 } lt(i, 0x100) { i := add(i, 0x20) } {
4.         x := add(x, mload(i))
5.     }
6. }
```

for循环也可以写成像while循环一样：只需将初始化部分和迭代后处理部分留空。

```
1. {
2.     let x := 0
3.     let i := 0
4.     for { } lt(i, 0x100) { } {     // while(i < 0x100)
5.         x := add(x, mload(i))
6.         i := add(i, 0x20)
```

```
7.     }
8. }
```

10. 使用汇编语句块以外的变量和函数

通过简单地使用它们的名称就可以访问 Solidity 变量和其他标识符。对于内存变量，这会将地址而不是值压入栈中。存储变量是不同的，因为存储变量的值可能不占用完整的存储槽，因此其“地址”由存储槽和槽内的字节偏移量组成。为了获取变量 x 所使用的存储槽，可以使 x_slot 并用 x_offset 获取其字节偏移量。

在赋值语句中，我们甚至可以直接使用 Solidity 局部变量来赋值。

对于内联汇编而言的外部函数也可以被访问：汇编会将它们的入口标签（带有虚拟函数解析）压入栈中。Solidity 中的调用语义为：

- 调用者压入 return label、arg1、arg2、…、argn；
- 被调用方返回 ret1、ret2、…、retm。

这个特性使用起来还是有点麻烦，因为在调用过程中堆栈偏移量发生了根本变化，因此对局部变量的引用将会出错。

```
1. pragma solidity ^0.4.11;
2.
3. contract C {
4.     uint b;
5.     function f(uint x) public returns (uint r) {
6.         assembly {
7.             r := mul(x, sload(b_slot)) // 因为偏移量为0，所以可以忽略
8.         }
9.     }
10. }
```

如果访问一个实际数据位数小于 256 位的数据类型（比如 uint64、address、bytes16 或 byte)，不要对这种类型经过编码后未使用的数据位上的数值做任何假设。尤其是不要假设它们肯定为 0。安全起见，在某个上下文中使用这种数据之前，请一定先将其数据清空为 0，这非常重要：

```
uint32 x = f(); assembly { x := and(x, 0xffffffff) /* now use x */ }
```

要清空有符号类型，可以使用 signextend 操作码。

11. 汇编函数

汇编语言允许定义底层函数。底层函数需要从栈中取得它们的参数（和返回 PC)，并将结果放入栈中。调用函数的方式与执行函数风格操作码相同。

函数可以在任何地方定义，并且在声明它们的语句块中可见。函数内部不能访问在函数之外定义的局部变量。

汇编函数中没有严格的 return 语句。如果调用会返回多个值的函数，则必须使用 a, b: = f(x) 或 let a, b: = f(x) 的方式把它们赋值到一个元组。

下面的例子通过平方和乘法实现了幂运算函数。

```
1. {
2.     function power(base, exponent) -> result {
3.         switch exponent
4.         case 0 { result := 1 }
5.         case 1 { result := base }
6.         default {
7.             result := power(mul(base, base), div(exponent, 2))
8.             switch mod(exponent, 2)
9.             case 1 { result := mul(base, result) }
10.        }
11.    }
12. }
```

12. 注意事项

内联汇编语言具有相当高级的外观，但实际上它是非常低级的编程语言。函数调用、循环、if 语句和 switch 语句通过简单的重写规则进行转换后，汇编程序为用户做的唯一的事情就是重新组织函数风格操作码：管理 jump 标签，计算访问变量的栈高度，还有在到达语句块末尾时删除局部汇编变量的栈数据。特别是对于最后两种情况，汇编程序仅会按照代码的顺序计算栈的高度，而不一定遵循控制流程，了解这一点非常重要。此外，swap 等操作只会交换栈内的数据，而不是变量位置。

与 EVM 汇编语言相比，Solidity 能够识别小于 256 位的类型，例如 uint24。为了提高效率，大多数算术运算只将它们视为 256 位数字，仅在必要时才清除未使用的数据位，即在将它们写入内存或执行比较之前才会这么做。这意味着，如果从内联汇编中访问这样的变量，用户必须先手工清除那些未使用的数据位。

Solidity 以一种非常简单的方式管理内存：在 0x40 的位置有一个“空闲内存指针”。如果用户打算分配内存，只需从此处开始使用内存，然后相应地更新指针即可。内存的开头 64 字节可以用来作为临时分配的“暂存空间”。“空闲内存指针”之后的 32 字节位置（即从 0x60 开始的位置）将永远为 0，可以用来初始化空的动态内存数组。

在 Solidity 中，内存数组的元素总是占用 32 字节的倍数（是的，甚至对于 byte[] 都是这样的，只有 bytes 和 string 不是这样的）。

多维内存数组就是指向内存数组的指针。动态数组的长度存储在数组的第一个槽中，其后才是数组元素。

D.3　独立汇编

以上内联汇编描述的汇编语言也可以单独使用，实际上，计划是将其用作 Solidity 编译器的中间语言。在这种意义下，它试图实现以下几个目标。

- 即使代码是由Solidity的编译器生成的，但是用它编写的程序应该也是可读的。
- 从汇编到字节码的翻译应该尽可能少地包含“意外”。
- 控制流应该易于检测，以帮助进行形式化验证和优化。

为了实现第一个和最后一个目标，汇编提供了高级结构，如for循环、if语句、switch语句和函数调用。

应该编写不使用明确的SWAP、DUP、JUMP和JUMPI语句的汇编程序，因为前两个混淆了数据流，后两个混淆了控制流。

此外，形式为mul(add(x, y), 7)的函数风格语句优于如7 y x add mul的指令风格语句，因为在第一种形式中更容易查看哪个操作数用于哪个操作码。

第二个目标是通过采用一种规则的方式将高级指令结构编译为字节码来实现的。

汇编程序执行的唯一非局部操作是用户自定义标识符（函数、变量等）的名称查找，它遵循非常简单和固定的作用域规则并从栈中清除局部变量。

作用域：在其中声明的标识符（标签、变量、函数、汇编）仅在声明的语句块中可见（包括当前语句块中的嵌套语句块）。即使它们在作用范围内，越过函数边界访问局部变量也是非法的。阴影化是禁止的。在声明之前不能访问局部变量，但标签、函数和汇编是可以的。汇编是特殊的语句块，例如用于返回运行时代码或创建合约等。在子汇编外部的汇编语句块中声明的标识符在子汇编中全都不可见。

如果控制流经过块尾部，则会插入与在当前语句块中声明的局部变量数量相匹配的pop指令。无论何时引用局部变量，代码生成器都需要知道其在当前栈的相对位置，因此，需要跟踪当前所谓的栈高度。由于所有在语句块内声明的局部变量都会在语句块结束时被清除，所以语句块前后的栈高度应该相同。如果情况并非如此，则会发出警告。

使用switch、for和函数可以编写复杂的代码，无须手工调用jump或jumpi。这将允许通过改进的形式化验证和优化来更简单地分析控制流程。

此外，如果允许手动跳转，计算栈高度将会更加复杂。栈中所有局部变量的位置都需要明确知晓，否则在语句块结束时就无法自动获得局部变量的引用，从而无法正确地清除它们。

我们将参考一个从Solidity到汇编指令的实例。考虑以下Solidity程序的运行时字节码：

```
1. pragma solidity ^0.4.16;
2.
3. contract C {
4.    function f(uint x) public pure returns (uint y) {
5.        y = 1;
6.        for (uint i = 0; i < x; i++)
7.        y = 2 * y;
8.    }
9. }
```

将会生成如下汇编指令：

```
1. {
2.     mstore(0x40, 0x60) // 保存“空闲内存指针”
3.     // 函数选择器
4.     switch div(calldataload(0), exp(2, 226))
5.     case 0xb3de648b {
6.         let r := f(calldataload(4))
7.         let ret := $allocate(0x20)
8.         mstore(ret, r)
9.         return(ret, 0x20)
10.     }
11.     default { revert(0, 0) }
12.     // 内存分配器
13.     function $allocate(size) -> pos {
14.         pos := mload(0x40)
15.         mstore(0x40, add(pos, size))
16.     }
17.     // 合约函数
18.     function f(x) -> y {
19.         y := 1
20.         for { let i := 0 } lt(i, x) { i := add(i, 1) } {
21.             y := mul(2, y)
22.         }
23.     }
24. }
```

D.4 汇编语法

解析器任务如下。

- 将字节流转换为符号流，丢弃 C++ 风格的注释（对源代码引用存在特殊注释，我们这里不解释它）。
- 根据下面的语法，将符号流转换为 AST。
- 注册语句块中定义的标识符（注释到 AST 节点），并注明变量从哪个地方开始可以访问。

汇编词法分析器遵循由 Solidity 自己定义的规则。

空格用于分隔所有符号，它由空格字符、制表符和换行符组成。注释格式是常规的 JavaScript/C++ 风格，并被解释为空格。

以下为完整语法表：

```
AssemblyBlock = '{' AssemblyItem* '}'
AssemblyItem =
    Identifier |
    AssemblyBlock |
    AssemblyExpression |
```

```
    AssemblyLocalDefinition |
    AssemblyAssignment |
    AssemblyStackAssignment |
    LabelDefinition |
    AssemblyIf |
    AssemblySwitch |
    AssemblyFunctionDefinition |
    AssemblyFor |
    'break' |
    'continue' |
    SubAssembly
AssemblyExpression = AssemblyCall | Identifier | AssemblyLiteral
AssemblyLiteral = NumberLiteral | StringLiteral | HexLiteral
Identifier = [a-zA-Z_$] [a-zA-Z_0-9]*
AssemblyCall = Identifier '(' ( AssemblyExpression ( ',' AssemblyExpression )* )? ')'
AssemblyLocalDefinition = 'let' IdentifierOrList ( ':=' AssemblyExpression )?
AssemblyAssignment = IdentifierOrList ':=' AssemblyExpression
IdentifierOrList = Identifier | '(' IdentifierList ')'
IdentifierList = Identifier ( ',' Identifier)*
AssemblyStackAssignment = '=:' Identifier
LabelDefinition = Identifier ':'
AssemblyIf = 'if' AssemblyExpression AssemblyBlock
AssemblySwitch = 'switch' AssemblyExpression AssemblyCase*
    ( 'default' AssemblyBlock )?
AssemblyCase = 'case' AssemblyExpression AssemblyBlock
AssemblyFunctionDefinition = 'function' Identifier '(' IdentifierList? ')'
    ( '->' '(' IdentifierList ')' )? AssemblyBlock
AssemblyFor = 'for' ( AssemblyBlock | AssemblyExpression )
    AssemblyExpression ( AssemblyBlock | AssemblyExpression ) AssemblyBlock
SubAssembly = 'assembly' Identifier AssemblyBlock
NumberLiteral = HexNumber | DecimalNumber
HexLiteral = 'hex' ('"' ([0-9a-fA-F]{2})* '"' | '\'' ([0-9a-fA-F]{2})* '\'')
StringLiteral = '"' ([^"\r\n\\] | '\\' .)* '"'
HexNumber = '0x' [0-9a-fA-F]+
DecimalNumber = [0-9]+
```

推荐阅读

BLOCKCHAIN IN ACTION
区块链开发实战
Hyperledger Fabric关键技术与案例分析

深度探索区块链
Hyperledger技术与应用

区块链
核心技术与应用

SOLIDITY PROGRAMMING ESSENTIALS
Solidity编程
构建以太坊和区块链智能合约的初学者指南

BLOCKCHAIN IN ACTION
区块链开发实战
以太坊关键技术与案例分析

DIVE INTO EOS
深入理解EOS
原理解析与开发实战

BLOCKCHAIN TECHNOLOGY ON DAG
DAG区块链技术
原理与实践

区块链财税管理
与Corda开发指南

区块链
安全技术指南

推荐阅读

区块链与通证

从必备常识、生态系统、经济系统设计、监管政策与法律风险等5个维度对通证（Token）进行全方位解读，孟岩等多位行业专家力荐

Token经济设计模式

1个设计模式画布、1套设计方法论、10大设计模式，全面掌握Token经济设计的方法与精髓。

元道等20余位来自币圈、链圈、企业界、学术界、投资界、媒体圈的资深专家高度评价并推荐。

区块链社区运营与生态建设

本书既是一本写给区块链项目方的社区运营和生态建设实战参考书，又是一本指引传统互联网运营人快速向区块链运营人转型的行动指南。

区块链国际监管与合规应对

本书是区块链领域的法律风险防范与控制的指导手册，立足于国际视野，为区块链行业的从业者、投资人和监管机构提供合规指引和政策建议，是目前区块链+法律监管领域重要的著作。

推荐阅读

深度探索区块链
Hyperledger技术与应用

BLOCKCHAIN IN ACTION
区块链开发实战
以太坊关键技术与案例分析

以太坊
技术详解与实战

BLOCKCHAIN IN ACTION
区块链开发实战
Hyperledger Fabric关键技术与案例分析

THE SOURCE CODE ANALYSIS
OF HYPERLEDGER FABRIC
Hyperledger Fabric
源代码分析与深入解读

区块链启示录
中本聪文集
THE BOOK OF SATOSHI